哲思之樂

羅伯特・索羅門 著
Robert C. Solomon
國立編譯館 主譯
鄭義愷 譯

The Joy of Philosophy:

Thinking Thin versus the Passionate Life

還是熱切的生活？

國立編譯館與群學出版有限公司 合作翻譯發行
2010年7月出版

國家圖書館出版品預行編目資料

哲思之樂：乾癟的思考還是熱切的生活？
/羅伯特．索羅門（Robert C. Solomon）著；鄭義愷譯
--一版. --台北市；群學, 2010. 07
面；公分，含索引
譯自：The Joy of Philosophy: Thinking Thin versus the Passionate Life
ISBN：978-986-6525-30-8（平裝）
1.哲學
100　　99010701

哲思之樂：乾癟的思考還是熱切的生活？
The Joy of Philosophy: Thinking Thin versus the Passionate Life
作　者：羅伯特．索羅門（Robert C. Solomon）
主　譯：國立編譯館　譯　者：鄭義愷
總編輯：劉鈐佑　編　輯：黃恩霖
出版者：群學出版有限公司
地址：台北市重慶南路一段61號7樓712室
電話：(02)2370-2123　傳眞：(02)2370-2232
電郵：socialsp@seed.net.tw　網址：http://www.socio.com.tw
郵撥：19269524 群學出版有限公司
封　面：王璽安　電　郵：jeanavenir@gmail.com
印　刷：權森印刷事業社　電　話：(02)3501-2759
著作財產權人：國立編譯館

展售處：國家書店松江門市　地址：台北市松江路209號1樓
電話：(02)2518-0207　網址：http://www.govbooks.com.tw
台中五南文化廣場　地址：台中市中區中山路6號
電話：(04)2226-0330　傳眞：(04)2225-8234
ISBN：978-986-6525-30-8　GPN：1009902316
國立編譯館與群學出版有限公司合作翻譯發行

定價：480元　2010年7月　一版1印

目錄

譯序

哲學今日專業化已是不爭事實：既專門（只有一小撮人能勝任其任務），又職業（是社會認可的，可藉此維生的合法活動）。有些人隱約感覺這未必對哲學活動本身有利——也許他們認爲，哲學家應該像蘇格拉底，能用尋常語言和尋常人談論非比尋常的事情。[1]覺得不對勁的人往往提出一些哲學應該「回歸生活」的口號，回到生活的具體、豐富、曖昧、難以捉摸，而遠離抽象思考的空中樓閣。但我常想：什麼是「生活」呢？爲什麼又需要「回歸」呢？我們在作哲學時當眞遠離它過嗎？爲何哲學與生活表面或實際的脫節會讓人不安、不滿、甚至困惑呢？我們又該怎麼回歸生活呢？

因著這些困惑，我讀到了索羅門這本《哲思之樂》。他是覺得事情不對勁的一群。我抱著興奮浮躁的心情讀、譯此書，滿意之餘仍有不少困惑，未從此書收獲善解。也許這是此書優點：它不會滿足好奇者的渴望，反而指出前方那些仍待追問之事。如作者開篇自道，這本書刻意保留某種實驗性格。照我解讀，他保留

---

[1] 也有人不痛不癢，認爲這是學問進展臻於成熟期時理所當然的狀況。思想史上爲哲學專業化一辯最爲著名者，我想似乎可見於黑格爾《精神現象學》：此書前言主張科學在成熟期將再無思想天才或大師，所有人都只是爲觀念的實現盡一己之力。本書導論和結論對這一問題也略有涉及。

了思想的眞實面貌：我們在概念組建的迷宮中遊走，不時跑進死巷、或者繞圈子、感到無力、慌張、恐懼、懷疑是否眞有出路，甚至未必能成功逃出……一篇完善組織的文字通常去蕪存菁，只留下正確走出迷宮的道路；但偶爾看看思想如何在忙亂中摸索尋求些許秩序的過程，或許有助於我們在猶疑不安之餘明白：其他人也是這樣走來的。然而，索羅門如此構思此書，恐怕令閱讀有些不知去向；撰寫本序，只圖提供一條可能的理解方式，試圖說一個合理的故事，希望找到章節探討間的某些共通母題，方便讀者追索。

本書第二章題爲「情感的政治」。此詞何解？作者在此取徑「政治」的希臘古義：有一定規模的團體，能自足生存，且依據共同的價値信念相互支持過活。他主張情緒從不只是個人主觀感受之事，而總在人際關係、社會脈絡中出現，因此，若是忽略這些關係，就難以恰當理解這些情緒。我開頭提到的哲學專業化，大概也當如此理解爲佳。專業化並不只是意味某門知識成爲一小群人獨佔的行當；它也同時意味，其他不熟悉這行當的人們有相關的問題時，能向這一小群人求助。人們生病會去找有牌有名的醫生，車子壞了去車行，表明一門專業已在社會中立足。那哲學問題呢？什麼是哲學問題？不是醫生的人會有健康問題，但不是哲學家的人會有哲學問題嗎？某些哲學問題不免專業化，可能由於它們涉及細緻的概念辨析，若不花時間理解那些艱深的詞彙所指爲何，也無從明白其叫人困惑之處。然而這些問題恐怕不若生病和車輛故障，是人們日常生活都有可能遭遇的事。哲學如何成爲社會認可的正當專業活動，是一則巨大的歷史課題，此處難以詳述。但某些哲學問題確實要求長久、專門的學習，並非門外漢一蹴可幾，似乎是再明白不過的事。由此角度觀之，專業化似乎非但對哲學無害，甚至有益。如果有人憂心於哲學今日自限於學術的象牙塔，與社會或時代脫了節，那他就必須說明爲何自個兒的憂心不是杞人憂天；他必須指出，有些哲學問題就像生病和機器故障一樣，是我們即使不修習哲學也會碰上的困惑。如果確乎有這樣的問題，那麼即便哲學教授在發明各種術語和概念以解決它們時，也沒有理由忽略它們出現的脈絡。他們恐怕也不能完全摒棄這一脈絡中不精確而模糊的語言，因爲日常的語言決定了我們對世界的認知，而困惑可能正是在那一認知中出現的。如果我們摒棄了尋常的用語，可能就看不到問題現身於日常生活中的本然樣貌爲何。但以上全是臆想，我們還不知道，這樣的問題是否存在，是否是哲學所當問的問題。

蘇格拉底給了我們一個方向：他討論倫理問題，與街頭的年輕人們交流彼此對於道德價值的信念是否禁得起理性的檢驗。[2]一個人相信自己應該像荷馬吟唱的戰士一樣，在乎名譽、血脈的榮耀，在戰場上爲城邦的生存戰鬥，表現不退縮的勇氣。蘇格拉底質疑這樣一種尋常的理解是否有問題。[3]他問，如果勇敢事實上是知道什麼時機下該冒險，什麼時機下又該當機立斷逃跑，那麼人們眞正在乎的品德就不是勇敢，而是知識或者智慧：明辨自身的處境並依此行動的能力。倫理問題甚至比雅典時代更加觸動

---

[2] 蘇格拉底的形象對於西方哲學家的自我理解似乎至關緊要；本書導論近結尾處就提到了對蘇格拉底兩種不同的理解。

[3] 柏拉圖就勇敢的品德撰寫了《拉刻斯》（*Laches*）的對話；本書第一章則討論了尼采和亞里斯多德對勇敢的見解。

現代生活，因爲我們對於道德價值在不同文化、不同層次中的相對特質比以往更加敏銳，於是我們在遭遇跟我們信念有異的人時，就不可避免要反省自己原有的信念或者釐清、回應對方的信念。這種反省的工作並不容易，因爲我們對於自身不自覺接受道德價值有一定的執念。我們即使未必相信，也往往希望自己在行動中表現的信念是正確的。而索羅門這本書，某種意義上，也許在於幫助我們看到這樣的執念從何而來，它對於倫理方面的哲學問題又有何種影響。他的探索沿著所謂「情緒」的方向前進。

倫理問題不若數學。一加一等於二，是不待爭論的事情。但墮胎是正確還是錯誤，吃素還是吃葷是否表明一個人的人格特質，卻往往因人而異。每個人都希望自己的選擇是對的或道德上可以接受的；而也許正是爲此，我們特別容易因著這類問題而情緒激動。我們多少有些疑慮，自己可能是錯的。[4]本書一開始著力的還不是那些讓我們情緒擺盪的問題——索羅門之後會討論它們——而是情緒本身，他考慮我們在情緒動盪中是如何存在的。（附帶一提，這也是索羅門著名的學術研究領域之一。）我們對某些事情特別敏感，容易陷入爭論，尚不表示那些事眞的很重要，然而既然這類情緒足以影響我們的生活，我們似乎應該仔細反省它。就此，索羅門探討了幾個問題：

一、人們多半都想過自己應該怎樣活才好；我們往往爲自己

---

[4] 亞里斯多德《修辭學》一段討論哪種人容易憤怒時，就舉例說，熱愛哲學但又偷偷懷疑自己也許沒有哲學天分的人，在別人挑戰他們的哲學能力時就特別容易生氣。帕斯卡《沈思錄》亦有一節引愛比克泰德（Epictetus）的類似話語。

的未來訂出各式各樣的活動和規劃，想令自己的生命充實而有意義。歐洲哲學史上的主流是，一個由理性安排、指導的生活是最好的生活，最符合人性潛能的生活。不管各個思想家如何理解理性還是人性，他們似乎都要排除激情。照他們的看法，激情往往令生活失序（曾經戀愛、失戀過的人恐怕了解這一點）。於是理性的生活就似乎意味著不受激情左右的生活。索羅門質疑：理性的生活當眞沒有任何激情可言嗎？理性與激情眞的是對立的嗎？他在第一章裡首先批評了傳統對於理性生活的理解，並在第三章開頭處重新審理理性與激情的關係，認為我們應該重新思索我們對「理性」和「激情」的認知。這反過來意味著，美好的生活同樣需要重新思索。

二、情緒應當如何理解？這裡我們又遇上了「回到生活」的疑惑。一個很基本的問題是，我們應該像中立的旁觀者一樣審視情緒，還是應該設身處地去理解懷有不同情緒的人如何面對世界呢？在第二章中，索羅門捍衛後一種進路。這是一種所謂「現象學」式的審視，依事物呈現於持有情緒者本人的樣貌來回溯、描述情緒的內涵。情緒讓我們看重某些事情，看輕其他的。身處戀愛中的人看到所愛者甚於其他事情；在愛者的世界裡，愛人的問題成了自己的問題；而情緒催促我們選擇和行動。不同情緒的人生活於不同面貌的世界。因此照索羅門的看法，正如行動總懷有期待實現的目標，情緒也有某種內在的目的性，它也朝著某個目標前進，即使我們在情緒激動中常常不能明確、具體地描述我們所期待的究竟為何。配合之前提到的「社會學式」（索羅門所謂「情感的政治」）審理，索羅門希望找到一種不同於傳統笛卡兒或詹姆斯式進路的情緒分析。

三、從上述兩個問題，我們得到一個很重要的猜想。如果理性也有其激情，而激情也有其理性，那麼將「理性生活」理解為對情緒的排拒就有問題。依照傳統哲學的理解，情緒讓我們誤判現實，分不清什麼事情重要，什麼事情不重要，因此會讓我們的生活走上岔路。可是照索羅門的看法，強烈的情緒或許是一種盲目，但在現象學—社會學式的析理下，它恐怕也會向我們揭示重要的問題何在。索羅門並沒有拒絕理性。他是鼓勵我們用理性傾聽情緒的聲音。只有這種接納的、聆聽的心態才能在那雜亂的情緒雜音背後聽見其暗藏的和諧。情緒的分析不但提供我們線索尋找尚未處理的哲學問題、生活問題，而且也將我們引回各種已顯專業而冷漠的哲學問題原先出現的脈絡。理解了這些脈絡，那些問題也就重新變得鮮活，而且也帶來了不同的追問方式。

因此，在捍衛了情緒在我們生活中的作用和地位後，索羅門回到了那些我們常常面對的，所謂的哲學問題。但在情緒分析的視角下，這些問題有了新的面貌（更準確地說，如果本書的嘗試是成功的，那麼我們只是重新發現它原有的面貌）：正義、悲劇感、死亡、人格、自我認識是本書四至八章中依序處理的問題。

照索羅門的看法，今日對正義的哲學探討聚焦於合理或者理性的公平原則為何。隱含在這一背後的假定是，如果我們要落實這一正義觀，就要不偏私，即不受個人情感的左右。某種意義上，此思考方式有其經驗基礎：在兩造各以自身利益為基準判斷利害時，我們總希望有一不偏頗的第三者純就事件的公平正義進行裁量。但另一方面，此思考方式亦有其不足處。我們有時也會感覺到正義的兩難：比方說，當受害者家屬希望加害者遭受同樣的痛苦時，我們應當滿足他們的渴望，還是以改善加害者的人格爲我們的主要考量呢？一種中立的立場似乎仍然要面對相互衝突的考量，並作出妥協。妥協必須考慮各種利害關係並權衡其輕重緩急或優先順序，但我們怎麼知道何者重要，何者又較不重要呢？索羅門的答案是，這並非一種靠理性計算就能得到解答的問題，而這一問題之所以無法這樣解答，是由於正義的本性就是矛盾的。這種矛盾存在於我們正義感的基本情緒之中。他提醒我們，即使是最爲文明的社會裡，正義作爲報復心的情緒也始終不會消失。傳統以牙還牙的道德觀最爲生動地體現了「正義作爲報復」的殘忍一面，而西方哲學史上也從不乏以如此冷眼觀看人世的思想家。[5]照我看，索羅門眞正的洞見還不在於重新尋回正義作爲報復心的主張，而是在於他同時也從蘇格蘭啓蒙思想的道德情感論中看到，我們的正義感也立基於我們生來具有的同理心。正義最爲凸顯之處，往往是在於不公不義之事發生之時；它讓我們充滿義憤而不能自已。可即使在這樣的情緒背後，也似乎必須預設我們有設身處地爲人著想的能力，否則就很難解釋我們的義憤爲何如此強烈。但這種雙重性帶有某種張力：同情與報復心再怎麼說，都是兩種截然不同的情感，一者讓人溫柔可親，另一者讓人殘忍而盲目。它也讓我們看到正義複雜而難以索解的一面，因爲同情讓我們能同時考慮雙方的需求和處境，但報復心催促著我們力圖實現一種冷酷無情，不挾私心的「平等」。然而這正是正義感本身的矛盾之處，少了其中一方，正義就不會是讓我們時時掛念的問題；但這種內在的矛盾也指出爲何實際的正義問題總

---

[5] 特別見尼采在《道德的系譜》裡將因果關係化約回「罪」，又化約爲「負債」的精彩歷史假說。

是不盡令人滿意的妥協。據此，我們需要的並非一種排除情緒考量的正義討論，反而需要一種能追問怎樣的情緒正當或不正當的方式：能證成的情緒反應就會引向某種正義觀的證成。若借用亞里斯多德的說法，可以說，即使是沈靜的哲學家，某些狀況下也是會有義憤的。

正義的矛盾和其不足的本性將索羅門引向了對悲劇感的探討。這在本書的脈絡中有雙重意涵。首先，如果正義是實現人世價值秩序的標誌，而對正義的哲學探討有助於盡可能完美地實現正義的理想，但正義本身就處於衝突和不足中，那麼是否世界本身就是不完美的？我們的生活是否有一種本質性的缺憾呢？這種矛盾似乎在於，一方面，我們明白，正是因爲現實和理想的落差，我們才能行動以改善它，並在這種行動中承負起我們的倫理責任；但另一方面，這種落差似乎永遠不可能消失，我們的所有努力終究帶有某種遺憾。這即所謂的「悲劇性」。再者，如果人類生活的現實就是這種進步的可能與本質的不完美的相互交錯，那麼索羅門欲再次喚醒的哲思之樂，那種思考的純然愉悅，有可能嗎？如果悲劇性確實存在，我們對人世的思索難道不會總帶有灰暗而苦澀的一面？一旦明白悲劇性並非悲觀者的幻覺，那麼倫理學追求幸福生活的理想難道不會蒙上一層陰影嗎？照我看，索羅門並沒有爲這些根本問題提供任何解答，但這不令人意外。這些問題難之又難，別說試著回答，單要將問題說清楚，都並不容易。本書第五章也許就只是試著作這樣的工作：把我們面對的問題的具體處境看個分明。他力圖找回（在他眼中）現代人已然喪失的悲劇感，提出了死亡、命運、機緣、偶然、個性、環境等要素如何牽動著我們的生活。

悲劇感在生活中可能出現在任何地方，但特別讓人在意的恐怕是死亡中的悲劇感。任何人都終有一死，而且我們也知道自己終有一死——死亡的事實迫使我們，用海德格的話說，「向死而在」：如果我們不知道或不記得自己會死，我們必定不會像現在這樣過活。死亡本身向我們提問生命的意義，我們又是誰。「我是誰」或者「我們是誰」，在今日哲學行話中是所謂的「人格同一性」問題，在七、八兩章中索羅門將開展他獨有的探討視角；在這之前，他必須先面對死亡本身的問題。有意思的是，儘管索羅門也談了海德格式的向死而在，但本章開首的引文，卻是莊子喪妻時擊鼓而歌的故事。爲什麼呢？索羅門意在緩解西方思想的執念：死亡的不可避免似乎讓它成了最根本的哲學問題。他認爲，這是一種太過誇張的說法。莊子和希臘的伊比鳩魯成了索羅門抵制對死亡過份著迷的思想資源。同樣值得注意的是，本章落實我先前提出的一個看法，即索羅門並不拒絕理性——也許死亡讓我們的情緒激烈起伏，苦痛難耐，但我們不能因此以爲它提出的問題也同樣有某種客觀的重要性。索羅門捍衛生之珍貴，並批評他所謂的死亡癖戀[6]，甚至讓人想起孔子「未知生、焉知死」

---

[6] 索羅門對於死亡癖戀的討論可算是某種社會學—哲學式分析。愛里亞斯（Norbert Elias）的《臨終者的孤寂》則提供了類似的探討視角，兩者同樣批評存在主義的片面影響，讓人們以爲「死亡是私人之事」，並提出從人際關係來解讀死亡的進路。不同之處在於，愛里亞斯引入佛洛伊德精神分析以及社會制度分析討論了死亡儀式以及我們日常生活如何在心理上壓抑死亡意識；索羅門則致力於釐清，死亡作爲一哲學問題究竟能有什麼具體內涵。

的濫調智慧。在他論說的美國社會脈絡下，重新提起古老的說法恐怕也是必要的。

一旦想及死亡，我們往往會問的一個問題是：我希望成爲什麼樣的人？我是誰？自洛克以降，哲學傳統對此問題的討論是所謂的 personal identity 問題。但 identity 意思繁多，哲學家多半偏重討論其存有論的意涵，即所謂的「同一問題」：我究竟怎麼知道昨天的我跟今天的我是同一個我呢？難道沒有可能其實有兩個我，只是我以爲只有一個呢？此詞還有另一個意涵，學習社會科學的人們都很熟悉，即所謂的「認同問題」：這個問題更接近我們日常「我是誰？」的疑惑。我是台灣人，還是中國人？我是男人，這是否影響我對自己的了解？同樣重要而且緊密相關的問題是，「我應該成爲什麼樣的人？」哲學史上最知名的例子可以顯示這兩個問題的關聯：如果人確實是理性動物（我是誰？），那麼他就有責任發揮自己的理性來改善這個世界（我應該如何行動？）。了解自己是誰，這樣一個問題遠比問說「昨天的我跟今天的我是不是同一個我」更爲複雜也更需要仔細思考。索羅門力圖找回這樣一種「回歸生活」的追問方式。[7]照我看，本章最有

---

[7] 必須指出，索羅門對分析哲學探討「人格同一性」問題的批評不盡公平。有許多哲學家看出了存有論或認識論上的「同一性判準」問題也帶有許多重要的倫理後果。最經典的例子可見 Derek Parfit 的大作《理性與人》（*Reasons and Persons*），以及從 Parfit 那裡得到靈感，論證康德道德哲學主張的 Christine Korsgaard 的《創造目的王國》（*Creating the Kingdom of Ends*）。從 Parfit 和 Korsgaard 的著作中可以看到，那些乍看下枯燥，與我們生活無關的抽象問題，可以有很實

趣的就是他從羅蒂（Amelie Rorty）那裡得到靈感，提出人際間的情緒乃是塑造甚至反饋我們自我認識的重要環節。我的朋友對我的看法或意見，跟陌生人對我的意見相比，更加影響我對自己的認識或者我怎麼期待我自己。人際關係不只是利害關係或制度規則，也是情緒構成的網路，而這類情緒往往是我們如何從他人那裡認識自己的重要渠道。此一主張有兩個重要後果。首先，歷來對 personal identity 的哲學問法有一根本缺陷，即在單一個人身上找尋「同一性」的判準。人格身分是動態地在情緒、溝通、與行動的不斷交流中建立起來的；「自我」並不優先於「我們」而存在，兩者只在概念上相異，在現實中卻是糾纏難分的。再者，這進一步意味著我們應該重新引入文化式的探問法。我們不但要問普遍的、一般的哲學問題，我們也可以追問特殊文化下，人格身分的問題會具有怎樣不同的內涵。

索羅門末章處理了自我認識中的一個特殊問題，即自我欺瞞。自我欺瞞是個曖昧的現象，因爲一個人即使有意自欺，通常他也要自欺到一種彷彿無意的程度，他才會眞的「被自己給騙了」。進一步說，搞清楚自己是誰，似乎正是一種不斷剝除自我欺瞞的否定性過程。我們總是設想自己是怎樣怎樣的人，但後來才發現自己搞錯了，沒有正確地了解自己，但當時卻信以爲眞。進一步說，如果一個人追求的哲學正是蘇格拉底高呼的阿波羅誡命「認識你自己」，那麼正是在疑惑自己是誰的時候，我們最爲

際、很具體的後果。這可能是我們過份執著於「回到生活」時會有的盲點。但即使如此，索羅門對於分析哲學研究此問題的大體趨勢的判斷是正確的。

接近眞理問題，因爲欺騙涉及虛假，而虛假正是眞理的反面。我們在這裡再度看到情緒怎麼貫穿或影響著我們的自我認識。一種渴望自己是好人的心情可能讓人試圖隱瞞自己低下卑劣的部分，也有可能讓人喪失自我改進的意志，寧可自稱是個庸俗之人。自欺的問題無可避免也涉及語言的問題：我們怎麼談論自己其實也反映了我們怎麼思考自己，而我們怎麼思考自己事實上也不能和我們對自身的實質認知相分離。

綜觀全書，《哲思之樂》同時試圖探索如何重新從情緒的視角追問古老的哲學問題，也試著藉此喚回哲學活動中最強烈的情緒：歡喜、幽默思考的精神。就前者而言，索羅門找到了許多哲學與其他社會科學跨科際研究的重要區域，某種程度上也回到了問題發生源頭的生活經驗座落何處，爲抽象的問法賦予了現實的血肉；就後者而論，讀者則必須亦步亦趨跟著索羅門一起思考，並試著回應他、返回自身的經驗對照、甚至試圖找尋自己問這些問題的方式，方能明白哲思之樂從未遠離我們，只是我們忙於思考的繁重辛勞中而忽略它罷了。

前言

我想我對遊戲的魔力特別難以抗拒。

——弗拉弟米爾・納巴可夫（Vladimir Nabokov），

《蘿莉塔》（*Lolita*）

我認識他時他四十五歲。大學時是田徑運動選手。修課不頂認真但差強人意（但也就如此而已），他把上課當作兄弟會聚會和週六橄欖球賽的幕間休息。大學畢業後他成了成功的商人、優秀的網球選手、某個有頭有臉的人士，成了美國夢的體現。可是隨著他的反拍日趨疲弱，某次一場錦標賽的賽程中他就不由自主開始問一些自己也說不清的問題。他開始明白自己的生活雖然豐富，但又怎樣？「依舊空洞又膚淺」，他自語。然後他發現了哲思之樂。它不是知性的裝模作樣，更非一門必修課。他像小孩一樣對這個新玩具展現了無盡的熱忱。他弄來了一些書（多數學人不屑一顧，視之爲「大眾」或「二流」讀物的那種）、一些演講錄音帶（在他的保時捷上播放）、一些可以這裡那裡提起的人名、還有不少的想法。可是他真正得到的是一生的摯愛，是源源不絕的驚異與妙樂。

已經三十年了，哲學於我就和很多人一樣，仍是快樂和欣喜的泉源。可是「快樂」、「欣喜」在哲學專業裡可不是地位崇高的詞。尼采歡呼哲學是「快樂的智慧」，可是還是有人認爲他

「不是哲學家」，儘管他在很多圈子裡很受歡迎。他的文辭太過閃耀，太多辛辣和機鋒，太過個人。他太快樂了（用太多驚嘆號了！）。他是舞者，是惡作劇哲學家，是蘇格拉底偉大傳統中的反諷者，是好開玩笑的諧星，把一切都納入他的哲學中——健康指南、食譜、八卦、雋語貼紙、搖籃曲、對失戀者的建議、大眾心理學、大眾物理學、一點東方和秘傳、社會評論、神話史、易招非議的古文字學、家庭內鬥、政治謾罵、放肆的侮辱、宣戰、瑣碎的抱怨、自大狂、不敬神的言語、難笑的笑話、太耍小聰明的雙關語、戲仿、還有抄襲。專業哲學家抱怨他不夠精確，甚至沒有一致的主張。可是何苦用論證的纖纖骨架毀了這場饗宴？尼采深明怎麼從哲學，他的 "gaya scienza" 中取樂。[1]

雖然我沒有自以爲可以同尼采角力或模仿他激情或洞見的深度，還是他美妙又惡名昭彰的「風格」，但他的哲學之樂，我確實感同身受。跟今日多數哲學不同，這不是熱愛論證或是優雅地打倒對手。它也不意味後現代思想家所謂的「遊戲」，亦即，它志不在挑起並享受著他人的痛苦與困惑。它實際上意味著超越論證的乾癟並走入哲學的豐滿，試圖豐富我們的經驗而不是「證明一個論點（point）」。我們學過平面幾何，知道點（point）沒有向度，因之也沒有肌理、色彩、也肯定沒有深度。據此，本書不是論證，也更沒有任何「理論」。一些讀者會越來越惱怒地發現，我經常不按規矩來，卻不是爲了主張某個「論點」並提供「證明」，而是爲了轉移觀點甚至主題，希望可以發現有待探索的

[1] 譯注：gaya scienza，義語「快樂的科學」之意，尼采《快樂的科學》書名即譯自此人文復興時代的流行用詞，遙指那時代的科學精神。

新奇事物。我主要關心怎麼衝撞那些舊日的高牆，它阻絕了學院哲學和它迷失的聽眾、乾癟的邏輯和豐厚的修辭、哲學的理性和激情、「分析」和「歐陸」哲學、還有哲學與其餘的諸事萬物。

哲學已經太「嚴肅」，成了充滿圈內人和「專家」的「專業」。它不再是所有人（如果曾經是的話）能作的事了，因爲它要求一定的技術，充滿專門化但仍然不可索解的難題和謎，以及學術層級與派系。如我在本書所揭示的，問題在於哲學已經太過「乾癟」、稀薄、失去血肉、而且（以專門的病理學用語來說）還變得厭食。哲學太多地方都化約爲邏輯還有論證批評、成了「解構」、專門用語的行當、還有後設哲學的稀薄空氣。具體的經驗和科學研究、宗教和精神性通通一樣，專家要麼斥之爲無關，要麼就假意抬舉它爲研究的「對象」而已。需要實際觀察世界並生活其中的問題，他們惺惺作態，咯咯一笑：「可那不是個**經驗**問題嗎？」原本所謂「思辨」、更別說「視見的才能」，已退流行了。哲學往日追求無所不包、豐厚、肥美、雜食的理想，已讓位予瘦弱又普通的新哲學了，不管其形式是線性論證還是後現代的憤世嫉俗。

我一位同事曾在（南）加州一座聲名卓著的大學演講，談論哲學的狹隘。他思忖，近來的哲學變得很像俗話裡摸象的瞎子了。在場幾位知名的哲學家中，最知名的一位倒是驕傲地承認，他「完全只對解剖象鼻有興趣，至於大象會不會死掉，我可不關心。」

我這書倒是想一瞥活生生的大象，或者，至少不想只摸著死氣沈沈的象鼻或象牙。今日許多哲學家堅持「純」哲學，也就是褪下一切只剩骨架的哲學：邏輯、論證，還有最零碎的哲學史

（有時竟只追溯至19世紀末弗雷格〔Frege〕的形式主義）。本書倒充滿「不純的」哲學，就像偉大的智利詩人聶魯達（Pablo Neruda）說的一樣（他在描述自己的詩）：「像舊衣服一樣不純，有如一具沾染食物髒污和羞恥的身體，還夾帶著皺紋、觀察、夢、醒覺、預言、愛恨敢言、蠢笨、驚嚇、田園詩、政治信念、否定、懷疑、肯認、甚至稅收。」[1]

我最多只能說，本書餘下不過探索了一些處理永恆哲學問題的另類觀點。本書絕對不**嚴肅**，特別不是道德說教的義憤感會激起的那種嚴肅。我倒願意人們將本書讀解爲「不過嬉戲於（嚴肅的）想法之中罷了」。這就是（我膽敢這樣說嗎？）哲學。它不嚴肅，不過嬉戲於各種想法之中，儘管這些想法確有所指。這不是說我始終會讓人微笑，更別說捧腹了。我擔心我表達的快樂會局限於些許短語、副詞、諷刺評論、還有拙劣的雙關語。可時下以爲，只有那些苗條、沐浴在陽光裡、輕盈的二十來歲人們的空洞露齒笑容裡才有快樂，並不全眞。哲學家終其一生的肥美沉思冥想中，也有快樂。

我要感謝紐西蘭奧克蘭大學哲學系、澳洲國立大學的哲學系以及人文研究中心；好友Roger Ames，《東西哲學》（*Philosophy East and West*）期刊的編輯；本書編輯，牛津大學出版社的Cynthia Read；還有評友Bernd Magnus、Arthur

---

[1] 聶魯達，〈論不純的詩〉，收錄於《詩選》（"On Impure Poetry," in *Selected Poems*, New York: Grove Press, 1961）。

Danto、Jay Hullett、Paul Woodruff、Alexander Nehamas、Richard Rorty、Peter Kraus，最後還有 Frithjof Bergmann——關於哲學的快樂與豐富，他教給我最多。

還要特別感謝 Kathy Higgens，她始終爲我和哲學帶來快樂。

導論

豐厚和乾癟的哲學
(全然就是存在，一點兒也不少)

摩爾（G. E. Moore）帶頭反抗，而我追隨他，感覺像被解放……我們相信，草就是綠的，而且即使沒人看見，太陽和星星依舊存在。原本扁平、邏輯的世界現在變得豐富而多變了。

——羅素（Bertrand Russell）

哲學史充滿諷刺。其中一次肯定是羅素對「分析」哲學起源自鳴得意的觀察。羅素追隨弗雷格和摩爾「反抗」黑格爾，後者事實上已幾乎將人類具體經驗的所有面向都包容在自己的哲學中。基於對德國觀念論的誤解——他（誤）以爲觀念論就是相信世界是由觀念，而非堅實可靠的物質所構成的——羅素評論自己的哲學讓「原本扁平而邏輯的世界……變得豐富而多變了」。[1] 從

[1] 〈我的心智發展〉，收錄在席爾普編，《羅素的哲學》（"My Mental Development,"in P. Schilpp, ed., *The Philosophy of Bertrand Russell*, La Salle, IL: Open Court, 1975）。事實上，羅素針對的是英國「黑格爾派」，他們和德國的前人大異其趣。

此「分析」哲學運動的百年發展，還眞是讓哲學變得扁平而邏輯了。[2]

我們可以同意羅素的看法：哲思之樂正在其豐富與多樣。但若眞是如此，作爲「學科」的哲學很可惜地，竟局限在一系列的概念構造技術中、竟向豐富和多樣宣戰、竟一心一意偏好「扁平的」論證和邏輯分析、而且還打發掉了黑格爾的「思辨」想像和他無所不包的（用後現代主義者同樣乾癟的行話來說就是「極權化的」）經驗概念。[3] 哲學現在要求「專業化」、技術、狹隘的視野和嚴格性，而非廣度、好奇心和開放。黑格爾的理想是無所不包的「理解」（comprehension）。今日聲譽卓著的哲學論文，則多半充滿一系列的符號和大串晦澀難解的行話，只有少數同行者才會有興趣。今日哲學的總體目標，用政治哲學家羅爾斯（John Rawls）在他那本劃時代之作《正義試論》（*A Theory of Justice*）裡開宗明義的話來說，就是要不斷將對話的層次提昇到「更高層次的抽象中」。[4] 然而，哲學（正如黑格爾所主張的）不是非抽象

4

---

[2] 許多哲學家堅持他們搞哲學的方式——化約、扁平、邏輯——才是眞正的哲學。當然，我們之中已有人討論過成立「眞正哲學」子科系的可行性（我有個極好的邏輯學同事就自嘲地稱邏輯爲「男子氣的哲學」），而我們其他人就只能談論生命雜亂的豐厚，倒也是挺適合我們的濫情角色。

[3] 我向「乾癟」的宣戰絕不只針對「分析」哲學。比方說吉勒·德勒茲（Gilles Deleuze）的後結構形式主義，儘管充滿虛無主義的叫囂，卻和分析哲學的任何產物一樣讓人無力、不快。

[4] 羅爾斯，《正義試論》（John Rawls, *A Theory of Justice*, Cambridge, Mass.: Harvard University Press, 1971），頁 viii。

不可。確實有寓居於細節中的具體哲學，寓居在觀念有血有肉的辯證中，遠比筋骨皮相更為豐富。用威弗列・瑟勒斯（Wilfrid Sellars）的話說，哲學的成就即是「看出事物間的諸般關聯」。它之所以成就斐然，是因它將尋常之事（無論起眼與否）變得深祕玄奧：時間、生命、心靈、自我、我們和世界又是怎麼「一同相處」的。

哲學是，或者應當是一種魔術。它並不是逃離生活，反倒是看待生活的新窗口——或者是很多個窗口。[1]與其說它是抽象，不如說是洞察與視見。偉大的哲學家，從最早的吠陀派到存在主義者，都提出了各種眩目又困擾人的洞察與視見，種種令我們暈眩的想法，甚至讓我們暫時忘了日常的定位與關懷。想到這種魔法般的感受、這種愉悅之感已然失卻或是遭人摒棄，我是極不情願的。今日的哲學家通常掃興得很，隨時準備反駁別人，而且冥頑得不願理解（或聆聽）表述尚不完善的替代方案，也急於貶低洞察與熱情。我在研究所時，有一名極富天分和創意的同輩年輕女性，提交了一份頗有創見的哲學文章。她的老師蠻橫地將它扔到了垃圾筒裡，並以舊約中神特有的憤怒高呼：「哲學不是兒戲！」（她今日仍是學院裡的佼佼者，但卻研究其他領域去了）。最為熱情、最富天分的學生今日仍然受到同樣的斥責，因而被逐出了哲學。哲學不是兒戲！

我在國內旅行時經常遇見形形色色的人——成功的商人、藝術家等等，當然也有學院中人——他們單刀直入向我告白，往往

[1] 譯注：似乎影射黑格爾的名言：「形上學是通向絕對者的窗口（Fenster ins Absolute）。」

說的是類似的話。開頭大概是「我修過哲學課，可是……。」我知道，又來了。光是開場的這幾個聲音就令我畏縮。有時這是一番可以體諒的惱人話語，像是「可是我什麼也記不得了。」不過更常出現的是「可是我超討厭它的。」接著則是對老師毫不奉承的典型描述，一位既冷淡又自以為是，顯然有點小聰明，還有意炫耀的人。我回問，這粒老鼠屎究竟是誰？結果，這位仁兄常常是同行裡頗為知名的人物。他（幾乎總是男性）的出版目錄洋洋灑灑，生平成就就是（從千百名學生裡）啓發出一兩位學生繼續學習哲學，以便他們繼續殘害下一代。若是以為哲學的命運全然維繫於我們集體激發哲思之樂的能耐，通常只會招來不屑的目光。單是「樂」所帶有的暗示，就足以招致激烈的譴責，彷彿哲學變成一種「娛樂」，人們接著就會重新強調專業能力和保持「學科整全性」的重要。

5 哲思之樂為何？我以前也會說，這就是看見各種觀念如何關聯所引發的興奮。可是現在我會說，它倒是眼見他人以各自的方式看見各種觀念如何關聯，因而眼中閃閃發光時，身為旁觀者的興奮。

「哲思之樂」。任何有花過一點時間進行哲學活動的人，都不會覺得這個詞有什麼奇怪。我的哲學家朋友可說是我所認識最具熱忱——更別說沉迷或上癮了——的人。某些人在與「大問題」角力時是會感到快樂的（也許還伴隨著些許焦慮）。其他人則在無可容忍的晦澀文本裡披荊斬棘。許多人現在則努力研究益發細緻的「急轉彎」謎題，涉及邏輯與哲學語言的特殊性格。我認識許多藝術家、音樂家、政治家、其他學院裡的人、企業家和商人——他們都對自己的事業很投入，但都比不上我的哲學家朋友投入。而且我講的不只是同行裡的頂尖人物而已。說眞的，這些頂尖哲學家倒是更具防衛心，熱情也更少，比起我在小型大學或甚至高中裡所認識的數百位優秀又有熱情的老師差得可遠了。在後者眼裡，哲思之樂就是**哲思**之樂，而非只是學有所成的專家之樂而已。

最有活力與生命力的人（當然不只是靠它賺錢的人）懂得哲思之樂。即使在生命的其他方面空洞可悲的人們，有時也能在哲學裡找到湧動的生命（而這不只是因爲它是一種「慰藉」而已）。雄心十足的大部頭哲學書——大部分沒出版也乏人聞問——其寫作場所涵蓋了監獄和小旅館，獨居的房間和雜亂的書桌，前頭坐的人可能是屢屢受挫的簿記員或是夢想破滅的律師。即使這些地方也不乏思辨和狂熱。像「心靈生命」或「觀念的世界」這類溫馴的字眼是無法捕捉到哲思的動力、刺激與快樂的。它當然和烹飪的快樂不一樣，也肯定不是性愛之樂，但它依舊是一種快樂。

哲人的面容

> 所有〔在哲學中〕能說的都可以清楚地說；而我們對此不能說的就必須沉默。
>
> ——維根斯坦（Ludwing Wittgenstein），
>
> 《邏輯哲學論》（*Tractatus Logico-Philosophicus*）

這是二十世紀晚期的哲人面容。他（例子依舊幾乎總是男性）

站在一小撮聽眾面前。苦惱而煩悶。目光炯炯，卻沒有焦點；也許是在回視自身。眉上一道深峻的皺紋，顯示他皺著眉頭——不，說沉下了臉更爲眞切——其中一隻手則搔著前額，彷彿這樣子他的頭或是腦袋才不會炸開。對那些喜歡用典的人，我可以說，沒有什麼比羅丹的「沉思者」跟他更像的了，或者不如說是《拉奧孔》（*Laocoön*）那位面孔扭曲、極不快樂的父親和祭司，他是古代對受苦最爲揪心且悲慘的描繪。他話一出口則支支吾吾，跡近口吃，表露了觀念間的交通堵塞，還有他力圖尋找正確字眼的思考張力。他的節奏則近乎忘我，彷彿迫於無奈，甚至沒有規律。他沿著已被踩爛了的道路前進，從一個角落到另一個角落，卻從不和全神專注又萬分困惑的觀眾四目相望。他另一隻手不時掩口，接著又遮住眼睛或抓抓鼻子，或摸著頸背，搔搔腋下，焦躁地繼續說話或半途中斷，而粉筆是一支接一支地拿起，有時彷彿作出了要寫下什麼的手勢，但除了偶爾寫個×或是畫個矩形以外就再也沒有什麼了。折磨人的(還是該說『意味深長的』)沉默也不少。這種演出大概需要一名如奧利佛·薩克斯醫師（Dr. Oliver Sacks）般偉大的神經心理學家來診斷一番。這簡直是個精神衰弱、自戀狂、思想轉向自身、語言迫切需要假期的活劇場。這就是哲學，這就是哲學家。受苦，而且因哲學而受苦。哲學成了疾病，而唯一的解藥就是……更多的哲學。

以上這幅活肖像正是一名極易辨認的歷史人物，即路德維格·維根斯坦，他的哲學已不再風行，其傳記卻越來越像二十世紀哲學生活的不滅圖像。雖然維根斯坦的學生很少有跟他一樣的天才，也未必認同他病態的維也納式生活觀，卻有許多的學生效法他的手勢與風格，並同他一樣扳起面孔，彷彿他的騷動不安也正是他們自己的一樣。結果就是，其後兩個世代的哲學師生搞起哲學，就像是在給自己公開舉行驅魔儀式一樣。他們在大學導論課上演出，而一開始就有意願加入表演（而非嘲弄它）的學生就得到了老師的讚許，讓他們一同演出。課上大部分的主題都一成不變到令人生厭，然而其風格、演出、嚴肅，已將哲學變成某種心理病態——維根斯坦自己對此也有所抱怨。

在電影《雨人》（*Rain Man*）中，達斯汀．霍夫曼（扮演自閉症的雷蒙，演出精湛）回應壓力的方式，就是試圖不斷地回答阿伯特和考士得羅（Abbott and Costello）的經典戲碼，「誰是一壘手？」他哥哥（由湯姆．克魯斯扮演）被他弄煩了，就向雷大吼道，「這只是個謎語，是在開玩笑。如果你看得出這一點，也許病情就會好轉。」從精神病學上說，這句話也許天真得緊，然而它依舊十分深刻。任何看過今日許多最爲卓越、知名的哲學家勞神苦思樣貌的人，對這話表達的病理可是一點也不會感到陌生的。哲學難題的困難惡名昭彰，甚至不可能處理，這一事實反成了其深刻的證據。[5]然而其棘手也可能是智性被虐狂的象徵，或者用更爲天真無害的方式說，是智性的自慰。察覺哲學難題既

[5] 這不是要打發或是貶低那些難題（像是季諾〔Zeno〕不會飛的箭矢、時光旅行到過去後自殺、思索當一隻蝙蝠感覺如何或是中文密室裡的傢伙是否眞懂中文、爭論運轉不靈的傳送機中剩下的部分到底算不算是個人、如何引導失速的列車、或是戳戳桶中之腦）。想透這些荒唐的急轉彎謎題是磨鍊自己智識工具的絕佳手段，而且那些漂亮的論證還是一種美學享受，堪比閱讀精彩的數學證明。但這畢竟不能跟哲學搞混（更不能以爲這就是哲學的唯一工作）。

棘手又微不足道，倒讓我們有很好的理由堅持，解決哲學難題最終說來只是「為了解決問題本身」而已。亦即只是因為好玩，因為它帶來的純然快樂，儘管我們在路上不時有掙扎和牢騷。維根斯坦自己曾寫道，一本哲學書有可能滿篇盡是笑話，別無其他。當然，他自己從未寫過這樣一本哲學書。

7

哲學——我們就不要裝模作樣，明白說吧——**無足輕重**。若是醫生、工程師、聯邦準備委員會的成員或是炸彈拆除小組的專家搞錯了什麼，後果堪慮。可是哲學家搞錯什麼時，沒人會死掉；沒有什麼會毀掉、爆炸或崩塌；不會有更多的貧窮或失業；股市也不會重挫。當然，某些優秀哲學家遭受的錯解，往往造成古今歷史的大災難。然而這些是特例而非常態，更何況，讓世界處於危險的也往往不是那些書齋哲學家本人。哲學無須負責肯定也帶來了某種解放感。連馬克思或盧梭這些憤懣者，不管他們個性多麼陰沉、還是在世上表達或激起了多少暴烈情緒，也顯然有他們的快樂可言。

我大膽猜測，多數哲學家本以叛逆者的姿態步入哲學，追尋著某種深刻的自由。可諷刺得很，我們現在卻打著「專業」和「學科整全性」的名號，自陷於威權的牢籠中。自由思考和狂野的念頭現在已不合時宜；成為哲學家需要的是「紀律」。除了大學部的招生簡介以外，已無人會將哲學描述為「思索生命」或「自我審視」，更別說觀念之樂了。正如某一流哲學家權威十足的說法一樣，「哲學有邏輯與科學哲學就夠了。」一旦這麼蓋棺論定哲學為何，自由、想像、深入淺出、最糟的則是敏感，也就乏人聞問了。

論哲學作爲批評

嚴肅不過是膚淺者的避風港。

——奧斯卡・王爾德（Oscar Wilde）

哲學和多數學科一樣，大體上已成批評之事。好處明顯可見：敏銳的批判力對民主顯然至關緊要，也是好科學的本質。它創造一種辯證運動，藉此眞理（或者至少更好的理解）可自不成熟的或片面的觀念中應運而生。理論建構也因它而有趣，甚至變得更有擔當。理論上說，它至少有助於剔除許多胡扯和愚蠢。還應該補充說，它也帶來了競爭，而受到心智生命吸引的多數好勝份子也頗能以此爲樂。可是批評也有可能使用過度。單講哲學好了，許多哲學專家現在認爲它不過就是檢視論證還有生產對立論證的活動。那麼想法和視見哪兒去了？現在不過是標的而已。

8

大一學生初入哲學學科，學的是怎麼打落偉大哲學家的論證，彷彿置身遊樂園的射擊場（「柏拉圖說了什麼什麼：這說法有什麼問題？」「康德主張什麼什麼：請給出反例。」「彌爾（John Stuart Mill）推論出什麼什麼：怎麼會犯這種錯誤？」）。比較資深些的哲學家則在論文裡磨鍊他們的技能，文章總是這麼開頭：「某甲主張什麼什麼，但我將指出他（或她）失敗了。」於是，在這個「不發表就沒戲唱」的時代裡，哲學成了雞蛋裡挑骨頭的技能。論證越來越「緊密」，視野、知識和趣味卻越來越低落。哲學家爲了避免在論證中偷渡進原創性（因爲它起初必有諸多弱點），就只能舉最沒創意的例子（比方說，常常跟弗雷格在 1900 年舉的例子一樣，或是再早一世紀康德用的，甚至是兩千多年前亞里斯多德的）。關注的範圍益發狹隘且形式化——很少流出可以咀嚼的軟嫩血肉，也無任何會攪亂事態的個人感受。於是哲學之樂大體上來自摧毀，即「撕裂」和毀滅（更別說還有「解構」）論證的趣味。黑格爾建構（「思辨」）視見的快活、欣賞前人想法（即便不同於前人評價自身的方式）的愉悅、用哲學產生新想法甚至非比尋常的體驗的快樂，現在都完全不重要了。[6] 只剩論證與否證：哲學家還需要知道別的嗎？

我現在教書以過去所謂的寬容原理爲準。粗略來說就是，即便某個想法聽來荒唐，我們還是應該搞清楚作者可能的思維，或者在它叫人退避三舍的外表下可能藏著什麼好想法。（當然，這是隨堂回答學生提問時的一個重要教學技巧。）我太常聽到同仁對一篇文章、一本書或甚至某個人的學術生涯不屑一顧，只因爲閃失、實際上的錯誤、詮釋不當、或者（這是最糟的理由）邏輯謬誤。餘下不管還有什麼價值可言，他們也看不到了。當然，我實際上偶爾才能貫徹我的原則。只消一點無稽的政治立場、一點新時代（New Age）或後現代的自以爲是、還是某個反面主張，挑戰我捍衛過的珍貴想法時，我幾乎總是會回復到我的職業槍手模式——我在費城、密西根、普林斯頓和道吉城（Dodge City）的那些神槍手老師把我教得可好了。可是，至少我知道我這樣子可能是錯的。擊落對手的哲學也許有其趣味，哲學之樂卻在別的

6 當然，甚至尋常體驗都是哲學長久以來嘲弄或生疑的對象：「可那不是個經驗問題嗎？」隨後一句話往往是（或至少隱含此意）「那可不是哲學！」主題於是不斷瘦身，最後失去太多質量，實際上已無任何份量可言。

地方：想法的相互激盪、探索新觀點、開創新的視見，令日常生活變得有趣，甚至令人興奮。批評當然有其用場，然而它只是或只該是形塑觀念的工具。它不是或說不該是目的本身。[7]

9

我在本書（本身已中了批評之毒了）想回到老式、更爲「浪漫」的哲思模式。論證不會徹底闕如——當然，本書可以讀作是反對哲學「瘦身」的論證——然而書的結構不是分析哲學的標準陣仗，反而源自觀念的複雜性。坦白講，我常常不知道這些探索將我引向何方。這正是激情與證明的差別。我反抗邏輯的「扁平」，正是在歡慶哲學的激情，還有它提供的豐富。但至少自柏拉圖以降，哲學家對激情就一向小心，而自邏輯實證論者以降，哲學就肯定警覺到浪漫主義的危險（但他們有他們的理由）。思辨和激情，試圖深入人類經驗，與單純摧毀糟糕的論證不同，本來就是危險的。

考慮到上一世紀對經驗論有強烈的「只有它，別無其他（nothing but）」偏愛，同一批人竟極不願談論經驗、特別是生活的感受和具體細節，不免令人詫異。[8]焦點反倒集中於「邏輯形

---

[7] 羅伯特．諾齊克（Robert Nozick）在他近來幾乎所有著作裡也表達了類似的感受：《哲學解釋》（*Philosophical Explanations*, Cambridge, Mass.: Harvard University Press, 1981）；《審視後的生命》（*The Examined Life*, New York: Simon and Schuster, 1989），以及《理性的本質》（*The Nature of Rationality*, Princeton, N.J.: Princeton University Press, 1993）。然而，在他優雅地表明，他已自好鬥的「擊落」哲思模式轉向一新的、更爲可親的進路後，他又難以抗拒地展示他已臻爐火純青的搏鬥技能。對這個毛病我深有體會。

[8] 邏輯哲學論者自認是經驗論者，但那只是因爲他們珍視科學。他們眼

式」。會重視這點，也許導源於誤讀柏拉圖還有他對相的著迷，因爲他實際上是最有想像力的哲學家。那肯定可溯及康德高舉的先天（*a priori*）概念（可是他無意以此貶低經驗）。黑格爾儘管堅持要無所不包，手中仍把玩著危險的「概念」，這是「高一等級的抽象」的十九世紀版本，也因此人們有時閱讀（也攻擊）他，不是因其豐富，而是無所不包的扁平。[9]

今日英美哲學堅持扁平，乃承續了——肯定也復甦了——弗雷格—羅素—（早期）維根斯坦對邏輯和形式分析的執著。後設哲學毫無份量的後現代膨風也是其承續，它在堅持（常常只是形式上的而已）多元主義和碎裂化時，反而易於遺忘或唾棄一切尋常的人類經驗。[10]然而強調批評和解構，最終帶來的不過是對「有趣想法」的徹底懷疑論，跡近犬儒，相應的補償心態則是著

中的「經驗」只是個抽象概念，是他們用扁平、純粹的邏輯討論證據和證實概念時的一環。「只有它，別無其他」一詞來自詹姆斯（[William] James），他以此將經驗論態度與理性論的「還有更多（something more）」相對照。詹姆斯自己也許是個「極端經驗論者」，可是他絕對不算信奉「只有它，別無其他」的哲學家。

9　當然，我主要想到的是羅素對觀念論的攻擊，但後現代的戰線上也有類似的攻擊，尤其是德勒茲。他那本談尼采的書（人們對之也過譽了），實際上很大一部分是在攻擊黑格爾和黑格爾主義的古怪而病態。湯林森譯，《尼采與哲學》（*Nietzsche and Philosophy*, trans, H. Tomlinson, New York: Columbia University Press, 1983）。

10　當然，有後現代論者（postmodernist），也有後現代主義者（Postmodernist），不過我心中想到的是巴塔耶（George Bataille）超扁平、自鳴得意的「虛無主義」，還有德勒茲與李歐塔。

迷於形式、推論與論證、尋找他人立場的錯處，然而自己卻避免採取任何立場。[11]這種犬儒態度自然引起對狂熱的強烈懷疑——甚至懷疑任何激情或情感。哲學無論起源多麼有份量，現已輕若鴻毛，實際上並無實質與內容可言。

當然，連最豐厚的哲學都仍是滿扁平的，是外層的塗飾，只是事物的表面（而非「深度」）。馬克·吐溫（Mark Twain），美國最偉大的哲學家之一，堅持「眞存在於表面」。哲學的「深刻」之處恐怕比較像是一種鳥瞰，涉及的是觀看而非挖掘。哲學不是論證，而是分辨、觀照和視見。哲學若豐厚，也是因爲生命豐厚。哲學談的是生命。它甚至可能於生命至關緊要（至少自省的生命少不了它），但哲學畢竟不是生命，而只是借爲己用。然而哲學亦非生命肌理展現的骨架，好像哲學是基礎，而其餘僅是血肉。哲學不能只是單向度的論理，然而它在淋漓盡致處，也仍舊無可爭辯地扁平，即便它不是邏輯的。無論有無哲學，一片草地仍舊透露著豐美綠意。

10

也許正是因爲哲學今日的貧瘠如此不祥，談哲學終結的文章汗牛充棟，並把玩著「終結」作爲線性目的或目標以及「終結」作爲終點站的歧義，令人疲倦。有些作者較不羞怯，宣稱哲學的「死亡」或「精力放盡」。其他人則閃爍其詞。柯耐爾·韋斯特

---

[11] 後現代哲學避免採取任何立場，甚至將之高舉爲一種哲學原則。新近的法國學術明星都在嘲弄前輩（特別是沙特），控訴他們太主觀，即太強調主體。（別忘了，沙特堅持意識主體什麼也不是，但舉例來說，照儂西〔Jean-Luc Nancy〕的看法，說主體什麼也不是顯然還是太強調主體了。）

（Cornel West）與約翰・拉赫曼（John Rajchman）試圖震撼學界，宣稱「後分析哲學」已來臨，然而並未出現任何可見的改變。[12]「後分析」哲學（或用如今的謬稱「實用主義」）的轉移不過是約略調整某些戰略路數，選手還是一樣的熟面孔。技術宰制紋風不動，仍自傲地展示其「乾枯」──愛莉絲・梅鐸（Iris Murdoch）在數十年前已警告過了，雖然當時這領域仍然溼潤多汁。可是問題越是「扁平」、定義越完善，似乎就越難捉摸。比方說「眞」已經給化約得意義盡失，許多哲學家也相信他們差不多可以擺脫它了，至少在哲學裡可以。[13]同樣地，「自我」的觀念也變得如此扁平，早已不可辨認，更別說無足輕重了。[14]生命的中心概念都給化約成邏輯矛盾和謎題後，哲學家就遭到如下譏

---

[12] 拉赫曼與韋斯特，《後分析哲學》（*Post-Analytic Philosophy*, New York: Columbia University Press, 1985）。

[13] 這裡針對的不只是後現代的瑣屑而已。唐諾・戴維森在〈試圖定義眞，佯謬何在〉裡就主張此立場（Donald Davidson, "The Folly of Trying to Define Truth," *Journal of Philosophy*, 93, no.6 June 1996: 263-278）。

[14] 若在分析哲學裡追溯這一減重趨勢，它起自席德尼・舒梅克（Sidney Shoemaker）與約翰・培瑞（John Perry）的早期作品，終至戴瑞克・帕菲特（Derek Parfit），還有某些認知科學的新近著作（歐文・弗拉納根在《自我表達》中勇敢爲其辯護，主張它今日仍然有用〔Owen Flanagan, *Self Expressions*, New York: Oxford University Press, 1996〕）。類似於此，自我概念的崩塌在歐陸哲學裡則可追溯自沙特，他宣稱意識乃是「無」，這宣稱相較之下還有一定份量；但到了傅柯、德勒茲和儂西時，他們就棄主體性如敝屣了。

責（譴責他們的其實還是他們自己）：人們打一開始就搞錯哲學了。他們振振有詞，說我們這些年都在搞「假問題」，但他們的聲望、薪水以及對這門行當的獨霸則繼續節節攀升。

哲學的永恆問題

生命遲早會讓我們全變成哲學家。

——摩里斯·里瑟林（Maurice Riseling）

我不同意那種犬儒的（「反諷的」）觀點，後者堅持哲學不過是薪資優渥的哲學家當下在作的事；我堅持，哲學的動力與動機來自非常眞實、具體可見且普遍的人類問題。這不是要否認，就像尼采指出的，某種奇特的「對眞理的意志」確實存在，且這種面對謎題與矛盾的興奮一旦被激起，也可能久久不散，不被任何外事所推動。然而這不是哲學。與生命的永恆問題深入角力才是。我們全是哲學家，我們也必須將哲學民主化，儘管它有綿延久遠的精英起源。哲學不是專業或職業，不是自己有一套規則與暗語的排外俱樂部。哲學思考的不過是激情、正義、悲劇、死亡、自我同一性之類的問題，當然還思考哲學本身：它絕非少數大學訓練出身專業人士的絕活或專利。 *11*

在最重要也最政治不正確的意義上，哲學內存於我們極爲人性的存在方式中。我們思考。我們感受。有些課題——我們或可視爲「哲學存在的先行條件」（或所謂「人的處境」）——我們毫無選擇，只能思考或感受之。毫不令人意外的是，無論其細節或概念如何隨文化而異，這些課題至少包括了美好生活的本性、我們最爲強大的激情有何地位與理據、我們如何與他人相處、正義的問題、如何解釋悲劇、死亡顯而易見的終結、自己是誰、還有思考、反思、意識與哲學的意義與目的爲何。

這就是哲學的（某些）永恆問題。有些哲學家——最突出的例子就是理查·羅蒂（Richard Rorty）[15]——說沒有永恆的哲學問題。我認爲這根本是錯誤的（而羅蒂在其他地方也很清楚表示這點）。當然，你可以很「豐厚」地描繪這些問題，它們最後自然會毫無意外地成爲某時、某地、某群人，或者 1973 年美國哲學學會成員的特定問題。然而有些生命問題與任何特定哲學傳統都無關，比方說我們意識到自己是脆弱的，且最終會死亡。不管是否存在某種思考死亡的正確「邏輯」，死亡看來都是我們的普遍「事實」（海德格寫道，是「我們最爲必然的可能性」）。當然，要從概念掌握生命及其意涵，隨之還有死亡的意義與本性，有很多方式。可是我認爲意識到死亡，至少算是「哲學存在的先行條件」，它不是哲學家的發明，但仍然受到哲學的形塑（也形塑著哲學）。[16]

---

[15] 比方說，見氏著《論海德格等人論文集》（*Essays on Heidegger and Others*），即他的《哲學文集》（*Philosophical Papers*）第二卷（New York: Cambridge University Press, 1991），頁 22 以下。羅蒂大部分時候只談其他哲學家發明的問題，然而他堅持，人類生活的現實問題——比方說貧窮、政治壓迫、經濟剝削、暴行以及種族主義——是非哲學的。可是這是他對哲學爲何又能成就什麼，看法過度扁平所致。在發動革命還有心智自慰之間，仍然存在一種豐富的對話，而羅蒂本人就參與其中且成就非凡。

說哲學有永恆問題，某種意義上就是在指出（或者是在低聲抱怨），有某些問題甚至在「最爲扁平」的描述裡也是受限的、出於某種觀點而有的，因此就沒那麼「永恆」了（照尼采的說法就是，沒有事實也沒有原文本，只有詮釋）。舉例來說，有個不錯的論點指出，現在所謂的心一身問題，事實上是學問與期望的特定時刻才有的特定問題：一方面，神經心理學與電腦科學這些激動人心的學科在此時殊途同歸，另一方面則有基督教的身體靈魂分離說、笛卡兒的（笛卡兒主義的）「二元實體」哲學、語言哲學與心靈哲學在專業重疊處一些饒富新意的說法、以及英文語言特質的影響。日本、古希臘、奈及利亞的約魯巴（Yoruba）就沒有這類區分，因此也就沒有這類問題。 12

可是這意味著什麼？這不是要否認存在其他同樣會造成困擾的問題或「分支」（這也不是要說其他文化無法接受神經科學的發現，這是荒謬的）。舉例來說，向公眾展示的「面孔」與不可展示的私人感受之間的張力，是日本人不斷關注的事情。約魯巴人與大多數人一樣，關心靈魂的本性，他們以各種意義將之與身體區分開。然而嚴格說來沒有心一身問題，因爲簡單地說，（在

[16] 眾所周知，蘇格拉底堅持沒有審視的生命不值得活，但他究竟在哪些意義上審視了或沒有審視自己的生命，是完全不明朗的。他顯然想的不是「內省」的觀念，這在現代自我審視的觀念裡無所不在。他似乎也不認爲，眞正審視過的生命會和尋常生活及其俗務有何相像。是故，佩姬·努南（Peggy Noonan）談論她的前任上司雷根（Ronald Reagan）時，說他顯示了沒有審視的生命是值得活的。這個笑話背後有大批的哲學議題。

日語和約魯巴語中）都沒有任何字表達（或意義相同於）mind〔心靈〕（日語中意義最接近的 *kokoro*，顯然包括了許多在笛卡兒式二分法中會定位在「身體」的特質。亞里斯多德的 *anima* [2] 在任何意義上都與有機體分不開，而約魯巴語 *ori* 比較像是「頭」而非「內心」，對照的是身體的其餘部分）。可以臆測，我們所謂的「心靈」乃是對主觀經驗某些面向的「最扁平」描述；然後它與「身體」形成對照，後者同樣是極扁平的，以純生理學的字眼描述之。

認為心—身問題**不過是**某個地方哲學傳統在某個特定時期的文化特色，純屬荒誕不稽。我這裡關心的不是如何提供足夠「扁平」的問題描述，以便包羅所有文化及其對立，更何況，如此扁平的呈現問題也許太過稀薄，會讓它變得對我們一點也不重要。我在這裡要追問的——高度反對羅蒂不時會讚揚的後現代路線——是我們關懷的核心為何，我們不可能只當它是反諷或覺得無所謂，它配稱為人性之根本，不管哲學家是否這麼看它，也不管它是否看來擺脫不掉特定的文化或哲學觀點。必須承認，某些觀點只在某些文化中而不在別的文化中成立。但堅持有本質上人性的關懷，並沒有犯了後現代所謂的「本質化」還有「極權化」之罪。這更不是要否認，如果人類成了與現在極為不同的造物（比方說變得不可摧毀或不朽），永恆的問題可能也因之有變。談論「永恆問題」只是說，某些問題在某些形式上，我們（即我們所有人——儘管我們的想像有限且必然受限，但它多少會讓我們走

---

[2] 譯注：拉丁語「靈魂」。

向這些問題）無從逃避。

13

蓋伯里爾・馬塞爾（Gabriel Marcel）認爲謎題與奧祕不同，他抱怨（二十世紀中葉的）哲學家已看不見奧祕，而分神於解謎了。我也許會換種說法，然而照我看，他這一區分無從避免。他的寫作超前了時代。他試圖闡明，任何思考的存有都深切關懷的事已變得混淆難辨：在這個意義上，哲學已在美國最好的大學中完全消失了。哲學並不引進新的祕傳議題。它倒是專注於所有人早在關心的事，尤其是炯炯有神、荷爾蒙旺盛的大學生，還有四十五歲的職場男女都關心的事。然而「最好」的哲學系現在只有最精湛的技術，對多數學生最無話可說，也難怪很多優秀學生都離開了哲學，跑去研究宗教或文學系了。在課堂之外，同一批學生帶著無比熱忱追尋新時代（New Age）哲學，我們本來希望這種熱忱也出現在我們開的哲學課上。我們不該感到憤怒或對之不屑一顧；試圖理解他們的動力從何而來，怎樣才能滿足它，對我們的處境才更有幫助。

哲學是眞切的需要，它面對的問題也是眞實而非虛假的。哲學會不時在生命中浮上檯面，最容易預測的就是童年時期，父母和老師還沒有用毫不回應的方式將之消磨殆盡；在即將成年之際也會，那時自己是誰，還有在世界中如何自處的問題都在激烈湧動；在生命巨大的轉折點也會——離婚、重大的病痛、心愛的人逝世、個人的失敗或政治動盪。在多數人眼裡，正是爲了這些切身的問題才需要（公眾支持的）哲學家；專業哲學家若不願意回應這些問題，那麼哲學慰藉的替代來源就肯定會出現。只消看看書店裡琳琅滿目的自救書區就知。今日多數有智識者寧可看莎莉・麥克琳（Shirley MacLaine）的性慾奇想，也不要專業懷疑論的無趣勞動，後者要找到所有論證的錯誤、所有洞見中的混淆、所有美好感覺的愚蠢處、還有任何話語潛藏的棘手矛盾。至少麥克琳小姐在她的所作所爲中似乎眞的很快樂。

禮讚蘇格拉底

笑是靈魂的語言。

—— 帕布羅．聶魯達（Pablo Neruda）

人們常打趣說，蘇格拉底一生不立文字，所以他就這麼死了。儘管如此，他成了我們的英雄，哲學家的靈感泉源與理想。不錯，在他之前就有哲學家了（人們有些瞧不起地稱之爲先蘇哲人），但無法想像哲學沒有他會如何成長或發展。柏拉圖會寫什麼呢？亞里斯多德的智識跳板會從哪裡發動呢？我們會知道如何對待奧古斯丁（Augustine）或阿奎納（Aquinas）嗎？尼采的誑語（還有他的嫉妒）也將無從發揮（不過小城鎮裡的新教傳統也許還是讓他有機會）。蘇格拉底的人格——還有他的機鋒與出眾——魅惑著我們所有人。正是靠著他的榜樣（還有柏拉圖對他的描繪），哲學才與詩、雄辯術、公眾政治清楚區分開（且與它們針鋒相對），並成了一門卓然自足、自我審視的學問。[17]

14

[17] 保羅．伍德魯夫，〈柏拉圖論教育〉，收錄於艾梅莉．羅蒂編，《哲人論教育》（Paul Woodruff, "Plato on Education," *Philosophers on Education*, ed. Amelie Rorty, New York: Routledge, 1998）。

但事實是，蘇格拉底是個自我包裝的江湖郎中。他有意堅稱自己無知，並據此宣稱自己是當時最有智慧的人。若是亂七八糟的論證可以勝出，他就會運用它。他會假意討好或開人玩笑、混淆視聽或哄騙。他的嘲弄都是因人廢言（ad hominem），這是他固定會犯的非形式謬誤之一。他是享樂者，對愛與快樂，甚至生命本身無感，或者可以變得無感。他爲哲學而死，或者他想讓我們這麼相信。但他是爲了自己，爲了「他靈魂的善」而死，甚至他爲之犧牲的政治原則，現在看來都是可疑的、不一致的，恐怕也是難以忍受的。[18]

從我們對蘇格拉底擁有的記載來看，他似乎從未獨自一人，很少單獨沉思，而且很少過份正經。我們眼裡獨居、面色凝重、全然沉思者的哲人形象可以打發掉了。蘇格拉底總是不由自主想要跑趴、與眾人飲酒、喋喋不休、還是隻牛虻，總環繞著重要議題（當然還有小男孩）嗡嗚不止。不管我們還會怎麼說他——智慧的、勇敢的、長得醜、而且終究還是會死的（就像必然的三段論式一樣[3]）——他畢竟渡過了一段好時光。他的對話充滿小聰明、難以抗拒的辱罵還有哲學鬧劇。即便今日，都還能讀到他眼神的閃爍、言辭機鋒中的咯咯笑聲，他追問各類課題還有追打自願就範的受害者時的歡樂，還有那不全然無所節制的快活——他

[18] 見史東，《蘇格拉底的審判》（I. F. Stone, *The Trial of Socrates*, Boston: Little Brown, 1988），這位偉大的自由記者撰寫的扒糞傑作，它一直沒有得到該有的評價。

[3] 譯注：指三段論式的最著名例子：人會死，蘇格拉底是人，故，蘇格拉底會死。

就這麼表明其論點、把論證收束妥當、結束一段討論以便開啓另一段。也許，如同尼采兩千年後——既驚恐又嫉妒——的主張，他根本是個小丑。可是這小丑可不尋常！他魅惑了雅典的年輕人，死後數年內又魅惑了整個古代世界。兩千年後他又魅惑了文藝復興的新哲人，還有新誕生的現代異教世界。藉著嘲弄和哄騙，他教的哲學是對話，是啓蒙過的閒言閒語。他教的哲學是快樂的智慧，**是玩樂**。

後來的哲人也許會坐在中產階級的爐火旁，手裡持筆獨飲，然而蘇格拉底都是列身慶典酒席與人同飲，還是喝毒酒而亡的，也算死得其所。我們都知道，他受控的罪名是「敗壞雅典青年」還有不信城邦的神：前者太過模糊，難以證明，而後者他雖不承認，卻是千眞萬確。當著判他有罪的陪審團前，他誇耀自己的作爲，還提議自己不該受刑，倒該拿養老金才對。他的判決是死罪，這並不公正，然而這是他自己激怒陪審團所致，而且後者爲此也躊躇良久（無庸置疑，某些陪審團員已經料到，歷史對此判決將有何看法）。他的朋友克里托（Crito）提議讓他逃獄並助他出城時，他拒絕了。爲什麼？只因爲一些臭名遠播的不妥論證。不過也許他自己也預感到他在歷史上的重要。每個殉道者都有這類幻想，不過很少眞的如此成功（還有一個例外[4]）（比較亞里斯多德，他完全阿Q精神式地說[5]，「雅典不能再對哲學犯第二次

[4] 譯注：「例外」影射耶穌基督。

[5] 譯注：原文爲「他以Falstaff的口氣說」，用典莎士比亞《亨利四世》第一部第五幕第四景行120-1的Falstaff角色語：「勇氣中較卓越的成分是審慎。」（The better part of valour is discretion.）

罪了。」[6]智慧畢竟是勇氣中較卓越的要素）。

蘇格拉底如此矛盾，如今依舊困惑我們，其後哲學的所有混亂與必然都自他一個人湧現而出，就像他從不住口的談話一樣。他堅持理性，但雄辯術才是他的招牌。單靠著個人魅力他就確立自己是激情，而非沉思之人。他總有妙問快答，反而沒有反覆推敲過的理論。當然，他到底對什麼事有一套理論，甚至對自己的提問有沒有解答，一點也不清楚。甚至他那偉大的《理想國》（*Republic*），雖讓西方其後兩千年都在爭論「什麼是正義」，最後卻沒有任何清楚結論，而且至少還暗示可能根本沒有結論。

蘇格拉底堅持**定義**，說它是充分必然的條件，能無一例外地包羅所有恰當個例，可是他自己更擅長聰明的反例還有精湛的反駁。而待他將所有的定義提案都否決後，他自己卻不再搞這種徒勞無功的事，反而講了個故事或寓言，可能是虛構的城邦或將靈魂描繪爲馬伕與一群野馬，回想與繆斯的一場想像會面或者沉溺於靈魂不朽的玄思。他事實上就是個神話家，是神話與反神話的雕刻師——相的世界、眞實的存在、逃離洞穴、眞正言行一致的理想、靈魂的不朽。他提議將詩人逐出理想國，說他們是騙子、是江湖郎中，但他自己就是最了不起的詩人、騙子和江湖郎中。

於是有兩個蘇格拉底：一是兩千五百年前有血有肉的狂熱人士，另一是以他爲名的冷血邏輯建構，充滿可疑的論證還有狂想的來世理論。我們牢牢掌握了蘇格拉底對謎題和矛盾的目眩神

---

[6] 譯注：亞里斯多德因與馬其頓王室關係良好，也曾差點受控告；但他決定逃出雅典。

迷，卻再也看不到推動他的深刻個人關懷，還有那不可自制的幽默感。更糟的是，哲學現在自以爲是地排外，完全不屑多數學生和其他哲學迷揪心的關切爲何。蘇格拉底可搞對了：哲學可以也應該是快樂的，它不該是個重擔。這不是說它是簡單的。也不是說怎樣都行。蘇格拉底面對死亡，比多數哲學家或他們與學生在研討室的會面更加沉靜從容。今日深刻思想家扭曲而痛苦的面孔，可不合蘇格拉底的胃口。[19]快樂的輕笑或咯咯一笑，才是智慧最恰切的表達。

16

---

[19] 我用「深刻的思想家」一詞總會有點嗤之以鼻的意味，源自李・考布（Lee J. Cobb）1954年的影片《岸上風雲》（*On The Waterfront*）。不過我借用的反諷也應該用維根斯坦臨終前在床塌說的話平衡一下，非常有蘇格拉底的味道：「告訴他們，我過了很棒的一生。」轉引自魯什・里斯編，《維根斯坦回想》（Rush Rhees, ed., *Recollections of Wittgenstein*, Lanham, Mo.: Rowman Little field, 1981）。亦見德魯里，〈對話札記〉（M. O'C. Drury, "Notes on Conversations"），前引書，頁 76-171；以及泰瑞・伊格頓與德瑞克・賈曼，《維根斯坦》（Terry Eagleton and Derek Jarman,*Wittgenstein*, London: British Film Institute, 1993），這是齣劇本。

第 1 章
激情的生命

如果沒有愛過，生命又剩下什麼？

—— 維克托・雨果（Victor Hugo）

告訴他們，我過了很棒的一生。

—— 路德維格・維根斯坦（臨終言）

生命豐富而肥美，充滿可能與激情。然而哲學，即使是生命哲學，也太常過於扁平，都給化約成骷髏般的原理、化約論概念或是頭腦簡單的理論。倫理學在這方面簡直惡名昭彰，雖然它應該是生命哲學的一環。20 世紀 —— 上一世紀也是 —— 人們多致力於將倫理學化約爲單一的視角，甚至單一的原則，像是「效益原則」或「尊重原則」。或者更不屑也爲禍更甚的是，倫理學（與政治學、社會哲學、美學還有宗教一道）已給逐至哲學的邊緣，「並非眞正的哲學」了。人們認爲它太「軟」、「不過是主觀的」、「嚴格說來是無意義的」而將之打發。[1]人類生活與激情

---

[1] 這裡指的是艾爾的經典《語言、眞與邏輯》（A. J. Ayer, *Language, Truth and Logic*, New York: Dover, 1952）。

肥美又混亂的豐富，給化約成它唯一最受高舉的特性，即所謂的理性，伯納．威廉斯（Bernard Williams）稱之爲「沒有特色的主體」。[2]「人是理性的動物」，亞里斯多德於二十五世紀前如是說。現代哲學家又將他提了出來，但這次變本加厲，將「動物」化約成純粹生物學，並將「理性」局限於邏輯與語言。亞里斯多德鐵定會嚇壞。

18

我要捍衛一種「厚」的生命概念，哲學對此通常視若無睹或不屑一顧，隨之還要捍衛一組倫理學常忽略的美德。首先我想捍衛哲學家山姆．金（Sam Keen）所謂**激情的生命**，這也是他的書名標題。[3]這既不古怪也不陌生。這是由情緒、熱情的參與及信念、一次或多次的追尋、宏大的計畫，還有包容的親密情感所定性的生命。有時人們（比方說歌德〔Goethe〕的《浮士德》（*Faust*）、齊克果〔Kierkegaard〕還有尼采）會用顛狂、高遠的野心、「致死之疾」、根本不可滿足的目標或不可能的情感來刻畫它。我想將這種生命概念與尋常道德或是「當一個好人」形成對照，不過很明顯，我不是說爲了追求前者就必須放棄後者。尼采常給人這種錯誤印象，因爲他裝作一副「不道德者」的樣子又好以戰士爲喻，但我堅信——基於堅實的文本解讀——這絕非他的意圖。[4]我也不想獨斷地主張，激情的、介入的生命肯定優於

---

[2] 伯納．威廉斯，《羞恥心與必然性》（Bernard Williams, *Shame and Necessity*, Berkeley: University of California Press, 1997）。

[3] 山姆．金，《激情的生命》（Sam Keen, *The Passionate Life*, New York: Harper & Row, 197x）。

[4] 舉例來說，見我的文章〈更爲嚴厲的道德：尼采正面的倫理學〉，收

更爲平和而制式的生活（用波希米亞式叛逆者的標準用語說就是「布爾喬亞的」）。[5]但另一方面，我確實要質疑，僅僅活得好、守法、照效益論的「理性選擇」進行算計、尊重他人的權利與契約以及一點點自認正當的心態，是否就是美好生活的全部（即使在非道德的空間中充滿各種可以縱容的快樂和成就）？生命的意義可不是那些只是「好人」的人的專利。想像生命燦爛燃燒殆盡而非死寂鏽去，甚至是我們這些年過三十的人也難以輕易打發掉的觀點，古代人、浪漫派還有今日的搖滾樂手都曾如此想像。[6]

更深一層說，許多哲學家——包括了蘇格拉底、斯賓諾莎（Spinoza）、叔本華（Schopenhauer）、斯多噶派還有佛陀、孔子與莊子、甚至亞當．斯密（Adam Smith），這只是其中一些而已——都捍衛過某種「心靈平靜」或「沉靜」作爲最高善的看法（*ataraxia*、*apatheia*、涅槃、道、安）。[1]這也是我要質疑的。

錄於我的《從黑格爾到存在主義》（"A More Severe Morality: Nietzsche's Affirmative Ethics," *From Hegel to Existentialism*, New York: Oxford University Press, 1988）；亦見萊斯特．杭特，《尼采與美德的起源》（Lester Hunt, *Nietzsche and the Origin of Virtue*, New York: Routledge, 1991）。

5 我能澄清這一點，都要歸功於喬治．謝爾（George Sher）提出的好問題。

6 「燃燒」、「生鏽」的隱喻借自尼爾．楊（Neil Young）。在舊約、亞歷山大大帝、英國和德國浪漫派詩人還有瓦爾特．帕特（Walter Pater）那裡也可以找到類似的說法。

[1] 譯注：*ataraxia*與*apatheia*爲古希臘文，分別指「心靈平靜」及「擺脫情緒」，前者是伊比鳩魯派，後者則是斯多噶派標識的生命理想狀態。

這當然不是說，這些思想家或他們的傳統曾鼓勵或捍衛過情緒的全然闕如（比方說亞當・斯密就是道德情感的堅定捍衛者；另一方面，很多亞洲傳統都極重視同情心甚至狂喜）。但他們都有些執拗地堅持，強大而猛烈的激情──那種會「席捲我們的」──再怎麼說也是不體面的，而且常常爲禍不淺，甚至致命。

與此對照，我在本章想倡儀酒神生命情調的正當，暗示它的隱喻是動態而非靜態的：「能量」、「熱情」、「個人魅力」甚至「瘋狂」的觀念。[7]這也是荷馬、拜倫（Byron）以及愛倫・金斯堡（Allen Ginsberg）等詩人倡議的愛欲生命概念，雖然它可能不時因絕望和世界痛苦而頹喪，但也會因快樂和狂喜而抖擻。多數哲學家更爲熟悉的維根斯坦則是個意外的例子，他的生活是很神經質沒錯，但也叫人稱羨（而這不只是因爲他的天才）。自然，拒絕幸福和受苦（或者說「善」與「惡」）的終極區分也許就是我想捍衛的某個觀點，但這個古怪的主張超出了本書範圍（可我在第五章作了一次拙劣的嘗試）。我比較溫和的觀點是，有德的生命也許不只是很多哲學家還有當代的道德說教者要求的那樣，只是當一個好相處的鄰居、受尊敬的公民、負責的同事還有

19

[7] 無疑，這類行爲有些神經生理學的解釋，也許是由於像藍斑核（locus coeruleus）之類的腦幹區異常，或是像正腎上腺素（norepinephrine）或血清素（seratonin）之類的化學物質不足或過剩。我不懷疑「激情的生命」可能大部分是長期疾病而非教養而得，但問題在於──只要我們不願回避美德是否必須是「人所能控制的」這一問題──激情的生命是否可以當作是有德的，以及如果可以，它的美德又是什麼。

能感受的殭屍而已。

用更清醒的哲學方式說：我在本書至少想指出倫理學經常忽略的激情，或更一般地說，就是情感，是很重要的面向。[8]所謂的美德倫理學強調倫理評價中行爲者及其人格的重要，如今人們已承認，在以行爲或原則爲中心的理論或結果論之外，它是可行的替代方案。必須說，某些哲學家將美德的概念削減得如此扁平而不可忍受，然而在我眼中，美德倫理學的美德就在於，它豐富了道德描述及道德生命。[9]義務與效益原則的扁平惡名昭彰。聚焦於美德還有人格問題，有助於將人、歷史、環境、文化還有其總體份量視爲整體考慮。什麼算是美德，美德與人格、原則還有行動又有什麼關係，當然存在巨大的歧見。但在這些課題之外，我還想再加一個：在倫理學中，美德以及人格與情感有何關係？

很明顯，即便不是多數，至少許多人們會提的美德都和情感有些關係，只是多半是以否定的方式提出的。比方勇氣多半和克

---

[8] 伯納・威廉斯在收錄於《自我問題》一書中的〈道德與情感〉（"Morality and the Emotions," *Problems of the Self*, Cambridge: Cambridge University Press, 1973）裡，已預示一些這裡將探討的課題，不過柏拉圖和亞里斯多德，還有後來的尼釆，老早就談過了。

[9] 我要明確將這種美德見識與今日運用這詞的論戰區分開來。在比爾・班內特（Bill Bennett）的《美德之書》（*Book of Virtues*）出版一世紀前，尼釆就說：「然後還有些人，認爲說『美德是必要的』是種美德；但說到底，他們只是相信警察是必要的。」《查拉圖斯特拉如是說》，考夫曼譯，第二卷，〈論有德者〉，頁207（*Thus Spoke Zarathustra,* trans. W. Kaufmann, New York: Viking, 1954, part Ⅱ, "On the Virtuous," 207）。

服恐懼有關，亞里斯多德在《尼各馬科倫理學》（*Nicomachean Ethics*）就頗費篇幅論證此點。菲莉帕．弗特（Philippa Foot）就提過一著名主張，說美德是情感的「導正」，牽制著較爲低下而自利的情感。[10]多數傳統惡德（貪婪、淫慾、自傲、憤怒、也許還有嫉妒，不過值得注意的是，懶散不算）都可以輕易定義爲情感的過度。然而這類情感的缺乏都太常算作美德了（禁欲、貞潔、節制等）。無怪乎尼采會（在許多地方）警告我們不要把「消化不良的人」等同於好人。

主張道德情感說的法蘭西斯．哈奇森（Fancis Hutcheson）、休姆（Hume）、夏夫茲布里（Shaftsbury）、斯密，當然還有叔本華，則更爲正面，主張倫理學完全基於同情、憐憫、或同感（*Mitleid*）[2]，不過這類情感（或情緒）經常被看作是嬌弱的、情緒化的，有時更糟（尼采自然是看法最爲負面的，認爲它充滿自滿、欺負人的高傲和僞善[11]）。在勇氣的例子裡，美德調節著情感（正如「好脾氣」還有「講理」一樣）。在同情的例子裡，情感本

---

[10] 菲莉帕．弗特，〈美德與惡德〉，收錄於弗特，《美德與惡德等論文集》（"Virtues and Vices," *Virtues and Vices and Other Essays*, Berkeley: University of California Press, 1978）。對亞里斯多德的這一看法似乎影響深遠，比方見大衛．史都華．尼維森比較亞里斯多德與孟子的優秀論文，〈孟子與動機〉，《美國宗教學會期刊》，古典中國哲學特別號（1979年9月），頁419（David Steward Nivison, "Mencius and Motivation," *Journal of the American Academy of Religion*, special issue on classical Chinese philosophy, September 1979: 419）。

[2] 譯注：德文的「同情」或「同感悲痛」。

身**就是**動機。據此也許能主張，富有同情心或表現同情本身就自成美德，而不是像亞里斯多德及多數美德倫理學家主張的那樣，是因爲它是持久的「人格狀態」（想像一個多數時候都冷淡無感的人，卻在眞正需要的時候就表現了那麼一次同情心）。

20

儘管如此，亞里斯多德還是承認某些情感是美德，比方說他將驕傲看作美德（不過他的驕傲與我們的觀念大異其趣），此外還牽強但也不無辯意地將羞恥心當作「準美德」（沒有羞恥心的人應該也沒有驕傲心，或者照伊索比亞人的格言說就是「沒羞恥心的人也就沒榮譽心」）。換句話說，情感本身也可能是美德，當然這受限於當下的脈絡條件，也要考慮它多麼強烈或是否恰當。

我要追問的就是這一主張：激情**本身**可以是美德（當然也可以是惡德）。亞里斯多德在《倫理學》第二卷中問道，美德應該算是激情還是人格狀態；他堅持不是前者而主張後者。我不否認，美德典型說來是人格狀態（或者也可說激情可以是人格狀態），不過照我看，激情（像是愛）也可以是美德。

亞里斯多德假定激情轉瞬即逝，這是常見的假定。但我想說，眞相是激情（與短暫的情感爆發、壞脾氣、情緒崩潰等不同）通常是持久的——當然還是「不可消解的」。[12] 激情似乎特別指稱那些持久而強烈的情感。若說一個人「激情地愛著，不過通常一陣子只有幾分鐘在愛」，這除非當它是個刻薄的笑話，不然很

---

[11] 特別見《朝霞》，豪林戴爾譯（*Daybreak*, trans. R. J. Hollingdale, Cambridge: Cambridge University Press, 1982）。

[12] 艾梅莉・羅蒂，《解釋情感》（Amelie Rorty, *Explaining Emotions*, Los Angeles: University of California Press, 1980）。

難了解究竟是什麼意思。因此我也想挑戰如今美德的標準說法：（照伯納．威廉斯的話說）「選擇或拒絕行動的**人格傾向**。」[13]激情與情感並不只是「人格傾向」，除非照某種很平庸的意義說，它們確實會提高某個選擇或行爲方式的可能。

但情感不是傾向：它首先是體驗，是在世存有的方式。照這樣看它是（照吉伯．萊爾〔Gilbert Ryle〕發明的行話來說[14]）事件性的，而非傾向性的。這並非要否認，激情可以持續良久——甚至一生——也可能包含各種傾向，甚至是擁有其他情感的傾向。（我經常聽人據此主張，愛不是情感，而是擁有情感的傾向。[15]就跟這領域多數論證一樣，我覺得它似乎過度簡化了擁有情感是怎麼一回事——也完全搞錯了愛是怎麼一回事。）此外，激情作爲美德，不但不必非得是人格傾向，甚至也可能完全「不

---

[13] 伯納．威廉斯，《哲學的界限與倫理學》，頁9（Bernard Williams, *Ethics and the Limits of Philosophy*, Cambridge, Mass.: Harvard University Press, 1985, p9）。比較亞里斯多德，《尼各馬科倫理學》，大衛．羅斯譯，第三卷（Cf. Aristotle, *Nicomachean Ethics*, trans. David Ross, London: Oxford University Press, 1954, book Ⅲ）。威廉．法蘭克納（William Frankena）並不把美德倫理學當回事，主張美德不過是遵守理性原則的傾向：研究這一主題的正當價值就這麼被掏空了。

[14] 吉伯．萊爾，《心靈的概念》（Gilbert Ryle, *Concept of Mind*, New York: Barnes and Noble, 1949）。

[15] 比如格林，〈情感與信念〉，《美國哲學專文季刊》，第六期（1972）（O. H. Green, "Emotions and Belief," *American Philosophical Quarterly Monograph,* no.6, 1972）。

合人格」，與一般以為這個人會有的作為完全相反。[16]「身陷戀愛」還有壓力激發的英雄作為是這類「出格」的典型事例。這類例子顯然極具說服力，促使我們嚴肅考慮激情是否可能是美德，**而非**人格傾向。

首先我想挑戰某些反對倫理學中（康德所謂的）「傾向」[3]優位的標準說法，這是來自康德派的傳統——但也許可以說，這並非康德本人的看法。[17]然後我將聚焦於一特定情感，即愛。這字眼寬泛多義，從親子的情感到聖人的無私奉獻都有，但其中只有一些算是激情的。我們所謂的「浪漫」，那種會「熾烈燃燒的」愛肯定算是其中一種（就像珍・奧斯汀〔Jane Austen〕的《理性與感性》〔*Sense and Sensibility*〕中瑪麗安〔Marianne〕描述的一樣，或是瓊恩〔June〕與強尼・卡許〔Johnny Cash〕在「火圈」〔Ring of Fire〕裡唱的那樣）。數千年前，柏拉圖為*eros*[4]的激情辯護，主張它本身就是美德。亞里斯多德也許更為審慎，他為*philia*[5]的美德辯護（這還是他的《倫理學》中討論篇幅最長

21

---

16 當然，這一出格也許會揭示或帶來一個嶄新而不同以往的「人格」，就像一個人戀愛或因新生兒而情緒激動時一樣。儘管如此，美德仍然在於擁有這個情感，而非其後可能有的人格傾向（〔就像常說的，〕「我之前不知道他居然有這種情感。」）

[3] 譯注：應指康德Neigung一詞，通常也譯為「性好」或「愛好」。

17 芭芭拉・賀曼，《道德判斷的實踐》（Barbara Herman, *The Practice of Moral Judgment*, Cambridge: Cambridge University Press, 1983）。

[4] 譯注：古希臘文「愛欲」、「慾望」。

的），然而這在多大程度上算是激情，而非我們所謂的「親密感」，卻不完全清楚。這裡不會討論所謂的人道之愛（*agape*, *caritas*[6]），而設身處地以及同情等類似情感，則留待之後談（見第四章）——雖然後者在倫理學中源遠流長，不但基督教、儒家與佛教中有，十八世紀理性取向的歐洲啓蒙風行的「道德情感說」裡也有。[18] 我這裡要另闢谿徑，勉力爲我們如今所謂的浪漫愛、情愛辯護，主張它是美德——甚至是堪稱模範的美德。我的目標就是要將我們的整個美德（以及與它一道的惡德）形象整個頭上腳下顛覆過來，或者更恰切地說，離腦袋遠一點來觀照它（有些人會說從「心」來看，可是這從生理學上說多有歧義）。我要主張，人們所謂的熱情也是一種美德，而因愛的羈絆而生的熱情不過是最突出的例子。

---

[5] 譯注：古希臘文「友愛」。

[6] 譯注：*agape*，古希臘文「聖愛」，在新約中與 *eros* 對立；*caritas*，拉丁文「慈愛」，乃基督宗教傳統中 *agape* 通行的拉丁譯文。

18 我這裡不只指那些偉大的蘇格蘭道德學家，特別是大衛·休姆與亞當·斯密（他們比自己的同行法蘭西斯·哈奇森以及夏夫茲布里勳爵更強調情感的重要），也指讓尚—賈克·盧梭（Jean-Jacques Rousseau），他的教育作品，如《愛彌兒》（*Emile*），強調自然情感與一般所謂的理性，那種「不自然」而「敗壞」的算計相對立。這裡將熟悉的西方觀點與古典中國思想相對照或許很有意思。因此儒家學者杜維明（Tu Wei-ming）就區分教化的人類情感與區區的「自然」感受，便顛倒了蘇格蘭學者強調道德情感自然特性的用意。見杜維明，《中心性與共同性》（Tu Wei-ming, *Centrality and Commonality*, Albany: SUNY Press, 1989）〔杜維明此書中譯見段德智譯，《論儒學的宗教性——對中庸的現代詮釋》，武漢大學出版社，1999 年〕。

我要稍微限制一下我的主張，雖然這樣可能顯得過份理智，卻很重要。當我說我要捍衛激情的生命，主張激情是美德時，我得明說，並不是任何激情或情感都行，而且即使情感是美德，也可能並不**總是**美德。[19]比方說我對某些集體情感非常戒慎：戰爭狂、種族主義等招致族群屠殺的激情（我對運動中類似的、不可避免的「昇華」或「錯置」的激情並不太過樂觀。運動迷其他時候沒有什麼值得開心的事，除了買票或是坐在家裡看電視以外無事可作，快樂起來卻毫無節制，這於我而言永遠會是一件惱人的奧秘）。有些情感完全不算是美德（如嫉妒），也有些情感的程度或密度（儘管我抗拒這種量化的描述）完全不是有德的。

若以愛爲例，其中就有激情和迷戀的微妙區別（香水和牛仔褲業者通常對此無知），而我怎樣都不會爲迷戀辯護（不過其差別也許更在於另一方是否有所回應，而不在於激情本身）。有不當的愛、愚愛、占有欲過強的愛（這也許用醋意來描述更好）：這都不算美德也不有德，不過也許愚愛都仍然比沒有愛更能表現

22

---

[19] 比方說，若愛是美德，也有些狀況會令愛成愚行，但若認爲愛有時會有惡意，人們大概會立刻反對。有惡意的激情當然存在，但也許不該稱之爲「愛」（而是「迷戀」）——比方說《咆哮山莊》（*Wuthering Heights*）裡西斯克里夫（Heathcliff）對凱西（Cathy）趨向毀滅的激情就是一例。不過，即使愛是愚行或有毀滅力，我們還是可以堅稱它是美德，就像即使正義的後果是災難，我們還是堅稱它是美德，或者即使誠實的後果比單純的「善意」謊言更糟，我們還是堅稱誠實是美德一樣。不過我認爲，這樣一來我們就得在有德的行爲中作更仔細的區分，另外補充一些獨立於美德談法的標準。我能澄清此點要歸功於羅伯特．奧迪（Robert Audi）的好問題。

美德。即使只是爲了強調美德本性的關鍵特質，也還是要特別注意到，激情的愛和迷戀的愛（這也包括了性愛的迷戀）是既不同又相似的。常見的說法是，美德涉及可控制者，而「失控」恰恰是有德的反題（想想「精湛技巧」（virtuosity）一詞吧[20][7]）。然而愛的本性就在於它是不可控制，或不可完全控制的。它牢牢繫於對方的命運，還有他的突發奇想與福祉。我們發現激情與欲望消漲起落，完全不顧我們的希望與使命感。所謂的迷戀，也許不過是在變幻莫測、翻滾洶湧的人生之海裡必要的牢固依偎，而所謂的激情，也許部分正源自這一依偎帶來的不確定感。我想主張，正是這一激情，那種面對不確定的興奮感並坦然面對失控，構成了愛的美德。

最後，我想在弗雷德里希·尼采，這名最有膽識也最刺激的現代美德倫理學家的作品中，將我以上的哲學顛覆之舉一般化。尼采有時自稱「不道德者」；然而這一誇張的自述倒不意味著拒絕倫理學，而只是拒絕某種道德觀，康德與（從歷史上說）猶太一基督傳統是其最著名的奠定者。相較之下，尼采也捍衛某種「美德倫理學」（但他可不會喜歡這個醜陋的標籤），美德與激情在其中都有重要地位。很直接地說，倫理學不是自外強加的，不

---

[20] 孔子也強調我們所謂的「理論實踐一致性」：他反覆指稱有德之人（「仁者」）的「精湛技巧」。此詞還是音樂中的常見用語並非偶然；孔子既然深明音樂於生命中的核心地位，「精湛技巧」便非誤譯。

[7] 譯注：virtuosity 有美德（virtue）的字根，譯者在譯文上很難表明這一字源關係：美德是熟能生巧，必須實地演練方能擁有。美德如何是一種熟能生巧的實踐品性，其經典論述參見亞里斯多德《尼各馬科倫理學》第二卷。

管起源是上帝法律還是「畜群」，也不是計算或人格狀態，照一般解釋，它們能直接促進社會福利或公益。它也不是遵從內在理性的道德律或「良心」的要求，或就此而論，也不是基督徒高舉爲 agape[8]的普遍愛之要求。「什麼是善？── 任何能提高強力感的事物。」尼采於論戰意味明顯的《敵基督》（*Antichrist*）的開頭如是寫道。我認定，「強力感」與情感以及激情很有關係。

尼采的早期著作《快樂的科學》（*The Gay Science*），光是書名就在捍衛激情的生命：*la gaya scienzia*，吟遊詩人的生活，渴望（*languor*）與愛的生活。據此，人們常認爲尼采的「不道德主義」近似審美主義，即主張倫理學與倫理判斷可化約或轉譯爲美學或審美判斷。[21]這不是我這裡的立場，不過我認爲其中蘊涵許多眞理。我反而要追問尼采對激情的側重，特別是他富於活力又叫人背脊發涼的「強力意志」觀念，這強調的不是美學而是「能量」、「熱情」、「力量」還有「自我宰制」── 這並不是說要戰勝激情，而是說要養育它。這顯然不只反對康德實踐理性、效益計算與享樂主義，也反對倫理學中道德情感理論家以及（尼采更心繫的）叔本華較爲溫和的情感概念。但在我繼續前，我也要說，人們常誤解了尼采的強力意志，對它作了太多文章，它在尼采哲學裡並沒有這麼高的地位。但我在這裡不會論證此點。[22]我只主張有一種可行的美德與惡德倫理學，它與「美德

23

[8] 譯注：見譯注6。

21 亞歷山大．內哈瑪斯，《尼采：生命作爲文學》（Alexander Nehamas, *Nietzsche: Life as Literature*, Cambridge, Mass.: Harvard University Press, 1985）。

倫理學」的標準說法，或是更廣泛地說，與各類「實踐理性」的倫理學都極為不同。必須很抱歉地對哥雅（Goya）說，我認為會產生怪物的不只是理性的沉睡，理性的霸權也會。[23]

---

[22] 對「強力意志」過度且沒有根據的強調，主要來自海德格（Heidegger），他對文本幾乎完全不重視，而任意運用之。在英美學界則有華爾特．考夫曼的《尼采》（Walter Kaufmann, *Nietzsche*, Princeton, N.J.: Princeton University Press, 1953）大費周章解釋此概念，不過此書至少讓尼采在一個仍然尖銳反納粹又實證的哲學世界裡獲得了一定的尊重。然而詮釋它的主要文本來自尼采未出版的筆記，看待它們時應極度小心。這概念本身散發著太多的叔本華意志氣味，尼采一生都掙扎著要擺脫它。當然，尼采的倫理著作通篇運用了力量、健康和強力等隱喻，他也確實肯定強力以糾正享樂主義的明顯缺陷，並據此回答某些極端宗教行為（特別是禁欲主義）引起的心理學難題。但我相信，將強力意志——或任何相似的概念）當作是尼采全部哲學的生長根源，是詮釋上的嚴重錯誤。「重構」此「體系」的天才嘗試，見約翰．里查森，《尼采的體系》（John Richardson, *Nietzsche's System*, New York: Oxford University Press, 1996）。至於質疑尼采的《強力意志》（*The Will to Power*）（由他人編修而成）遭受了過度使用與濫用，見伯恩．瑪格尼斯，〈作者、寫作者、文本：《強力意志》〉，《國際哲學研究》，二十二期，第二號（1990）：頁49-57（Bernd Magnus, "Author, Writer, Text: *The Will to Power*,", *International Studies in Philosophy*, 22, no. 2, 1990: 49-57）。

[23] 法蘭西斯科．哥雅，《狂想曲》（1797）（Francisco Goya, *Caprichos*, New York: Dover, 1970）〔「狂想曲」乃哥雅共80幅的版畫系列；此指哥雅「狂想曲」中最著名的版畫：「理性的沉睡產生了怪獸」〕。

愛作爲美德：反對康德的典範

出於傾向的愛不能靠命令，然而出於義務的良善——雖然沒有任何傾向強迫我們這麼作，甚至即便自然且不可克服的抗拒感阻礙著我們——是實踐而非感受的愛，它依存於意志而非溶化人的同情之中。

——康德，《道德形上學之基礎》（*Grounding of the Metaphysics of Morals*）

它〔愛〕毫不猶豫地帶著渣滓入侵而來……它甚至能在政府的文件夾和哲學手稿中偷偷塞進示愛的小紙片和捲髮絲。它終日醞釀並孵化出最糟糕、最擾人的爭執糾紛，毀滅最珍貴的關係又破壞最強烈的羈絆……這種紛擾不休哪來的？……這只是志明能不能找到春嬌的問題而已（有品味的讀者應該把這句話轉譯爲阿里斯托芬式〔Aristophanic〕的精準說法[9]）。爲何如此雞毛蒜皮的小事會這麼重要呢？

——阿圖·叔本華（Arthur Schopenhauer），《意志和表象的世界》（*World as Will and Idea*）

叔本華是反對自己導師的康德主義者。這位悲觀主義大師也許深陷康德世界觀中，但他反抗他的倫理學。同感（*Mitleid*）而

[9] 譯注：叔本華這裡暗指柏拉圖《會飲》篇中阿里斯托芬歌頌愛神的著名講辭。

非實踐理性，才是倫理學的核心與基礎。但要是說到性愛，叔本華實在不比康德高明（但無疑經驗比較豐富）。「垃圾、嘈雜與喧囂」，他這麼說，挖苦之意極深。當然，人類生活中的一切——除了藝術、佛教還有他自己的哲學以外——在叔本華眼裡的價值都無足輕重。照他看，愛顯然不是生活的救贖。甚至激情一般來說也不過是意志的慌亂掙扎，是意志，這一形上學中唯一的無目的性，才決定並宰制著我們所有人。除了同情（康德也認爲這屬於「美」[24]），叔本華也貶低「傾向」，且特別不屑激情，認爲它全然不理性。他顯然和康德一樣，認爲浪漫情懷與道德價值全然無關。

24

康德的道德判斷與合理性典範，自啓蒙以降就宰制著倫理學。不管康德的理性主義鋒芒如何軟化，他的道德判斷概念如何拓廣，主要的焦點仍然不容改變，他的追隨者甚至毫無顧忌地認爲它是顯而易見的：如果道德哲學並不客觀冷靜、以原理爲基礎、擺脫個體的自我指涉、且獨立於個人「偏見」，它就什麼也不是。如伯納．格爾特（Bernard Gert）在《道德規則》（*The Moral Rules*）中就認爲感覺沒有道德價值，堅稱「只有在感覺能夠引向道德善行的意義上，它在道德上才是重要的」。[25] 這個

---

[24] 《對美感與崇高感的觀察》，約翰．哥特維特譯（*Observations on the Feeling of the Beautiful and the Sublime*, trans. John T. Goldthwait, Berkeley: University of California Press, 1960）。這個早期心態與本節開頭引文那略帶諷意的說法 *schmelzender Theilnehmung*（「溶化人的同情」）之間的差異頗值玩味。

[25] 伯納．格爾特，《道德規則》（Bernard Gert, *The Moral Rules*, New York: Oxford University Press, 1978）。

典範最嚇人處在於它忽視了什麼：最醒目的就是忽視大多數情感，特別是愛，除非它們有助於喚醒義務，或者也許有助於「最多數的最大善」。伯納·威廉斯指出，若依循康德的主張，偏好出於原則而非出於個人感受的善意行爲，是荒唐的。不管這是不是康德眞正的主張，都可以想像它轉移到激情之愛的領域裡會是什麼模樣。單是這點暗示就足以讓人倒足胃口（立刻讓人想到「婚姻的義務」[10]一類語式）。想想愛的多般快樂、感受還有責任感吧：與其力持愛（至多）是無關道德的，我們寧願把它當作美德，並放棄與個體太過無涉的「康德式」道德觀。

格爾特的主張有其吸引力：愛或其他「感覺」的卓越處在於它們帶來的結果，即它們容易帶來「道德善行」。但不管愛會不會「引向」配得讚賞的行爲，我們感覺的價值都不繫於任何後續行爲或其結果是否可欲。[26]愛的例子最具說服力：在愛裡，我們行動的價值端繫於這些行動表達了怎樣的情感。愛也許會帶來慷

[10] 譯注：作者或許也想到康德在《道德形上學》中對婚姻的定義：婚姻是根據律法而產生的自然性別共同體（《道德形上學》第一卷第二書第三段，第24節）。依此，婚姻可理解爲兩性間的權利—義務關係。

[26] 從行動與人格轉而關注感覺，在歐洲可以說是十八世紀的事，盧梭的作品最爲明顯，但道德情感理論家的作品也有。茱莉亞·阿娜斯（Julia Annas）提出一個古代的反激情論證，認爲激情帶來過度。可是「過度」意思爲何，更何況，這裡的問題難道不就是這一「過度」是否可欲嗎？如果「過度」就是壞的行爲，那麼效益主義還有美德倫理學就有一大票斥責這類行爲的論證。可是「過度」如果指的是激情本身，那麼這個古代論證是錯把結論當前提了。我的主張是，在一定的意義上，激情本身是善的。且倘若如此，激情的「過度」是不可能的，正如照亞里斯多德的看法，任何美德都不可能過度一樣。

慨甚至英雄的行爲，然而愛本身的美德卓然自足（蘇格拉底在《會飲》正是出於此理由而批評斐德若〔Phaedrus〕。因爲斐德若讚揚愛的結果〔善行〕而非愛的美德本身）。我們也許認爲（《理性與感性》中的）瑪麗安是痴傻的，但仍然喜愛她的激情；愛德華時期文學（Edwardian literature）則充滿依原則行事的康德士紳，卻讓人極爲反感。愛不但可欲，甚至那些沒有愛過（不管他們是否曾經也失去摯愛）或是害怕自己不能愛的，都正當地掛心自己的個性是否正常，還有他們作爲人是否完整——而這些掛慮與任何行動或表現的問題都無關。我們（他們的朋友）也會擔心他們。愛本身就是讓人羨慕的，與它的作用或結果都無關。[27]

認爲愛與其他感覺絕非道德的本質要素，這與新約強調愛（即使這裡講的是聖愛而非欲愛）是最高美德並不一致，而新約的意圖肯定不是效益主義或康德式的。本節開頭引的「感受之愛」段落，正是康德想要解釋這一衝突的嘗試。他似乎相信，只有能夠「命令的」才是道德上有拘束力的，而愛作爲激情是不能命令

---

[27] 然而這並非否認愛可能有不恰當的對象。柏拉圖已預感到這一可能，故堅持愛（eros）不能只是欲望，還必須是對最高善的欲望。用一個平庸的例子說，我認爲他的意思是，我們不可能因一個人身上的惡劣特質而愛他。這與今日流行的見識大異其趣，例如成千上百的電影裡都會有個道德墮落的人似乎「愛上」了另外一個人，就因爲後者是道德墮落的——如裘得洛．德．拉克羅（Choderlos de Laclos）的書信體小說《危險關係》（*Liaisons dangereuses*）的各種電影改編，像是1988年史蒂芬．弗利爾斯（Stephen Frears）執導，格倫．克蘿絲（Glenn Close）與約翰．馬可維奇（John Malkovich）主演的版本。我能澄清此點歸功於羅伯特．奧迪（Robert Audi）提的一個難題。

的。人們常質疑這一論斷，如愛德華．桑柯斯基（Edward Sankowski）論愛與道德義務的論文就論證說，我們至少會認爲，人們有責任扶持或迴避那些有助於滋養愛的條件。[28]甚至連只有能命令的才是道德的（甚至有拘束力的），都是可以質疑的；很多構成「好品格」的要素可以靠教養，卻不能靠命令而得。還可以主張——我常如此——情感比我們一般想像得更加出自意志也更受我們控制，而且這意思不只是說，我們可以扶持或避免那些會造成它們出現的典型條件。但這也不是說，像愛這樣的情感可以單憑意志或意願之舉而生，正如產生思想或移動手指一樣。也許在愛的案例裡，完全沒有（以丹托式的〔Dantoesque〕話說）「基本行動」的存在。[29]堅持愛（同理，甚至任何有德之舉亦然）可以憑空（*ex de nihilo*）而生肯定是誤解。

康德堅持道德的核心總是普遍者，然而美德總是個殊的；照這點看他似乎同意新約的倫理學。[30]且依照多數對基督教之愛的詮釋，愛總是側重在對個人的愛。典型的基督徒會愛每一個人。

---

[28] 愛德華．桑柯斯基，〈人對其情感的責任〉，《加拿大哲學期刊》，第七期（1977）：頁829-840（Edward Sankowski, "Responsibility of Persons for Their Emotions," *Canadian Journal of Philosophy,* 7, 1977: 829-840）。

[29] 亞瑟．丹托，〈基本行動〉，收錄於氏著《行動的分析哲學》（Arthur Danto, "Basic Actions," *Analytical Philosophy of Action*, Cambridge: Cambridge University Press, 1973）。

[30] 尼采將這一論點推到極致，他主張美德不但是個殊的——即它們的對象是個殊的——甚至它們就類型而論也是個殊的，即每個有德者的美德都是獨一無二的。

他或她的情感與尊崇並不只留給普遍者（神、人性）。甚至連康德都堅持我們應該**在一個人格身上**愛人性。進一步說，愛——特別是情愛或浪漫愛——不但是個殊的，還是挑剔的，甚至是排他的。愛將一個看來尋常的人提昇到不尋常的高度，給他不尋常的特權。「定言令式」的觀念——普遍的「應然」——在這些例子中顯得可笑。照康德的模型看，愛的個殊性似乎是非理性的範型——只是我們總傾向把自己，在這個例子中則是我們最親近的人，視作例外的又一案例罷了。若一個愛者堅持要公正並冷靜對待每個人，包括自己和他或她的愛人，只會讓我們極為反感。

人們有時會說，情感一般而言，特別是愛，都是不理性的，因此不可能是美德，因為它們是隨興而為的。[31]它們來了又走，去了又回。全都是偶然的，沒有理性的必然或持存。然而同理，想想「不可消解」的指責吧。[32]眾人皆知要戀愛中人擺脫愛有多難，即使它已開始帶來不可忍受的痛苦。更正面些說，愛會自我加強，隨時間而成長，並——靠著愛——找到更多愛的理由。[33]

26

---

[31] 威廉斯，〈道德與情感〉（E.g., Williams, "Morality and the Emotions"）。

[32] 羅蒂，《解釋情感》（Roty, *Explaining Emotions*）。

[33] 這不是一個先天論證，而且經驗中也有醒目的反例，如節節攀升的離婚率。然而愛常常會結束，並不就此削弱此說法：愛是情感的過程，會隨著親密感、熟悉感、知識、理解和共享的經驗的延長而益發（或能夠）加強或「深化」。對這一過程最為詩意的描述乃是斯湯達爾（Stendhal）的「結晶化」，被愛者隨著這一過程而累積越來越多的魅力與美德。斯湯達爾（本名瑪利—昂利．貝勒），《論愛》，史考特—蒙克里夫譯，頁 28-34（Stendhal [Marie-Henri Bayle], *On Love*,

我會論證說，這並非反對情感的論點，反而是其美德的一環。我們批評的是那種轉瞬即逝的愛好，而非不可動搖的奉獻。我們只會說突發的憤怒才是不理性的，動機持久的、深思熟慮的恨意則不是（但這也不是說突發的憤怒總是不妥或不當的，或者長期的怒氣總不會是不理性或甚至是瘋狂的）。情感確實是執拗而不可消解的，然而正是這點——與根本上沒那麼可靠的依原則而行事不同——才讓它在倫理學中如此重要。因激情而爭戰的人也許比依抽象原則而戰的人更可靠。不可消解乃是情感的美德，正如合理化是理性的惡德。我們甚至可以說，情感的眞理（部分）就在於它的不可消解，它對變化的抗拒。

人們也會說，愛與其他情感會混淆或扭曲我們的經驗，因此不是有德的。可是想想：一名平凡的愛者渴望地看著他同樣單純的愛人說道：「妳是世上最美的女人。」我們如何理解這句話？自我欺騙？瘋狂？不管怎樣都不是盲目，因爲問題不在於他瞎了眼。他甚至有理由說他看到的比我們多，或更深刻。這位怔忡出神的愛者面對這不客氣的質問，也許會不情願地讓步作出某種現象學宣稱：「好吧，對我來說她是世上最美的女人。」不過我們都知道哲學對這類修正的態度——一種認識論上的恰當不屑。可是我們若把這一特有的視見當作是愛的美德而非惡德，難道不是更好嗎？（不過這個論證顯然不能毫無疑義地普遍化到其他情感事例中）。

客觀來看，愛大概跟哲學倫理學的所有側重點都背道而馳

---

trans. C. K. Scott-Moncrieff, New York: Liveright, 1947）。

——客觀、公正、無利害、普遍性、重視證據與論證等等。然而照我看，這種「不理性」構成了某些我們最爲重要的道德特質。我們相互關心，不管是否有任何證據或論證說明我們應該如此。我們發現彼此的美、魅力與吸引力時，看來也並不參考任何共通的標準。如果愛者的愛「隨著情況改變而改變」，或者因朋友的意見而變，我們不會看重，反而會看輕他或她。很多人甚至認爲，當被愛者顯示自己完全不配得到那樣的愛時，繼續愛他或她也許是痴傻的，卻也是值得讚揚的（輿論似乎也肯定這種對愛的率直見解，比方說有些女人愛上入獄的罪犯或與他結婚，或像近來的一部電影——《越過死亡線》〔*Dead Man Walking*〕——愛上的還是名等待死刑執行的殺手）。愛（或愛的行爲）本身就是美德，它如此重要，合理性相比之下顯得蒼白而沒有份量。

27

欲愛的美德

這就是爲什麼我說愛若斯（Eros）是最古老也最受榮耀的神；祂也有助於我們，無論生者還是死者，獲取美德與至福。

——柏拉圖《會飲》篇中斐德若的講詞

感性的精神性可稱爲愛；它體現了對基督教的偉大勝利。

——尼采，《偶像的黃昏》

（*Twilight of the Idols*）

我的上述論點，多數都幾乎適用於任何類型的愛（還有其他的情感），然而要爲激情生活辯護，其典範還是情愛或欲愛。也許有人會主張，父母或子女之愛中雖有些美德可言，但同時也會質疑，伴隨著欲愛而來的、名聲欠佳的焦慮和激盪中，是否也有美德。就這方面，要注意欲愛與聖愛的區別，即「性」愛與無私、無性之愛的區別。歷經了自柏拉圖到保羅基督宗教堅實建制的數十世紀後，這一區分益發粗糙且對欲愛極爲不利。人們視欲愛爲純然情欲的、將之化約爲性欲，但這肯定不是如此。聖愛成了無私的給予並與欲愛對立，後者於是成了自私的給予或渴望。聖愛則不斷理想化，成了對上帝才有可能的心態，於是它實際上無法落實在我們休戚相關的感受中。與此相較，欲愛則貶值到跡近瀆神的世俗中，不帶任何精神的痕跡了。

視愛爲美德，首先就是要（再一次）擴展欲愛的領域。但爲了力稱欲愛至少分有某些聖愛的美德，倒也不必否認利他的聖愛是可欲的（或可能的）。兩者的差別在於，欲愛中充滿利己之欲，但這不意味著它就是自私的，其欲望也不只是性愛的。欲愛包含著一種很籠統的想**在一起**的身體欲望，或是諸如想「被欣賞」、「一起幸福」的個人欲望、激勵人想「當最爲你著想的人」的欲望，還有「願爲你付出一切」的「利他」欲望。可是注意，道德的語言在這類思索中竟派不上用場：這並不是因爲我們回到了前道德或無關道德的領域中，而是因爲「你的」和「我的」這一重要區分已然開始消解了。

28

欲愛貶值的一個關鍵因素乃是對性的抗拒。常見的錯誤是認爲性行爲中另一方不過是欲望的「對象」，而這也會讓人認爲欲愛也是墮落的，只是在尋找一己的滿足。看看康德對此怎麼說：

> 既然性並非人對另一人作爲人而擁有的傾向，而是對對方性別的傾向，性就是人性的墮落原理，因爲它讓人偏好某性別甚於另一個，而且還藉由欲望的滿足而玷污了這一性別。[34]

可是問題顯然在於（柏拉圖兩千三百年前就提了），人對他人有性欲時，到底欲望著**什麼**。《會飲》裡，阿里斯托芬認爲，欲望的並不只是性愛的交合，還是與對方永久的（再次）合一；蘇格拉底則堅持，人們眞正要的是相（the Forms）[11]。即使我們認爲這些目標就欲愛而論太過異想天開，但很清楚的是，希臘人——與康德還有許多現代人不同——發現，性欲遠不只是欲望交合而已，而且它也完全不是和有德的欲望相對立的。至少可以說，性欲顯然是想透過性行爲而對他人有的強烈欲望。問題就是：欲望什麼？我們萬不可一開始就假定答案與性對象有關。若是參考黑格爾和沙特的提示，我們反而會假定這完全和性愛的主體有關，作爲性行爲之行動者，也作爲性體驗之接收者（或共同創造者）的人。[35]

---

[34] 康德，《倫理學講課》，貝克譯，頁164（Kant, *Lectures on Ethics*, trans. L. W. Beck, Indianapolis: Bobbs-Merrill, 1963）。

[11] 譯注：又譯「理型」。

[35] 沙特雖作出了這麼漂亮的論斷，卻仍然弄擰了其意涵：因爲他堅持，儘管如此，我們在性交中仍然試圖將他者變成純然的性愛主體——甚至是純然的性對象——然而我們必然會失敗。《存有與虛無》，哈扎爾．巴恩斯譯（*Being and Nothingness*, trans. Hazel Barnes, New

換句話說，某人對另一人的激情依靠，是美德，因爲它體現了某種形式的尊重，儘管它當然和康德或康德派提倡的抽象、虛化的尊重形式迴然有異。認爲性與尊重是相對立的，大概是年輕人的典型夢魘（或許還可以補充說，任何人發現自己又身陷戀愛遊戲中時，就很容易有這種年輕人心態）。這實在不是經驗或智慧之聲。性是最親密的依賴形式，身心都要全然投入。甚至可以尋思，道德領域之所以排除性（當然除了許多規則還有禁制以外），恐怕很大程度在於它無可避免涉及身體，還是身體最爲髒亂、脆弱而纖細的部位。這離康德「理知」世界中的純化「主體」多麼天差地遠！我們也許可以這麼回答康德的異議：人在愛中的性事（很顯然不是愛倫・高德曼〔Alan Goldman〕所謂的「區區性事」），是激情地愛著對方**本身**的。[36] 在我看來，這是尊重感的終極形式，也是我們最爲仰慕的，它不只是對法律的尊重，也不是讓他人自行其事的抽象尊重，而是徹底、無所不包的接納，還有如此接納對方時會有的喜悅。

29

人們常忽略或否認這一尊重的某個特性：愛人必須是對等的。思及現代人斥責愛是貶低並壓迫女性的工具，以上論斷或顯古怪；然而從歷史來看卻很清楚——不管我們離實際的（社會、

York: Simon and Schuster, 1956），第三部，〈與他人的具體關係〉（"Concrete Relations with Others"）。

[36] 愛倫・高德曼，〈區區性事〉，《哲學與公共事務》，第六期第三號（"Plain Sex," *Philosophy and Public Affairs,* 6, no. 3）。愛倫・索柏在《愛的結構》（Alan Soble, *The Structure of Love*, New Haven: Yale University Press, 1990）中則花了些篇幅討論愛的存有論。

經濟、政治的）平等有多遠——只有在女性從傳統從屬性質的社會和經濟角色中得到一定程度的解放時，浪漫愛才會出現。只在女性對她們的生活有更多選擇時——特別是選擇愛人和丈夫——才會有浪漫愛。我們想到約翰·米爾頓（John Milton）筆下的亞當——在浪漫愛萌芽之初創造的角色——他向上帝要求的不是一個玩伴、伴侶或是他自己的鏡像，而是一個對等者，因爲「在不對等的人之間，社會哪來／有合意、哪裡又有和諧或眞正的欣樂？」[37]或是借斯湯達爾的話說，愛在找不到對等者時就會創造他們，因爲平等是浪漫愛的本質，正如權威是身爲父母的本質——不管人們是否充分明白這點或依此行動。

不過就我們的目的來說，最重要的恐怕是，愛，與多數人們倡儀的美德（親切、值得信賴、公正、矜持、節制、甚至勇氣）不同，它是**刺激的**。當然，其中某些刺激是性愛的，而以上的談論也儘可能避免讓人以爲，我主張性本身就是美德。然而它也不是惡德，也不該貶低，儘管性顯然是可以表達各種有害和猥褻訊息的媒介。然而性的刺激不該化約或局限在一般所謂的「興奮」（它也是有歧義的）。身體的興奮感，就像性「本身」，道德上或享樂上都是中性的；它在我們生命中的角色視脈絡而定，更具體說，視伴隨的情感還有它在什麼人際關係中「表達」出來而定。但性的大多數刺激，也許從我們的脆弱來理解會更好：我們向他

[37] 約翰，米爾頓，〈論婚姻與離婚〉，收錄於《(情欲）愛的哲學》，羅伯特·索羅門與凱薩琳·希根斯編，頁 79-84（"On Marriage and Divorce," *The Philosophy of (Erotic) Love,* ed. Robert C. Soloman and Kathleen M. Higgins, Lawrence: University Press of Kansas, 1991）。

人開放自身，而這種開放比許多公認的美德所能指認的方式更爲「基本」。性愛的某些刺激來自於不確定感，交往初期特別如此，但我想主張，新奇的刺激感肯定不能與愛搞混。[38]齊克果將愛的開放總括爲「信仰的飛躍」（但他對性愛則頗爲持疑）、「主觀的眞理」、還有「面對客觀不確定性時的堅定不移」。這裡特別要注意的是，性愛涉及選擇的問題（不管它顯得多麼像是命運的問題），而選擇——持續的選擇——立刻會引向切身的怕[12]，即使結果已經差不多確定了。

然而性愛刺激的終極理由也許用哲學術語說最爲明白：自我同一性（self-identity）。人們經常用「程度」區分激情與一般的情感，還有情感與一般不帶任何感情的信念或判斷[39]，但我認爲用經濟學用語也許更好解釋，即所謂的情感「投資」。激情定義了自我，它們是自我的重大「投資」，而大多數情感作不到這一點。特別是愛，也許可將之（部分地）定義爲**在另一人身上且透過他來定義你自己**。不必說，這和叔本華的愛，即性欲加上哲學上的混亂，迥然相異。它倒是柏拉圖原創的「阿里斯托芬式」的愛的語式的更新版：兩個各半的靈魂的「完善」與「結合」。[40]

30

---

[38] 見我的《關於愛》，第二章（*About Love*, Lanham, Md.: Rowman & Littlefield, 1994）。

[12] 譯注：「切身的怕」原文爲 existential angst，若依存在主義用語的通行譯法，亦可譯爲「存在之畏」。

[39]「程度」一詞過於片面且量化，還常與生理興奮搞混（然後就會用後者估量前者）。然而最爲強烈的激情可能是「平靜的」（這是休姆的用語），而最微不足道的不滿也可以變得「暴烈」（仍是休姆的用語）。

這裡無法深入分析，但至少暗示，愛的「程度」（還有其他激情與情感）遠比區區腦神經或荷爾蒙的躁動更爲深刻。

愛刺激的奉獻和羈絆，與所有提倡 *apatheia* 、高舉心靈平靜的哲學都截然對立，因爲不管愛能帶來什麼快樂或安全感，不帶激情的冷淡絕非其中之一。因此，從克里西波斯（Chrysippus）到斯賓諾莎的斯多噶派，對愛的狂熱又容易受挫的激情戒慎恐懼，但同時他們又爲某種更寬廣的、以宇宙爲視野的心態辯護。佛洛伊德與佛陀在這裡聯手，兩人都同意「欲望就是受苦」，只有止息欲望（「死亡本能」、涅槃）才能解脫。「成熟」的智慧在此也永遠對年輕人糾纏不休：小心愛的動盪，因爲你終究會失望。從這類觀點出發，其辯護不管是以美德之名還是出於審慎之故，都無法期望有人會爲激情的生命一辯、或者主張愛是美德。然而我們起初泛論情感並特論愛，是爲了帶動觀點的轉換，在這裡它總算完成了。假設我們不用永恆的冷靜之眼來看生命，而是用我們實際生活的眼光來看：如斯短暫、急迫、也並非理性要解開的謎題或奧秘。[41]假設我們把激情自身當作最高善——當然不是所有激情，而是由愛一類的激情定義的生命，而不是由沉靜和心靈平靜定義的生命。[42]一如往常，這裡也要小心詭辯還有「有

---

[40] 我在《關於愛》中細緻地辯護了這一觀點，頁194以下。

[41]《道德經》區分了愛生命並徹底活過的，愛生命卻無能徹底活過的，還有太愛生命以致於太過強調死亡的。將老子與伊比鳩魯在這方面作比較也許很有意思。老子，《道德經》，史蒂芬·阿迪斯與史丹利·龍巴度譯（*Tao Te Ching*, trans. Stephen Addis and Stanley Lombardo, Indianapolis: Hackett, 1993）。

說服力的」定義。如果放棄心靈平靜只是意味活得充滿挫敗、挫折感、良心譴責、或是充滿羞辱之類，那麼生命的激情概念就沒什麼好說的。但如果愛的美德之一就是持續的刺激，而且這種刺激並不只是平靜、「充滿滿足的」生活中的暫時停靠站（當然，「滿足」的觀念可以曲解以便暗合哲學偏見），那麼我們就該嚴肅對待這個生活觀：生活中有「動盪」而非其闕如，才是我們的終極渴望。對這一生活觀的描繪——還有實踐——沒有比尼采活力十足的文章更好的了。

強力意志作爲美德

31

什麼是善？——任何能提高強力感的事物，強力意志，人身上的強力本身。
什麼是惡？——所有源自無力的事物。

---

[42] 伊莉莎白・馬歇爾・湯瑪斯（Elizabeth Marshall Thomas）在《狗兒的秘密生活》（*The Hidden Life of Dogs*）中反省比較神經學的類似發現：狗的腦袋有個自體平衡的「迴路」（wired），所以牠們能夠平靜地休憩、兩眼圓瞪如入定（而我們跟牠們生活在一起，都認得出也喜愛這樣的表情），但靈長類的腦袋「迴路」比較接近反文化中對這個字的定義：像是太容易受刺激、永遠停不下來、甚至是——指人類本身〔wired 在英文俚語中有嗑藥、活力過剩的意思〕。佛洛伊德主張用自體平衡模型來理解人類心靈，因此是錯的（不過如果他研究的是狗他就對了）。伊莉莎白・馬歇爾・湯瑪斯，《狗兒的秘密生活》（Boston: Houghton Mifflin, 1993）。

什麼是幸福？——感覺強力有所揚升，而阻礙已被克服。不是滿足而是更多的強力：完全不是和平而是戰爭；不是美德而是卓越（文藝復興風格的美德，*virtü*，擺脫道德酸蝕的美德）。

——尼采，《敵基督》

尼采當然是誇張了。誇張（及好高騖遠）乃是熱忱的常見症狀。於是好幾代理性主義哲學家就基於尼采一、兩句浮誇的格言而完全對他不屑一顧（「他可不是哲學家！」）（著名的耶魯哲學家布蘭德．布蘭夏爾德〔Brand Blandshard〕據說曾將尼采的書摔在房裡：這種對尼采極常見的反應，很晚近才有所轉變[43]）。尼采反對道德的話說得太過頭了，他稱之爲「奴隸道德」、「畜群道德」，並出於叛逆而自稱「不道德者」。事實上尼采堅持自己有「更爲嚴厲的道德」[44]，我也已經指出他眞正的用意在於，我們應該從不同的「觀點」，即如今所謂的美德倫理學，來理解道德以及道德的本性。他反宗教的話也同樣說得太滿（從「上帝已死」開始）；可以爭辯說，他事實上是在捍衛他童年經驗的路德派中最爲優秀之處，也是在捍衛他認爲德國人——特別是他曾經的好友理查．華格納（Richard Wagner）——已然拋棄的精神性。他最著名的誇張宣稱，就是他（不一致地）認爲「眞理不存

[43] 凱薩琳．希根斯，《尼采的查拉圖斯特拉》，頁 ix-x（*Nietzsche's Zarathustra*, Philadelphia: Temple University Press, 1987）。

[44] 此詞出自尼采致保羅．雷（Paul Rée）的書信。見我的〈更爲嚴厲的道德：尼采正面的倫理學〉，收錄於我的《從黑格爾到存在主義》。

在」（又堅持要完全的誠實）。不過他最引人注目也最易遭誤解的誇張，就是關於「強力意志」的談論，這概念首先於《朝霞》（*Daybreak*，1881 年）中有所突破，並於他最後的哲學作品《敵基督》（1889 年，1895 年出版）開頭明顯過分的誇張言語中（見上引文）臻至高峰。

這裡無法全面探究尼采的哲學，甚至也不能探究他的「強力意志」觀念的各種細緻處。但我必須說明爲何尼采而非亞里斯多德，才是我在美德倫理學領域的根本導師，也是激情生命的鬥士。因此我將（簡要地）勾勒我心目中的尼采美德理論。我無法羅列「尼采美德」的清單，這在亞里斯多德身上是可以輕易實現的（但也應該注意，儘管亞里斯多德提出所謂的「兩端間的中道」這一判準，他的清單也從未擺脫任意而爲的嫌疑）。首先，最明顯的理由在於，尼采可不是有系統的思想家。另一方面，尼采堅持我們每個人都該有「自己的美德」，而爲自己的美德命名，就會讓它們變成「共通的」，因之也就否定了其獨特性。現在通行的某個後現代論證認爲，尼采並沒有倫理學，沒有任何斷言，也沒有任何「道德建議」，因此反對任何這類對尼采哲學的分析。但即使對他任何文本作最簡要的閱讀，都能讓這類宣稱站不住腳。[45]儘管如此，某些最優秀的尼采學者還是深受這類解讀法吸

32

---

[45] 如：「批判某個哲學的唯一方式……即證明某事，主要則是試圖看看一個人是否能依照它來過活，這是大學裡從來不教的：他們從來教的就只是怎麼用別的文字來批判文字。」尼采，〈作爲教育者的叔本華〉，收錄在《不合時宜的沉思》，豪林戴爾譯，§ 8，頁 187（"Schopenhauer as Educator," *Untimely Meditations*, trans. R. J.

引，像是伯恩．瑪格尼斯（Bernd Magnus）和亞歷山大．內哈瑪斯（Alexander Nehamas）。但這裡我不打算處理這些議題。[46] 不如讓我出於啓發的目的而假定，尼采確實有建議（事實上無所不包，從營養指南到如何拯救世界都有），然後再試圖談談，這類建議——或者說尼采打著「強力意志」名號的美德倫理學——若自成一有系統的觀點，看起來可能是什麼樣子。

尼采的「強力（*Macht*[13]）」所指爲何，爭議很大。這部分由於海德格複雜又徹底無稽的分析（認爲尼采是「強力意志的形上學家」）、部分出於華爾特．考夫曼（Walter Kaufmann）在其經典《尼采：哲學家、心理學家、敵基督者》（*Nietzsche: Philosopher, Psychologist, Antichrist*）中關注這一概念，最後，也特別因爲這個詞帶有不祥的「軍靴」氣味，會立刻吸引親法西

Hollingdale, Cambridge: Cambridge University Press, 1982）。

[46] 伯恩．瑪格尼斯、史丹利．史都華（Stanley Stewart）以及強—皮耶．米勒，《尼采的案例：哲學作爲／以及文學》（Jean-Pierre Mileur, *Nietzsche's Case: Philosophy as/and Literature*, New York: Routledge: 1994）；內哈瑪斯，《尼采：生命作爲文學》。我自己的論點在〈尼采的人身攻擊、觀點主義、人格與怨恨〉有所闡發，收錄於伯恩．瑪格尼斯與凱薩琳．希根斯編《劍橋尼采指南》（"Nietzsche *Ad Hominem*, Perspectivism, Personality and Ressentiment," in *The Cambridge Companion to Nietzsche*, ed. Bernd Magnus and Kathleen M. Higgins, Cambridge: Cambridge University Press, 1996）。

[13] 譯注：*Macht* 爲德文，與下文的 *Kraft*（中譯「力量」）不同，依索羅門的解釋，也是不同的。

斯者，也理當令自由派驚駭莫名。但尼采很明確否認，他的強力觀念並不是對他人的強力（這也包含了政治強力，或德意志帝國〔*Reich*〕）；雖然他也肯定贊成競爭，但他眞正堅持強力的首要意義在於**自我**宰制。認爲尼采主要想的是創造力、藝術家、詩人或不時搞哲學的人的強力，並非沒有道理。尼采將強力與「精神化」等同起來，但總是同時警告，宗教和哲學中多數算作「精神」的其實配不上這個名字。特別是德國「精神」，它之所以完全沒有價值是由於它已徹底且自覺地衰弱了，受錯誤的美德拖累（特別是如謙卑之類的基督教道德，也算尼采精神同志的休姆稱之爲「僧侶的美德」）也進一步因爲被等同於尼采所謂的「畜群」而扁平化。我認爲強力意志的關鍵乃是強烈的自我感覺，這是一個激情又有紀律的自我，他依循自身的強烈「本能」但也已充分「克服自身」，足以「賦予自身的個性以風格」，「成爲你之所是」。[47]

以上描述最惡名昭彰處，就在於它缺乏理性和反思一類的哲學美德。尼采顯然比多數道德哲學家更熱切於有德之舉不帶反思的「自然而然」（後者也包括亞里斯多德，儘管他也明白堅持教養而得的正確行爲先於倫理推論）。但他也堅持理性有其地位，而且關鍵（跟亞里斯多德一樣）在於行動中體現的理性，而非反思的理性。比方說：

戰勝力量。人們依舊在力量面前屈膝——與奴隸的古代習　*33*

[47] 此語源自品達（Pindar）。引自考夫曼譯，《快樂的科學》（*Gay Science*, trans. W. Kaufmann, New York: Random House, 1968）。

> 慣一樣——然而，要決定一個人多麼配得榮耀時，唯一重要的只有力量中有多少理性（*der Grad der Vernunft in der Kraft*）；必須衡量力量在多大程度上被更高的事物所克服，並已成後者的工具還有手段！
>
> ——尼采，《朝霞》，548

尼采惡名昭彰地強調「力量」（*Kraft*），特別是《道德的系譜》（*On the Genealogy of Morals*）第一卷，但這必須在類似此引文的許多限定下觀照之。簡單等同強力與力量（尼采自己都常常誤導人，如以上《敵基督》的引文就很明顯）就會將尼采變成野蠻人或達爾文式的道德家，而他當然不是。如果我們要認眞看待尼采超人（*übermensch*）這一卡通化的形象，也許最好的詮釋是，它是尼采美德倫理學的投射，是他理想的體現。[48]把超人描繪爲野蠻人柯南（Conan ）肯定對尼采不公平：當他談論「更高的類型」（這類談論比超人遠爲常見）時，他通常明確想到的都是大詩人歌德。[49]

尼采式的美德是哪些？首先也最爲明顯的也許是，許多都是「異教」美德，而且（與休姆一樣）用意在於與基督教或「僧侶」美德（在尼采的德國，它們重述爲「布爾喬亞」美德）形成對

[48] 事實上超人一詞只出現在《查拉圖斯特拉如是說》（*Thus Spoke Zarathustra*）的開頭，實際上在尼采的哲學裡沒有任何作用。

[49] 明顯的例子見〈不合時宜者的爭辯〉，收錄在《偶像的黃昏》，考夫曼譯，特別是 §§ 49-50（"Skirmishes of an Untimely Man," *Twilight of the Idols*, trans. W. Kaufman, New York: Random House, 1968）。

照。因此尼采式美德的主要清單和亞里斯多德的美德很像：勇氣、慷慨、誠實、值得信賴、自制（*sophrosyne* [14]）、公正、驕傲、友善、還有睿智。可是這份希臘或「異教」美德清單肯定不是亞里斯多德的，尼采想到的也不是亞里斯多德的紳士／貴族。他認爲古希臘的三大哲人——蘇格拉底、柏拉圖、亞里斯多德——的哲學是完全「敗壞的」。特別是亞里斯多德的倫理學，他認爲那只是不切實際的盼望，希望雅典重拾它肯定不再有但可能曾有的樣貌。擄獲尼采想像的希臘是前蘇格拉底的希臘，索福克里斯（Sophocles）準神話的希臘、荷馬的戰士希臘。尼采理解的「異教」美德於是必須推向過往，推向一不同的時代和精神。再者，尼采處理這些美德也和亞里斯多德頗不同，像是他一開始就拒絕「中道判準」還有雅典對「節制」的堅持。這又進一步要求我們重新理解擁有美德意味著什麼，而打扮講究的紳士舉止在此至多只有微不足道的作用而已。

這一作用也許由尼采堅持的「彬彬有禮」所體現，他列之爲樞德之一。他肯定不會反對親切和友善的美德，而且只要他關注於社會美德（這並非他的首要關懷），就絕不是他有時自云的那樣，是個「要給人難堪」的死硬派（這類自述中最明顯的例子，就是他常常反對憐憫（*Mitleid*——也譯爲「同理心」或「同情」），但我認爲這一論述有完全不同的用意）。不過他與亞里斯多德最戲劇化的差別，也許是上述美德中前兩者，即勇氣和慷慨的分析——這也會將我們引向激情生命這一主題。 34

[14] 譯注：*sophrosyne* 爲古希臘文。

照亞里斯多德看，勇氣就是克服恐懼。或者換句話說，就是要有恰當份量的恐懼：不能太多（不然就是怯懦）也不能太少（不然就是莽撞）。亞里斯多德對這一心理機制的描述並不清楚（比方說克服某個情感究竟意思爲何），但清楚的是，勇氣要求某種程度的恐懼。現在想想以下案例，它類似於亞里斯多德舉出赫克托（Hector）在《伊利亞德》（*Iliad*）中表現的勇氣。[50]阿基里斯（Achilles）因好友派特婁克婁斯（Patroclus）之死而怒不可遏，心懷報復（「正義」）衝向特洛伊城外的戰場。這裡沒有任何恐懼。在那目標明顯的憤怒中沒有任何恐懼棲身之處。說身在此狀態中的阿基里斯是「勇敢的」，如果並不荒謬，照我看也似乎太委婉了。

我們這裡理解的勇氣與亞里斯多德一致。要衡量勇氣，就要看它得克服多大阻礙，即恐懼。但我們若照尼采（還有荷馬）的觀點來看，即恐懼與勇氣並非互補而是對立的，那麼阿基里斯才是勇敢的，而雙腿發顫「強迫自己」屹立不搖的可憐士兵可不勇敢（「勇敢」曾有這一尼采式意涵，然而它如今在某種程度上已

---

[50] 荷馬（Homer），《伊利亞德》，卷十五，行 348-351；亞里斯多德，《尼各馬科倫理學》，第三卷，第八章（標準頁碼 1116）。羅斯（在他亞里斯多德譯本裡的腳注中）指出，這一引文更像在描述阿格曼儂（Agamemnon）而非赫克托（《倫理學》17. 68）；但見亞里斯多德前引書（標準頁碼 1117）：「人們有時把激情算作勇氣；……因爲激情遠比其他事物更熱切於迎向危險……。」因此荷馬才會說「在他的激情中注入力量」。亞里斯多德接著說，出於激情行動的人並不眞的勇敢，倒更近乎獸類。他們並不是「爲了榮耀或照規則的指引」而行動（前引書）。儘管如此他還是又說：「他們仍然在某些方面近乎勇敢。」

爲亞里斯多德式的「勇氣」理解所影響）。換句話說，勇氣不是戰勝情感（即恐懼）。構成它的情緒既排山倒海而來，卻又是定位明確的強烈執念（gung-ho），這並沒有排除反而整合一個人的榮譽感，也因爲其全神貫注，甚至可視之爲冷靜的。但它的美德在於這一激情的強力、效率與俐落，而非這一僅僅表面的冷靜。

對慷慨也可以作類似的分析（《查拉圖斯特拉》中稱之爲「贈予的美德」）。它不是單純的給予，也不是付出的習慣。想想當今通行的慈善要求什麼樣的慷慨吧：「不斷付出，直到受傷害爲止！」我們可以想像捐獻者掙扎著反抗他或她的吝嗇帶來的痛苦，並估量良心的譴責還有街上酒店打折賣的那瓶貝夫堡紅酒孰輕孰重。而慷慨最終戰勝了阻礙，美德也實現了，令人讚賞。但首先要注意，越要掙扎才能付出的人也就越少美德。亞里斯多德堅持所有美德的實現事實上都是快樂而非痛苦的：這本身就可以判定一個人是否有德。然而想像一個人的慷慨在於他（或可稱之爲）「充溢」的本性。我聽說米克．賈格（Mick Jagger）在巡迴演唱時就是這樣。他有錢到連自己（或任何人）都不知道怎麼花，於是就快樂地撒錢任其自流，不管收受者或理由究竟得當還是無關痛癢，他都毫不區分地付出。可以主張，這種歡喜放棄就是眞正的慷慨，不計較個人的損失，而是一種只有感覺到自身的豐沛時才會有的充溢。

其他美德因此也是恢弘的精神、是豐滿者的「充溢」。認爲美德並非如此，而是與利己還有個人需要相對立的義務感，就倒退回尼采眼中的病態美德模型了：它在康德和基督教中出現，焦點則投注於精神的貧困（而非富有）者身上。爲貴族寫作的亞里斯多德大概介於這兩者之間。然而尼采式美德的首要特點就是一

35

種激情的充滿、一種自己站在世界頂端的感受。接受這種倫理觀，不代表就要汲汲營營於金錢、名聲或權力。尼采自己就是個例子：他窮困、受學術同儕忽視、又體弱多病。甚至連節制（以上解釋最容易招來的反例）都體現了某種豐沛，某種能自我紀律的輕快之感。想想尼采多處對飲食、健康還有創意如何保持最佳狀態的「加州風」指南吧。

新倫理學的關鍵就是「充溢」和豐沛如今居於核心。尼采所有作品都用上了這類語言和形象。我們現在就來爲這些語詞暗示的畫面稍稍添加些血肉吧。尼采以爲，美好生活不在於謙卑（最低意義上的「知足」，你需要的都有）而是大歡喜、激情、欲愛、或尼采經常以那世紀的哲學風格所云的「生命」。資源（可以全是精神性的）充沛者就可以發展「風格」（某種紀律，而非追隨流行）與「深度」——與美式用語 "having soul"〔有靈魂〕一樣，深度這裡意味著複雜、衝突、好戰、「酒神精神」。如果尼采有形上學（而且稱之爲「強力意志」不會嚴重誤導的話），那它是個很現代的形上學，是能量而不是物質（或者就此而論就是「非物質」[15]）的形上學。它將是動態的形上學（與一般所謂的「過程哲學」差得遠了），堪比赫拉克利圖（Heraclitus）。尼采在其最終著作《瞧！這個人》（*Ecce Homo*）中堅稱「我是炸藥」，這不只是即將失常的前兆也不是「反諷」，甚至也不是在放肆宣稱自己哲學的可能影響。他是在用一個單一、恰當的隱喻概括他的哲學，並將之個人化。

---

[15] 譯注：括號內原文爲 or "immatter," for that matter，這裡藉由 matter（物質／議題）的雙關開的玩笑，中譯無法譯出。

論美德的長處

> 既然靈魂中有三類事物——激情、能力與人格狀態——美德必屬其中之一……〔但〕美德和惡德均非激情，因爲我們並非因激情而被稱爲好的或壞的，而且……我們也不會因爲激情而被讚揚或責備。再者，我們沒有選擇就能感受憤怒和恐懼，然而美德是選擇的模式或者涉及選擇。同理它們也不是能力，因爲我們並不由於單單能夠感受激情就被稱爲好的或壞的，或被讚揚或責備……因此，美德若非激情亦非能力，就只剩下一種可能：它們應該是人格狀態。
>
> ——亞里斯多德，《尼各馬科倫理學》

36

亞里斯多德倫理學以及他對美德的關注，其優點（virtue）在於，他的解釋較爲具體而豐富；他的倫理學將生命的激情整合進了美好生活的本質中；且並不試圖將生活的複雜化約爲原則或理性推論的「扁平」問題，或是「最多數的最大善」。但什麼是美德？如果美德不過是抽象原則在個人身上的實現——像是踐行義務的傾向，或是依最多數的最大善而行動——那麼倫理學又會再次變得扁平而邏輯、不涉個人和情感。[51] 我試圖表明，美德倫

---

[51] 例見史坎龍，《我們欠負彼此什麼》（T. M. Scanlon, *What We Owe to Each Other*, Cambridge, Mass.: Harvard, 1999）以及賽門・布萊克伯恩（Simon Blackburn）在《華盛頓郵報》（*The Washington Post*）的傑出書評：書籍版、1999年2月21號：頁24。

理學可以有極不同的設想，而這類化約的嘗試會因此變得不恰當。

但甚至在亞里斯多德那裡，都有一種強烈的傾向認爲，激情是極度自發的，甚至是「刺激—反應」的，彷彿情感與美德不同，只是對當下具體情境的反應而已。它們當然可能看起來如此。照亞里斯多德的看法，美德是高度脈絡化的。如何指認美德爲美德依脈絡而定。士兵、政治家和愛滋病患的勇氣有不同的意義。某個脈絡下的美德在別的脈絡下可能是惡德，比方說對匱乏者的慷慨（亞里斯多德所謂的「大方」）就跟對被寵壞的小孩是不一樣的。亞里斯多德定義美德時強調它是「人格狀態」[52]，但同一書中他也強調「知覺」還有情境特殊性的重要。可是多數激情（還有情感）並不是熱情或怒氣的隨興爆發，亞里斯多德也深知這點。情感在如下意義上有一定的系統性：它們的整體會形塑一個人的「氣質」。而當不尋常的情感「爆發」出來時（一樣，可能是戀愛、或全神貫注於對新生兒的疼愛），這類情感不該解釋爲實際的「爆發」，而是一個戲劇化的情感再結構——如果眞的可以相信這類情感，那就可以說，它重新建構並定義了個體的生命。

堅持美德是人格狀態而非激情，甚至在亞里斯多德清單的首要美德中也行不通——勇氣。必須說，勇氣在阿基里斯的環境中是日常所必需。如今需要或鼓勵身體勇敢的情境——特別是亞里斯多德視爲範型的戰場勇氣——爲數不多。勇氣因此就像是「爆

37

[52] 亞里斯多德，《尼各馬科倫理學》，第二卷，第五章。

發」出來的，或者是超出期望的英雄行爲或正直的突然出現，而非堅定且長久自明的人格狀態。但我們會因此就否定它的美德地位嗎？即使這類勇氣可能愚蠢，都不減損其美德地位。勇敢挺身反抗持槍的街頭搶匪或青年幫派，通常（至多）被當作是愚勇而非勇敢，但它仍舊體現了某種美德，而這不能僅僅解釋爲「爆發」，反而是某種「內心深處」、長久潛藏的、甚至一個迥異的自我之湧現。

愛當然可能是愚蠢的，也經常是（這甚至是其典型）「出格的」。愛的挫折也許說好聽是讓人高貴，說難聽則是令人恥辱或悲劇的，但不願或無能去愛，可能是不夠格成爲人的標誌。儘管很多哲學家堅持道德是理性之事，且美德和激情是不同的，然而情感依舊在我們的道德世界佔有重要地位。

第2章
情感的政治

毀滅激情與熱望，只爲了防止其愚蠢還有這愚蠢帶來的不快後果——我們如今驚訝地發現，這不過是另一種愚蠢的激烈形式。

——尼采，《偶像的黄昏》

哲學家經常對比「理性」與「激情」，通常高舉前者反對後者，並辯稱哲學本身就是熱愛理性。這至少意味著哲學傾向於不屑激情。幾乎所有邏輯和倫理學入門書都會將「訴諸情感」列爲「非形式」謬誤，也許不用不計代價避免它，但至少在學期報告中是如此。人們於是重新定義哲學是闡述與批評論證，這是理性的獨門領域。「激烈的」爭論雖然並不罕見，人們還是認爲它不妥。人們鼓勵不帶情感的分析，不鼓勵激情的代言。也許還是可以充滿使命感地將哲學描述爲「愛」智慧，但現在這種愛已幾不再是蘇格拉底（即使柏拉圖沒有）接近這一學科時的熱切渴慕了。今日的理想正如過去，是冷靜、沉思的疏離，即使不是後現代犬儒的那種全面冷淡（*apatheia*）。[1]激情生命，幾乎無人聞問。

---

[1] 譯注：見第一章譯注1。

即使我們發現有大哲人捍衛激情，反抗理性的過當宣稱時，結果也少有教益，其意涵反而飄散著懷疑主義的氣味。大衛・休姆是最突出的例子，他堅持「理性是，也當是激情的奴隸」，直接打發了視倫理學爲理性事務的長久傳統。但他這麼作又至少暗示了（也肯定爲其他人的進一步爭辯作好了準備），道德不是理性所能把握的，某種意義上還是無法論證的。休姆將理性與激情並列，但事實上他與一大票哲學家一樣將兩者對立起來，並將情感與理性分開。他不過是顚倒其對立關係而已。笛卡兒和他的同志馬勒布蘭西（Malebranche）藉由生理學的「動物之魂」來分析情感，在心靈中明確劃歸爲劣等的部分——如果他們眞的認爲它算是心靈一部分的話（休姆也用了「動物之魂」一詞）。萊布尼茲（Leibniz）認爲情感是「混亂的知覺」，康德則貶斥他所謂的「感受的愛」（作爲情感的愛），將之與聖經及實踐理性更爲恰當命令的愛區分開來。康德也許也說過，「沒有任何偉大的成就少得了熱情」（一般認爲此乃黑格爾之言），但在他對高等人類能力的偉大「批判」裡，這種熱情顯然無足輕重。

這就是我們所謂「情感的政治」最爲粗淺的意涵。哲學史上多數時候都將情感視爲靈魂的**游民無產階級**，在生產經濟裡沒有什麼作用，但仍然是必須恐懼的負擔和危險，應該儘可能有效抑制之。情感的政治否認其正當和重要，因此也就證成了自身的壓迫和視若無睹。我們首先就來思考這個以哲學的「扁平」之名發動的「政治」作戰吧。

情感的貶值

> 道德家的瘋狂要求的不是控制而是根除激情。他們的結論永遠是：無力者才是好人。
>
> ——尼采，《敵基督》

「道德家的瘋狂」在當今的哲學文獻裡仍然存在。以下提出兩個代表性案例：我們業內名聲顯赫、又有開放智識心的道德哲學家，還有一知名心靈哲學家寫的論文。

喬爾．芬貝格（Joel Feinberg）在就任美國哲學學會會長（太平洋分部）的演講上問道：「在實際倫理學的議題裡，訴諸情感若有任何重要性，其重要性何在？」[1]他從尋常的答覆開始：「立刻回覆這一問題的方式就是『沒有任何重要性；情感是情感，論證是論證，而且沒有比情感更能徹底蒙蔽心靈的了。』」（頁19）芬貝格拒絕這個「立即」回答，但他的結論遠非熱情地肯定情感；他承認感受在倫理學中可能是「重要的」或至少不是不重要的，他也總結說，他「在有效的人道主義和維持（同時又有彈性地控制）本質的人類情感間，找不到任何無法處理的衝突。」但他似乎覺得這樣子還不夠謹慎，又加了一句「我希望這一結論不會顯得太過樂觀。」（頁42）

40

[1] 喬爾．芬貝格，〈實踐倫理學中的情感與情感性〉，收錄在《美國哲學學會與會紀錄》（1982年3月26日）（Joel Feinberg,"Sentiment and Sentimentality in Practical Ethics," in *Proceedings of the American Philosophical Association*, March 26, 1982）。

芬貝格仔細分析了情感在倫理學中的地位，也值得費些篇幅仔細回應，但這裡我只提請讀者注意，他在提出這一「樂觀的」主張時，不由自主表現出極度的謹慎和防備心——他說在倫理考量中，情感也許不會完全不重要。注意他要費多大的氣力，只為了給情感騰出一丁點空間：彷彿（比方說）在爭論墮胎問題時，一名孕婦對身體、新生兒、她的「道德」、名譽、孩子的父親，還有自己的職業規劃的感覺，都不過是私人軼事，只會節外生枝，而哲學家談胎兒地位與權利的抽象論證，還有女性控制自己身體的（抽象）權利才是唯一正當的考量。不管這種倫理學的優劣為何，重點都完全在於原則還有支持它的論證，而情感對我們的道德考量沒有任何值得一提的貢獻。[2]

第二個值得一提的例子是傑洛米・謝佛（Jerome Shaffer）1983年發表的〈評估情感〉（An Assessment of Emotion）一文。[3]他從「情感發作」的例子開始：「我在彎道上行駛，看到路上有根樹幹。我認為很有可能受傷，我不想如此。我臉色發

2 道格拉斯・瓦頓（Douglas Walton），《情緒在論證中的地位》（*The Place of Emotion in Argument*, University Park: Pennsylvania State University Press, 1992）卓越且精細地檢視了情緒在論證中的恰當地位。他仔細討論了 *ad populem*（訴諸集體偏見）、*ad miseracordia*（訴諸憐憫）、*ad baculum*（訴諸恐懼、憤怒）與 *ad hominem*（人身攻擊）等論證手法。

3 傑洛米・謝佛，〈評估情感〉，《美國哲學季刊》，20期第2號（1983年4月）（"An Assessment of Emotion," *American Philosophical Quarterly*, ）：於邁爾斯與伊拉尼編的《情感》中重印（*Emotions*, ed. G. Myers and K. Irani, New York: Haven, 1983）。

白、心跳加速，感覺胃在抽搐。我急踩剎車。」[4] 毫不令人意外的是，謝佛以這個還有類似的例子總結說，情感並不是特別令人愉悅或者有價值的經驗，而據此，「在生命的主要關切中並非必要，總的來說也並不可欲。」[5]

稍作尋思便能斷定，這一沒人樂見的意外案例完全不能當作情感的範型。甚至可以反駁說，雖然這類驚慌失措從生理上說與某些情感很像，但它不是情感。而且不管怎麼說，並非所有情感都能用「臉色蒼白、心跳加速、胃抽搐」等等來形容，更別說定義了。想想，若用我們的主要例子，如眼見正義實現時所體驗的強烈滿足感，或激情地戀愛也許長達數十年的經驗來看，就會帶來迥異的分析（謝佛在同一篇文章中分析愛作爲情感，將它化約爲「肚子裡的蝴蝶」以及其他「波動、流、漲潮、溢散」一類；他總結說愛也是微不足道的情感。這種愛可不是打動崔斯坦〔Tristan〕和伊索妲〔Isolde〕的激情）。再者，我們可以毫不猶豫地同意，我們確實不想有在路上遇到樹幹的經驗，但不必因此下結論說恐懼本身是個不可欲的經驗。[6] 我們知道，在安全得多

---

[4] 見邁爾斯，前引書，頁 202-203。

[5] 前引書，頁 220。

[6] 見加文．德．貝克（Gavin de Becker）的實作自救書，《恐懼的好處：保護我們遠離危險的生存訊號》（*The Gift of Fear: Survival Signals That Protect Us from Danger*, Boston: Little Brown, 1997），對這一假定作出了經驗豐富的反駁。德．貝克是一名保安人員（專長是「威脅評估與風險管理」），負責保護好萊塢明星的安全，因此對恐懼的長處（virtues）遠比我們大多數人更爲敏銳。他寫道，恐懼是個禮物，因爲它是直覺的生存反應。人們之所以遭遇麻煩，大部分都是

的環境下，有數百萬人願意排隊付上十塊美金以便讓自己給千奇百怪的自然或非自然現象嚇破膽，包括了龍捲風、食人鯊、大猩猩、侏儸紀時代的複製野獸、各類火星人或外星人、飛行的木頭、流動的岩漿還有瘋狂殺手。

41　謝佛的情感「評估」事實上是政治謾罵，可是他論證時的隨興而為也顯示了情感的政治地位之低。想像一名哲學家在同樣專業的期刊裡發表一篇評估邏輯的文章，以一則荒怪的詭辯為典型案例，然後結論說邏輯在我們的生命中沒有特別重要或可欲的作用。可是哲學裡反對情感的偏見如此強烈，連不公平或輕薄的攻擊都不會招來抗辯；而為情感辯護，無論這辯護是多麼不帶激情且有擔當，都容易招來腦袋不清還有多愁善感的指控。

一般而言，美國現代哲學對情感在哲學中的作用有極深的不信任感，對它也興趣缺缺；我認為，這樣說並非過甚（雖然我們最有名的哲學家，詹姆斯和杜威對它表現出強烈的興趣，也還是如此）。照如今的方案看，哲學家應該只企求理性，而非表現出激情或——這甚至更糟——情緒化。哲學家應該評估論證，而不能「陷入」某個立場（某位同事給學生出了個很容易情緒化處理的議題寫作時，他跟學生說他「完全不在意他們相信什麼，而只

因為忽略自己的恐懼直覺（在美國，有百分之八十的暴力事件，加害者都是被害者所認識的人）。恐懼不一定讓人愉悅，但它無庸置疑是個可欲的反應。這裡也可以提出疼痛作為比較，它（對我們多數人來說，或大多數時候）並不讓人愉悅，但沒有它我們就會斷手斷肢，也會把自己燒死或勒死。某些被虐狂會主張說，沒有疼痛的生命不算是生命，但這裡並非這個意思；不如說，沒有疼痛的生命會對生命本身造成危險。

關心他們論證是否健全」)。我們甚至開始懷疑，如今哲學論述是否受人看重，判準就在於是否沒有任何情緒反應。哲學主張必須冷靜、而且儘可能形式化地論證，藉此排除修辭的引誘效應並避免訴諸情感。像齊克果或尼采一類高舉情感勝過理性的哲學家，也就毫不意外地給當作「不眞的算哲學家」而打發掉了。這一常見的排擠政治將情感，從而也將有情感的哲學家給邊緣化了。

即使情感在哲學中出現，人們也認爲其地位無足輕重：分析情感則是附帶的課題。有代表性的情感理論，比方說笛卡兒與休姆的，通常爲人們所忽略。笛卡兒的論著《論靈魂的激情》(*On the Passions of the Soul*)涵蓋了他對心身糾結關係最爲徹底的沉思，但人們通常將它擺一邊，而偏愛他更誘人的《沉思集》(*Meditations*)還有他更具方法論特色的《心靈指引規則》(*Rules for the Direction of the Mind*)。教師常常要求學生閱讀休姆了不起的《人性論》(*Treatise of Human Nature*)第一和第三卷，但跳過論激情的中間那一卷。同樣，閱讀斯賓諾莎的學生的典型訓練大概到《倫理學》(*Ethics*)第二卷開頭一點就止步了，而完全不顧斯賓諾莎自己肯定當作其核心企圖的，論感情的後三卷。[7]偶爾會開設的「情感哲學」課程，人們通常視之爲古

---

[7] 舉例來說，近來此經典最突出的評注者喬納森・斑內特(Jonathan Bennett)，只解釋到第二卷就結束了。但可以對勘以下對斯賓諾莎的細膩審理：傑洛米・紐(Jerome Neu)，《情感、思想與治療》(*Emotion, Thought and Therapy*, Berkeley: University of California Press, 1977)；伊米亞赫・約佛(Yirmiyahu Yovel)，《斯賓諾莎與其他異教徒》(*Spinoza and Other Heretics*, Princeton, N.J.: Princeton University Press, 1989)；以及艾梅莉・羅蒂收錄於羅伯特・索羅門

怪的邊緣課程，有點像是「新世紀哲學302教室」或是「愛與性的哲學」，也就是那種腦袋不清楚或是容易激動的人修的哲學。

但即使情感眞正成爲關注焦點，處理的方式也太常照著如今哲學處理一切問題的規矩來——形式化、客體化、論證、不帶激情——換句話說，和主題本身南轅北轍，甚至截然相反。這一領域中的重要書籍都將情感這一豐富的主題化約了，只對「意向性」或各種「認識形式」的本質進行扁平、邏輯的分析。我不是反對這類研究，而且某些也確實振奮人心，但看重歸看重，情感卻不見蹤影。可是，認識論的目的之一若是強化我們的知識，那麼我們情感的「知識價值」似乎該是此探索的根本道路之一。[8]但許多情感研究似乎目標在於打發或緩和我們的情感，認爲它們不過是「感覺」而已。甚至可以論證說，現代哲學過度強調認識論甚於情感，透露了某種對哲學和人性本性的假定：我們首先是**認識的**存在，其次或者由於生病之故才同時是**感受的**造物——這一假定既缺乏批判反省，也可能是錯的。從政治角力的觀點看，這確實對有知者、善於理性論辯者有利，但它也大大貶低了將敏感與激情視爲首要美德的人（女性傳統上有「更爲敏感而較不理性」的形象，在此肯定不是毫不相干的）。

與凱薩琳・希根斯編，《(情欲）愛的哲學》(Lawrence: University of Kansas, 1991）中的文章。

[8] 例見凱瑟琳・艾爾金，《思慮周全的判斷》(Catherine Z. Elgin, *Considered Judgment*, Princeton, N.J.: Princeton University Press, 1996)。

什麼是情感？（一種政治觀的建立）

> 倫理學哲學家之所以會直觀到道德的義務規範，是靠求助於自己的下視丘——邊緣腦系統中的情緒中樞而得的。
>
> ——威爾森（E. O. Wilson），
> 《社會生物學》（*Sociobiology*）

「什麼是情感？」威廉．詹姆斯正是如此問的，這是在百餘年前他爲期刊《心靈》（*Mind*）寫的文章標題。[9]從西方哲學興起以降，哲學家就關心甚至經常憂慮於情感的本性。蘇格拉底與先蘇哲人就情感在人類的理想生活中有何地位，提出了深刻但絕非一致的問題。雖然這一學科的發展就是在追求理性（主要由於蘇格拉底還有他的學生柏拉圖之故），情感總在背後蠢動，對理性造成威脅，也是哲學與哲學家的危險。也許這正是爲何理性與情感最歷久不衰的隱喻就取譬於主人與奴隸：理性的智慧穩當地控制，而情感危險的衝動則安然受抑、疏通、或者更理想的是，與理性和諧一致。

主奴隱喻有兩大特徵，如今依舊決定了哲學看待情感的方式。最爲首要的是情感處於次等地位，認爲情感較爲原始、不理智、近乎獸性、不可靠、危險，因此當受理性控制（亞里斯多德

43

[9] 威廉．詹姆斯，〈什麼是情感？〉（What is an Emotion?），《心靈》（1884）。重印版見契什爾．卡爾亨（Cheshire Calhoun）與羅伯特．索羅門編，《什麼是情感？》（*What Is an Emotion?*, Oxford: Oxford University Press, 1984）。

等其他啓蒙的雅典人還用這一論證來證成奴隸制的政治安排)。其次（這點更爲深刻）則是理性—情感的二分法本身，彷彿我們要處理兩種不同的自然類型，是靈魂中兩個衝突且對立的面向。甚至那些試圖整合兩者並將其中一類化約爲另一類的哲學家（通常將情感化約爲理性的次等類型，是「混淆的知覺」或「扭曲的判斷」)，也仍然維持了這二分法，且持續堅持理性的優位。因此休姆宣稱理性是激情的奴隸，確實標示著他對主流見解的激烈反抗，但儘管他對情感結構作出了極聰明的分析，他終究還是退回了舊有的模型與隱喻中。

「什麼是情感？」這一問題—— 我們就直說吧 —— 並不只是理論追問，不只是試圖充分理解或解釋情感而已。它主要是一個實踐問題，因爲我們的生活少不得情感，我們必須在情感中過活。簡言之，我們活出我們的情感。這意思就跟說一個人必須活在婚姻中並活出他的婚姻來一樣，而單是理解「婚姻：其制度、歷史、相關法律、其趣事、其不尋常的案例……」是不夠的。從這個觀點看，「什麼是婚姻？」是存在主義式的，而非社會學的探索。這裡要問的也不是**這個**婚姻的特殊性，也顯然不只是在問**一個人自己的**婚姻該如何而已。這就是爲什麼我們覺得問題很重要，也是爲什麼區區的普遍現象（比方說離婚或復合的數據）對我們沒有多大的實際用處。在普遍知識與我們生命的獨特處境之間，理論與實踐是相互依賴的。如果一個人理解的婚姻是個人的、激情的許諾，那麼這場婚姻大體上就會受到這一理解所形塑。如果他把這一婚事看作是命運弄人的安排，或是社會、家庭的義務，那它肯定就會變得不一樣。

故而情感也是如此。如果一個人理解的情感大體上是不自主的生理反應——比方說以研究甚多的「驚嚇反應」爲模型——那麼一個人的情感體驗以及對情感的處置，就會把它們當作外來的侵入者、不快之事、病痛的短暫發作、或是奇怪的身體抽搐和閃避反應來看。[10]另一方面，若將情感理解爲政治或有謀略的社會行爲，那麼這一理解影響所及就不只是一個人的情感「觀」，還會大大影響他的情感行爲與感受。因此我的論點就是，情感首先是持續的實踐，人主動且與他人一道介入其中。它不只是一個現象，不只是「就這麼發生的事情」而已。它不是純然個人的，也是人際的、是社會建構的、是學習而得的。擁有情感，無論是因它而痛苦還是利用它能發揮的價值，首先都是某種社會和政治的實踐；爲了與他人一同生活、並活出一個美好又充滿激情的生命，也少不得這非常根本的實踐。

44

這不是說理論就沒有地位了。剛好相反：我反抗理論與實踐的有害對立，正如我肯定反抗理論與激情潛藏的惡性對立；兩者均屬同一場戰役。我們太常以爲理論生活是純粹探究的、不帶激情的人生，但這是個虛假的形象；只消了解任何一名嚴肅的科學家或學者，就知道他們追求的根本激情無可置疑，無論如何描述它都一樣。[11]不管實踐是由理論推動，還是理論由實踐推動，試

[10] 吉尼佛・羅賓遜（Jenefer Robinson），〈驚嚇〉（Startle），《哲學期刊》，卷 xcii，第二號，1995，就力主驚嚇反應乃是情感的範型。吉伯・萊爾在他的經典《心靈的概念》（*The Concept of Mind*, New York: Barnes and Noble, 1949）審理情感並不全面，但也至少暗示了「抽搐和閃避反應」的情感觀。

[11] 我實在很想說「追求眞理」，但在這個後現代時代很難堅持這一點。

圖分開兩者都是錯的。我們對情感有何想法，與我們怎麼活出情感大大有關，比方說我們怎麼將它們合理化，在處理自己事務或同他人相處時怎麼運用它們，還有我們怎麼把它們當作自身劣行的理由或說詞。[12]

考慮到這一點，我打算論證三個否定主張，我在全書中所運用的情感概念都以這三者爲核心。首先，也是最爲重要的，情感**不是感受**。其次，不管我們從人類的神經生物學或相關學科中學到多少，情感都不是，或至少**不能化約爲生理學事件**。第三，情感**不能僅僅以個人行爲來理解**——說「僅僅」，並不是要否認情感由行爲所表達，或它在某種意義上是個人體驗，而是要說，若不考慮社會脈絡、文化、社會與人際關係、還有以上這些要素所

學者，無論誠懇還是憤世嫉俗，都會說高度的「自私」、還有對名聲和成就的追求都推動著這一激情，即使相對謙遜地承認某個斷言或立場是「我的！」也是一樣。在傅柯之後，大概可以指控所有求知行爲都在暗中擄獲權力。尼采提過一個讓人不安的問題（在《善惡的彼岸》〔*Beyond Good and Evil*〕）：「眞理的意志」實際上到底是什麼？他承認至少在某些例子裡，它確實是一個獨立的動機，亟待解釋。不過也許最有趣的例子是那些最反諷的：我們看到賈克・德希達（Jacques Derrida）、理查・羅蒂還有史丹利・費許（Stanley Fish）一類學者激情地論證「眞理不存在」。可是如果沒有追求眞理的激情，實在很難想像怎麼會有論證存在。

[12] 關於實踐與理論如何在社會交際中相互作用，有個不錯且易懂的海德格式解釋：查爾斯・斯賓諾薩、費南多・弗洛列斯與休伯特・德萊弗斯，《開敞新世界》（Charles Spinosa, Fernando Flores, and Hubert Dreyfus, *Disclosing New Worlds*, Cambridge, Mass.: MIT Press, 1997）。

規定的行爲之「意義」，就不可能在理論和實踐上充分理解自己或他人的情感。也是因爲想到這一點，我才提出「情感的政治」一語。

人們常在某種無害的意義上說情感是感受，意指它包括了各種意識，特別是長久的愛還有親密感受。我欲否定的說法完全不是在這種無害的意義上理解的，但正如尼采寫的一樣，前者至少「可以駁斥」。最著名的代言者就是威廉・詹姆斯，他辯稱情感是一系列的感覺（這些感覺源自可指認的生理擾動，後者又源自某個擾人的知覺）。二十世紀初，卡農（W. B. Cannon）──《身體的智慧》（*The Wisdom of the Body*）一書的作者──還有他的實用主義同路人約翰・杜威向詹姆斯的觀點提出挑戰，他們指出，比起相對短缺的感覺資源，我們的情感資源遠爲複雜且精微。[13] 舉個常見的例子：羞恥和困窘的區別就不能只憑感覺或其生理原因來理解。必須從此社會事故發生時所感受到的責任、社會處境還有文化才能理解它。必須特別注意「感受到的責任」一詞：它並非詹姆斯意義上的「感受」，而是觀看、理解或詮釋某些特定情境下（自身）社會行爲的複雜方式，也是習得的。我在其他地方稱這類「觀看方式」爲**判斷**，並論證情感由這類判斷所建構。[14]

45

---

[13] 卡農，《疼痛、饑餓、恐懼與憤怒時的身體變化》（*Bodily Changes in Pain, Hunger, Fear and Rage*, New York: Appleton, 1929）；約翰・杜威，《情感理論》（*The Theory of Emotion*, 1894），收錄於《早期作品集，1882-1898》（*Early Works, 1882-1898*, Carbondale: Southern Illinois University Press, 1967）。

也許有人說情感是感受，是為了提出一個相當合理的主張：若某人有情感，那他或她就必定在某種意義上感受到它，即意識到它。一大批現象學困難在此將蜂湧而入，自不待言。我們所謂的「意識到」是什麼？這是否打消了無意識情感的可能？這是否也打消了以下可能——或不如說忽略了顯而易見的事實——即有時我們聲稱自己感受到的事物（也就是我們擁有的情感）可以證明是錯的？笛卡兒主義的傳統誘使我們宣稱，我們能夠**直接**意識到自己的心智過程，而情感也包括其中；但以上考慮削弱了這一說法，因為光是無意識觀念——不但佛洛伊德為其辯護，否認行為這類常見的情感戲碼也證實其存在——就足以顯示，我們無能與自身的情感反應和諧相處或「直接接觸」它們。不過也很難否認，笛卡兒主義的斷言確有真意，有如不可避免的必要條件：如果某事可以算作情感（與單純的身體抽搐或機械式行為不同），那麼其根本條件之一，就是主體有意識到它。然而這與威廉．詹姆斯所謂的情感即感受，意義大相逕庭。

很少有人取徑於常識而論證情感可以化約為生理事件（通常，只在隱喻的意義上論證它）。我們當然長久以往都用生理

---

[14] 例見《激情》（*The Passions*, New York: Doubleday/Anchor, 1976; Indianapolis: Hackett, 1993）。可是這必須與準行為主義的觀點區別開來，後者直接將責任和社會情境的考量置入情感的描述中，而不進一步考慮它們與主體自身的觀點是否有任何關聯。例見艾若．貝佛，〈情感〉，《亞里斯多德學會會議紀實》，第五十七期（1957）（Errol Bedford, "Emotions," *Proceedings of the Aristotelean Society,* Vol. 57, *1957*）。

學、機械式還有「水力學」的形象捕捉情感的機制還有感受。[15] 而如今談情感狀態時，電腦的隱喻極為普遍（「輸入／輸出」、「負載過度」、「介面」等等）。然而建立一門人類情感的生理學、或更確切地說，腦神經學模型的眞正動力，實來自醫學的實踐與科學理論。整整一世紀前就有兩位醫學家向同行宣稱，心理學必須考慮新興起的腦神經科學。威廉．詹姆斯寫道，「心理學家不得不在某種意義上成為神經生理學家。」約莫同期的佛洛伊德則指出他所謂的「心靈機器」就在腦內。[16] 我們如今馬上就能

---

[15] 喬治．拉柯夫與馬克．強森，《我們賴以生存的隱喻》（George Lakoff and Mark Johnson, *Metaphors We Live By*, Chicago: University of Chicago Press, 1980）。佛洛伊德早期就主張腦神經學的化約論（見氏著〈一門心理科學的方案〉，收錄於《標準作品集》，史特拉奇譯，第二卷〔"Project for a Scientific Psychology," [1895] in *Standard Works,* trans. J. Strachey, London: Hogarth Press, 1953, vol. 2〕）。即使他後來放棄了這一觀點，他的學術生涯大體上仍繼續運用水力學的形象，比方說壓力、堵塞、填滿（貫注）、釋放（宣洩）、疏通（昇華）等等。見我的〈佛洛伊德解釋心靈的腦神經學理論〉，收錄於我的《從黑格爾到存在主義》（"Freud's Neurological Theory of Mind," *From Hegel to Existentialism*, Oxford: Oxford University Press, 1988）。但也請比較亞力斯戴爾．麥金泰爾（Alasdair MacIntyre）對荷馬的評論：「荷馬的所有心理學都是生理學。」見氏著《追尋美德》，頁 18（*After Virtue*, Notre Dame, Ind.: Notre Dame University Press, 1981）。

[16] 威廉．詹姆斯，《心理學原理》，第一卷，頁 5（William James, *The Principles of Psychology*, New York: Dover, 1950）；佛洛伊德，〈一門心理科學的方案〉，頁 295。

理解這類努力的企圖。精神科於近數十年的巨大進展，就在於將各種心理疾病「化約」爲神經生物學上的功能失常。由於很多這類病痛都是情感的，因此假定情感一般而言不過就是神經生物學的功能運作，就極富誘惑力。隨著腦神經科學的進展，這一假說看來益發可信，我們在腦內不斷發現新的「中樞」還有症候。

46

但這當然不是全部。在試圖理解情感時，確實**可以**只看神經和內分泌系統，但永遠都會有一個很根本的問題：於此揭示的過程是否眞的**就是**情感，還是其實只是情感其下的托體。[17]這不只是語詞的瑣碎爭論。如果我們想理解的是諸如愛、憤怒、妒羨和悲傷一類的情感，就很難說理解了大腦就行，而可以完全不考慮當事者還有他或她的處境及文化。這不是要質疑腦科學或醫學研究不重要，而只是說，任何將各種情感等同大腦狀態與過程的企圖，目前爲止不過是一張尚未兌現的支票；而且它也無助於斷定（比方說）是否要對一名惡意相向的同事生氣，或者是否該撩動新戀情的星星之火。然而眞正站不住腳的是，用生理學模型將情感原始化、化約它，並將它從有趣的、充滿血肉的人類現象中打發掉。我拒絕情感的感受模型還有生理學模型，不是因爲我認爲它不值得研究，而是因爲人們太常以兩者爲說詞，而忽略或無視於情感在人類生活中的重要——也許只有在它作爲擾亂的心理波動時才例外，而這會重要也只是因爲它們於美好生活有礙。

說情感不能只以個人行爲來理解，這說法看似簡單，卻是由

---

[17] 見保羅．葛瑞費斯，《情感究竟是什麼》（Paul Griffiths, *What Emotions Really Are*, Chicago: University of Chicago Press, 1997）。

許多論點濃縮而成。我所拒絕的觀點，又一次可以有某種無害的、完全合理的詮釋，即：個人「擁有」情感，而且我們顯然多少會靠著指出誰（哪個個體）擁有情感，以便指認它們並將之個別化。如果房間裡每個人看到阿方索都很高興，那麼就有理由說，這句話的意思是房裡的每個人都有他或她自己的高興情感。再者，我們也有充分理據認爲，即使沒有任何外在原因或刺激，一個人仍可擁有情感（儘管很難證明原因或刺激完全不存在）。因此，雖然情感常常由主體之外的原因或刺激所引發，我們仍可能堅稱，不管這些原因爲何——或者，即使它們並不存在——一個人的情感終究還是要回到他或她的感受，而這裡的「感受」同樣不局限於感覺，而包括了思考、知覺、詮釋、評價、估量等等的全部幅域。可是若將這個常識觀點提昇到存有論的層次，並將主體孤立於世界之外時，它就錯得離譜了。多數情感仍然要回到脈絡和社會環境才能理解。脈絡和社會環境才讓情感（多少）變得恰當。[18] 也是脈絡和社會環境，才令我們有可能擁有大多數的人類情感。我這裡的目的是要阻止另一個令人們對情感不屑一顧的根由，即「笛卡兒主義」的觀念，它認爲情感不過是「內在」發生的。

談論情感還有情感究竟爲何，就是在談情感的「意義」。這一意義不止包含人擁有、表達並體現情感的社會脈絡、文化、社

47

[18] 我在〈情感的跨文化比較〉中，就捍衛這一社會文化觀。收於阿梅斯與馬克斯編，《亞洲思想中的情感》（"The Cross-Cultural Comparison of Emotions," *Emotions in Asian Thought*, ed. R. Ames, J. Marks, Albany: SUNY Press, 1994）。

會及人際關係，也包含了理論與實踐，因爲一個人靠著這兩者才能理解他或她自己的感受與行爲。理論是哲學之事，心理學與其他社會科學則是哲學觀點與偏見已然穩固建立後的近代分枝。可是這些理論偏見不但影響我們怎麼看待情感，也影響我們怎麼活出它們；因此情感的理論就像情感本身，終極說來是政治的，也與我們在世界中的活力感牽連甚深。

情感的兩個範型：詹姆斯式的興奮與亞里斯多德的政治學

> 我們思考這類典型情感時通常認爲，心靈知覺到某個事實，從而激發心靈中的情感，即所謂的情緒，而後一種心靈狀態又表達於身體。我的論點剛好相反：身體的變化直接因知覺到激動人的事實而出現，而我們在這變化出現時對它的感受就是情感。
>
> ——威廉．詹姆斯，〈什麼是情感？〉

> 我們定義憤怒爲向他人公然報復的痛苦渴望，因爲對方公然對自己或朋友公然表現出不當的蔑視或怠慢。
>
> ——亞里斯多德，《雄辯術》(*Rhetoric*)

威廉．詹姆斯對「什麼是情感？」的問題提出了各種不同的回答，但所有情感的學生都知道的答案，就在他那特別加重標示的簡短陳述中：「**我們在這變化出現時對它〔即身體知覺〕的感**

受就是情感。」[19]自此之後（當然，其實久已如此），認爲情感的核心是某種生理上的「興奮」，就主導了多數心理學和哲學（晚近才不再如此）的情感理論建構。簡言之，情感是生理反應，由某種不快或擾人的知覺（思想或回憶）所激發，人們又多少能明確**感受**到它。因此情感研究聚焦於個別的有機體、其生理機制和感受。如今最引人注目的是情感的神經生理學，但視情感爲「興奮」的基本模型依舊不變。

48

但在詹姆斯前兩千三百多年，亞里斯多德就提出了同樣的問題並追問情感的本性。當亞里斯多德定義憤怒並視之爲情感的範型時，他只有順帶提及感受、身體的刺激還有興奮：「向他人公然報復的痛苦渴望，因爲對方公然對自己或其朋友公然表現出不正當的蔑視或怠慢」。[20]如此描述情感，我們首先特別驚訝的是，它似乎與倫理學、政治學還有社會關係更有關，反而幾乎不談多數心理學家會當作「情感」的要素。關鍵字眼──「報復」、「蔑視」、「自己或其朋友」，還有重複一次的「公然」──暗示，憤怒的本性是與認定的地位、侵犯、適當報復還有人際關係等問題糾纏難分的。亞里斯多德接下來甚至堅稱，只有傻子才不會生氣，而儘管易怒的人可能「難以忍受」，沒有（企圖恰當反擊的）憤怒卻是惡德而非美德。激起憤怒的是「蔑視或怠慢」（可能是一次的「不快、洩憤或自以爲是」），但正是爲此，

---

[19] 威廉·詹姆斯，〈什麼是情感？〉，見卡爾亨與索羅門編，《什麼是情感？》，頁128。

[20]《雄辯術》，標準頁碼1378-1380，強·索羅門（Jon Solomon）譯，收錄於卡爾亨與索羅門編，《什麼是情感？》。

憤怒是正當的，甚至是某種義務（當然要在正當的場合、爲了正當的理由、程度也要適當）。憤怒等其他情感的本性是政治的，因爲它們牽涉到的關係，是一起生活在同一個國家中的人之間的關係。

詹姆斯與亞里斯多德奠定了思考情感的兩大範型。一者視情感爲相對原始的心靈狀態或過程，是生理與感受的某種結合。與多數「心靈」現象一樣，情感是個別有機體的特徵，是某種「內在」的事物——或者如果人們不願使用「內在經驗」一詞，認爲它太「不科學」（像詹姆斯就經常否認「意識的存在」）的話，那就是某種眞的在頭顱內，即在腦子裡的事物。心理學由於不信任個人體驗，且腦神經科學大體說來仍是未知的領域，因此人們研究情感時，就暫且將範圍縮小或聚焦於最表層的行爲——臉部表情、短期行爲序列、或十九歲心理學學生不總是可信的自我描述。另一者即從我所謂的「政治」進路來研究情感。它描述情感的框架不是心或身，而是社會處境，並關注其中極複雜的倫理與人際糾葛。

超越笛卡兒主義傳統

> 由於理論近視，理論家看不出自己的模型仍舊假定，在心靈／大腦神秘莫測的「核心」近旁，必藏有某個笛卡兒式的劇場，在此「一切都會兜攏起來」，而意識就出現了。
>
> ——丹尼爾·丹內特（Daniel Dennett），
> 《解釋意識》（*Consciousness Explained*）

我之所以深受情感的「政治」進路所吸引，部分原因在於，它避免或繞過了現今心－身研究中一般所謂的「笛卡兒主義」傳統。近來丹尼爾·丹內特、約翰·瑟爾（John Searle）與大衛·喬梅斯（David Chalmers）等人的爭論，對這一傳統有精要的簡述：它聚焦於「意識問題」並在二元論與化約唯物論間來回擺盪。[21] 亞里斯多德當然不受這類關切所拖累，他的雙重優勢就在於不知道笛卡兒二元論（或任何「意識」之類的觀念）也沒有現代科學的化約執念。在笛卡兒式的圖像裡，情感的角色特別古怪——有些人甚至會說不可理解——它一方面是生理過程極棘手的因果機制，另一方面又是個人經驗（或「感受」）。對當時生理學極為精熟的笛卡兒，也費了很大氣力解釋（在他的《靈魂的激情》）血液中的「動物之魂」如何造成靈魂的相應變化。[22]

49

---

[21] 丹尼爾·丹內特，《解釋意識》（Daniel Dennett, *Consciousness Explained*, Boston: Little Brown, 1991）；約翰·瑟爾，《再次探索心靈》（John Searle, *Rediscovering the Mind*, Cambridge, Mass.: MIT Press, 1994）；大衛·喬梅斯，《有意識的心靈》（David Chalmers, *The Conscious Mind*, Oxford: Oxford University Press, 1996）以及瑟爾於《紐約書評》（1997 年 2 月號）對喬梅斯著作的評論（*New York Review of Books,* February 1997）。20 世紀討論此問題的文章彙編，見威廉·里昂斯，《現代心靈哲學》（William Lyons, *Modern Philosophy of Mind*, London: Penguin, 1996）以及我的評論，《東西哲學》，第 46 卷第三期（1996 年 7 月）。

[22] 勒內·笛卡兒，《靈魂的激情》，渥斯譯（René Descartes, *The Passions of the Soul*, trans. S. H. Voss, Indianapolis: Hackett, 1989）。事實上可以（一點也不荒謬地）說，笛卡兒可不是「笛卡兒

然而在考慮因果關係中的「心靈」面向時，笛卡兒的語式就徙然轉變。比方說恨「根本上起自某對象潛在的危害，並因此有避免它的渴望。」[23] 也許生理學確實讓他振奮，但他的根本興趣（與亞里斯多德一樣）還是在於，對情感進行價值導向且心繫智慧的分析：情感如何定義並切合於美好的生活。但即便如此，以他的拉丁姓氏爲名的傳統後來仍鮮少注意情感的政治向度，並過度關注情感作爲感受或「主觀感覺」的面向。人們有時對腦神經學研究的可能心生敬畏，不時還會恍如領受天啓般讚揚它，然而笛卡兒主義二元論已大致爲這一現象劃下界限了：一方面是如今仍存在許多未知的腦神經學，另一方面則是一系列經驗——描述各有不同，可能說它豐富而充滿意義，或者說它原始且初生——而每個人據稱在他或她自己的私人領域中擁有這些經驗。

我自己解釋情感的著作通常會給貼上（不是我自己講的）「認知」解釋的標籤，但仍然屬於這個笛卡兒主義的傳統。[24] 讀者可以把這當成我的自白。我大體上採現象學的方式，強調情感中「判斷」的作用，這是追隨亞里斯多德、斯多噶派還有沙特

主義者」。特別見貝克與摩里斯，《笛卡兒的二元論》（G. Baker and K. Morris, *Descartes's Dualism*, London: Routledge, 1996）。

[23] 笛卡兒，《靈魂的激情》，第 XXV 段。

[24] 具體點說，見我的《激情》（*The Passions*, New York: Doubleday, 1976; rev. ed., Indianapolis: Hackett, 1993）；近來的著作見〈論情感作爲判斷〉，《美國哲學季刊》，第二十五卷第二期（1988 年 4 月）（"On Emotions as Judgments," *American Philosophical Quarterly*, 25, no. 2, April 1998）。

（等其他人）而來。當然，我經常強調這些判斷的人際與倫理特性——比方說關於親屬、親密與責任的判斷——但由於我還是在某種程度上視情感爲個人體驗，我發現我還是忽略了情感的某些重要向度。由於八〇年代晚期，我與社會科學家還有生物心理學家進行了一些跨科際的研究，此後對這一點更是深有體會。我仍然不了解腦神經學，還有大腦過程與情感的關係，但我確實不夠注意情感更易接觸的面向，比方說臉部表情的作用還有文化對情感定下了哪些「表現規矩」，儘管這在心理學還有人類學中都是很突出的議題。[25]一般說來，哲學家至今顯然還未察覺臉孔在情感理論中的重要，儘管就在隔壁的心理學家二十多年來都把它當作主導課題來研究（更別說這就像自己鏡中的臉一樣顯而易見）。理由當然是因爲笛卡兒主義：臉孔不過是身體的表層；至多不過是表情。然而照他們的假設，這也沒辦法指出這表情在表現什麼——也就是情感。而情感照笛卡兒主義的解釋必然是某種「內在的」事物，並不存在於臉孔或表情中，而存在於主體的私人經驗中。 50

我們在此回到了詹姆斯，他對於如何指認情感也感到相當混淆。跟他之前的休姆一樣，他在語詞上指認情感本身就是感覺

---

[25] 例見保羅．艾克曼，《達爾文與臉部表情》（Paul Ekman, *Darwin and Facial Expression*, New York: Academic Press, 1973）以及氏著〈身體與臉部運動的生物學與文化因素〉，收錄於布萊金編，《身體的人類學》（"Biological and Cultural Contributions to Body and Facial Movement," *The Anthropology of the Body*, ed. J. Blacking, London: Academic Press, 1977）。

（或者一組感覺，即一個「印象」），而他將此同其原因還有表現區分開來。他身為醫生自然深刻察覺身體反應的重要；也由於強烈意識到情感同其身體表現的複雜關聯，他才有了那著名的論斷，認為後者乃是前者的原因，並藉此暗示，就像今日賀卡上常見的祝福詞說的一樣，你只要臉上表現出快樂，肯定就會感覺快樂。儘管如此，詹姆斯學說的官方說法與許多先前的哲學家很像：情感**就是**感受，是感覺的特定集合。他始終無法將情感的「主觀感受」同其生理面向充分整合起來。

笛卡兒主義的情感觀後來體現為各種不同的形式。許多哲學家與心理學家以為，構成情感的感覺有個根本特徵：它們不是愉悅的就是痛苦的。比方說休姆就用這種方式區分愛與恨還有驕傲與謙卑。斯賓諾莎有時也有類似的暗示，而二十世紀他的最佳代言人尼可．弗里達（Nico Frijda），一名荷蘭心理學家，也有同樣的主張。[26]然而斯賓諾莎跟隨斯多噶派提了一個更為突出的見解：感情與其說是感受，不如說是關於世界和自身的「判斷」或「思想」。我自認屬於這個「認知」派的傳統。其他傾向於行為分析（但並非行為主義）的人則堅持情感是行為原型、意向或行為傾向。[27]直率的行為主義者則主張（其不合理程度因人而異）情感**不過是**行為或是照某種方式行為的傾向，因此他們仍舊是笛卡兒主義者，只是否認「機器中有鬼魂」而已。然而它們還是甚常攀上了一點心靈的殘餘，比方說萊爾惡名昭彰的「刺痛與癢」以

[26] 尼可．弗里達，《情感》（Nico Frijda, *Emotions*, Cambridge: Cambridge University Press, 1987）。

[27] 弗里達在他的書裡也是如此主張對情感進行多向度的解釋。

及維根斯坦的「在機械運作中沒有任何作用的輪子」。[28]其他人則主張情感是信念與欲望的複雜結合——這是「大眾心理學」的素樸模型，如今在某些認知科學的圈子裡蔚爲主流。所有這些觀點有個共通之處：它們都接受（在行爲主義的觀點裡則是全然否定）情感是「內在的」心理狀態。這些觀點當然有天壤之別，我的學術研究也多半是在捍衛其中某些觀點並反駁其他的。但現在我會從不同的方式看待這一挑戰：重點在於怎麼支持「情感是判斷」的觀點並將之重新定位在非笛卡兒主義的視域中。

51

企圖對情感採取非二元論的另類理解，作得最好的哲學家之一就是詹姆斯的實用主義同道約翰・杜威。杜威堅持從整體的、無所不包的觀點來看待情感。另外兩位則是馬汀・海德格與讓－保羅・沙特：前者雖然在其他方面晦澀難解，似乎並沒有連帶模糊他對「心情」（德文 *Stimmung*，此詞照他的解釋，顯然包括許多情感在內）的見解；後者儘管表面上有笛卡兒主義的存有論，卻力稱情感（一般而言還有意識）有深刻的政治面向。[29]其他類

[28] 萊爾，《心靈的概念》，特別是第四章；路德維格・維根斯坦，《哲學研究》，安斯康譯（Ludwing Wittgenstein, *Philosophical Investigations*, trans. G. E. M. Anscombe, Oxford: Blackwell, 1953）。

[29] 這點在沙特早期的專文不明顯，《情感：一個理論草案》，弗列希特曼譯（*The Emotions: Sketch of a Theory,* trans. B. Frechtman, New York: Citadel, 1948），他在此將情感刻劃爲「對世界的魔幻轉變」，是「逃避行爲」的主觀形式；但他的力作《存有與虛無》（巴恩斯譯）則通篇都持此觀點（*Being and Nothingness*, trans. H. Barnes, New York: Philosophical Library, 1956）。

似觀點則散逸於哲學和心理學的歷史中（但這是在大學主事者和互懷妒意的學者把這兩個領域硬生生割裂前的事）。然而照我看，從政治視角切入的範型還是亞里斯多德。所有這些觀點的共通之處，就在於它觀照情感的首要情境是人類關係，並認爲它與倫理學不可分割。[30]照我如今的看法，問題在於如何繼續把握住情感的個人以及體驗（現象學的）面向，同時又能在一個本質上人際的社會脈絡中看待情感，不但認爲它在人際關係中很重要、是這類關係的結果，而且也要看到它如何由這類關係所形構。[31]

---

[30] 在此必須指出一個微小的錯謬。尼采之後的歐陸哲學家，特別是海德格還有追隨他的沙特，都不斷否認他們在搞「倫理學」。這是胡說八道，也是誤導人的：他們拒斥的只是「中產階級的倫理」（沙特心懷蔑視之語）而已，他們想到的也顯然是康德的〔倫理學〕模式。伊曼紐爾．列維那斯（Immanuel Levinas）與此相反，他將「倫理事物優先於存有論」當作是自己哲學的標誌。

[31] 這裡指出的差別要回到我與「社會建構論」——如隆．哈列（Rom Harré）、詹姆士．阿佛列爾（James Averill）——的齟齬。這有一部分是因爲我關注某些自然或基本情感反應，它們是在社會化之前就存在的，不過我也不否認，社會在很大程度上會調節並修飾這些反應。不過在此更切中要害的是，與其說情感由社會所建構，不如說在情感發揮關鍵作用的關係和社會中，它既會定義後者也會被後者所定義。比方說愛就不只是「感受」，也不是生物學（或者照弗洛伊德說的，是「性欲加上文明的試煉」）。確切地說，它兩者都是，而且也是「社會建構的」。但不能把「關係」當作某種完全與彼此的情感（這種情感當然不只是愛而已）不同的事物，情感也無法直接與關係區別開來。當然有很多「得不到回應的」愛，而且談論「一個人對另一個人的感受」也完全有道理，也自不待言。但直接了當地說，愛存在於關

情感的目的（可能不只一個）

> 我們沒辦法再生活於一個問題如此迫切又困難的世界了。然而我們必須行動。所以我們試圖改變世界，像變魔術一樣。
>
> ——讓—保羅・沙特，《情感》

二十世紀（重新）出現，比較振奮人心的情感假說之一，就是力持情感是有目的的。他們有讓—保羅・沙特所謂的「終極性」（finalité[2]）。[32]這意思是說，它們不只是功能性的或不時會帶來好處的，也不只是演化隨機的意外殘餘；它們也爲自身而存在、並富於策略性和政治意味。換一種多少有爭議的說法就是，情感並不只是在我們身上「發生」，儘管「激情」還有「被某種情感所觸動」的整個語式都有這樣的暗示。[3]還可以繼續有爭議地擴展詞意說，情感是我們「實行」的活動，是個人和集體層次上對我們有用的機關。或者再換句話說，情感在某種意義上可說是理性的（或不理性的），儘管「理性」通常局限於思考和算計有具

係之中；跟某些有名的詩人說法不同，愛並非兩個平行且完全分開的內心振盪間的幸福和諧。

[2] 譯注：此爲法文。

32 沙特，《情感》，頁36。

[3] 譯注：激情的英文passion與passive（被動的）一詞有字源關係（中譯無法表明此關係），與「被……觸動」一樣，都暗示我們不是情感的主體，反而是情感作用其上的客體；故而索羅門有此言。

52

體言說的脈絡中。情感當然也可能有大量的言說、思考和算計（憤怒帶來的報復就是典型例子）。因此人們也會把理性當作「工具」運用，是爲了達成某種情感目的可以選擇的手段之一。情感既是目的性的，就有自身的目的。因此它們不只是發生或不發生而已（而問題也不只在於怎麼擺脫或享受它們）。還有什麼才能**滿足**它們的問題。情感作爲策略，會追求自身的滿足：憤怒要的是報復；恨要的是消滅；某些愛要的則是「占有」。這不是說所有情感都可以滿足，或者有滿足的條件。比方哀慟，就是沒有這類條件的情感，除非發生絕不可能之事，像心愛之人逝去後復活。即便如此，這類情感也許還有一個或多個目的（比方說有助於彌合一徙然破碎的生命），而且不只是對個人，也可能對團體有用。

以上很多無疑都能從生物與文化的演化加以解釋，但這不是重點。當然可以馬上猜想，憤怒和恐懼提供的能量累積，讓有機體可依當下狀況，爆發出非比尋常的侵略或撤退行爲。這類情感解釋不要求任何的自覺或意志介入。依演化理論，個體或物種不需要「搞清楚」自身適應的優勢何在。它只是湊巧碰上而已。因此青蛙和蝴蝶物種中的有毒成員就有競爭優勢，因爲不常被吃掉。於是某些後尾羽毛較豐的雄鳥就更有機會吸引配偶，因此就有生育優勢。因此同樣地，某些有一定脾性的造物，比方說有情感反應或會在恰當情境下表達某些情感的，就可能有競爭或生育上的優勢。會咆哮和攻擊的狗也許在某些環境下更適於生存。會逃跑、閃躲或依偎的狗在其他環境下也可能有競爭或生育的優勢（育犬專家因此就以市場考量取代了自然。）我認爲就其本身而論，這一切都無甚爭議可言。

然而如今心理學和哲學所謂的情感的演化解釋，並不比莫里哀（Molière）的著名說法更高明：他說一罐安眠藥的力量就在於讓人嗜睡。若只是顯示某事有某個目的或功能，那麼演化過程告訴我們的，就和最粗糙的創世論或偶在論沒什麼兩樣。演化是最新的魔杖，只消輕輕一揮，某個不可解的事好像就得到了解釋，但只是表面如此而已。正如尼采說的，我們覺得壞的解釋比完全沒有解釋更好。

但就我的論證來說，演化論只是背景，並無關鍵作用。照演化的假定，情感之所以是策略性或功能性的，是因爲它們有助於「適應」—— 儘管這個詞在過去一世紀以來充滿許多歧義也激發許多反對之聲。照演化的思路，一個人（或造物）之所以有情感，不是因爲他、她或它有個目的（也不是因爲誰 —— 這也包括「自然」—— 有什麼目的），而是因爲它有用，而替代的策略則有害。在這類例子裡，情感反應本身也許是（以往所謂）「本能的」，或者照今日的電腦思維的夾槓說，是「寫死於系統內的（hard-wired[4]）」。一個過度簡單的（因爲它不是眞的情感）例子就是驚嚇反應。更爲複雜的則有各種形式的母愛和保護、對地盤的敏感、害怕看到某些形狀或聞到某些味道。但我的論點是，不管我們情感的生物基礎如何，也不管它是不是寫死的 —— 甚至不

53

[4] 譯注：hard-wired原爲電腦術語，意爲「硬體接線式」，即由硬體路線寫入的資料；由於這類資料不可更改，故之後用來描述生物的本能特徵，彷彿本能也是「寫入神經系統中後不可更改」一樣。這裡勉強譯爲「寫死於系統內的」，以便保存其起源意思和衍生運用。同段下文「寫死的」譯的是同一個字。

論它是不是意志性的——只要我們的思考不再只把情感與情感反應當作產物，而是當作策略、與他人還有自己相處的方式，那麼我們對它的理解就會有更大的收獲。

古代和中世紀哲學不時也會出現情感有目的性和功能性的看法，世上也有大哲或偉大的宗教曾特別標舉愛和同情，認爲它們是神的計劃。然而這個主張的眞正力量不只在於對情感及其發展進行演化解釋；實用主義者約翰．杜威的理論（他對達爾文主義也深懷不安），還有較晚近也更激進的沙特的著作，也透露此主張的能耐。當沙特告訴我們，情感是「對世界的魔幻轉變」，他的意思是說，情感是處理「棘手」情境時的意向性、策略性方式。我們「選擇」它們，而且是出於某個目的而選擇的。

儘管很多心理學研究者也主張過類似但較爲溫和的演化—功能論立場，但認爲情感有策略本性的沙特式觀點，無疑超出了當今多數情感理論家所能接受的程度。爲了緩和某些質疑，也許可以指出，這個意志論見解並不需要人們認出情感策略並言說它，它甚至也不必是可言說的。換句話說，人們不必（在尋常的意義下）意識到它，而我們作的「選擇」也不必是明確或權衡過的選擇。但情感仍可以是策略、是應付狀況的方式，特別是應付與他人的關係。尤其，當這種應付方式涉及權力時，我相信我們有很好的理由稱之爲情感的政治。但我們也已指出，可以用很多大異其趣的詮釋理解這個詞，我們在本章開頭談的，以理性主義的「扁平」之名反對情感豐富的庸俗宣戰就是其一。

情感的政治也顯示情感並不只是「內在的」。它們向外頭的世界伸展。杜威—沙特式觀點有個關鍵之處：情感是意向性的；它們朝著世界裡（眞實或想像）的對象而去。因此它們涉及概念

54

和認知，這也包括了辨認。它們當然也涉及腦神經學與生理學，而意向狀態也可能有本能的或生物學的基礎（威廉・詹姆斯肯定就這麼想。當代作家則把這個當作他們探索的某種起點[33]）。但這個「意向性」觀念的作用是摧毀經驗與世界，還有「內在」與「外在」間的笛卡兒主義之壁。情感的對象當然不總是眞實的(可能只是想像的、回憶的、或者在極端例子裡還是幻覺的)。在這些例子裡我們也許還是可以以隱喻的方式談論整個過程，彷彿它是在主體「之內」的。但在尋常的例子裡，像是哈利愛著莎莉、佛列德討厭菠菜或伍迪嫉妒艾倫之類，情感的意向性都針對某個眞實存在世界中的事物。探討如何處理這些議題的哲學文獻汗牛充棟，像是「不存在的對象」應該視爲優先或某種古怪的例外之類。但我們不必被這類難解之事絆住。重點在於，跟（比方說）疼痛是感受不同，情感不只是一種「感受」。它還是一種視野、心態、一種朝向世界的伸展。

情感作爲這樣一種伸展有其目標和價值（而不只是像主流的心理學文獻暗示的那樣只是「評估」而已——評估聽起來太「旁觀」了)。我們知覺事物、人和事件，並擁有針對它們的情感，而這些情感體現了贊成或不贊成的態度、欲望與反感、還有更爲精微的目標。不管情感會是什麼，都與行爲密切相關，不只是偶然有關而已（這就是爲什麼許多年來，心理學教科書都把它和「動機」兩兩並列：沒人知道該把這個主題安排在哪)。嚴格的行

---

[33] 例見丹尼爾・丹內特，《意向立場》（Daniel Dennett, *The Intentional Stance*, Cambridge, Mass.: MIT Press, 1987）以及《解釋意識》。

爲主義者會直接說，情感**就是**行爲，但即使對這個命題附加常見的條件限制，這裡的概念聯繫還是太緊了。[34]其他人（如尼可·弗里達）更爲審慎，只堅持情感是一組行動傾向的集合。[35]但正是情感與行爲的概念聯繫——用笨拙的方式講，就是情感與其表現是同一回事而非兩件事——讓情感的「政治」變得尤爲突出。

如果情感只是一個不偏私的判斷，或者是某次「評估」而且是嚴格「內在的」，有如完全遠離賽場被動坐視的旁觀者，那麼情感策略還有政治的提法至多只有微不足道的意義。但情感與行動是有關的，不管這裡講的是憤怒所帶動的「冷靜」並暫時按兵不動的報復策略，還是某人臉上自發、轉瞬即逝的欣喜或驚訝表情都一樣。需要特別解釋的反而是壓抑的、未表現的、隱藏的情感。當員工對她的上司生氣、或一名成熟、聽話的孩子對老師或父母生氣時，會引起注意的並非表情的缺乏，而是表情的壓抑或面容的扭曲：任何了解這類事情的人對此總是一望即知的。當然，有很多情感的表現完全不重要，但這不是因爲他們克制，而是因爲這些表現出現的場合沒有人會注意到或受到影響。我們獨自一人時經常也會有情感。因此，必須注意到情感也有「內在的」政治，但我們不從笛卡兒主義來理解這個詞。在無人或無物會受到影響、被觸動或甚至因而高興的狀況下，主體也可能採取不涉及任何情感行爲或表現的情感策略。即便如此，情感（不只是其

55

---

[34] 比方說萊爾在《心靈的概念》裡就迴避這一問題，改提「多路徑傾向」的觀念，但他也因此而顯然承認，對任何給定的情感來說，這類假定的路徑之數量可能多到沒有止境。

[35] 弗里達，《情感》。

表現）仍是在公開的場合，而非某個神秘的笛卡兒空間中出現的。情感「在世界中」，而非在心靈、心理或靈魂裡面。

情感的政治

心情襲捲我們而來。它並不是從外面或「裡面」來的，而是從在世存有中來的，作爲這種存有的方式而來。

——海德格，《存在與時間》（*Being and Time*）

情感的政治可以區分出四個（相互關連的）層次。首先是情感之存有論——或者更好的說法是概念地圖——的一般命題：情感是什麼、座落「何處」、該用什麼語詞討論它。我已抱怨過，傳統對情感的政治立場就是視之爲褫權的，是靈魂裡的游民無產階級（除非它們暴動，否則不必理會）。其次是情感之政治性格最顯而易見的意義：它涉及了權力、說服、操縱和要脅。憤怒是這裡最常見的例子，但愛、猜忌、羞恥感、怨恨、羨妒、甚至絕望感也值得注意。在此可以看到情感如何進行其微妙的控制。第三個層次或可稱之爲情感的內在政治，即我們在世界中自我定位並（甚至可以說）自我操縱的方式；這是獨立於我們情感或其表現對他人的影響的。我一開始看到情感策略的重要時，由於我（尚未察覺的）笛卡兒主義立場，首先引起我興趣的就是這種內在政治。[36] 生氣在此又成爲典型案例。當人們生氣以便「保住面子」，顧慮的不只是他人眼中的自己（憤怒外顯的公開政治性格），也是自己眼中的。最後，情感的政治也延伸到情感的「後設」領域：「貼標籤」、辨認、報告並描述情感、還有建構情感 *56* 理論。然而不可認為這個「層次」的情感可以輕易與其他情感政治或情感表現的層次分開，或甚至加以區別。這四個政治領域經常是重疊的，且會相互影響。

情感的存有論

存有論向我們指出事物的基本本性、在宇宙中的地位、以及與其他事物的關係。心理學，或說心理現象的存有論，長久以來都困在笛卡兒主義形象的泥淖中，此形象粗略言之意味著：「心靈」狀態、過程或行動，**若不是**物質狀態、過程與行為的古怪顯現或誤導人的描述——心理學的華森（Watson）與史金納（Skinner），哲學的吉伯·萊爾——就是極怪異的非物質存在，萊爾知名的譏諷「機器中的鬼」就是在說這個。但笛卡兒本人就敏銳地察覺到，情感特別橫跨了這一存有論深淵，他說它由兩種「實體」（物質的與非物質的）所組成，一方面有動物魂的激盪（物質的），另一方面則有信念與欲望（非物質的「思想」）的定性。行為主義無論多麼荒謬，至少清醒地拒絕了這一沒有道理的二分法，並指出（精細程度各有不同）我們關於情感所知、所願說的一切，都依賴於行為（這也包括語言行為，主要是第一手的

[36] 索羅門，〈情感與選擇〉，《形上學評論》，第28卷，第1號，9月（1973）（Solomon, "Emotions and Choices," *Review of Metaphysics,* vol. 28 no. 1, Sept 1973）。

主觀報告）。當然，剩下來的就是那惱人的「第一手觀點」，即情感的主觀「感受」，但不管怎樣靈巧地（有時也很拙劣地）揮舞思緒，人們還是擺脫不掉這一殘餘。

不用否認主體性也可以論證，哲學家以往描述爲「內在的」事物同樣可以合理地重述爲「外在的」，比方說臉的表情、實踐特定行動或行動類型的傾向（侵略、占有、關心、卻步）、還有表達情感的語言描述及評價。像悲傷好了，若只從「刺痛」還有「洩氣」感，即從悲傷的特殊「感受」來理解，不會有什麼收獲。若眞要理解這一基本情感，倒是可以分析人們對「失去」的評估與評價。同理，困窘與羞恥的區別，與其歸結爲感受或感覺的差別（在這方面眞的有差嗎？），不如歸結爲情感所歸屬的脈絡的根本區別。[37]將一個情感描述爲羞恥隱含有譴責之意，但描述爲困窘就沒有這個指控的意思。在維根斯坦、萊爾還有他們的心理學同路人興起後，討論情感就少會涉及那些神秘的「心靈」因素了。

現象學，若不把它當作「意識領域」而是（從某個觀點而來的）對世界的體驗，就會是描述情感的自然媒介。任何對身體、大腦、行爲環境的描述都必定不完整，甚至不著邊際（因爲它沒有觀點）。任何對純然「內在」感覺的描述都必然是病態的。可以將現象學錯誤描述爲「第一手觀點的特殊性」——然後提出如下謎題：我們怎麼認出我們的情感的，它們「感受」起來如何

57

[37] 艾洛・貝佛德，〈情感〉，《亞里斯多德學會會議紀實》，第57期（1957）。

（這跟我們怎麼辨認爲理解他人情感的問題不同）。然而問情感到底在「哪裡」—— 在物質還是奇怪的非物質世界 —— 不再有任何意義可言了。只要情感是重要的，它就「在那外頭」，是關涉世界的。或不如說，根本沒有「那外頭」，因爲其實也沒有對照的「這裡頭」，除非有人情願用很奇怪的方式談論腦「裡頭」的過程。這不是一般所謂的「唯物論」，一般的唯物論已隨著情感「全在腦子裡」的古怪觀點一起消逝了 —— 現在只有哲學家、腦神經學家還有幾個社會科學家還會主張這一點。至於「意識的存在」這個古怪的詞究竟何義也不重要，因爲這裡並不是要否認它。這裡只是要說，情感是生靈的體驗，由有意識的社會生物所擁有（即使這裡理解的社會，完全只局限於持續意識到有劫掠者、還有偶爾意識到有配偶可追求也一樣）。情感涉及這類生物的許多面向，而且這些面向也相互關連：其感受力、社會關係、自我意識、共享的還有個人的世界觀、生理構造、言說和行爲的各類表現。如此複雜的生物可不該如此簡化，割裂爲身體與心靈的存有論。

情感、權力與說服

說情感是政治的最明顯意涵，就是我們會用情感來影響他人或其他生物。我們養的狗會很快對怒吼或皺眉有反應，即使這種情感是爲了訓練牠而裝模作樣，不是眞的。這當然也就情感的政治提出了一個關鍵點：有用的似乎不是所謂的情感本身，而只是情感有力的表達而已。但在解釋情感的概念地圖時，我試圖質疑情感與表現的區別，並論證說情感的表現若要「有說服力」，就預設了所表現的情感——或者像威廉・詹姆斯暗示的一樣，它傾向於創造這個情感。假裝或演戲，彷彿自己有當下需要的情感，但實際上完全沒有，也可以實現同樣的目的嗎？理論上大概可以，而且若是容易受騙或過度敏感的對象還特別簡單。但我認爲實踐上的答案是，很少有人是這麼高明的演員可以成功演出，所以實際上擁有情感似乎是必要的。倘若如此，似乎就意味著得擁有情感才能帶來想要的結果。

58

無論是否如此（案例之廣泛肯定遠比詹姆斯的簡單公式更爲繁雜），情感顯然不只是（通常也不是）獨立自足的，而是多少會延伸到其表現的。眞實、自欺還有惡意間的界限在此變得極爲複雜難解，但我暫時想大膽指出這個難解的人類謎團中的一小塊拼圖（較深入的探討見第八章）。這也就是，爲了某個目的而有情感，不意味著「不眞的擁有」情感。當然，這個主張會推翻所有我這裡的說法。尼可・弗里達的提法看來天眞，但我認爲是正確的：他說「情感——其類型、密度和顯現——不只由重大的刺激事件所決定，在相當程度上，人們預期它在他人身上會產生所要的效果也有影響。」[38] 換句話說，情感是策略，而且無可否認，正是部分由於情感表現能有效與他人溝通我們的情感，它才有所演化。

有時我們的情感與情感表現涉及了不安、哭喊求救、或表達

---

[38] 尼可・弗里達，〈情感的政治〉，收錄在《國際情感研究學會議程紀實》("The Politics of Emotion," *ISRE Proceedings*, Storrs, CT: ISRE, 1994)。

需要。順從、因恐怖而尖叫、嬰兒痛苦的哭聲，這些表達都是爲了（但不一定是有意識的）得到注意，爲了引導他人的行爲。由於這些表達如此有用，就可以學習、教養、練習，因此就可以有意地（這不表示就是「假裝」）運用它。年輕女性很快就學到，表現順從可以贏得喜愛，而這一表現又與感覺順從有關，因此她就學到了怎麼感覺順從。只消一次類似的經驗，有天分的小猴子也可以學會因對無害的危險訊號反應過度，順手把東西打翻，結果弄到食物吃。嬰兒、孩童，甚至成年人都會學習哭泣以搏得他人的同情。但一樣地，他們並不是在「假裝」，只是對身邊能夠哭泣的事物非常敏銳而已（《歡樂單身派對》〔*Seinfeld*〕[5]裡有個年輕女性因爲熱狗從麵包裡掉出來而痛心大哭，但後來她的祖母過世時卻完全沒有任何悲傷之情。也許她令人厭惡，但我認爲她並非騙子）。

很多情感都涉及權力、說服、操縱與要脅。比方說我們憤怒，不只是爲了對峙時振奮出必要的能量和膽識，也是爲了恐嚇對方。在我系上較不受歡迎的成員裡，其中一位，只要會議上出現有爭議的問題時，他就習慣要站起來秀一下（他挺高大的），以要脅的姿態靠著會議桌，並以極恐嚇的語氣對著反對他立場的人大吼大叫。由於多數有爭議的問題都挺瑣碎的，對手幾乎總是會讓步，而惡霸就這麼得道。重要的是，這些無謂的勝利很少眞的涉及多麼重大的議題；而且更重要的是，完全沒有理由認爲他憤怒的表現會引發眞正的暴力（事實上眞的需要動手動腳的時

59

[5] 譯注：美國九〇年代著名電視喜劇。

候，這位同事一定閃避）。但我們多數人對憤怒的恐懼和反感如此深刻，因此只要表現出憤怒就會讓我們的反應**有如**背後眞的有傷人的威脅一樣，即使我們心知肚明沒有。我們也從未因此下結論說這些憤怒的表現是做作或虛僞。他就是個易怒的人，而且老早就學到了生氣的好處。

引誘式的情感也是如此。我們之中多少人曾經明知對方的懇求不誠懇、誤導人或會帶來災難，結果還不是乖乖上當呢？廣告還有推銷手法都仰賴這類軟弱爲生。我們對情感的反應，還有情感與表達本身，也是天生的、習成的、教養的，有時還可能是寫死於系統內的。這類經驗表明情感有政治要素，其存在也並非中立的社會或心理事實，而是一種政治力，能推動我們並以各種方式影響我們的行動。

當我們轉向情感的呈現與表達的諸多面向時，這類策略的力量就極爲明白。保羅．艾克曼與卡洛．伊札德（Carroll Izard）多年來都主張他們的臉部表情分類有演化基礎，而且他們這麼說的意思並不只是說這些表情剛好在演化史裡出現過，還是說它們帶來了某些社會上的，因此也是生育上的優勢。然而演化故事裡爲眞者，肯定在更尋常的社會故事裡也是眞的。脾氣壞的人總靠恫嚇遂行其意。（也許他們假裝生氣就可以了，但即便不管這裡需要的作戲天分，眞正的憤怒似乎由於上述考量而有加倍的好處。）若想確定其他情感提供了多少生育或社會優勢，似乎需要對個別情感進行分析。一般說來，愛肯定有這種能耐。羞恥與罪惡感似乎就群體而言是有利的，但大概不會直接有利於個體。哀傷、悲傷就費疑猜了。（肯定有操縱人的哀傷，也有靠哭泣的懇求。）憐憫與感恩探索起來極富興味，尼采就有不少有爭議的見解。[39]所有這類分析都是要找出表達、表現的各種方式（無論有意與否）是否在與他人交流時有策略優勢。

情感的內在政治

情感的內在政治是我們定位並（甚至可以說是）操縱自身同世界關係的方式，這無關乎我們的情感或表現對他人的影響。尼可·弗里達寫道，人在情感中「因某個給定情感所欲望的權力效果，而表現或甚至經驗著這一情感」；這裡「經驗」一詞透露出某種關鍵的曖昧之意。我們的經驗肯定會影響，甚至決定我們的態度與行爲，後者又會進而影響、推動或逼迫他人。但有時我們也會看到這一過程中途腰斬：情感沒有表現出來，沒人發覺，而且還有意如此。情感正是在私密情境下發揮其「魔力」。

60

比方說憤怒就是一種有敵意的情感，人們因此對世界展現某種態度，即使這種態度只是在自己眼中看來如此。即便這憤怒未必會表現出來或產生行動，或者（甚至）主體完全自行其事，避免這一情感激發他行動或任何人發覺它，這一觀點的內涵仍會對一個人如何看待世界產生強烈的影響。情感全然私密時，他人就無法修正或挑戰自己的思想和判斷（當然，一個人還是得壓制良心之聲，不過憤怒是個嘈雜的情感，容易淹沒前者絮絮叨叨的獨

---

[39] 尼采，《朝霞》，豪林戴爾譯（Cambridge: Cambridge University Press, 1982）。

白)。憤怒要求一種好評判的立場，類似法庭的場景——路易斯·卡洛(Lewis Carroll)的《愛麗絲夢遊仙境》(*Alice in Wonderland*)其中一幕「老鼠的故事」(the Mouse's Tale)就精要捕捉了這一場景：「我將是法官，還是陪審團。狡詐的老潑婦說道。」這在策略上的優勢應該顯而易見。一個人由於感到受侵犯或受辱而受傷，但在這樣的狀況下還是可以自認更爲卓越，甚至是正直的。這是一個很有力的心理狀態。這是情感政治最爲深刻微妙之處，無論它在社會世界中是否有用。

尼釆在《道德的系譜》裡就長篇闡述了一個例子。他指出怨恨的本性就在於它是避免直接表現和對峙的情感，寧可改變看待世界的方式以符合自身的軟弱無力。於是就可以將「內在政治」當作「在戰略上對自身心態的重新部署」來談，或者用沙特更爲詩意的說法就是「對世界的魔幻轉變」。情感的內在政治頗能呼應我先前所謂的情感之判斷作用，這是從某些斯多噶派來的，他們於兩千年前也有類似的主張。斯多噶派以爲，問題不在於我們的情感行爲怎麼影響世界(多數斯多噶人主張這種影響要麼是消極的，要麼是可以忽略的)，反而在於我們的情感判斷怎麼影響我們自身對世界的看法，也因此影響我們幸福的可能。

羅納·德·蘇薩(Ronald de Sousa)的《情感的合理性》(*The Rationality of Emotion*)細膩地刻劃了同樣的觀點，但他的版本較帶發展與社會色彩：他引入「典型情境」的觀念，人在這種情境中學到的不只是某些情感或情感行爲是否「恰當」，也會了解其力量與重要。[40]一個人學到的不只是自己的情感反應對他人的影響(他們是否認可、怎麼回應)還有情感讓自己有什麼「感受」。德·蘇薩指出嬰兒天生會笑，就是個生命初期的好例子。笑一開始是天生的，但嬰兒在六週到三個月大時，就會開始用笑來搏取回應。[41]這裡討論的「感受」不可與當下的生理或肌肉變化所造成的感覺相混淆，也不是無能定位出「所感受的」情感何在的作家影射的，一種原初的「情意」感。[42]它關涉的反而是在情境中複雜的現象學整體。確實可以爲這些情境提出一個演化背景的解釋（德．蘇薩也鼓勵這麼作）。但就我的目的而言，重要的是要堅持，這些情境在確立之後就不是，也不必是公開的或座落於社會中的。無疑，它們原本必然是公開的或座落於社會的。但一個人只消將情感的範型「內化」後，就能私底下照原樣重複播放，並把它當作彷彿公開的一樣來演示這一策略且將之具體化；在這麼作的同時他也取得某種競爭優勢，儘管可能只是在自己眼中如此而已。

---

[40] 羅納．德．蘇薩，《情感的合理性》（Ronald de Sousa, *The Rationality of Emotion*, Cambridge, Mass.: MIT Press, 1987）〔中譯本見《情感的理趣》，馬競松譯，五南，初版民95年〕。

[41] 前引書，頁182，這是引用丹尼爾．史登的研究，見氏著《第一個關係：母親與嬰兒》，頁45（Daniel Stern, *The First Relationship: Mother and Infant*, Cambridge, Mass.: Harvard University Press, 1977）。

[42] 比較成熟的這類嘗試，見麥可．史鐸克，〈現代倫理理論的精神分裂〉（Michael Stocker, "The Schizophrenia of Modern Ethical Theories," *Valuing Emotions*, Cambridge: Cambridge University Press, 1996），收錄於氏著《評價情感》。亦見保羅．葛瑞費斯，《情感究竟是什麼》（Paul E. Griffiths, *What an Emotion Really Is*, Chicago: University of Chicago Press, 1997），他對所有這類嘗試提出了批判。

情感語言與理論的政治

至此，我完全從情感策略來談情感的政治。但這不是全部。我們不只是擁有情感。我們還知道我們擁有它。我們會給它貼標籤、談論它們、為其設想理論，而且並非偶然，還有些人可以靠這些理論吃飯。這是競爭優勢的第二個層次：若你願這麼想，亦可說這並非情感本身，而是在談論情感活動的後設層次出現的優勢。由於我們很容易以為語言是超乎情感的，是與「擁有」情感頗不相干的手段或能力，因此我們很少會將談論情感也當作是情感現象的集合。然而眞相是，我們談情感的語言、概念和想法是與情感本身密切相關的，它們遍布情感之中，也會定義它（這絕不是說動物還有尚未學會說話的嬰兒就沒有情感了。這只是說，有這類語言的成年人不可能清楚區分開情感和情感語言而已）。

這種對情感的「後設」反思有幾個面向。最基本的是情感名稱的本性，即我們怎麼**稱呼**它們，或者心理學家所謂的「貼標籤」。如：一個人為她的敵意貼上的標籤究竟是「恨」、「生氣」還是「怨恨」，對於她如何表達、評價和談論自己的情感，從而還有她的「感受」，會有完全不同的影響。複雜一點的面向，則是我們談論情感，甚至不時將之神話化的方式。美國人口中的愛就是個很切題的例子。它是高度神話化的，甚至可說是「認識過度」的情感，以致於憤世嫉俗者經常認為「愛」**不過**是個字，是混亂的幻想而非眞實的情感。[43]最後，也是最為複雜的，就是我 62

[43] 這類憤世嫉俗者包括了拉．羅什福柯（La Rochefoucauld）、阿爾

們作爲哲學家和心理學家爲情感提出概念和理論的方式。二十五年來，我的論點始終反對將情感「原始化」的強烈傾向（此傾向如今依舊不墜）── 我認爲，這一傾向的手法就是否認我們對情感負有責任。我承認，說我們「選擇」我們的情感有些言之過甚。但若視這一說法爲自我實現的預言，有助於我們取得主控權並更加察覺到情感選擇確實存在，那麼我以爲它就是存在主義的寶貴智慧。另一種看法認爲情感是生理刺激，是超乎我們控制的心理「力量」，這也是自我實現的預言，它促使我們視自己爲受害者，並爲我們的行爲找藉口。情感的政治於是成了個人責任政治的一環，也是培養自身美德的一部分。

稱之爲「憤怒」、「忿懣」、*riri* 或是「孩子氣」── 甚至「暴怒」、「粗暴」或「義憤」，眞的有差嗎？（差別何在？）讓．布里格斯（Jean Briggs）告訴我們，烏特古語（Utku）將我們的憤怒命名爲「孩子氣」，以致於用這個詞指認這個情感時就已經在貶低它了。[44]同樣，羅伯特．李維（Robert Levi）也向我們指出，大溪地語（Tahitian）的 *riri* 甚至在我們描述這個情感前就將它妖魔化了。他們將憤怒描繪爲某種惡魔附身。「忿懣

貝．卡謬以及費爾茲（W. C. Fields）。

[44] 讓．布里格斯，《從不生氣》（Jean Briggs, *Never in Anger*, Cambridge, Mass.: Harvard University Press, 1970）。見我的〈生氣：人類學中的詹姆斯典範〉，收錄於《文化理論》，列汶與許韋德編（"Getting Angry: The Jamesian Paradigm in Anthropology," *Culture Theory*, ed. A. Levine and R. Schweder, Cambridge: Cambridge University Press, 1984）。

(ire)」(這直接取自拉丁語)則有某種憤怒所無的高貴感。[45]「暴怒」暗示暴力,「粗暴」顯示某種超乎尋常的暴力,「義憤」則暗示正當(相比之下,區區的「被激怒」或「不爽」則顯示不屑)。我認爲「怒氣」則比憤怒更多(或更少),它是一種全面的腦神經反應,相較之下不受控制且大多時候不自主。親愛的茱麗葉,名稱並不只是任意命名芳香之物而已啊。[6]因此當一個人爲自己的情感命名時,(正如夏赫特〔Schachter〕與辛格〔Singer〕指出的一樣),變化的不只是名字,情感本身也變了。

情感語言的政治絕不只局限於命名情感。想想比方說「濫情」還有「情緒化」中普遍隱含的輕視情感之意吧。「濫情」(sentimentality)這個詞曾用來描述貴族階層高人一等的敏感。但再也不是這樣了。如今它倒更是指劣等藝術、廉價的道德還有個性的明顯缺點。「情緒化」和「濫情」是用來侮辱人的,比方說長久以來對女性的輕視(而且仍未絕跡),或是對身居要位的「陰柔」男性的不屑。[46]

最後還有我們理論的政治。本章開頭引用的喬爾・芬貝格和

---

[45] 羅伯特・李維,《大溪地人》(Robert Levi, *The Tahitians*, Chicago: University of Chicago Press, 1973)。

[6] 譯注:用典莎士比亞《羅密歐與茱麗葉》,第二幕、第二景茱麗葉的著名台詞:「名字算什麼呢?我們稱爲玫瑰的,即使有了別的名字,也不失其芳香。」

[46] 見我的〈爲濫情一辯〉,《哲學與文學》,第十四期,秋季號,頁304-323(1990)("In Defense of Sentimentality," *Philosophy and Literature*)。

傑洛米・謝佛就是很切題的例子，其中可見沒有同理心的觀點還有貶抑的描述如何貶低並打發掉情感。這類觀點在誤稱爲「大眾心理學」的理論中也存在。[47]常識理論（以及情感語言）多半隱含我所謂的「水力學理論」。這是輕視情感的觀點，認爲它「不過」是生理「壓力」，比方說佛洛伊德生涯初期描述「心靈機制」的「煮沸系統」模型就是。我這裡提出的反對不只是理論上的，也是存在主義或倫理的。水力學模型（還有大部分的大眾心理學）的政治就是不負責任的政治：「我們的情感是『它』，不是『我』的一部分。」因此古代理論也一樣，它將愛與憤怒看作瘋狂的一種，而非某種策略。沙特與我在此就會用「存在主義」理論回應：不，情感並不會「取得主控權」或「襲捲我們而來」。我已經論述過情感是策略，而且我們**選擇**它們。[48]個人責任是情感故事很重要的一環，任何不肯面對它的理論本身就是政治的（還是我們該說是政治上不負責任的？）。

63

還該提及另一個涉及情感的政治形式，就是科系和專業聲望的學術政治。我們會重新定義情感以合乎我們的方法。毫不令人

---

[47] 例見史蒂芬・斯提克，《從大眾心理學到認知科學》（Stephen P. Stich, *From Folk Psychology to Cognitive Science*, Cambridge, Mass.: MIT Press, 1983）；以及艾爾文・高德曼，〈精神病化的大眾〉，收錄於史佩伯編，《後設表象》（Alvin I. Goldman "The Mentalizing Folk," *Metarepresentation*, ed. D. Sperber, Oxford: Oxford University Press, 1998）

[48] 〈情感與選擇〉，《形上學評論》，第28卷，第1號，（1973年9月）：重印於《解釋情感》，艾梅莉・羅蒂編（Berkeley: University of California Press, 1980），頁251-282。

意外，如果哲學家眞的有談論情感，他們會傾向從概念分析的框架或「認知科學」的視角看待它，也偏愛用現有、熟悉的邏輯和語言分析資源切入。腦神經學家首先傾向視情感爲腦神經反應。行爲主義心理學家則自然會從情感在行爲中的表現觀察它，等等。這沒有什麼問題，可是我們很容易讓自己的派系立場妨礙彼此合作和相互理解。哲學家特別擅長打發社會科學家殫精竭慮的成果，說它有概念混淆或者無意義，連一丁點的寬容原則都不會採用。[49]如果能在社會科學家的話語中尋找哲學家可能系統性忽視或忽略掉的事物，那會是多麼有建設性啊。也可以預期，社會科學家通常諷刺「紙上談兵的哲學家」作爲報復，也不打算花點力氣看看他們可以從概念分析和現象學分析中學到些什麼。

情感有許多向度和面向，因此研究方式也很多。我們別再學那些瞎眼的波斯鄉巴佬了，只憑各自摸到的大象作出武斷的宣稱。如果我們意識到，政治不但在情感中，甚至在我們對情感的審理中也是遍在的，我們就可以合作並回答一些最爲困難的問題，即怎麼整合這些不同的進路。也許單一的客觀觀點不存在。甚至，既然研究的是如此「主觀的」現象，大概也根本沒有「客觀的」觀點。人類情感的終極「眞理」也許就是，我們永遠無法超出自身還有我們的情感觀，因此情感還有情感研究中就總會有政治利益和權力關係。然而也許正是因爲情感是政治的，我們的

64

[49] 見本書導言，頁 x。這種能說善道的高姿態哲學活動最誇張的例子之一，讀者可參考我的《激情》第三章，〈客觀觀點下的情感：心理學家的謎團〉（The Emotions Objectively Viewed: The Psychologist's Puzzle），頁 72-77，我於 1993 年新版中有爲此表示歉意。

情感生活才如此豐富（或可能豐富），而我們對它的興趣，甚至在哲學中，才如此歷久不衰。

情感與理性的政治

一副好像每個激情都沒有一丁點自己的理性一樣！

——尼采，《強力意志》

正是理性的偉大鬥士蘇格拉底將德爾菲的標語「認識你自己」當作自己的座右銘，並提出了頗極端的告誡「沒有審視的生命不值得活。」這種認識肯定有一部分是我們對自身情感的理解和體會，畢竟生命之所以值得，很大程度就在於情感。在此提個有爭議的說法：情感是內在合理性的課題。從政治來談情感，就是在主張情感和區區的感受或更原始的反應不同，它是有目的的、策略性的、有理智的——換句話說就是**理性的**。但我們如果只從手段—目的這種「工具式」方面來思考它，以爲它不過是我們在世上追求事物的手段，我們就仍然低估了它的力量與重要。情感當然是手段，但它們也常常是目的。愛不只是手段，還是「目的自身」。悲傷和哀慟不必是手段，但它們仍然在我們的生命裡有重要的作用。憤怒可能是手段，但它也體現了生命的某種態度，某種存在方式；而且憤怒的合理性也許最終會歸結爲，這一情感立場在一個有序的或理性的生命裡是否合適或「恰當」。這究竟是什麼意思？我們現在必須轉向這個問題。

第3章 理性及其變異

當事物的某特徵在人們的權衡中有一定份量，我們可以說，他們視之爲贊成或反對某個行動的理由。可是到底是誰在解釋誰？是先有這一份量，而它解釋了我們行爲的依據有何意義嗎？這是休姆和聖奧古斯丁一類哲學家的立場，後者寫道「在意志與愛的引力中，一切要追求或避免之事的價值就會出現，而後我們才認爲它有較多或較少的價值。」另一方面則有追隨柏拉圖、亞里斯多德與康德的哲學家。他們認爲我們的激情本性完全處於眞理與理性的控制之下。日神統治酒神。然而這一陽光形象有個問題：日神的統治不可理解……爲什麼我們應該在乎任何事呢……？奧古斯丁的立場就沒有這一困難：我們談論理由不過反映了我們早就在乎。

——賽門．布萊克伯恩

哲學一詞原意是愛智，但哲學家眞正愛的是推論。

——羅伯特．諾齊克，《理性的本質》

心有其理，爲理性所不識。

——帕斯卡（Pascal），《沉思錄》（*Pensées*）

66

談了這麼多情感，那麼理性呢？捍衛情感和激情生命是否就是拒絕理性，還是它是理性的補遺、或者是補充，甚至是強化？然而從理性**和**情感思考仍然讓舊有的二分法紋風不動；雖然力持理性是否該是激情的奴隸還是相反，當然是個重要問題，然而依我之見，眞正的問題乃是理性和情感的虛假、有害對立，彷彿它們各自占據人類存在的兩個領域，產生自人類心靈中兩種不相干的能力。激情生命不是不理性地過活，好像不需要理由或者反對理性。顯然，情感不但會提供我們理由，而且如我所說，激情生命本身就是一種理性的生活方式。反過來看也是殊途同歸：理性並不獨立於激情，它也不只是情感恰當座落其中的邏輯結構。至少哲學中的理性有成爲「最扁平的」概念之危，成爲「思想思考自身」（亞里斯多德突然陷入宇宙論近視時的宣稱）。理性太常成爲純粹邏輯，成爲純然的「推論」，完全掏空或至少獨立於敏感、好奇及經驗。[1]

注意，在「理性與情感」的二分法裡，理性是單數。理性還有推論與合理性一道暗示單一的能力，由正確的思考、跟隨論證之道通達眞理（或至少通達論證最完善的解釋或證成）所體現。相較之下，情感是複數。我們確定有很多種非理性。然而我認爲理性可不是石頭一塊，而且我們若將理性與我們的情感生活如此

---

[1] 比方說艾倫．吉伯德在《智慧的抉擇，適切的感受》（Allan Gibbard, *Wise Choices, Apt Feelings*, Cambridge, Mass.: Harvard University Press, 1990），頁 10 中就指出，「〔關於行動〕最爲精巧的理性理論也許可稱之爲休姆—蘭姆西理論」，這理論「簡言之，只要求偏好有形式上的融貫，並可以用一組公理來表述」。

割離，將情感歸屬於非理性的領域，只會造成我們的危險。依休姆留給我們的遺產（「理性是也應該是激情的奴隸，永遠不能自以爲其責任超出服事和聽從激情的範圍。」[2]），應將理性當作僅僅是手段，是全然「工具式的」。終極目的並沒有理性與否的問題。可是將生命的終極目的從理性領域中驅逐——讓它完全不受批評、評價和估量——是荒謬的，休姆以下這番話也清楚表示這一點：「寧可整個世界毀滅也要搔一下手指的癢，這並不悖反理性。」[3]雖然情感當然也是工具式的，卻也構成了目的——甚至是終極的目的，即我們眞正在乎的事。

威廉·詹姆斯談到哲學中的兩個主要激情，「區辨的激情」還有「渴望簡單的激情」。這兩個對立的激情一道形成一種「辯證」，它避免了線性「推論」的理性模型，而且還暗示，理性遠比區區的「推論」更爲複雜且有趣。[4]它同時涉及心與心智（中國人的智慧不願意區別這兩種能力，一概稱之爲「心」）如果哲學本身不但由這類激情所推動，也由它們所構成，那麼哲學作爲理性向情感宣戰的看法就肯定是錯的。換句話說：情感並非要在理性的全能法庭中受審。理性本身就該受審，而且不該——像康德還有其他幾位哲學家說的那樣——只在自己的法庭中受審而已。當然，問題也許應該是：理性怎麼滿足我們的激情，特別是

67

[2] 休姆，《人性論》，第二卷，III.iii。

[3] 前引書。

[4] 當今許多倫理學討論普遍將康德的「實踐理性」與實務推論相混淆。後者也許是工具思維導向的，但前者更爲豐富且複雜，同時關注目的和手段。

我們對生命的激情？[5]

什麼是理性？這個詞本身完全不暗示任何扁平性。完全相反，它暗示複雜、組織、甚至優雅。理性的核心暗示我們經驗中有某種豐富和肌理。因此推論不能局限於我們批判、論證甚至「釐清事態」的能力；它也包括洞察力和視見，能在複雜中看出秩序、在失序和混亂中找出意義、並進行區辨和簡化。（莊子論孔子：「自其同者視之……萬物皆一也。」[6]）只有批評和論證技術而無洞察、關心和視見，並不只是空洞而已。在哲學之外，這還會變得盲目，並鼓勵憤世嫉俗，有造成社會動亂的危險。[7]

---

[5] 有很多哲學派別質疑主流哲學中的理性優位，尤其是古代和當代的中國道家；龍樹，印度二世紀的佛教思想家；還有我們時代的尼采。

[6] 莊子，《莊子》（*Chuang Tzu*, London: Allen and Unwin, 1961），頁65。孔子說：「自其異者視之，肝膽楚越也；自其同者視之，萬物皆一也。」值得一提的是，"reason"的中文對應詞是「理性」，意思大抵是「看出形態」。可以因此假定中國的理性概念是「右腦式的」，西方視理性爲推論則是「左腦式的」。

[7] 羅伯特．諾齊克的《理性的本質》（Robert Nozick, *Nature of Rationality*, Princeton, N.J.: Princeton University Press, 1993）是這領域裡目前最爲精巧且易讀的著作；它開頭就哀嘆，如今多數談理性的哲學作品難以卒讀——他堅持這應該永遠是公眾討論的重要問題：「此前不久，理性問題還是人類的共同財產，有知性者大都能理解它……也是普遍文化的一環。……爲了我們社會的智性健康，根本觀念必須是公開的。」他接著提出一個扁平的邏輯解釋，完全透露他的鬼才，從而將理性的研究轉變爲一個技術課題，「其中佈滿，但沒有深陷於嚇人的公式，以陌生的符號標記法寫下，並由此推敲出一數學化的結構」（頁xiii-xvi）。比較本書導論，註11。

「理性」是榮耀、贊同和讚美之語。說某事合理，肯定是極爲看重它——在哲學裡則是最高的評價（因爲如今大家都不好意思說某個哲學主張是「眞的」）。說人類是「理性的」並不只是描述人類學的說法而已。它還是自鳴得意之語。說一個人的舉止或某個想法是理性的，就是在說它某些地方很正確，是有序的、合適的、恰切的、值得讚美的。但即便如此，「理性」仍然是最有爭議的概念之一，我們不能放棄它，但也終究無法取得共識。理性和合理性在哲學裡也許會得到很高的讚美，但到底是在讚美什麼卻絕非顯而易見——或者有時甚至不清楚它是否該受讚美。

將理性的觀念局限或聚焦於哲學推論，即純然的「工具」理性，其實是把它瘦身到什麼也不剩，將它豐富的神學、哲學和科學史完全抹除了。[8]理性，不管是反思還是洞察，長久以來都和神、和終極眞理、和世界的本然樣貌有重要關係。在柏拉圖眼中，理性洞察近乎愛欲般狂喜，是對完美理型的洞察。理性——作爲洞察和理解的要求——一直是哲學的主題，而不只是其方法、手段或主要「能力」。而且理性也始終與最高善和價值密切相關，而不只是有效性和聰明而已。將理性化約爲推論，將推論化約爲邏輯和論證，既剝奪哲學的激情，也剝奪其實質。比方說，若認爲自由意志問題僅僅是一些對立論點和論證，就會看不到造成這個問題的人類情感和焦慮。同樣地，如今很多哲學家在 *68*

[8] 馬克斯·韋伯（Max Weber）拒絕工具、純然「程序」的理性，因爲他認爲這類強調效率的官僚風格已經綁架了理性本身。雖然他成了主導20世紀理性理論的大師，但他偏愛的其實是精神性特別情感的、不理性的甚至非理性的力量。

討論像墮胎和安樂死這類情緒性的當代問題時，主要只將它看作是各種對立的論證，完全不會覺得這樣有什麼不好意思。當然，這大概還是比論辯中不時出現的激烈爭執要好，可是也肯定完全忽視了問題的核心。哲學家如今太常讚美邏輯和論證了，最後把其他事物都排除了。這種聚焦於哲學最扁平面向的強迫症已經趕走了成群的好學生、公眾和學術同行，其中某些（也許傻氣地）還與流行的哲學家靠攏，並徹底拒絕理性。[9]

觀點下的理性

不識廬山眞面目，只緣身在此山中。

——中國常用語（所謂的「成語」）

1991 年，印度當地的一位哲學家於阿布山（Mount Abu）的座談會上發表演講。他慢慢切入主題，偶爾隨興幾句讚美，舉止

---

[9] 具體說，我心裡想到的是法國那票追隨巴塔葉（Bataille）的哲學家，包括了柯耶夫（Kojeve）、拉岡、德勒茲和伊利格雷（Irigaray）（始終值得注意的是，在這個笛卡兒的國家，法國人怎麼會如此片面地拒絕笛卡兒思想中最爲「啓蒙」的部分）。然而即便沒有這麼「非理性主義」，類似的情感在分析哲學中也存在；在濫觴於休姆的長久懷疑論傳統中也有；認爲理性就是論證（後來成爲分析哲學方法論的核心）的狹隘見解中也有。當理性沈悶到令人無聊，成爲總要占上風的運動，而只有專業技巧和聰明才算數時，自然可以預期非理性主義的抬頭。

謙遜，又帶著幾分幽默，然後提出一個命題，又一個命題，提起一個印度神話，然後又表現出謙遜。他在命題間游走，邊進行邊建構，然後越講越快。我當時還是個熱切的哲學系學生，想著他到底有什麼意圖，他的命題到底又是什麼，因爲他像龍樹一樣，既提出正題也提出反題，然後很快的論證，最後又有一個臆測的結論，跟「上述內容完全不像」。提出命題的速度越來越快也越來越激烈，可是沒有宣布主題到底是什麼。不如說主題就是流動（對話的流動，雖然只有一個人在說話）。演說者完全失去了時間感（或者說其實根本不在乎它）。他已經比預定的「時程」多講二十五分鐘了。速度越來越快，但這是有控制的狂亂。最後他宇宙般的自信爆發出來，收場。事後想起我才明白，我享受的是一曲哲學的古印度音樂。

下一名講者是個知名的美國哲學家，兩人間的差別不可能更大了。他第一段提出問題，然後提出命題，提到兩個著名的（西方）哲學家在這個議題上的對立觀點，並宣講他將採用的方法和論證。而且他眞的就是這樣作的：精簡的四小節，長度相等，第一節研究此問題，第二節審理前人的對立觀點（並提出反駁），第三節提出自己的命題和論證，最後（也是最簡短的）則提到一些尙待處理的細節，並就此提出一些溫和的猜想。我認爲我剛可能是聽了一曲古典奏鳴曲：完全可以預測，形式完美，時長也正巧是預定的五十分鐘。但後來我覺得，不，這不是音樂。它只是形式而已。

69

哲學和音樂的類比並非牽強；以前就有很多人提過，可以追溯到印度的吠陀，當然還有尼采。孔子，希臘人，特別是畢達哥拉斯，都認爲音樂和哲學不可分離。澳洲原住民始終認爲，世界的秩序是靠歌唱來創造並維持的。不過哲學和音樂的比較，作爲闡發理性的方式，還有一些額外的優點。可以說，不同的音樂根本上有不同的秩序觀和合理性。我的西方同事跟我一樣，對古印度音樂曲式的發展和本性感到困惑，而印度人，也毫不令人意外，認爲西方的對話僵化、靜態、無創造性，也不怎麼有趣。（著名的印度音樂家，上師尼克・斑納吉〔Pandit Nikhil Banerjee〕曾受邀欣賞米斯托斯拉夫・羅斯托波維奇〔Mistoslav Rostrapovich〕的演奏，這是他第一次接觸西方音樂。他默默坐著，但透露訝異之情。後來他抱怨說：「他始終一直走調，沒有發展任何主題，而且聽起來好像是別人寫好給他演奏的。」[10]）

印度文化有兩千年的邏輯和語言分析歷史，其哲學的核心概念之一是「味」（*rasa*），用以指出藝術作品的情感調性。[11]每個人──音樂家和聽眾──都主動參與其中。秩序（*rta*）則定義爲複雜的情感（和技巧）發展，目標則是「漸漸擺脫限制，變得無我」，並從非客觀的（但並非主觀的）觀點看世界。[12]路易斯・羅威爾評論說：「將『味』等同於心情，就會將這個概念化約成陳腔濫調。」[13]值得一提的是，亞里斯多德的經典美學作品──《詩學》（*Poetics*）──重視戲劇，並（與柏拉圖一道）貶

---

[10] 感謝塔斯馬尼亞大學（University of Tasmania）的杰・高斐德（Jay Garfield）同意我引用此話。

[11] 路易斯・羅威爾，《思考音樂》，頁 202（Lewis Rowell, *Thinking About Music*, Amherst: University of Massachusetts Press, 1983）。

[12] 前引書。

[13] 前引書。

低音樂的重要。對照之下，婆羅多（Bharata）的《樂舞論》（*Natyasatra*），印度的首要美學文本，則高呼音樂勝過一切。不令人意外，亞里斯多德強調的是劇作的邏輯，即情節。婆羅多相比之下則關注「有」（*bhava*）——情意、情感、心靈狀態。[14]其「邏輯」要在共享的情感中尋找，體現於相對峙的主題（這類似西方浪漫派音樂的主導主題）中，最終則於狂喜中融合。

什麼算是理性，要看在解釋或進行某種「估量」的時候，到底預期會有什麼。哲學家談論理性太過流利時，就會忽略有不同解釋或不同估量風格的可能。他們可能會強調嚴格而犧牲創意和激情，因爲後者從來就不是有條不紊的。他們也可能忽略發展與「流動」而偏愛永恆的（靜態的）健全性、眞理和有效性。再往東邊些看，也許也可以說，太多哲學家都忽略了「道」而偏愛「邏各斯」（*Logos*），只堅持一種秩序而放棄另一種，然而另一種可能更「自然」。我們只要拜訪過彼此的書桌和辦公室就知道，一個人的秩序是另一個人的噩夢。[15]一群人的理性，在另一群人眼中是缺乏想像力，甚至是拒絕看到明擺在眼前的事物。定義一個極度「扁平的」、非規範的理性概念是一回事，比方說操縱符號的能力、就給定目的選擇最有效率的手段、或推論出最佳的解

70

---

[14] 艾略特·多伊奇，〈對「味」論某些面向的反思〉，收錄於氏著《比較美學研究》，第2卷，頁16（Eliot Deutsch, "Reflections on Some Aspects of the Theory of *Rasa*," *Studies in Comparative Aesthetics*, Honolulu: University of Hawaii Press, 1975）。

[15] 我想說這句話的應該是萊布尼茲：「良序的書桌乃是心智病態的表徵。」（開個玩笑而已！）

釋。但若要具體指出一個美好有序的生命，或換個脈絡，對自然豐富又無所不包的理解應當如何，就完全是另一回事了。

當代討論理性，泰半以科學和科學方法的理性為出發點，可能視之為典範，或者照最近知識圈的流行狀況，當作是批評對象。然而認為理性有不同觀點，也會引起很多嚴肅問題。所謂的「科學的統一」── 不只指可以將一門科學化約為另一門，也指科學研究方法（複數）還有各類問題本性上的統一 ── 存在嗎？還是可以引人非議地說，從宗教的觀點看，創世論有可能比演化論更理性嗎（這不是在說「創世的科學」，照我看，這是個致命的策略錯誤）？如果承認演化的背後有整個科學在撐腰，是否就意味著接受〈創世紀〉的說法就是不理性的呢？如果我們從科學方法來定義理性，強調證據、審慎的推論等等，那我們要怎麼談論科學的理性 ── 除了直接（而且毫無說服力）說它**照定義**就是理性的？那麼宗教是否就像某些啓蒙哲人堅稱的，是內在不理性的，只是迷信而已？那麼對自然的審美視野怎麼辦（與科學理論的優雅以及我們對科學奧妙的欣賞相比，它也許大異其趣）？[16] 有次我與一詩人好友一起喝咖啡時，他望著我們桌上渴望受人注意的花朵，便發了詩興，說下幾句雋永之詞。我那時像個老生物學家，心裡愚拙地想著，「還不就是細胞膨脹、趨性之類」。我們誰比較有洞見、比較理性呢？

---

[16] 人們常引用並討論尼采不時會有的說法，即「眞理不存在」，諸如此類。然而更貼近他心思的是有哪些類型的眞理，還有科學相對於其他觀點有何價值等問題。例見亞歷山大・內哈瑪斯，《尼采：生命作爲文學》（Cambridge, Mass.: Harvard University Press, 1985）。

脈絡在多大程度上決定合理性的標準，合理性的要求又在多大程度上超出或優於脈絡的考量呢？科學和科學方法是否無所不及，還是其實不過是新的一組社會實踐，而且就像近來某些「科學理論家」論述的一樣，它對眞理亦無特權？誘人的神話比乾枯的統計學研究更少理性嗎？理由爲何？理由可不能只是說，因爲神話是誘人的，而研究是乾枯的——從而是理性的。充滿危機和冒險的人生比風險最小化的人生（尼采的「末人」，眨巴著眼睛的電視狂）更不理性嗎？用理性的常見定義之一（風險迴避、安全最大化、「極小值最大化」）來回答，只是在丐題而已。理性作爲合理化，可以是讓世界變清楚的透鏡，但也可能遮蔽我們的視線。

（對理性的）一些理性懷疑

71

> 我可以接受蠻橫的力量，但蠻橫的理性實在滿不理性的。它的運用有某種不公平之處。它攻擊的事物低於理智。
>
> ——奧斯卡．王爾德，《格雷的畫像》（*Portrait of Dorian Gray*）

我算得上是個存在主義者，故總是在哲學談論理性時生疑。「理性」是哲學中金光閃閃的字眼之一，迴盪著神學的泛音與詮釋。某些哲學家堅持神本身就是「理性」（藉此繞過任何『信神是否理性？』的質疑）。有很多其他人則較溫和，將理性描述爲「神樣的」。人們常提出理性作爲最終判官，是一切人類行爲的最高法庭，也是解決一切紛爭與不和的決定方法，而且哲學內或哲學外都適用。理性的捍衛者有時向我們保證（不過通常只是想當然爾地認爲），所有兩難都有一個正確答案、所有矛盾都有解答、所有合理的問題都有答案、所有奧秘和奇蹟也都有合理解釋。17、18世紀（啓蒙時代）的主導預設就是所有事物都可以解釋，即「充足理由律」。[17]宇宙是理性的，因爲「神不可能毫無理由地作任何事。」也因爲我們是理性動物，人類行爲和人類社會就可以靠人類的雙手與思考而變得井然有序，而根據也是上帝賜予的理性還有其自然法。

宣稱如此強烈，期待又這麼高遠；有這樣的許諾，又有在萬有中看見超驗統一的視野；也難怪我們現代——發生了兩次世界大戰、有核武、現在又有「新的世界秩序」——充滿不滿、懊喪和憤怒，而這一切用理查．伯恩斯坦（Richard Bernstein）押頭韻的恰切妙語說，都顯示一種「鬥倒理性」的姿態。[1]也沒錯，理性的允諾如今看起來太像政治選舉的承諾了。如今強調理性，也極常一望即知只是修辭；說自己的立場是「理性的」，不過企圖說服對手這一立場較優越；由於這一論證無法反駁，人們就誤以爲它是個證明（哲學中有個古怪卻又歷久不衰的詭辨修辭機關：對手若無能反駁某個有違常理的立場，就可以堅稱這正是支

[17] 理性主義者如斯賓諾莎和萊布尼茲在這方面最知名，但甚至最具懷疑論色彩的經驗論者也這樣假定——比方休姆就堅持奇蹟不存在，因爲它違反這一律則。

[1] 譯注：原文是"a rage against reason"故有押頭韻"r"；中譯勉強用「鬥倒」的雙聲詞試譯之。

持這立場的證明之一)。

近來有個主張正在形成,大致是說理性其實是男性、白種高加索人還有資本主義的計謀,用以反對女性、有色人種還有第三世界文化。如此陳述自然是誤解了理性。但我很能理解他們的質疑:所謂的「理性」,這用來反對他們的感性、風俗與信念之物,有可能不過是牛津劍橋等精英大學培育出來的男學生彼此辯論的小手段,而後成了殖民統治的武器。當人們由於剝削或壓迫而感到義憤填膺時,以「理性」之名指責這種義憤,顯而易見是個權力計謀。只因爲未受教育者和窮苦人們的要求沒有理性地(即恰當地)陳述出來,就將他們說不清的憤慨打發掉,這再怎麼說都是在迴避眼前的問題。人們提出理性,常常只是爲了捍衛自己的利益;我們全都遇過大概什麼都可以辯護的康德主義者,他們總能找到一個理性(甚至是「定言的」)原理作爲支持,甚至要支持低下的自利也行。 72

然後,當然還有一種使用「理性」的方式,它的作用就像一個消音器或掃興的傢伙,爲了冷靜無激情的理性而壓抑同情心與熾烈的激情。那些眞正在乎者的訴求,人們出於極端的偏見而不予理會,而那些宣稱「理性」者——常常是狹隘經濟意義上的,主要只對他們有利——的政策他們反倒偏愛。而理性的觀點多麼常常成爲毫不關心的(uninterested)觀點(跟不帶利害關係〔disinterested〕不同),成了不介入、不參與,甚至不在乎的人才有的觀點。我建議,每一次出現「不理性」的指控,都該仔細闡發其意涵,比方說它其實可能是「未受教育」、「笨拙」、「注意力不集中」、「沒有效率」、「自相矛盾」、「不符合程序」、「不能帶來最佳結果」、「過度在意」、「不正義」、「不公平」,

或者有時是「太過公平以致於損害我們的利益」。我猜，若在哲學領域中闡發其意，結果大概不會是「無效」、「不健全」或「不融貫」，而可能比較像是「發自內心」、「太情緒化」、「個人介入太深」、或者「我看了覺得很丟臉」之類。我經常注意到，在哲學討論裡的貶抑字眼「這不夠哲學」，其實是「不夠超然中立」，或者用病理學術語來說，是「肛門期衝動還不夠」，也就是「沒有照哲學遊戲的規矩來」。「理性」於是成了榮譽字眼，不過闡明其背後的意思才能顯其本貌：冷酷的專業至上、麻木，或者可說是偽裝起來的無感——也可能是精神官能症。

哲學家當然都是（或大多數是）偏愛理性的，自不待言。連攻擊它的人（像是齊克果、尼采和海德格）也通常有顯然理性的理由，還會使用論證、類比、反例，更別說他們實際上也要思考並言說，且多半合乎文法又有邏輯。可是不該太重視這個僅僅表面上的自相矛盾。哲學家經常用盡才智，只為了建立他們實際上一開始就認可的命題：哲學家是理性美德的最佳榜樣。理想上，理性可以完全不需要哲學家，成為思考自身的思想，不過在神聖的純粹不可得時，英美的哲學家就成了理性的唯一尺度，儘管他或她可能是有限的。從烏賊到海豚和狒狒，從「原始」和「發展中」社會到東方最為成熟的文化，更別提法國人、義大利人和芬蘭人，只要是推定有理性的造物，其理性程度都端視他們是否能夠作和（狹義的）西方傳統哲學家一樣的事——談論抽象概念，區分「肯定前件」和「否定後件」的不同，搜羅證據並採集論證，消滅並批評各種預設（當然他們自己的預設也要），反省自己說的話是否有意義、並與提出反駁的人進行爭辯。

73

然而理性的概念沒有簡單的詮釋。技術性的意義不斷增生，而且人們用上越來越嚴格的判準，結果最終只是保證，除非一個人成爲哲學博士——或最少得是哲學學士畢業——不然他就不可能算是理性行爲者。（「狒狒學會說話時，哲學家會怎麼作呢？」有人對劍橋哲學家安斯康（G. E. M. Anscombe）這麼問道她的回答是，「他們會提高門檻。」他們也眞的這麼作了）。人們常說或至少暗示，理性不但要求有複雜的自我指涉語言以及尋常的一致性和融貫要求，也需要有自我批判的後設理論。[18]這種理性通膨也不全然局限於西方。全世界最權威的梵語學者之一莫翰提（J. N. Mohanty）在仔細分析了吠陀派的「量」（*pramana*）概念時，就論證說理性不能只從哲學觀點來理解，還需要一門「解釋證據、理性證成、和批判性評價的理論……此外還要有一門解釋這些理論活動的理論」。[19]堅持理性生命必須有徹底的理論式言說（「受審視的生命」）會讓我們多數人都寸步難行。[20]

---

18 比方說奇斯·雷勒，《信任自己》（Keith Lehrer, *Self-Trust*, New York: Oxford University Press, 1997）。

19 施洛莫·比得曼與本—阿米·夏夫斯坦編，《追問理性：論東方與西方的理性觀》，頁219（*Rationality in Question: On Eastern and Western Views of Rationality*, eds. Schlomo Biderman and Ben-Ami Scharfstein, Leiden: E. J. Brill, 1989）。

20 艾文·高夫曼（Erving Goffman）細膩描述日常生活實踐的最天才之處在於，我們幾乎所有人都沒有這種能力，儘管我們參與這些實踐，而且無時不刻都在進行相關活動，也顯然（隱然地）知道相關的規則以及更爲細緻的條件限制。換句話說，奇特之處就在於這些對正常行爲的描述本身是不正常的。所以我也會論證說，在「歡樂單身派對」中，對傑瑞·賽恩費德及其一夥人通常頗爲自我中心且自私的日常舉蘇格拉底以降的哲學家一直都將哲學反思當作哲學的印記（但蘇格拉底本人未必有這樣一種「理論」），甚至是生命「値得活」的條件。毋庸贅言，這抹除了選擇眾多其他文化的可能，只因後者可能從未鼓勵或發展自我反思和自我批判，或者認爲神話與隱喻遠比平庸的、缺乏想像的事實描述更有趣，或者知識理論並非其關注的興趣或可理解之事，或者「證成」在這個文化中可能是權威或傳統的問題，而非理智自主之事。這種理性觀念也幾乎完全不適用任何「高等」動物物種，不管這物種有多聰明。[21] 可是每當看到我們養的狗露和弗里茲，又發現了從庭院中衝出柵欄的新花樣，或者想出了個讓我們會獎勵牠們的新花招，我們會毫不遲疑地認爲牠們一定有某種理性；而當牠們作了一件意外的蠢事時（弗里茲曾不只一次試圖咬著一個三十六吋長的棍子想通過二十吋寬的前廊。而露會一直搔她的痛處，弄到我們又得把她拖到獸醫那兒去）。我們也同樣會毫不遲疑地暫且收回先前說法。「『是理性的』究竟是什麼意思？」這個問題有很多答案，端視問題要追問的內涵及關鍵究竟爲何。如果答案不過是：沙文

74

止進行高夫曼式的描述，常常是全劇最好笑之處，但這並非因爲這類行爲不尋常，反而是因爲背後的低下動機和心理機制很少（眞的有嗎？）會明說出來。

[21] 這不只是個哲學問題。對動物的不當行爲和屠殺一直都是以牠們缺乏理性（這裡的「理性」通常會用某個複雜的定義）來證成的。當然，自亞里斯多德以降，也有人用類似的論證支持種族主義、剝削，甚至奴隸制。傑洛米・邊沁（Jeremy Bentham）在兩百多年前就回應了這些意在增進自身利益的宣稱：「問題不在於動物是否能思考，而是牠是否會感到痛苦？」

主義式地歡慶我們這類特別容易自我毀滅的物種，那我覺得這場派對還是延期舉辦的好。[22]

亞里斯多德和蘇格拉底一類哲學家將自我反省的層次疊加在美好生活上，並堅持荒謬的「沒有審視的生命不值得活」；而讓—保羅·沙特也一樣，他既沙文又充滿焦慮地強調「有純化作用的」反思，以及我們不得不接受的「絕對自由」。一旦我們能放棄這類觀點，那麼很明顯，那些沒有任何哲學或反思天性或才氣的人，不定就立刻能選擇理性的（甚至還是幸福的）生活。既然凡事都有一體兩面，我們也該記得，杜斯妥也夫斯基、齊克果、卡謬，還有米格爾·德·烏納穆諾（Miguel de Unamuno），以及一些好唱反調的古希臘與亞洲哲學家，都堅持理性就**意味著**焦慮和受苦。尼采曾評論說（在《快樂的科學》）反思的意識只有在我們明白它其實隨手可拋時才有哲學上的趣味，他自己的哲學也多半是是捍衛創意生活中更「本能的」也更不反思的面向。[23]

---

[22] 喬納森·斑內特寫道：「康德—維根斯坦強調語言的想法當然可以囫圇吞下，並據此以為沒有語言處就沒有判斷是再明顯不過的事；可是這一點也不明顯；會說這種話的人只是在用知識圈子裡的流行取代論證而已。」《理性》，再版新序，頁 2（*Rationality*, London: Routledge and Kegan Paul, 1964, reiss. with new preface, Indianapolis: Hackett, 1989）。

[23] 尼采，《快樂的科學》，第 360 節。比較大衛·格里登（David Glidden），他曾帶著一般人的怒氣沖沖論述道，「我們學科中很多人都是成功的推論者，正是因爲他們的情感有缺陷。」他身爲一名成就斐然的柏拉圖學者，卻主張說「我們很多人追隨柏拉圖的道路，因爲我們的推論比我們自己的感受更令我們感到愜意。」〈一票哲學家〉

哲學家有時堅持，理性本質上就與反思、思考、「二階」評價（對我們各色欲望的偏好，或是對我們信念的接受）緊密相關。[24] 可是理性與否的其實是行爲本身，而非對它的評價（它當然也可能是理性或不理性的，但我們還是不要跳到這個後設層次去討論方法、標準或是最佳策略之類）。理性不需要反思，雖然我們這類能反思的存在顯然在許多有意思的方面更爲複雜。爲了大致理解理性，科學理性的典範是個不當的基礎。「有審視的生命」也一樣。過度強調語言或思想或權衡或原理，也許是對理性要求太多了。或者是太少，因爲我不認爲過度強調推論和言說理性是忽略其他事的結果。我倒認爲它是局限哲學討論——也許也局限了美好生活的概念——的機關，最後討論就只剩那些典型專業哲學家才擁有的技能和人格特徵了。

從加總到自私：理性作爲本質上有爭議的概念

> 狂人並不是失去理性的人。狂人是除了理性之外什麼都失去的人。
>
> ——切斯特頓，《正統基督教》（*Orthodoxy*）

（Philosophers on a Train），於美國哲學學會在波特蘭，奧瑞岡（Portland, Ore.）會議上的宣讀論文，1988年。

[24] 比方說雷勒，《信任自己》。

理性是哲學中「本質上有爭議的概念」之一（正如「自由」、「眞」還有「正義」），在我們的對話中既有論戰也有規範作用。字本身也許有中性的意義，比方說某些技巧的區區演練或應用；但「理性」仍是個榮譽字眼，指涉某個美德。可是對這美德的描述各有不同。貝特蘭．羅素曾完全昏頭地主張，理性就是我們「加總的能力」。很多哲學家肯定視抽象思考的能力爲理性的縮影。然而在實務運用上，抽象理性的作用絕非顯而易見，但這不是因爲決疑論者講的，有如何將原則與特殊者相契應的問題，而是因爲原則本身常常顯得是多餘的。了解一個實踐，知道怎麼進行，常常足以令對這個過程的抽象描述認知顯得無關緊要，而後者正是哲學家一般說來最爲看重的「**知道是什麼**」。[25] 技藝精湛的大師常常說不出或說不清他們到底是怎麼作的。即使他們說得出來，學徒大概也不會從他或她的描述中學到些什麼，他們的學習反而是從親自動手、模仿和在過程中試驗而來。甚至數學，「加總的活動」，主要也是靠親自動手和模仿學的——也就是靠實踐而非理論。討論人們在最簡單的算術活動中究竟在幹嘛的理論，仍然是哲學最爲困難也是本質上最爲技術性的分支，

75

---

[25] 照我看，尤其是海德格《存在與時間》全書的整個姿態，就多半透露著這個味道。對此的清楚闡釋，見休伯特．德萊弗斯，《在世存有》（Hubert Dreyfus, *Being-in-the-World*, Cambridge, Mass.: MIT Press, 1991）；以及休伯特．德萊弗斯、查爾斯．斯賓諾薩以及費南多．弗洛列斯，《開敞新世界》（Hubert Dreyfus, Charles Spinosa, and Fernando Flores, *Disclosing New Worlds*, Cambridge, Mass.: MIT Press, 1997）。

即數學哲學（羅素才華洋溢的領域[26]）。維根斯坦（羅素的學生之一）後來主張，理論可能不只與數學無關——還可能更糟，因爲「知道怎麼進行」是只能靠實踐來知道的事。維根斯坦深深相信，理性作爲「理論」是個局限，甚至是阻礙，而非通往智慧和幸福的捷徑。

我們的數理能力不管多麼微不足道，都明顯是我們有理性的證據，對此我沒有任何疑慮。但數學不是生活，我們的學生也不斷這樣說；我們最傑出的數學英雄也證明過理性的生活不必然因爲學習數學而更好。一般來說，算計的生活不是最理性的，因爲它過度擴張了計算的恰當角色，也因爲它排除了其他事物（羅素本人的愛情故事就是個強而有力的說明，不過維根斯坦對此極爲憤慨）。生活的理性無法化約爲方程式或演算程序，這原因很多，但其中一種可能就是理性生命本質上就不是理性的，思考會破壞生命的自然規律。[27]

多數哲學家當然還是效法蘇格拉底，堅稱沒有反思的生命，即便不是「不値得活的」，也少了個關鍵的向度。然而美好生活

---

[26] 即《數學原理》（*Principia Mathematica*），與阿弗列・諾斯・懷德海（Alfred North Whitehead）於1905年合著。亞當・莫頓在《保羅・貝納切拉夫：哲學家與批評者的面談》中有一篇不錯的文章，描述此領域中各種臭名昭彰的困難（Adam Morton, *Paul Benacerraf: Philosopher Meets Critics*, Oxford: Blackwell, 1997）。

[27] 在道家和某些形式的佛教中可以看到這類觀點的範型。西方倫理學中也俯拾皆是，尤其是尼采的哲學，但極端立場的美德倫理學也有，它認爲理性原則與美好生活無關，甚至有害於它。

需要理性嗎？還是它只是眾多可能性之一而已呢？活得好就跟言行一致，任何行爲都有理由是一樣的嗎？還是其實「依自然」而活也有其道理，儘管這可能並非一以貫之的生活，也不需要找理由？如果有理由的話，又是哪些呢？是哪一類的理由？理性生活——最好的生活——有沒有可能是本能、同情心、愛心主導的生活，而不需要反思或合理化呢？也許這不是我們大多數人眼中屬人的生活，但也許這不過顯示了我們多麼深受理性狡計的蠱惑。我們肯定也可以更言之成理地問，哲學生活（反思生活）的超理性在多大程度上是強制的（蘇格拉底就認爲是），在多大程度上又像尼采指出的一樣，是可以拋棄的。

76

理性行動在多大程度上由先於行動的周到權衡所度量，在多大程度上又是只由行動自身的本性所決定的呢？[28]（再）想想這個常見例子吧：一個人很大方。大方的態度自然而然從他身上流溢出來，不假思索如湧泉之水。他沒有任何關於大方的「理

[28]「行動自身」一詞成了扁平化的良機，往往僅指以最無血肉的行爲描述來刻劃行動，也許只有身體的運動才算數，或者完全相反，只有意願或「意志的行動」才算（普理查，〈道德哲學的基礎是否錯了？〉，《心靈》第21期，1912：頁21-37）（Pritchard, "Does Moral Philosophy Rest on a Mistake?" *Mind* 21, 1912: 21-37）。然而「行動自身」不該排除這排除那，而該面面俱到，能涵蓋先於行爲的意向及行動展現的處境。出於某些目的，甚至行爲的動機、背景、歷史，尤其還有其意義，都可能算是「行動自身」的一環。「行動自身」有時也確實不比簡單的身體運動更多，但我認爲這實在很難算是個行動，而且大概除了生理學家（世上僅存的行爲主義者）還有哲學家以外，沒人會對這類行動有興趣。

論」。他也從未思考過爲什麼要付出，他也很少思考他是爲誰付出。雖然他很大方，卻沒有任何「你當大方」的原則。比比他跟實踐理性者吧，後者堅持任何潛在的大方行爲都是該權衡的問題，而且終極說來也是原則問題。有很多問題要問：他是誰？爲什麼他需要？我負擔得起嗎？這會帶來什麼後果？他會怎麼花用它？其他有需要的人怎麼辦？如果我在他的處境下，他也會爲我作一樣的事嗎？這會開下什麼先例呢？我的行爲會鼓勵或不鼓勵他人嗎？我的大方行爲會鼓勵政府取消更多的社福計劃嗎？這是不是將他人僅僅視爲手段（只是爲了表現我的大方）而非目的的例子呢？等等，等等，直到倫理理論的高峰。最後，實踐理性之人也會付出。但他大方嗎？還是說，一個有德的行動已經沾染了太多懷疑、分析、問題與原則，以致於完全失去了大方之所以爲大方所需的自發性。也許實踐理性之人還是有他的優點，因爲他有好的對策。但照我看，可以很合理地說，理性的權衡實際上減損了，而非增強了他的善。我完全不算行爲主義者，但我還是要說，大方的理性存在於行爲中，而非先於行爲的心智活動。

我要反對多數哲學倫理學的說法，道德生活的理性泰半不是權衡、推論，反而是其對立面：自發的、「自然的」行動。這就是爲何美德倫理學始終引人入勝之故，因爲它考慮個性和脈絡的具體問題；但我認爲這也同樣是某些形式的效益主義（特別是彌爾的）還有其他形式的結果論在倫理學中吸引人的原因，儘管它們也有太過抽象的原則（比方說效益原則）。[29] 這些形式的倫理

[29] 與我在第一章的說法相比，這裡好像太寬待效益主義了。然而具體

學必然考慮具體情境，決策或行動涉及的現實人們，還有像「實際上會怎樣？」「誰實際上受到傷害了？」以及「這個人到底是誰？」之類的問題。必須承認，效益主義也可能顯出一種非理性的強迫症（比方說採用傑洛米・邊沁引入的量化算數，或關心「偏好」、「共量性」還有「滿足」的問題[30]）然而就其自身而論，效益論是個庸俗的人道警鐘，提醒我們人（而且不只是人）比抽象的原理更重要，不管後者多麼「理性」。[31]

77

說，在約翰・史都亞・彌爾的倫理學版本中，我欣賞的恰恰是它對細節與豐富的側重——有時它會披上「質」的外衣。我在他處曾提過，將彌爾同亞里斯多德而非邊沁相比較，可能更富教益。儘管尼采嘲笑他（「人才不會只爲享樂而活；不過英國人例外」），但我還是認爲，彌爾仍然頗有亞里斯多德風格，骨子裡是個美德倫理學家。見我的《倫理學與卓越》（*Ethics and Excellence*, New York: Oxford University Press, 1991）。

[30] 我想到的有：探討如何比較不同欲望或偏好的大量文獻，或者有人主張，最理性的作法也許不是滿足偏好，而是在全體福祉的更大幅域中「滿足」偏好的「矩陣」。例見麥可・史洛特，《超越最佳化》（Michael Slote, *Beyond Optimizing*, Cambridge, Mass.: Harvard University Press, 1989）。他的結論跟我在這裡提倡的一樣，然而論證的理路——還有這個觀點到底需不需要這樣的論證——大爲不同。〔「滿足」……「矩陣」兩詞只譯了史洛特生造的一個英文單字"satisficing"，請讀者注意。〕

[31] 也許可以說，我這裡的計畫剛好跟喬納森・斑內特的傑出小書《理性》的計畫形成相反路線。他從蜜蜂出發，並藉著各種思想實驗追問，除了牠們顯然絕妙的行爲，還需要什麼才有理性可言。我則是從哲學家自認理性的精深見解出發，爲的是要追問「有多少是不必要的？」

彌爾的效益論還有美德倫理學都與「義務論」理論不同，它多半拋棄了普遍的倫理原則（而且照此派別中某些人的看法，也拋棄了倫理理論）。倫理學必然是豐厚的，不是扁平的；並非理性原則，而是具體考量之事。理性當然還是有的，而且到處都是。效益論者必須釐清，什麼行動方式才是對所有相關的人最好的；有德者的行動是「有理性的」。但這不必然意味著權衡、反思和推論，甚至連亞里斯多德是否認爲理性行爲必然是反思行爲，都遠非清楚。[32]

許多哲學家誤解了康德，從而主張倫理學中的理性就意味著絕對的不偏私，是形塑並遵循抽象道德原則的純化能力，而非比方說個人傾向、良心或「內心的督促」。[33]如此設想的理性，有時就會描述爲想像自己「不是特定個人」的能力，或是「從烏有之地」觀看世界或情境的能力。[34]然而眾所皆知，我們既然總是

---

[32] 在亞里斯多德眼裡，理性於倫理學中的作用爲何，是人們不斷爭論的課題。我們（身爲哲學家）在企圖描述生命榮景時所運用的理性——更別說我們試圖理解亞里斯多德時所運用的理性——並不是「理性生命」所包含的理性。亞里斯多德於《尼各馬科倫理學》第七卷中著名又混淆的「實踐三段論」到底是不是權衡的模型或程序，絕非顯而易見；它是不是意向行動的結構，也並不明確，儘管安斯康曾如此主張。例見約翰・庫柏，《亞里斯多德的理性與人類善》（John Cooper, *Reason and Human Good in Aristotle*, Indianapolis: Hackett, 1986）。

[33] 芭芭拉・賀曼，《道德判斷的實踐》（Barbara Herman, *The Practice of Moral Judgment*, Cambridge: Cambridge University Press, 1983）則從較富同理心的觀點審視康德。

從某處觀看我們的世界（這意思不只是說有特定觀點，也意味我們生平的經驗、情感與價值伴隨其中），那麼嚴格說來，這種理性根本不存在，這種神般的客觀性是不可能的。即使說這種不可及的神視觀點尚可作爲某種渴望或理想，也沒有道理可言。[35]面對如此極端又不可能的要求，拒絕（這類理論所預設的）「理性」就是個自然且誘人的選項。

然而還有一種理性概念與不可能的理想主義全然相反，即使它有濫用此詞之嫌，也該特別提及。與理性的無私觀點相反，也有人常常假意運用「理性」這一榮耀字眼，多半時候直接（但也偶爾幽微）用來指涉自利——還不能說是「自私」——本身。根據此一如今流行的觀念（據稱衍生自托瑪斯．霍布斯〔Thomas Hobbes〕的哲學），理性不過就是在競爭與非合作情境中實現自身欲求的能力，而在這個脈絡下，理性行爲（極大化自身的利益）也許會與整體的最佳或最好狀況扞格難通。支持此論點的哲學家耗盡心力證明，理性要求我們最大化個人的欲望，但又要受到**理想上**全體最佳狀況的限制。[36]這種理性的「現實主義」版本（事實上是犬儒的）——有時亦稱之爲「啓蒙的利己主義」——有個優勢：它以如今多半無人質疑的動機理論爲基礎。動機總是自利。據此，理性就是追求自利——當然，還是要以「啓蒙的」方

78

---

[34] 托瑪斯．內格爾，《烏有地觀點》（Thomas Nagel, *The View from Nowhere*, New York: Oxford University Press, 1986）。

[35] 見前引書，頁186。

[36] 大衛．高提耶，《來自合意的道德》（David Gauthier, *Morals by Agreement*, New York: Oxford University Press, 1986）。

式來追求。於是追求幸福的權利如今要翻譯爲「每個人都有追求其欲望的權利，無論其欲望爲何，而且沒人有否定他們追求它的權利（除非這侵犯了他人同樣正當的追求）」。對工具理性的理解沒有比這個更粗率的了。

這理論的主張在政治上就成了有害的激進自由主義，其上妝點著「不可剝奪的權利」這一概念。它在哲學上（經濟學和社會科學中對此更爲熱切）則帶來了「賽局理論」（還有「理性選擇理論」），聽來無害的學門，配備著豐富的數理技巧與矛盾，其下掩蓋的卻是不堪入目的生命觀。當然，賽局理論學者會用各種遁詞掩飾這一觀點（比方說，我們沒有特定指出要滿足**誰的**目標或偏好），但這理論無可避免地暗示，理性就是自私而自私就是理性；幸好，多數賽局理論學者在自己的日常社交中並未以如此黯淡的生命觀過活。[37]

將「理性」視爲聰明的自私，與其舊有意義完全形成對摭點：康德和效益論者都恰恰認爲**不**以個人利益爲考量才是倫理學中的「理性」思考。它與另一種理性意義也形成對立，因爲後者認爲最高善並非個人的善，而是整個社群、較大社會或人類全體的善。這樣一種更爲宏大的追求並沒有排除個人的善——甚至可

---

[37] 見我的〈商業倫理與賽局理論〉，《商業倫理季刊》，第9期第1號，1999年1月，頁11-30（"Business Ethics and Game Theory," *Business Ethics Quarterly*, vol. 9, no. 1 January 1999: 11-30）。但羅伯特・法蘭克（Robert Frank）（一位比較有人文主義情懷的經濟學家）的研究指出，相信這類理論的人（比方說他的經濟學同仁）事實上會比他們「較不理性」的同業更容易有自私的行爲。

以說，個人的善既是更大的公共善的結果，也是其衡量標準。可是「理性」既然可以指涉如此不同的目的——自私（即使是「啓蒙的」）個人的策略性利益，公共善，或者是「不要把自己當作例外或特例」的原則——那麼很顯然，理性的本性絕非蓋棺定論之事，而始終是爭辯激烈的議題。[38]

---

[38] 哲學家自己究竟在哪一點時會捨棄論證，並堅持要單純地「看」到重點何在，值得注意。爲理性發聲的常見主張之一就是——這可以追溯到柏拉圖的心智（nous）概念——在程序理性（比方說清晰，小心運用證據與論證）之外，還有一種能「看到」本眞或必然確定性的理性。艾德蒙·胡塞爾（Edmund Husserl）給了我們非常細膩的「現象學」程序，但最終他告訴我們，如果我們「看」不到眞理，那麼也沒啥好說的。據說布倫斯貝里出身的哲學家摩爾（G. E. Moore）只要碰到有人不同意他對善的直覺，就會狠狠瞪著他直到對方卻步爲止。摩爾在論證上的聰明名氣響亮，但他在哲學圈子裡最有名的還是他在道德上的獨斷立場。從這方面來看，我們也該注意約翰·羅爾斯那些花樣繁複的稱呼——「直覺上吸引人的解釋」、「各種合理且自然的預設」還有在討論「反思性均衡」時提到的「初始信念」——其實際作用爲何。這個費心於方法的理論家眼中的理性，究竟在多大程度上不過是在充分論證（且即使如此也仍然是毫無根據地主張）他本人的政治偏好呢？羅爾斯自己也在其後的作品，特別是《政治自由主義》（*Political Liberalism*）中多少承認了這點：他明確地將先前普遍理性的宣稱局限於自己看待事物觀點——即自由民主觀——內含的理性宣稱。

情感的理性以及理性的情感基礎

誤解了激情與理性，彷彿後者的存在自成一體，而非不同激情與欲望形成的關係狀態……

——尼采，《強力意志》

79 理性以及合理性概念的諸多涵義中，沒有比企圖在系統上對立理性與情感更具破壞力的：視理性爲講理，進而扁平地對立於「太情緒化」。理性就是不帶激情、「冷靜」、不受情感所推動。與此形成對照，我主張必須重新思考理性與情感的對立，並深刻質疑不帶激情（或根本沒有激情）的理性的優先性。

以此爲目標，我主張我們若視理性爲擁有正確的情感並關心正確的事，其實不會誤入歧途。「正確的事」首先就是他人（還有動物），進一步延伸則是眞理、自由和正義。太多的歷史和理性概念都將關心從哲學理性的基本詞彙中剔除掉了，只剩更爲冷血的概念、規則、理由、規範、原則、符號和論證。但我們若開始視理性爲有教養的、有參與感的感性，而非哲學家或社會科學家的專門議題時，會怎樣呢？我們的哲學，作爲研究（但更重要的是作爲實踐）**這種**意義的理性，會有什麼樣貌呢？

首先，如果我們視理性爲關心正確的事，那麼我們顯然不再是以「工具思維」來談論它，儘管在某種微不足道的意義上可能是如此（爲了活出美好的生活，爲了有德）。可以主張，關心正確的事乃是美好生活不可或缺的先行條件，不只是手段而已。有德**就是**關心正確的事。照亞里斯多德的主張，理性首先是目的而非手段的問題。正確的情感還有關心正確的事不但促進也構成了幸福與福祉的內涵。「正確的事」這觀念本身會引發各種質疑和危險，但我們應該首先注意這一等式中的關心要素。因爲關心直接指向情感，而且，雖然一個人怎麼確定哪些事是「正確的」會受到個人、文化與道德衝突的影響，但至少我們現在顯然身處倫理領域，而不再是「理性選擇」還有賽局理論的無人地，偏好不會再遮蔽價值，而策略問題也不會推翻道德直覺。理性再次成爲善的追求，而善又可以從我們最爲重要的激情來理解了。理性不再是許多哲學家呈現的那樣，是扁平的程序集合或區區的「論理」而已。

如果不先澄清在諸多理性概念中，這裡訴諸的究竟是哪一個，那麼就沒法談論情感的理性。理性的概念越是抽象，情感就顯得越不恰當（因此也就越少理性）。如果理性以數學爲範型，情感在這個標準下大概就沒什麼表現機會。然而理性的概念若夠腳踏實地，情感的概念也夠豐富，那就很容易證成理性與情感的互補和相互依賴——即「情感的理性」。不必太多論證就能說明，情感爲行動提供了理由。比較不明顯的是，情感也爲信念提供了理由，或者至少回答了爲何尋找某類證據而非別類，或爲何接受某個結論而非勉力反駁它。更大的挑戰則是要說明，情感怎麼爲行動或信念提供了好理由，或爲理性行爲提供了正確理由，但我們也要堅持，這裡不存在任何先驗的、全體適用的答案。某些情感是正當的，或至少是恰當的，但其他情感就不是，端視脈絡、文化，當然還有具體處境而定。某些哲學家會主張情感絕非理性行動的正確理由，雖然也可以因其有助於動機而多少視之爲可欲的（人們有時就這樣詮釋康德）。11 世紀的邏輯學者聖安瑟倫（Saint Anselm）認爲信仰的激情乃是理性的正確動機，因此

80

（正如康德）信仰本身就成爲理性的，而理性則是有信仰的。

認爲情感絕非理性（即，它與理性無關，而非不理性）的觀點之所以說得通，部分由於古老的觀點認爲，情感是獸性且原始的（我們和動物都分有它），或者用當代較世故的觀點說，就是情感的根源是生理學的，尤其可以從腦神經學來理解。就前者來說，即使我們同意（多數）動物由於思考顯然不具系統而不是理性的，也不能據此得出，牠們在其他方面也不是理性的：像是爲了達成某個所欲目的而選擇最佳手段的能力、出於理由（即使牠們無法解釋這些理由）而行動、遵循規則（比方說動物集團的複雜規則）、辨認並在一定程度上理解符號的能力、當然，還有辨認並（爲自己、自己的群體或後代）選擇正確目的以及關心（自己眼中的，但不總是意味著自利）正確事物的能力。就我們與牠們都分有這類理性、也都分有我們的（某些）情感來說，我們的物種在抽象理性上自吹自擂的優勢其實沒有特別重要。至於現代的世故觀點，大概以下回答就夠了：連我們最爲成熟的，當然還有最爲平凡的理性能力及活動，都無可否認根源於腦。論證說區區的荷爾蒙刺激當然不算是理性的，也許當下聽來可以接受，可是：一、也沒有哪個荷爾蒙刺激本身就足以算是情感；二、再者，情感的生理學根源也許與它的理性毫無關係。相反地，有時強烈的腎上腺素刺激反而讓我們超級理性，足以穿越由於太多抽象哲思而堆積起來的智識泥濘。

81 考慮到一致性時，特別的困難就出現了，因爲很明顯，情感有時可以一致到有害的地步——比方說著迷還有執拗——但它們經常也是「混雜的」：最戲劇化的就是愛與恨的混雜，但還有悲愴與感激，快樂與憂傷，憤怒與羞恥，還有厭惡與憐憫的混雜。

照我看，著迷與執拗的理性地位端視特定情感而定。執著於有回應的愛或未實現的正義肯定是理性的；但著迷於報復很少如此。我已論證過，愛的執拗也許還是其美德之一，但通常憤怒或妒羨的執拗通常不是美德。另一方面，談到「混雜的」或不明確的情感時，論證似乎也同樣要視具體狀況而定。如果其中一個情感是理性的，相反的情感也是理性的，情感的邏輯似乎就要說，這兩個情感一起也是理性的。當然，到底「一道」擁有相反的情感意義為何，仍需要多加解釋才行（是兩兩並列嗎？還是像交流電一樣交替出現？兩者是否源自不同的觀點，需要輪流加以注意？他們是否像兩種不同色的顏料，會揉合成強烈的紫或泥土般的棕？）。

也許有人會提出哲學家見解，堅持兩個情感一起不可能有**邏輯上**的不一致，那嚇人的「P 又非 P」，可是情感的不一致很少如此粗糙。比方說，朋友贏得了我很想要的一個獎，我既開心又嫉妒，那這就包括了又高興又難過的感受；但也許可以說，這些情感有兩個不同的對象（「我的朋友獲獎很高興」還有「他獲獎了可是我沒有」）或者，如果堅持只有一個對象（「這幸運的傢伙獲獎了，我沒有」），也可以說不同的情感還是有不同的理由。[39]衝突的情感也許包括了如「那獎應該是我的不是她的」、「她比我更該獲獎」之類想法的迅速交替，但也許可以論證說，這與其說是邏輯上的不一致，不如說是不確定：同時交替設想兩個命題，

[39] 探討此問題最傑出者見派翠莎・格林斯潘，《情感與理由》，頁 111 以下（Patricia Greenspan, *Emotions and Reasons*, London: Routledge, 1988）。

而非斷然主張它們。但不管表面上的邏輯不一致怎麼加以細分區辨，以下這點看來還是再明白不過的：我們常常都有這種混雜的情感，而且同時擁有它們比只有其中一個（或兩者皆無）要更爲理性。

我已堅稱（在他處也論證過），情感必然涉及「認知」——概念、知覺、判斷、信念、推論、觀點——但這究竟在什麼意義上或多大程度上涉及了符號互動、語言以及言說，在討論情感如何是或不是理性的時候，是個敏感議題。正是爲此，我在本章中不斷試圖攻擊哲學家的自負，他們以爲理性總是需要言說還有論證。我們的情感經常更易清楚「感受到」而難以言說之，但這不表示它就不是理性的。只消情感是「適用的」、妥當的、甚至即使當主體無法說出任何理由以支持他（或她或它）的情感（比方說動物或是嬰兒），只要別人可以，那麼這情感就是理性的。如果情感就相關的規範來說是合適的，那它也是理性的，即使這種規範、合適或相關性無法反思或闡明也無妨（我認爲這裡要非常小心詮釋吉伯德（Gibbard）的關鍵詞「接受規範」[40]）。但若只因爲某個情感——或一切情感——不必明確道出（不管它／它們是否可以道出），就認爲它／它們是不理性的（或無關乎理性的），這照我看根本就是——不理性的。不只情感的言說，情感本身也可能是理性（或不理性）的，是適用的、恰當的、命中要害的、或者強化生命的（也可能沒有）。

82

[40] 艾蘭．吉伯德，《智慧的選擇，恰切的感受》，頁 10（Allan Gibbard, *Wise Choices, Apt Feelings*, Cambridge, Mass.: Harvard University Press, 1990）。

如果理性意味著能夠接受評判與深思熟慮，那麼只有一些情感算是理性的。但這種情感肯定還是很多的，雖然我們不常感到要捍衛它們。問題只是，我們若需要捍衛它們時是否辦得到（當然，也可能是為我們自己澄清它們）。如果理性要求實際上接受評判與深思熟慮，那麼我們大概會抱怨，這個要求太蘇格拉底了，也太冥頑不靈了，要求我們的情感不但可以，還必須接受仔細的檢驗以及證成。我們不需要證明自己或自己的感受，至少不用總是這樣。但相反的觀點，即我們的感受不必也無法證成，也肯定是錯的。（「我只是告訴你我的感受而已。」）我們經常會捍衛我們的情感。（「我有權利生氣，因為……」、「我很傷心因為……」、「我是怎麼愛著你的呢？讓我細說理由。」）錯誤在於認為，只有在人們實際上有捍衛情感時，它才是理性的；然而**能夠**捍衛它就已經夠了。如果情感的理性就在於必須運用評判與深思熟慮，彷彿它是情感的一部分（而不只是單純地與情感有關而已），那麼這還是要求得太多了。但也不能說，這類活動在情感中顯然沒有容身之處。必須承認，情感一般說來是沒有反思也沒有深思熟慮的。它並不必然包含對自身的評判。這類批判能力在某些情感中似乎完全闕如——比方說「盲目的」暴怒、「盲目的」信念、「盲目的」愛、「盲目的」妒忌——但注意，既然提到「盲目」，那就意味著它是個不尋常的，可能還是病態的情感狀態，而非其典型。其他情感即使涉及了深入的批評、評估和思量，在更全面的審視下也會站不住腳——比方說怨恨、恨惡還有復仇的衝動——雖然背後可能有很強的理由或合理化的講法為其撐腰。但即使以上討論如此簡短，也應該能明確看出，連理性的批判關懷都與情感的目的和對象緊密相關；此外，批判理性遠非情感的「對立面」，甚至可能是情感生活的根本組成部分。激情生命並非批判的敏銳度完全闕如的生命。

83 將理性看作自主則對情感領域提出了相當特殊的挑戰。當然，如果自主意味著「擺脫情感的影響」，那就沒什麼好說的。但如果自主觀念指的是心靈的某種獨立、對自身感受、思考與行動帶有的某種「屬己性」，那麼人們常說的這句話就有幾分眞實性：人在激情中，在他或她最在乎的情境中，才眞的是他／她自己。理性與論理，就其本質來說，涉及的是非屬己的規則與程序（但康德可以在捍衛自主性的時候談及理性的「命令」[2]）。但激情即使相仿而且眾人共享，也是非常屬己的（比方說千萬人可以一起悲傷，但每個人擁有的仍然是自己的悲傷）。但更具挑戰性的是這個問題：情感是否在某種自願行動（而非被動承受）的意義上是自主的。我在其他地方曾主張應該這樣看待情感，但在這裡談這個會離題太遠。[41] 提及一點大概也就夠了：我們的思想和信念顯然也不是意志行動，但我們還是認爲自己有責任熟悉、堅持它們、有時還要改變它們（尼采：「思想不是我想要它就會來的，『它』想來時才會來」[42]）。我們也認爲它們是屬己的。因

[2] 譯注：autonomy 這裡譯爲自主或自主性；在康德哲學的脈絡下，中譯一般將這個詞（德文的 *Autonomie*）譯爲「自律」。

[41] 索羅門，《激情》（Solomon, *The Passions*, New York: Doubleday, 1976）。亦見羅伯特．高登，《情感的結構》（Robert Gordon, *The Structure of Emotions*, New York: Cambridge University Press, 1987）。

[42] 尼采，《善惡的彼岸》，考夫曼譯，§ 62（Nictzsche, *Beyond Good*

此，即使理性意味著自主，也不可能據此認爲，情感在很多方面顯然不是理性的，也不能成爲哲人讚揚的品性之典範，只能成爲其敵人。

只要（「工具式的」）理性仍局限於手段而非目的，局限於工具還有能力而非終極目標或眞理，那麼就沒有任何論證足以斷定情感是否是理性的。羅納．德．蘇薩認爲情感的「眞理」就在於其「妥適性」——這正是其理性之所在。我認爲這是個巨大的洞見。[43]它避開了許多惱人的傳統困難，後者起自於價值判斷和事實判斷間過度嚴格的區別。這一洞見也將情感定位於適當的脈絡下——不視它們爲抽象的命題（錯解成「判斷」）而是本質上依情境而定的，並由其「適當性」來定義。情感的目的性在此就變得極爲重要；說情感是理性的，也就是說它有助於實現目的，而且儘管它偶爾也會失靈，通常成效都不錯。然而情感的理性不只這樣。若你願意，可以說它和其他實踐的、理智的反應在同樣的意義上都是工具：是應對世界的手段、回應或反應世界的方式、也是與他人互動並（在最深的意義上）共存的模式。但我們的手段常常會成爲目的，我們有時也會混淆兩者。情感可以是理性（當然也可以是非理性）的工具，但它們在理性中（並以之爲目標）運作時，也在構造著這一理性。

跟其他地方一樣，我們在這裡務必不能將情感想得太「扁

---

and Evil, trans. W. Kaufmann, New York: Random House, 1967）。

[43] 羅納．德．蘇薩，《情感的合理性》（Ronald de Sousa, *Rationality of Emotions*, Cambridge, Mass.: MIT Press, 1987）。

84

平」，彷彿它們只是在經驗流中飄流而過的原子而已。情感並非經驗「中」的成份或物品，倒更像是在組織經驗。愛就完全沒有干預我們生活的理性秩序，反而擺正了事情的輕重緩急。憤怒即使在不適當或不理性時，也並沒有干犯我們處理事情的輕重緩急，而是重新組織了它們。因此，情感經驗並不是在我們頭裡面出現的奇怪而「沒有延展的」[3]現象：它是我們在世存有的組織性結構。此「組織性結構」其實也就是理性，因此談論情感就已經是在談論我們生活的理由了。情感不只是手段或工具。它們也提供了目的，也就是生命理當具有的充沛之感（亞里斯多德稱之為 *eudaimonia*[4]），並伴隨其所有豐富的激情成份——驕傲、親密感與友誼——簡言之，即伴隨著生命的意義。理性除此還能要求什麼？

然而若要充份討論情感的理性，就不能只逗留在情感（還有理性）的一般層次。必須依個案作分類處理，並仔細分析理性的（即有正當根據的）憤怒、妒忌、愛與哀痛的條件為何。任何情感都有羅伯特．高登所謂的判斷之概念「結構」，它可能是深思熟慮的也可能是愚蠢的，可能有也可能沒有正當根據，也可能是正確或不正確的。[44]憤怒就帶有責備的判斷；妒忌所包含的判斷則是失去某物的潛在威脅。愛涉及了評價性判斷，通常是過度誇張的，但恨也是一樣。哀痛意味著承認失去了什麼；復仇——在

[3] 譯注：影射笛卡兒的心物二元論，心靈的屬性是思考，而物質的屬性是延展。

[4] 譯注：古希臘文，意為「幸福」。

[44] 高登，《情感的結構》。

哲學中常受誹謗——則已隱含著某種小格局的正義理論，某種「以眼還眼」，或者依康德不那麼激烈但也更加曖昧的講法，某種「平等」觀。我們在所有這些例子裡都能立刻看出，情感在什麼地方會出差錯，什麼會「失一序」或變得不妥，因此還需要什麼才能讓它正確運作、「有秩序」、並在情境中發揮恰當的作用。

比方說一個人在憤怒時就有可能搞錯事實爲何。他或她仍然是憤怒的，但憤怒錯了。如果這個人還遽然得出結論或並未審視手邊現有的資訊，那他或她的憤怒還是愚蠢的。也可能他沒搞錯事實，但搞錯了傷害的類型、或是他憤怒對象應受責備的程度（我想主張，憤怒的「密度」實在跟這個情感伴隨的生理學反應關係不大，倒更與上述這類評價的粗率程度有關）。他也可能事實沒搞錯，也有正當理由憤怒，卻表現不當，對象錯誤（在復仇的例子裡很常見）或者行爲過火。情感就跟任何策略一樣，其不理性未必是情感本身的錯誤，而可能是其表現或時機拿捏的失誤。當然，錯誤也可能在於情感的目的或目標、要求過分、或是目標混淆（比方說貪婪造成不知足）、或是目的既微不足道又有害（儘管未必對社會規範與正義有害，卻最終會戕害自己的人格整全性）。

類似的分析也適用於愛、哀痛還有其他情感，甚至表面上看來最單純的情感也行。比方說恐懼就不只是腎上腺素的分泌，也是察覺到有危險，因此當然有可能搞錯這個危險爲何，其緊急程度或嚴重性。在最極端的狀況下，恐懼會讓人「動彈不得」，但這種無所作爲是否總是有害，至少不是個有定論的問題。比方說這也許本來有助於演化，因爲不自掠食者眼前逃開，也許就能避開後者的注意。也許可以區分恐懼與驚慌失措，這首先是因爲只

85

有後者而非前者從類型上說才是不理性的，再者，驚慌失措與恐懼不同，它幾乎全然是生理反應，而非理智或策略反應。泛泛而論，恐懼之所以可能不理性，是由於它由以下要素所組成，也受到其影響：理性判斷、對危險的評估是否正確、還有我們逃避或反應的手段是否恰當。但如果在這些事情上搞錯就意味著恐懼是不理性的，那麼就可以推論出，把這些事情作好就能讓它變得理性。同理適用於同情感、復仇欲、不公義激起的刺目不適、還有普遍的正義感。說這些情感可能會出錯，可能會不理性，也就意味著恰當的實踐可以讓它們變得理性。

以上對情感進行「認知式」分析，並視理性的概念爲某種「關心」，還帶有更爲挑釁的意涵：構成我們情感的概念與判斷其實也同樣是理性判準的要素。甚至可以把理性當作是情感上的審慎，即最廣義的美德意涵上的審慎，*prudentia*[5]，而非長期自利的賽局理論義。因此我要提倡的不只是情感的理性，還有（或可稱之爲）理性的情感基礎。

我要反對今日流行的一種看法，以爲理性判準不過是情感的預設，比方說認爲恐懼預設了相信自己身處危險，但這一信念本身不是情感的一部分。認知是情感的根本面向之一，它定義出後者的結構與對象。還有個看法我也反對：理性判準是外在的標準，而情感及其妥當性則據此而判定。若眞是如此，那就可以設想有個理性框架，而情感適當與否，有正當根據與否，或者明智還是愚蠢，都可以在這個框架內加以決定。但我倒想說，情感構

[5] 譯注：拉丁文的「審慎」。

成了理性本身的框架（而且這框架不一定只有一個）。當然，單一的情感並沒有這種作用。它可能適用（或不適用）於這個框架。但我們全部的情感會決定脈絡、個性與文化，某些價值於其中需優先考慮、成爲終極目的、或成爲理性與合理行爲的判準。我們的正義感還有爲了表達它而建構起的宏大理論就是個例子：它不是單一情感而是諸多情感的系統性整體，適合於我們的文化和個性；它不但決定了特定情感（比方說希望或怨恨）的內容，也決定了激發這些情感的標準與期待。

86

這就預設了某種整體觀，個人經驗（或文化）的整個領域都會由他或她的情感介入與繫屬所定義、框限——這樣看，眞正「不帶激情」的判斷倒更像是病態的而非理性的，而旁觀倒更可能標識著疏離感而非客觀中立。[45]馬汀．海德格的心情概念（*Stimmung*）意指我們與世界「合律」（*Bestimmen*）的模式，這一雙關妙語在此頗富教益[6]，因爲側重點由中立的認知可喜地轉移到了整體的個人關心（*Sorge*），也因爲他強調心情——心情是一般的、浮泛的、沒有任何特定對象——而非情感本身。[46]然而不管是心情還是情感，重點都在於它們徹底地浸透於我們的經驗中，而並非某些了不起的古代人想的那樣，是妨礙、侵犯、或短暫突然的發狂，有礙於理性客觀保持冷靜的明晰。我們並沒有一

---

[45] 見麥可．史鐸克，〈現代倫理理論的精神分裂〉，《哲學期刊》，73期（1976）：頁453-466。

[6] 譯注：語帶雙關，因爲「心情」與「合律」都有"stimm-"的字根。

[46] 海德格，《存在與時間》。

個理性框架可以用以衡量我們各種情感是否妥當或理性。哲學家講的概念框架，本身就產生自我們的情感，產生自我們眞正在乎的事情。理性的事物，就是最適於我們情感世界的事物。

不能率爾以爲，既然透過情感看世界顯然是偏狹的，有時還是扭曲的，那麼就可以對之不屑一顧，因爲它們只是「主觀的」或「不理性的」。有明智和愚蠢的情感，有適於我們生命整體並強化後者的情感，也有「以其蠢笨將我們拽落」（尼采語）的情感。但所有情感實際上都建構著我們生活的結構，這也包括了如今我們眼中所謂的理性的結構。甚至那些通常給貼上「負面」標籤的情感，比方說七大「死罪」，也有其重要作用。它們（有時以相當誇張的方式）反映了我們的需要與價值、還有終極關懷。還有什麼別的選項嗎——完全不關心不在意？我們若反對情慾，是否就該提倡性冷感？如果我們反對貪婪，那麼是否就該讚揚懶散？但懶散本身就是個奇怪的罪，它體現的正是某些古人眼中堪比終極智慧的冷淡（不過阿奎那倒恰切地認爲，它無助於專一的崇敬與信仰）。休姆譴責謙卑，說它是「修士的美德」，不過他心裡想的無疑是這個美德的某種矯情甚至經常僞善的版本。相比之下，驕傲倒像是關心自我，「關注靈魂」，也許還是人格整全的根本要素（也許可以反駁說有虛假的驕傲；可是虛假的謙卑也是存在的）。也許可以正當地拒斥驕傲，還有所有不妥或姿態過高的情感。但這不意味著驕傲或情感一般而言就是偏狹的，除非這意思是說它們都體現了對自我還有世界的關心，而這一意思無可指摘。

我們應該讚賞沒有深情與衝突，也沒有使命感或繫屬感的生命（即各方禁欲者和宗教思想家主張的那種對生命的「理性」觀

87

照，其中沒有任何失落的可能）嗎？[47]尼采在《道德的系譜》第三篇對禁欲主義的著名攻擊就是針對這類「消化不良的」生命，他宣稱禁欲者（就跟所有人一樣）追求的是權力和自我肯定，只是他們是逆向取得它的：靠偷偷摸摸和自我否定。[48]但尼采攻擊的不是自我否定本身，而是一個全然沒有激情的生命觀。關心正確的事情經常要求我們自我否認，甚至否認情感。希望自己好相處，就需要調整自己的憤怒和怒氣。在意創造力，也意味著必須控制自己的衝動以便讓他人能夠發揮所長。但這並不是要讓激情變得無力，而是在教養並規訓它們。尼采和亞里斯多德都認爲我們有責任培育自身的才華和美德。我們「自然而然」就關心家人和朋友，接著也可能會關心同胞和鄰人。但我們也可以培養我們的情感以便涵納更寬廣的文化和環境，最終還有整個世界。這才定義了理性：不是邏輯，而是我們關注的幅域。（對立於情感的）理性無助於我們拓寬自己的關懷，情感本身的幅域不斷伸展才行。一個人在乎什麼，這由他的世界觀所決定，但他的世界觀本身是由他的情感關注和關懷的範圍與對象所決定的。[49]教養或者

---

[47] 對斯多噶派非常正面的評價，見瑪莎・努斯邦，《治療欲望》（Martha Nussbaum, *Therapy of Desire*, Princeton, N.J.: Princeton University Press, 1994）。至於波斯哲人金迪（al-Kindi），見古德曼，〈中世紀猶太與伊斯蘭哲人〉，收錄於比得曼與夏夫斯坦，《追問理性》，頁95-99（L. E. Goodman, "Medieval Jewish and Islamic Philosophers," in Biderman and Scharfstein, *Rationality in Question*, 95-99）。至於叔本華，則務必讀他本人的著作。

[48] 尼采，《道德的系譜》，考夫曼譯，第三篇（*On the Genealogy of Morals*, trans. W. Kaufmann, New York: Random House, 1967）。

「文明」，其實就是歷史、人性、宗教、道德和倫理學的宏大概念不斷內化的過程，它們超出了個人或地域的利害關係。但這不是說這類關懷的情感本質已由某種更爲抽象和無涉個人的事物所取代：事實是情感本身伸展得更爲開闊。[50]

理性不只是人類經驗的大結構，情感也不只是「反應」而已。理性不只產生自思想，也產生自關懷；雖然在人類物種出現數億年前，就無疑有情感的演化史了，然而演化出來的情感與理性及合理性的演化不但攜手相伴，也是交纏難分的。情感與理性一道讓我們意識到，存在一個更大的人類和全球的脈絡，而我們所有人的命運和利害關係都牽涉其中。情感本身確實沒有什麼特具人性之處（狗就跟人一樣可以有正當的憤怒或悲傷），但特具人類特質的情感確實存在。無疑地，某些特別彰顯人性的情感——特別突出的有對遠方鄰人的愛、道德義憤、強烈的正義感、宗教激情還有科學好奇心——往往正是那些人們標舉爲我們物種理性之證據的情感。

---

[49] 尼可．弗里達，《情感》（Nico Frijda, *The Emotions*, Cambridge: Cambridge University Press, 1986）。

[50] 研究關心之「距離」問題的佳作見麥可．史洛特，〈關心之正義〉，收錄於保羅、保羅與米勒編，《美德與惡德》，頁171-195（Michael Slote, "The Justice of Caring," in *Virtue and Vice*, E. Paul, J. Paul, and F. Miller eds. New York: Cambridge University Press, 1998）。亦見維吉妮亞．賀德，《女性主義道德》（Virginia Held, *Feminist Morality*, Chicago: University of Chicago Press, 1993）。

第4章
正義、同情、復仇

我今日所吩咐你的誡命不是你難行的，也不是離你遠的；不是在天上，使你說：誰替我們上天取下來，使我們聽見可以遵行呢？……這話卻離你甚近，就在你口中，在你心裡、使你可以遵行。

——〈申命記〉，三十章11、12、14節[1]

正義，她以公正待人聞名，
並未因盲目失去她的感情。

——伯納・德・曼德維爾（Bernard de Mandeville），
《喧囂的蜂群》（*The Grumbling Hive*）

什麼是正義？蘇格拉底在25世紀前問了這問題，自此之後它就一直是西方哲學的主導問題之一。但從柏拉圖至約翰・羅爾斯，哲學上討論正義一直傾向於「扁平」，意圖建立廣泛無所不包的理論和原理，或者專注於抽象或自以爲普遍的概念，比方說「權利」。羅爾斯提到約翰・洛克（John Locke）沉思正義時比較有豐富的脈絡和歷史感，並驕傲地宣稱他自己的計劃就是要將討論提昇到「更高的抽象層次」。他按部就班地除去所有個人情感

[1] 譯注：譯文直接採用聖經通行中譯。

與歸屬感、還有命運帶來的所有好處與重擔——然而亞里斯多德卻假定這些事物會預先決定我們的生命觀。我們在「無知之幕」後面褪去一切，擺脫我們的個人偏好與偏見、個人的好處或缺陷、還有我們獨有的美德與惡德。想當然爾，正義的原理在這個非人化的、不帶激情的觀點下才會現身。

89

同樣地，柏拉圖則訴諸心智，一種特殊的「觀看」方式。其理念對象——也包括了正義——如此「扁平」，完全無法描述，在我們多數人看來似乎也沒有任何內容。從柏拉圖到羅爾斯，正義的哲學討論太過強調理性的優越，結果就沒有充分評價感受角色的空間了。柏拉圖確實堅持激情與理性間要「和諧」，但他也嚴正警告我們要小心情感，因此上述的音樂隱喻並不完全令人信服。[1]羅爾斯則在書後一、兩個小節中處理「道德情感」並主張它們不能從人類生活中消除[2]，但他所謂的「情感」似乎不過是指依據理性原則行動的某些傾向。當然，許多作家不屑情感，認爲只是「感情用事」，並堅稱情感只會混淆或扭曲正義的理性裁量。最有名的就是康德貶低各種「傾向」，認爲它在道德中至多是次位的，並語帶尖酸地打發掉「溶人的同理心」或「溫柔的同情」；而在對正義的報應觀解釋中，他也強烈地否認報復的作用。[3]然而我要往前追溯倫理學中一失卻的傳統並論證，若不能

---

[1] 比方說在《克里托》（*Crito*）篇裡，蘇格拉底就對任何訴諸情感的說法不屑一顧。

[2] 羅爾斯，《正義試論》（Rawls, *A Theory of Justice*, Cambridge, Mass.: Harvard University Press, 1971）。

[3] 又一次，關於"schmelzender Theilnehmung"〔溶人的同理心〕，見康

評價或理解感情的作用，就不可能充分理解正義。這些感情不只包括那些親切的「道德情感」，像是同情、關心或同理心等「共同體感受」，也包括嫉妒、羨妒、怨恨、特別還有報復這類更爲令人不快的情感。[4]

照許多哲學家的說法，正義是理性原則的問題，而且如果其原則或後果是「無情的」——諾齊克在《無政府、國家與烏托邦》（*Anarchy, State and Utopia*）的前言中就這麼宣稱——我們感受

德，《基礎》〔指《道德形上學之基礎》〕，收錄在《全集》（*Werke*）卷4，頁399；康德，《道德形上學之基礎》，艾林頓譯，頁12（*Grounding of the Metaphysics of Morals*, trans. J. W. Ellington, Indianapolis: Hackett, 1981）。「溶人的同理心」乃派頓（Paton）的譯文；「溫柔的同情」則是路易斯．懷特．貝克（Lewis White Beck）與艾林頓的譯文。康德對報應觀的解釋則見於《法權哲學》，海斯第譯，第一章（*Philosophy of Law*, trans. W. Hastie, Edinburgh: Clark, 1889）。

4 可怪的是，現代英語似乎沒有能描述構成報復情感的恰當字眼。「報復」本身並非指稱情感，而是所意圖（或實際）的後果。同樣地，一個人渴望復仇，但復仇是目標而非渴望本身。「報復心」也許更能描述心理狀態，但它似乎更傾向於描述人格特質，而非某個特定情感或心理事件。「震怒」（Wrath）是個不錯的聖經字眼，確實指出了眼下這個有報復意圖的情感爲何，然而大概也饒富深意的是，這個字實際上除了談聖經裡的威脅或引用它以外，幾乎已經沒人在用了。據此，我在這裡將「報復」及其衍生字當作是其情感的名字，但心裡也明白這從字面上說並不妥當。然而我假定確實存在這樣的情感（或者存在有這種功能的一系列情感組合），因此這裡不存在眞正的問題，只是用字的難題而已。

的地位也就只會更糟。[5]我當然不是主張要在考慮正義的時候不顧理性，但政治哲學中所謂的「理性」大部分時候就是冷酷無情、小聰明、遲鈍、不信任自己（或他人）的感受力、還有冥頑不靈。我們哲學家最爲認同、也因之感到驕傲的不偏私還有客觀中立，也許特別不適用於社會哲學。我要論證，正義的本質是同理心還有其他人們眼中並無哲學味的激情——但由於康德還有許多其他苛薄批評者所謂的「溶人的同理心」還有「傾向」，人們對它已視而不見太久了。我還要論證一個恐怕更有爭議的說法：憤慨或復仇之類的「負面」情感，實乃我們人性不可分割的一部分，而且也同樣是正義的本質，不只是我們理性裁量中出現的不快擾亂。

人們常說激情宰制的社會觀是危險的。我們當然全都想得到很多突出的案例，提醒我們對此必須小心。但我的回應是，建立一門理性、無所不包的正義理論之理想，同樣是危險的。一方面，這很容易鼓勵被動心態，儘管它會激發智識爭議與論辯。它也容易不看好有建設性的行動。大理論容易讓我們立刻脫離世界，不牽連其中，沉浸於捍衛自己觀點的行爲中，彷彿正義的實踐是別人、上帝、政府的事、或者該交由命運或歷史處置。把正義解釋成理論，它就不會是有待培養並實踐的個人美德。但另一方面，理論還鼓勵獨斷、暴政、遲鈍、還有冷酷無情。我們越是致力於擴大觀點還有建立其原則，就越容易忽略或不能用同理心

90

---

[5] 羅伯特·諾齊克，《無政府、國家與烏托邦》，頁ix-x（Robert Nozick, *Anarchy, State and Utopia*, New York: Basic Books, 1974）。

看待例外狀況——也就是那些非常容易不合乎我們理論的個案。在這種狀況下，我們都會正確地下結論說，如果抽象理性與我們對於正確之事的直覺起了衝突，那麼出錯的其實是前者。[6]

我們對更爲高遠的、哲學上的正義概念之質疑在於，它們似乎是憑空降臨的，彷彿「天外飛來」。就這方面說，哲學家堅持我們要爲權利與正義的宣稱「打好地基」，就饒富深意。因爲我們仍然無視於正義非常腳踏實地的、人類情感的基礎，也忽略了那些讓正義變得必要又可能的激情。首先，正義並不是一組原則或策略；它首先是一組個人感受，是參與世界的方式。這些感受——且其中某些絕不吸引人——若未培養起來，正義的原則就只是空洞的詞藻，而讓我們變得正義的策略，不管它有多正當，也都只會是過度理想化的，與現實無關。我們將情感重新注回正義的討論中，也許最重要的就是可以讓哲學家開始能夠關心人事（且不會因爲關心而感到羞赧）。寧願憤慨甚至充滿報復心，也不要沉思的客觀中立與冷淡無感。

---

[6] 羅爾斯的「反思均衡」方法就意在解決這類衝突，然而《正義試論》（*A Theory of Justice*, Cambridge, Mass.: Harvard University Press, 1971）中卻鮮少舉例：這暗示甚至我們的「直覺」和「初步信念」也不夠具體，無法提供眞正的對質所需的辯證過程。更何況，也沒有理由認爲所有這類衝突都能解決，即事實上存在一個「均衡」點。

正義與復仇：失落的典範

> 因此，若任何人告訴我們說，正義就是各得其所，且他的意思是正義之人會傷害敵人並有益於朋友──那麼說這話的人就不智慧，因爲這不是眞的。
>
> ──《理想國》，
> 蘇格拉底向波勒馬可斯（Polymarchus）說的話

> 〔柏拉圖《理想國》中的〕正義最後的眞面目，主要不是行動或政治制度的特質，而是*psyches*的。[2]
>
> ──里弗斯（C. D. C. Reeves），
> 《哲人王》（*Philosopher Kings*）

91 不管普遍或抽象程度有多高，也不管距離或我們結論的全體向度有多大，我們的正義感多少總是對某個情境或處境的個殊、個人、且帶有情感的反應。我們對正義的思考通常──即使並不必然──由察覺到不正義之事所激起，通常是目睹到不合、剝削或是不和諧之事。當然，討論、爭論正義的脈絡非常多樣，也可能根本不可共量。舉例來說，補償正義與分配正義的領域經常是分開處理的，儘管在用字方面存在一些叫人困窘還有意義含混之處。在分配正義的領域內，有平等主義、自由主義、需求導向、或各類以權利資格或貢獻爲判準的正義概念；各方間長久的不合

---

[2] 譯注：psyches，古希臘文「靈魂」意。

已經自成一學科了。然而也相當有力的論證指出，這些不同的理論概念事實上奠基於歷史、脈絡、文化還有意識型態的差異。[7]

正義的領域也許還可以比以上劃分得更為細膩，而且彼此間也可能不可共量。[8]這裡我不打算論證這一說法，但我心底當然是贊同的。[9]但我特別要就補償正義論證的是，正義起自於對某個多少具體的事態產生的情感反應，也由它所構成；它出現之處有文化傳統，也有一實質而具體的歷史（所謂「實質且具體的歷史」特別針對羅伯特．諾齊克所謂的權利資格之歷史，要比其「扁平」且有意的局限更為豐富，儘管後者反對「非歷史的」羅爾斯式立場）。連哲學家經常高舉的，上帝眼中的公平，也最好當作是在特定的文化和歷史脈絡下的特定反應。所謂的上帝眼中的觀點有個問題：它傾向於變成全然扁平的觀點，掩蓋了所有對文化或地方的習俗、傳統與期望的指涉。[10]這無疑也是哲學家深受其吸引的原因。[11]

---

[7] 大衛．米勒，《社會正義》（David Miller, *Social Justice*, Oxford: Oxford University Press, 1976）。

[8] 麥可．瓦爾策，《正義的領域》（Michael Walzer, *Spheres of Justice*, New York: Basic Books, 1983）。

[9] 見我的《正義的激情》（*Passion for Justice*, New York: Addison-Wesley, 1990; Lanham, Md.: Rowman and Littlefield, 1993）。

[10] 羅爾斯在《政治自由主義》（*Political Liberalism*, New York: Columbia University Press, 1993）中承認這點，但卻因此放棄了整全理解的嘗試。

[11] 在這個觀點下就不難理解羅爾斯的「原初立場」還有傳統的「自然狀

爲了強調這一點，我要提出一個乍聽之下驚世駭俗的說法：我們不但可以論證報復是正義中的重要成分（最有說服力的當然是補償正義），而且在某種意義上，我們在泛論正義時，依報復的模型來解釋也是更好的。我想主張的是，正義有兩個根源：首先是報復的渴望，意圖「取消」某個傷人的怠慢或侵犯之舉；再者是更爲困難的感激，即承認自己得到了一些不配得的好處。後者又會激發同情，它不只是像某些哲學家說的是個「自然的」情感，而是高度世故、教化和反思的激情。報復和感激的反應都涉及功績的問題，前者關心的是責備，後者則是欠負，但同樣值得注意的是，兩者間也有不對稱的地方：報復試圖造成傷害以便扯平，但感激不必以獎賞回報（表示「感謝」不能當作這種回報來解釋）也不必強裝要扯平的樣子。正是這種感激會直接（但不必然）有益於一更爲敏銳的同情心，即意識到（因爲發現自己有不完全應得的好處）他人缺乏他們應得的好處。但這一切的重點仍是要堅持，正義並非從天而降，而是起自於生活的具體事件，還有我們根據自身文化的習俗與典範對這些事件產生的個人反應。它不是抽象思考的產物，而是靠在家中和鄰坊間的經驗學得的，而且我們最早得到的道德與宗教教導也無疑扮演重要角色。

92

不用多說，我不打算太深入探討這個命題；但正義已經太過一般化、抽象化，人們也太常像例行公事般打發報復，認爲它既野蠻又與正義無關，因此我相信，這一論證即便以不當眞的方式

態」寓意：它們都是意在儘可能剔除特定指涉與脈絡的技術。當然，還有更不迂迴的方式，就是直接以上帝之名，並最終從全知的觀點來發言。

提出，也會有所啓發。我的想法如下：我們的正義感通常起自於對怠慢或傷害之舉而生的個人的、激情的反應，這一怠慢或傷害又是個多少特定的、歷史的事態，置身於文化的脈絡與多樣敘述中（我針對諾齊克的「扁平」歷史和羅爾斯的「非歷史」立場所欲提出的，正是這種「豐富的」敘述觀，比方說英雄和惡棍的神話和傳說，共同體多少合乎事實的敘事與歷史，或是某個不公不義之事的背景細節）。之後，我們才會將之普遍化、發展個人的敘述、在看到他人遭受類似的怠慢或傷害時也能學著發揮同理心，我們也許也會學習怎麼爲之建立理論，並將討論提升到「更高的抽象層次」（怎麼可能不呢，我們這些性好普遍化、理性、有原則、能溝通、會論證的存有者？）。儘管如此，忽略個人的、激情的反應，彷彿它不過是個觸媒、偶然的傾向、原初的驅力或者只是尋求正當理據的動機，仍然是個錯誤。因此同樣地，感恩和同情的催促也會變成普遍化的觀點，探討需要以及對人世不公的注意（或者將之合理化），最終則會投射爲一個宏大的平等觀念——當然，這種觀點一向只在理論中更有吸引力，在現實的實踐中則少得很。

正義是個人的、激情的、座落於社會中的、預設了社會上既定的侵犯、傷害與怠慢之舉，以及典型的榮譽和侵害榮譽之事——柏拉圖和亞里斯多德持的就是這種正義觀。當然，在柏拉圖之前，「正義」（或是*diké*[3]的各種變體）一直都有無可消除的個人和報復面向；舉例來說，《伊利亞德》提到這個字時，通常都

[3] 譯注：古希臘文，有「正義」、「懲罰」之意。

將之描繪為涉及個人（或部落）榮譽之事。[12]荷馬不朽的兩部史詩交織著複雜的義務與道德，而正義每次登場，都直率地以個人報復的面目現身，伴隨著恰當的獎賞或是要求匹配自身的回報。在柏拉圖的著作裡，理解正義的用詞變化甚鉅，且特別見於蘇格拉底的核心教誨：任何狀況下都不該傷害他人。但無論是柏拉圖還是亞里斯多德，都認為正義是個人美德，不管它是否也是（這是在講柏拉圖而非亞里斯多德）抽象的理想。正義並不消滅，而是運用激情。即使他們斥責報復本身（或者照亞里斯多德的說法，它受到義憤的制約），也仍然認為正義應視具體狀況而「各得其所」，不管蘇格拉底以及之後的柏拉圖如何粉飾這一觀點，或在存有論上掩蓋它。

93

然而古老的、荷馬式的正義觀，卻在《理想國》中重見天日，儘管篇幅不長。卷一裡，克法洛斯（Cephalus）的兒子波勒馬可士（Polymarchus）試圖捍衛「各得其所」的正義觀。必須承認，他的嘗試不很成功，蘇格拉底每一回都有辦法摧毀他的論證並羞辱他。他多次重述他提出的定義，其中一個版本是「扶友損敵」，但蘇格拉底靠著慣有的小聰明和辯證技巧打發了它。這引發了特拉西馬可士（Thrasymachus）惡名昭彰、但在哲學上飽受低估的惡霸戰術，他反對哲學致力於將正義理解為理想，與人

---

[12] 在商討囚犯下場時，阿格曼儂向梅涅勞斯（Menelaus）說：「我們一個活口也不留，母親懷裡的嬰兒也不放過。」荷馬對此評論道：「他督促兄弟回心轉意，要求他施行正義。」《伊利亞德》，拉弟摩爾譯，第2版，第6卷行51-65（*The Iliad*, trans. R. Lattimore, 2nd ed. Chicago: University of Chicago Press, 1975）。

際關係中的混戰全然無關。[13]蘇格拉底幽默又反諷地打發了他。他也論證反對克法洛斯，認爲即使應該把武器還給一個瘋子，我們也不會這麼作。但照我看，蘇格拉底反對這三人——波勒馬可士、特拉西馬可士和克法洛斯——的論證終究歸結爲一點：對正義的判斷本質上是脈絡的。這些判斷要依特定處境，還有一個人與其他相關團體的關係而定。如果蘇格拉底的反例顯示爲正義提出的這些「定義」不夠充分，那原因可能是因爲，只要企圖爲正義提出獨立於脈絡的普遍規則，它就必定是不完整或空洞的。正義必須參照脈絡才能定義。[14]

然而若從更爲同理的視角重新詮釋，我認爲波勒馬可士有很好的理由反對蘇格拉底。「扶友損敵」也許不妥，但仍然頗富洞察力地強調了具體的歸屬感與關係在正義中的重要，也突顯了會觸動我們的相互與共的感受。但這裡沒有明說的則是更大的問題，即我們選擇並維持友誼的標準是什麼，還有朋友是否是「眞的」。我也猜想，敵與友並沒有這篇對話所展示的那麼截然對立。更一般地說，波勒馬可士堅持個人脈絡與「榮譽」的重要，是要與蘇格拉底針鋒相對，後者更爲理想化也更爲抽象地堅持剔

---

[13] 《理想國》，卷1。若將特拉西馬可士公然的喧囂口語轉譯爲米歇爾．傅柯的晦澀語言，那麼「正義不過是強者的優勢」的主張，在現代人聽來應該會更有道理。但我在這裡不打算探討這一可能。

[14] 我認爲此論點在當代的最佳辯護是麥可．瓦爾策的《正義的領域》，但我比較偏愛更黑格爾味的脈絡觀念，而非充滿萊布尼茲風的領域形象：因爲脈絡經常交疊且會引發衝突，而領域似乎太過自成一體了（瓦爾策的許多例子也是如此）。

除脈絡的、非政治的美德。蘇格拉底反對的恰恰是「以惡報惡」的懲罰觀。波勒馬可士明智地承認，有人錯待你的時候，有回敬以傷害或至少威脅的必要。蘇格拉底則反對在倫理學中訴諸情感。波勒馬可士正確地堅稱，個人感受不但是重要的動機，還是道德行為的重要理由。若據此認為，波勒馬可士心裡想的就是正義結合了報復與感激這一主張，恐怕引申得太過頭了，會讓對話變得難以理解，但儘管蘇格拉底的辯證招式如斯精湛，也還是有為這位年輕的對話丑角辯護的可能。個人感受與脈絡在倫理學中至關緊要；但這裡的「個人」可以不斷引申，涵括了像同志之情、忠誠、同情、還有報應式懲罰的社會（超個人）觀點一類的感情。重點在於，桂冠不能蘇格拉底一人獨得；跟其他的對話一樣，我們還要看到事情的另外一面。[15]

94

蘇格拉底似乎要教我們兩件相當不同的事。首先正義是個人美德，是回應世界和他人的方式——這顯然比我們用這個詞的意思更為廣泛——而這同時體現在他的人格和討論中。如此設想正義，它就是高度個人的、且總是置身於特定的社會脈絡。當然，

---

[15] 舉例來說，我想到《會飲》（*Symposium*）篇，柏拉圖明顯對蘇格拉底提出了激烈的質疑，甚至在對話的局限下挑戰他。比方說阿爾克比阿德（Alcibiades）非常個人的演說就與蘇格拉底直接形成對立，後者根據笛歐媞瑪（Diotima）那空靈飄渺的智慧，對愛欲提出了過度哲學的解釋。例見瑪莎·努斯邦，〈阿爾克比阿德的演說〉，收錄於羅伯特·索羅門與凱薩琳·希根斯編，《(情欲）愛的哲學》，頁279-316（Martha Nussbaum, "The Speech of Alcibiades," *The Philosophy of (Erotic) Love*, ed. Robert Solomon and Kathleen Higgins, Lawrence: University Press of Kansas, 1991）。

甚至可以認爲《理想國》的政治視野正是要擘劃出一社會脈絡（在很多方面類似於柏拉圖自己的社會），以便最有效地在每個公民身上體現並培養這一美德。第二件事涉及更爲哲學的視野，即正義的單一理想型相；翻譯成今日的字眼，就是要尋找一全面的哲學理論（但柏拉圖到底有沒有想出這樣一個理論，則絕非不言自明）。表面上看起來，這兩個教誨並不相容；但不管怎麼說，它們肯定將我們推往兩個很不一樣的方向。英美哲學選擇的方向完全不成疑問。我們一而再、再而三地聽到人們提醒我們：正義是抽象、不帶激情、不涉個人的理性原則，它自對社會極端的非個人化理解中推導而得。[16]

正如報復總有個人的、激情的反應，並針對多少具體的事態而來一樣，正義感一般而言，也至少部分包括了文化規定的反應，並針對豐富的歷史敘述以及多少具體的事態而來——像是懲罰罪犯，在某團體遭受不公的奴役或壓迫數世紀後進行的補償，在承受外來統治者的虐待時建立新國家，在物資缺乏時分配財貨、在供不應求時能接濟的服務，在富足的時候怎麼分配獎賞或盈餘。我承認復仇作爲正義的範型易生誤解也太過局限，畢竟它

---

[16] 除了傳統對所謂社會契約起源的解釋還有羅爾斯的原初立場外，還有比方說布魯斯．艾克曼（Bruce Ackerman）的太空船場景，諾齊克對保護機構的成長作出的稍有不同的賽局解釋，以及馬克思主義談階級與生產力的抽象概念。有一大堆的文獻指出爲何這些模型並沒有理論家宣稱的那樣「中立」，但我會從另一面入手提出我的不滿：這些模型忽略或排除了所有預先存在的個人關係或情緒，沒有後者，任何正義的主張都是無關緊要或空洞的。

只強調了補償正義特別注重的酬報觀念，且實際上忽略了分配或補償式正義（比方說忽略了需要的問題），除非後者涉及賞罰。但我想提出的正是，人們以往都太過強調另一方了。甚至連下筆暢談分配正義的哲學家，都常常出乎意料地對報復的問題保持沉默。只消觀察美國還有世界近來的政策，大概也只有給意識型態矇了眼的人才會宣稱，在分配世上並未平等分配的財貨時，報復概念沒有任何作用。但不管世上貧富差距的增長到底應該讓我們感到羞愧、自慚、驕傲、怨恨、義憤填膺、害怕還是要起身捍衛，關於正義、權利、酬報、剝削還有公平的全面宣稱和理論都起自這些感受。

95

正義與報復：站不住腳的對立

> 至於杜林（Duhring）的命題說，正義的歸宿最終要在反射感受的領域中尋得，我們就必須爲了眞理而提出一很不客氣的反命題反對它：正義精神最不可能征服的領域就是反射感受的領域！
>
> ——尼釆，《道德的系譜》

人們通常將報復與正義相對照，甚至相對立（「我不是要報復，我是要正義」就是必然的報復要求[17]）。人們說報復是惡，

---

[17] 蘇珊．雅可比（Susan Jacoby）對這一法院說詞的討論尤爲迷人。她

是「以惡報惡」的復返；自《克里托》篇的蘇格拉底到當代的死刑論爭，即使眞有談到這一格言，也不過是為了在討論正義時完全禁絕進一步提到報復的可能。[18]應該嚴肅考慮報復作為正義範型的可能——一般對正義的考量聽見這個病態建議必定昏頭轉向。舉個例子：報復是個人之事，它不是不涉個人的。[19]報復是

談到紐倫堡後的納粹審判：有人教唆集中營的受害者及其家人如機器人般作證道：「我們不是要報復；我們要的是正義。」不過他們要的當然是復仇。蘇珊·雅可比，《狂亂的正義》（*Wild Justice*, New York: Harper & Row, 1983）。

[18] 黑格爾的《法權哲學》（*Philosophy of Right*），第218-220段，對「以惡報惡」有極佳（但肯定不怎麼清晰）的討論，他認為此格言顯示出對報復的深刻誤解。黑格爾的靈感來自康德，後者主張懲罰是「平等」，但自然，他認為這屬於純粹實踐理性之事，而非齷齪、不理性的報復之舉。亦見恩斯特·馮·德·哈格的〈嚇阻犯罪與不確定性〉，《刑法、犯罪學與警察學期刊》，141期（1969）（Ernst van der Haag, "Deterrence and Uncertainty," *Journal of Criminal Law, Criminology and Police Science*），他為報復在死刑起訴中的作用進行了辯護。幾乎所有探討此主題的書都有重印此文，比方說羅伯特·索羅門與馬克·墨菲的《什麼是正義？》第二版（Robert C. Solomon and Mark Murphy, *What is Justice?* 2d ed. New York: Oxford University Press, 1999）。

[19] 這裡的語意當然並不明確。報復特別個人的面向在於，它涉及對自身（或某個跟自己很親近的人）的侵犯或傷害。但不是所有的情感都在這種意義上是個人的。某些情感是「不涉個人的」，因為它們的對象是眞（比方說好奇）、道德原則（義憤）或者——正義。有個（錯誤的）立場認為，所有的情感都環繞著自我展開，或者自我牽涉其中；我雖不主張這種說法，但情感在以下意義上確實是個人的：擁有情感

激情的，它不是不帶激情的。報復是一種應對，意即，它是對特定情境的恰當反應。它不是關於平等或權利資格的抽象理論，而且在給出特定情境、相關人士還有他們相關的過去之細節後，它看起來只像是見招拆招而已。但正義的本性就隱含著正當性還有證成。有可能證成報復嗎？難道報復的主觀性格還不足以將它從法院中排除嗎？由於受到侵犯（這一侵犯可能獨一無二、沒有先例，也沒有證明或論證的空間）而產生一種個人的、激情的報復渴望，想要扯平——這種欲望會有什麼理性可言嗎？

「扯平」涉及平衡的觀念，幾乎所有的正義理論都離不開它。報復要求能度量的相互性。它預設了個人的涉入程度、還有損失、應得與個人欠負的觀念，而非冷淡且僅僅要苛評的心態，那是旁觀者、法官、陪審團、法律、或某個哲學賽局理論家才會有的態度。報復也許多少是社會既定的、是受人敬重的、甚至在某些文化和社會中是建制化的，但它很少升高到具備充分的法律地位。甚至可以主張，即使是正當且理性的報復，照其本性也是外於法律的。即便報復不受法律的保障，它也經常是社會上既定的、義務的實踐。但即便它是合法正當的，也總是交由個體、家庭或地方共同體來處理。人們鮮少認爲它是法律或更大社會的責

96

者總是會將眼下的問題當作切身相關的。因此，好奇心反映了一個人的興趣所在，道德義憤則反映了一個人多麼重視眼下受到侵犯的原則。羅伯特．諾齊克在《哲學解釋》（Cambridge, Mass.: Harvard University Press, 1981）中建議我們區分報復和報仇：前者不涉個人，且根據某些標準來看是正當的；後者是嚴格個人的，因此不可能是正當的。我在接下來的篇幅中將說明這一區分爲何不能成立。

任或甚至關懷。[20]顯然，不管社會上是否認可報復，也不管它的結構或限制爲何，報復的深層動機都不太可能是社會創造出來的。「自然狀態」下的個人就和多數「高等」動物一樣，會在遭受攻擊時反擊，這反應通常也經過衡量。報復作爲社會實踐，會依據某些文化規範和概念培養起來，像是自我的觀念、一組「怎樣算是侵犯」的觀念（雖然其中某些表面上能夠宣稱具有普遍性，像是偷竊、強暴、謀殺之類）、還有一系列「恰當」、「平衡」或「扯平」的標準，以便區分復仇和進一步的行爲不當。然而不管人們承認與否，報復及其滿足始終是刑法的根本要素，也爲我們眼中的公正和公平提供了標準。

當然，我不會就此打住。報復常常是不理性的，很直接地說，就是它會踰越界限、會對反應度量不當、或錯認其對象和目標。必須改善個人判斷，且在某種程度上，還需要用相互主體的標準、協議以及社會控制來取代它。必須極小化暴力，將它控制在一定範圍內。此外，那種太情有可原的情勢高張和「家族仇殺」，也顯然需要導正。對，這一切都需要正義理論，還有各種抽象的普遍說法與規則，但我的意圖在於確保我們不要忽視那些原初的動機與直覺，因爲這些才推動並導引著我們更爲文明的觀點，一般而言是正義觀，更具體說是懲罰觀。只要事涉正義，報

---

[20] 舉例來說，在馬龍吉歐和紐曼的《報復》（P. Marongiu and G. Newman, *Vengeance*, Lanham, Md.: Rowman & Littlefield, 1987）中，就詳細討論了薩丁尼亞（Sardinian）「家族仇殺」的規矩，因爲它體現了一個接受，甚至要求個人復仇的文化是怎麼一回事。但有懲罰責任的並非國家，而是受傷害的群體。

復的幽影就必定在不遠處徘徊。

報復對特定狀況的關注，在分配正義的領域中也是適用的。先前提過，我認為感激和同情間有個重要聯結。我的主張是，在一般分配正義的場景中，背後的動力乃是情境中的具體情感，它能激發同情、同理心、罪惡感、羞愧、自慚與憐憫；甚至遠方人群的困苦、大型群體或人類全體都有可能激發這種情感。值得一提的是，我們往往不會因駭人的統計數據而被「觸動」，反而，比方說，一個孩子受苦的照片會更為有力。只有當我們試圖（如果可以的話）將那單一的同情不斷等比往上加乘時，統計數據才會駭人。因此我們眼裡的分配還有補償正義，也是由直接「反射式」情感所觸發的，像是妒忌、占有欲、怨恨和復仇之類——它甚至也可以針對沒有面孔的制度（比方說抽象建構出來的「大政府」）、政治流行語（「財富的重分配」）或像卡繆的西西弗斯一樣，針對人格化的宇宙整體而發。[21]

---

[21] 也許值得注意的是，卡繆的西西弗斯對世界的不義和荒謬有兩種極不同（我個人會說是全然對立）的反應。首先最突出的是，他投身於其任務中（「他的石頭是他的」）並靠著專注於當下以便生存下去。（「石頭的每一個分子、那夜色滿佈的山中的每一個礦屑都自成一世界。奮力與高度對抗已足以令人躊躇滿懷。我們必須說，西西弗斯是幸福的。」）這種態度（尼采稱之為「熱愛命運」）似乎令正義的考量相形失色。但卡繆的另一個反應（他晚期作品也充滿其迴響）則是西西弗斯對諸神的「不屑與拒斥」還有他的「叛逆」——也許最好把它理解為純然的怨恨。但尼采在他半世紀前就指出，怨恨可以成為強烈的，甚至「客觀的」正義訴求。《西西弗斯的神話》，賈斯汀・歐布萊恩譯（*The Myth of Sisyphus*, trans. Justin O'Brien, New York: Vintage,

比方說人們熟悉的**權利資格**之主張，儘管表面上是抽象權利的問題，卻經常以極為個人且具體的感受表現出來。某些狀況下，也會有穩定的既成習俗支持它（財產權大概是最明顯的例子了）。不過大部分狀況下，權利資格都是對個人功績的準客觀訴求，比方說「我是如何如何（某個努力工作的人／是隊上的一員／是這裡表現最傑出者／是這個國度的公民），所以我應該得到什麼什麼。」雖然我們不太願意承認，但這個論證在我們的正義理論中通常有如下形式：「我已經有（或曾經有過）某物一段時間了，所以我有資格占有它。」正是因為有許多這樣的感受，也因為單憑這些感受無法決定社會整體的特定架構或藍圖，所以只要我們繼續談論權利資格（有可能不談嗎？），就會出現衝突，而且以後也不會少。也因此會出現大異其趣又不可共量的正義觀相互競爭。[22] 怎樣才算是公平的分配，很大程度上要看事情的特殊細節、地點、人群、其歷史、文化與具體處境而定。

97

1960）；尼采，《道德的系譜》，華爾特．考夫曼譯（Nietzsche, *On the Genealogy of Morals*, trans. Walter Kaufmann New York: Random House, 1967）。

[22] 大衛．米勒在《社會正義》中區分了三種不同的社會脈絡以及三種對立的正義觀，並以相當篇幅的人類學資料為佐證，以便解釋為何唯一「正確的」正義理論不存在。脈絡是正義理論（或者更為一般來說，正義觀）的決定項。雖然不無顧慮，但也可以參考讓—法蘭梭瓦．李歐塔在《後現代狀況》中晦澀但類似的「反對一概而論」之主張（Jean-François Lyotard, *The Postmodern Condition*, Minneapolis: University of Minnesota Press, 1984）。

我認爲，所有這些情感至少在其具體、個人和**反射式**本性的意義上，都可以當作是與報復類似的。這些情感也許是針對自身或他人受到的苦難或壓迫，對苦難或壓迫的記憶或鮮明形象，由於他人的受苦與受壓迫而自願受苦，或者是因爲自己受苦或受壓迫而渴望他人受苦。它們也可能是對自己好運的反應。這類情感也許源自於認清自己得到了不該有的好處，所以會不好意思或充滿感激。一個人也可能在自己完全沒有被不當對待的狀況下，分享另一個人正當的憤恨或對復仇的渴求。一個人也可能只是在守護他自以爲是自己的事物，反對權利侵害、占用或偷竊。正是復仇中共同隱含的相互性，決定了酬報、獎賞還有欠人情的籠統意涵。常有人認爲，並沒有任何分配方式本身是不公正的；只有在與某個理想框架或個人期待相比的時候，它才有可能不公正。正是爲此，霍布斯堅稱正義在自然狀態下不存在，並沒有錯，但這不是由於缺乏「社會契約」的緣故。

我**不是**在主張——即使有點笨拙我也得講清楚——偏私心或報復心（比方說出現在政治家、官僚、或是我們的系主任身上的時候）是可以證成或容忍的。在這類社會規定的地位上，不偏私與中立是根本的美德，而過度表現出同情、愛心或怒氣反而是惡德。還必須說，我們也完全有可能在充滿同情或報復心的時候遺忘了正義。冷漠而公正，不帶激情地公平行事，並不總是壞事。但我要主張，這不是正義的全部；爲了充分顯明正義的意涵，我們自以爲沒有哲學意味的關心、同情以及各類「負面」激情，和不帶激情的公平是同等重要的。我們的各種正義觀都是從情感這一素材建構出來的，而且也離不開它。若無情感，亦無關心，正義理論就只是另一場數字遊戲罷了。

98

正義良善的一面：同情與道德情感

> 不管人們以爲人類有多自私，他本性中都明顯存在某些原理，觸動他關心他人的福祉，並看重他們的幸福，儘管他從中得不到任何好處；唯一的好處大概就是看到他們幸福而感到快樂。憐憫或同情就是這類原理，是我們因他人苦痛而生的情感……窮兇極惡者，完全無視社會律法的惡徒，也不可能完全缺乏這樣的情感。
>
> ——亞當·斯密（Adam Smith），
> 《道德情感論》（*Theory of the Moral Sentiments*）

我爲報復作爲正義範型進行辯護，目的在於重新肯認，情感在形塑並推動我們正義感時有重要的作用。但考慮到這個目的，如果只關注正義的報復面，而忽略了形塑並推動著分配正義的溫和情感，那這即便不是病態，也容易讓人誤會。正義必須回應需要和酬報的問題。分配正義的爭論太常只考慮公平分配形態的問題，或者只考慮它如何受到一般權利資格主張之限制。這兩種哲學立場的共同毛病是，他們自「外」切入正義問題，只想像可能的事態卻不直接面對我們的現實世界。但我們的正義感並不是由抽象的「平等」所推動的。激發它的倒是我們對不平等的覺察、對需要的覺察——自己的或他人的需要、或是發現他人在受苦我們卻沒有——也有可能是發現我們在受苦他人卻沒有。在後一種狀況下，觸動我們的是妒忌和怨恨（之後會再詳談），但在前一種狀況下，觸動我們的是（或者應該是）同情。

人們常把同情與正義相對照，就像他們也會將報復與補償正義相對照。同情是個人的；正義照他們說則不偏袒任何人。同情的對象是個別的人（即使這樣的人成千上萬）。正義照他們說，則有更全面的關懷，關注分配（或懲罰）的整體型態。同情只是情感，一種「感情」，而正義照他們說則要求理性的判斷。但我要質疑的正是這種對照：個人的跟不偏袒人的、個殊的和普遍的、以及情感與理性的對照。我要論證的是，情感是我們正義感的重要成分。

99

正如報復是針對某人有敵意的反應，因爲他要對某個不當或侵犯之舉負責；同情就是對受苦他人的溫厚反應，不管不當或侵犯之舉是否存在。接受同情的一方不必是自己熟識的人，但同情仍針對個人，他也會切身感受到它。人們常認爲同情是傾向——甚至認爲它就是能夠感受他人任何感受的一般傾向。這個觀點正確地強調同情是一種個人反應，但傾向觀的錯誤之處在於，它抹消了同情的特殊性格。同情首先是一種關心的形式，即使是有距離的關心，或者混雜著恐懼和不情願（比方說憐憫就是這樣）。

有人以爲，正義的通行分析和理論缺乏的正是對關心還有同情的充分關注。[23] 我相信這點是對的，也很重要。連約翰．羅爾斯這種大人物，雖然他的自由立場和同情心完全不用懷疑，但他

---

[23] 契什爾．卡爾亨，〈正義、關心與性別偏見〉，《哲學期刊》第LXXXV期第9號（1988年9月），頁451-55（Cheshire Calhoun, "Justice, Care and Gender Bias," *Journal of Philosophy*, Vol. LXXXV, 9, Sept. 1998）。耐爾．諾丁斯，《關心：對倫理學與道德教育的女性審視》（Nell Noddings, *Caring: A Feminine Approach to Ethics and Moral Education*, Berkeley: University of California Press, 1984）。

也感到必須爲自己的情感披上形式的外衣，而追隨他的文獻對他的形式投注的熱情遠比對他的感受更大。也許正是爲此，今日的社會哲學多半看起來像是賽局理論的爭論，而沒有表現出對人類受苦的關心，儘管「貧困者」還有「最劣勢者」經常出現其中，但不過是抽象的演員而已。

很不幸的，這個關鍵點多半得到政治化、意在論戰的處理：它成了對倫理學的「男性和女性」或「陽性和陰性」兩種不同的審視。比方說耐爾·諾丁斯就將「男性」和「女性」倫理學的區別當作某種鐵幕，或者是兩性戰爭中的「巨大裂痕」。[24]（「有原則的男人在世界上到處搞破壞；能關心的女性才能拯救它。」[25]）近來某些作者不再堅持正義的**任何**充分意涵都預設關心與同情，反而將（自以爲男性的）正義概念與（女性的）關心和同情對立起來。但這種表面的二元性可絕非齊克果的「非此即彼」，好像只能選不偏私的正義**或者**個人的關心。關心（正如愛欲）並非女人亦非母親的獨有情感，單靠情感本身也不足以拯救世界。光靠良善的感情，很難解釋構成我們正義感的激情爲何如此廣泛而又

---

[24] 「不得不說，倫理學至今都由邏各斯，即男性精神所引導；而更爲自然也可能更爲有力的進路恐怕要靠愛若斯，即女性精神才行。」（諾丁斯，《關心》）

[25] 「〔今日世界的〕暴力形象最叫人憂傷之處在於，暴行往往以原則之名行使之……我認爲，這種靠法和原理的方式並不是母親的方式。這是疏離者，即他者行事的方式。這裡要表達的是女性的觀點……它在深刻的古典義上是女性的——植根於接納、切身感、以及回應的能力。」前引書，頁1-2、5。

深刻，感情本身也無法解決重大的政策議題，而任何正義的討論都必定少不了它。但不管怎麼說，任何正義感都起自關心——關心自己、名譽或所有物；關心我們愛的人、一起生活的人、感到親近的人、有責任照顧的人；關心世界的樣貌，還有能感知的生物在世上的命運。不然我們怎麼可能會在意——財貨在世上的分配、如何公正平等地待人、公正的獎賞還有懲罰的必要、甚至是生死問題？正義既起自也預設了我們是懷抱情感投入世界的。

100

通常在檢討康德為哲學帶來的轉向時，都會指出他從道德哲學中排除了善良的感情還有一般而言的「傾向」。[26]但在追溯康德傳統時，記得以下這點總是好的：康德（羅爾斯亦然）自己宣稱他亦步亦趨追隨著心中英雄，即盧梭的腳步前進，而盧梭可是自然傾向的偉大辯護士。[27]在康德之前，約與盧梭同時，蘇格蘭

---

[26] 然而照我看，哲學這一轉向還有參照更大的社會和文化要素才能解釋，比方說18世紀反對女性文學成長的「成熟」反動，還有近來反對一切情感，說它是「感情用事」的流俗偏見。例見珍·湯金斯，《感性的設計》（Jane Tomkins, *Sensational Designs*, New York: Oxford University Press, 1985）以及我的〈為濫情一辯〉，《哲學與文學》（秋季號，1990，第14期：頁304-323）。

[27] 讓—賈克·盧梭在此是個有趣的範例。雖然哲學裡討論他多半視之為社會契約論的始作俑者之一，他也是捍衛人類情感善意的哲人，影響了數代後追隨他的浪漫派。他身為哲學家也有一個特別病態的（如果不是偏執狂的）自由觀；我認為這自由觀對當代保守思潮的影響隨處可見，但多數保守派大概不會承認這一點。我還以為，他的模型比起康德更適合羅爾斯的正義論，更投其所好，儘管羅爾斯的方法論多半來自後者。羅爾斯的《正義論》（頁140、264，並特別參看頁463

（等地）出現了「道德情感論者」。提倡道德情感說的最知名領袖人物就是大衛・休姆和亞當・斯密。他們捍衛同情這一「自然的」情感在道德裡的核心地位，並區分同情和正義——特別是休姆，因爲他認爲正義根本不是「自然的」。[28] 數年後，叔本華反對自己的導師康德，並提出了類似的看法。[29] 道德情感論起自於如下洞察：我們有某些情感以他人爲對象；在我們擁有這類情感的自然傾向中，才能找到道德和正義的基礎。

休姆和斯密都是首倡「效益」重要的先鋒，也是如今所謂「美德倫理學」的捍衛者。但很明顯，正確的事情通常不會出於錯誤的理由而作，而正義只在很罕見或反諷的案例中才是惡意的結果。可是同情的情感肯定算是「正確的理由」。與康德傳統截然相反，作一個有道德的人，一個公正的人，不表示首先就必須依原則行事。有人需要時，「我爲他感到難過」是個幫助他的好理由。事實上實在很難想到有什麼別的理由可以比這個更不受論

與540）在氣質上似乎更接近《愛彌兒》的精神。當然，盧梭也是康德道德哲學的靈感來源，但這點往往只在介紹康德的導論中順帶提及，在正式分析康德時是根本忽視它的。

[28] 照休姆（而非斯密）的看法，正義是「人爲的」——與「自然的」相對立——情感，因爲它是以效益爲基礎，透過計算來組織社會的嘗試。但休姆也願意承認，由於正義能夠推動我們行動，它就不只是效益計算的組合，還是一教化而成的情感，與他贊揚的同情同樣可能是自發且眞心的。照斯密看，正義不過就是看到他人受傷害時感到的恐怖，因此它與同情相生相隨，因爲後者就是察覺他人受傷的能力。

[29] 阿圖・叔本華，《論道德的基礎》，培恩譯（*On the Basis of Morality*, trans. E. F. Payne, Indianapolis: Bobbs-Merrill, 1965）。

證動搖了（但這不是說它是絕對有效的）。然而綜覽過往兩世紀的哲學，尋常讀者必定感到震驚，因爲「我爲他感到難過」作爲道德理由若不是給簡單打發掉，就是完全無人聞問：沒人當它是道德或正義的基礎。這些情感據稱是隨興的、天真的、沒法指望的、不可預測的，而且不管怎樣它都完全不是重點所在。但我倒想主張，若無這種感受，或一點被剝奪或憐憫的感覺，那麼公正分配的計算也不過是空洞、無神地（如果不是無腦的）演練如何公平行事而已。

「同情」的意義混淆不堪，道德情感論者的著作和日常對話中都一樣。日常用語中，同情意味著「爲」別人「感到難過」，而很多哲學家（特別是休姆）將之與善意混同起來。（斯密則試圖區分兩者。）「爲……感到難過」可以是關心的表示，但這肯定沒什麼大不了，因爲我們也可以爲陌生人甚至敵人感到難過。善意則與「關心」這更爲主動的概念有共通之處，但它涵蓋的範圍也遠比同情本身更爲廣泛。我們可以抽象地感受善意而無特定對象，也可以對完全有惡意或根本不在乎我們的人表現善意（比方說對一個咸認有罪且仍然讓人憎恨的壞人表現慈悲，也許只是爲了表現自己的慷慨，但仍然算是出於善意）。我們也經常用「同理心」或動詞「同情」指認同或贊同，儘管算不上充分的哲學概念，也不是字典裡查得到的正確定義。

101

技術上來說，同情（字面義就是「與……一起感受」，正如"com/passion"一樣）就是分享感受，或者若當它是一種傾向，就是分享他人感受的能力。或者如果有人堅持認爲，情感只因爲有人擁有它才能個別化，因此不能共享，也還是可以說同情是「感受的一致」，即「有同樣（類型的）情感」。[30] 當然，並不需要

「同意」，即「贊同」當下的情感，就像一個人也不用總是享受、喜歡或贊同自己的情感一樣。感受可以一致，但我們不必：分享某種感受是一回事，但接受或贊同這個感受就完全是另一回事了（看B級電影時，我們就可能分享受害英雄的復仇心，但同時瞧不起自己有這種感覺）。

亞當．斯密就從這種技術義上運用這個詞，說它是「情感的一致」。因此同情作爲特定的情感，與它作爲分享他人（任何）情感的傾向，其間的界限就變得非常模糊。後一種意義的同情事實上完全不是情感，而是理解他人情感的機制，「對任何感情的感同身受」。[31] 我們總是可以以同理心了解他人的許多感受，除了良善的社會道德情感，還有像妒忌和恨這些反社會的情緒。同情並非實際分享情感（即不是「擁有同樣的感受」），不如說它是一種想像行爲，靠著這一行爲「設身處地」，才能體會另一個人的感受，「這原理觸動他關心他人福祉」。[32] 斯密因此能解釋爲

---

[30] 《蘭登書屋字典》（*Random House Dictionary*, New York: Random House, 1980）。

[31] 《道德情感論》（後簡稱 TMS），I.i.15。

[32] 前引書，I.i.2。「由於我們不能直接經驗他人的感受，我們也不可能對他們怎麼受影響形成清楚的觀念，但可以想像自己在類似的狀況下會有什麼感受。」前引書。見派翠莎．維漢，《倫理學與經濟學：亞當．斯密留給現代資本主義的遺產》（Patricia Verhane, *Ethics and Economics: The Legacy of Adam Smith for Modern Capitalism*, New York: Oxford University Press, 1990），特別是頁32以下。談到嫌惡，雖非最終定論但肯定論述最佳者，見威廉．米勒精湛的《嫌惡之剖析》，特別是第八章，頁179以下（William Miller, *Anatomy of Disgust*,

何人類本質上不是自私或自利的，而是社會的造物，他們能夠爲別人行動，即使他們實際上並不分有（邏輯上說也無法分有）他人的感受。

休姆早期的同情和正義理論也對斯密影響甚鉅，但較爲不同，而且更棘手的是，從他寫就其早年傑作《人性論》到他晚年的《道德原理探究》（*Inquiry Concerning the Principles of Morals*）間，他的思想顯然有所轉變。休姆在前一部作品裡只順帶提及同情，並評論說與自利的多數動機相比，它顯然通常是個微弱的情感。但在後一部著作中，他辯稱同情是強烈到足以在許多狀況下克服自利的普遍情感。在《探究》中，他認爲同情是善意形式的一種，是同胞之情，也是對他們福祉的關注。但無論是斯密還是休姆都認爲，同情經常會遇到自私的阻力甚至被後者所淹沒，因此某種正義感也是必要的。但斯密會認爲，正義感是一種多少自然的感覺，即不願意傷害自己的同類；休姆則認爲正義是「人爲的」美德，是理性爲了我們彼此的福祉而建構出來的。它是個有好處的規約「架構」而非自然感情。因此照休姆看，同情是眞實的道德情感，但正義不是。可即使如此休姆也承認，正義的好處多多，因此與道德情感不可分割：畢竟，這些情感的根本難道不就是我們對所有人的善的感受，即「對人類幸福的感受，對他們苦痛的憤怒」嗎？他寫道：

102

沒有比正義更受尊崇的美德，也沒有比不正義更受厭惡的

Cambridge, Mass.: Harvard University Press, 1996）。

> 惡德；無論就可愛或是有害的方面而言，也沒有別的品格比它更能形塑個性了。正義是道德美德，但這只是因為它能促進人類善；且為了達成這一目的，它也顯然不過是個人為的發明罷了。[33]

> 然而法與正義的整體架構確實對社會有利；也正是因為考慮到這樣的好處，人類自願地相互約定，以建立這一架構……一旦建立起來，自然就有強烈的道德情感隨之而來。[34]

休姆並沒有說正義本身是情感之事，但他堅持道德情感，特別是對他人的同情，在倫理學中至為關鍵，任何倫理學都不能沒有它。休姆和斯密都強硬反對霍布斯式觀點，他們並不認為人類只有自私自利的動機，反而提倡獨特、自然的「社會感情」的重要。顯然，他們論證的核心，照斯密的話說就是「當自然創造人，要他組成社會時，她便讓他天生就渴望討好同胞，且不願侵犯他們。」[35]再者，「自然賦予他的渴望，不但讓他希望得到別人肯定，也讓他希望成為應受肯定者的樣子，或者說他會想變得和自己肯定的他人一樣。」[36]我們之所以緊緊相繫，不只是因為同情之故，還有一整組彼此都意識到的相互激情在其中作用。因

---

33 休姆，《人性論》，頁 235。

34 前引書，頁 577、579。

35 TMS，III.2.6。

36 前引書，III.2.7。

此，蘇格蘭的道德情感論，不需把玩太久就能在其指引下將正義與同情整合起來，而由此出現的整體學說也將成爲一不錯的替代方案，在「人本質上是自私的」命題還有康德及如今多數正義理論家「道德即理性」觀點間指出另一條路。

同情的問題在於，它暗示的總是比實際給出的更多。說一個人感到不快，對同類的痛苦有善意的回應，在某種意義上也「分擔」著其苦痛，確實沒問題。但爲別人感到難過和想要幫忙是不一樣的，雖然善意經常會帶來善行或幫助，但「爲別人感到難過」通常只是憐憫而已。一個人可以「出於憐憫」而表現善意或大方，但即使憐憫能促使人行動，它本身仍然是自身生發的感受而已——這也是尼采無情地攻擊它的理由之一。憐憫的結構不可避免包含著「俯視」其對象的含義，即使採取比尼采更爲溫和的解釋，也不可能視之爲純淨無瑕的善意情感，儘管人們常這樣描述同情。再者，雖然同情確實有感受的共享，但在分擔受苦者的苦痛時，這一分擔本身是相當軟弱無力的，遠不足以引發倫理行爲。由於你剛摔斷腿而傷及三處，我可能眞的因此略感不適，但若因此就將我倆的感受相比則根本是荒謬的，更不可能說我正在「分擔」你的受苦。當然，如果這一苦痛是眞正共有的——比方說**我們的**爺爺過世了——那麼說我們共同分享著恰當的感受是完全有道理的。但這跟「同情」無關，因爲道德情感論背後的想法是，我能夠也確實回應了你的苦痛，而非我自己的。

103

斯密靠著同情與正義再加上善意，描繪出的人性形象遠比霍布斯更加賞心悅目，後者眼中的人類生活是「一切人反一切人的戰爭」、是「齷齪、野蠻而短暫的」。可是這種把激情分割爲兩個子集的傾向（一邊是「自私的」，另一邊是「顧慮他人的」情感，比方說同情與同理心）帶來了深刻的問題：一種以一貫之的個人生命怎麼從這種內在的戰爭狀態產生？更別說一致且和諧的社會是否可能。休姆和斯密似乎從夏夫茲布里和哈奇森那兒繼承了這個錯誤。[37]錯誤在於將激情極端化，將其中少數描繪為「道德的」或「社會的」，其他的則是「自私的」或「非社會的」；然而事實上，所有激情或任何有起碼複雜性的情感，都無視於這類人為的邊界，正如雲朵無視於國家的疆界一樣。單講同情好了，它就不是簡單的情感，顯然有競爭和「自利」的要素，也有純然利他和關心他人的成分。據此，我們理當在這些理論中發現巨大的張力：休姆就為英國的地主階級辯護，而斯密則捍衛（從此以後所謂的）自由市場資本主義的「魔法」。但我相信，道德情感論仍有不容否認的根本真理：我們本質上或「天生」就是社會的造物，有同胞愛、會關心並同情他人，不會只關注自己生命的利益和志向。推動我們的不是實踐理性不偏私的神祕作用。[38]

---

[37] 麥金泰爾，《誰的正義？哪種合理性？》，頁268（*Whose Justice? Which Rationality?*, Notre Dame: University of Notre Dame Press, 1988）。

[38] 我要特別感謝安涅特．貝爾（Annette Baier）讓我過目她先前論休姆的未刊稿，以及派翠莎．維漢讓我過目她先前論亞當．斯密的未刊稿。他們的著作業已出版：前者見《情感的進展》（*A Progress of Sentiments*, Cambridge, Mass.: Harvard University Press, 1991），後者見《亞當．斯密，與他留給現代資本主義的遺產》（*Adam Smith and His Legacy for Modern Capitalism*, New York: Oxford University Press, 1991）。

正義的醜惡面：爲怨恨一辯

復仇，即過分的恨，似乎是一切激情中最可鄙者。

—— 亞當・斯密，《道德情感論》

104

奴隸之所以開始道德叛變，是因爲怨恨開始有創造力並能催生價值。

—— 弗雷德里希・尼采，《道德的系譜》

我的論點是，正義是有待培養的激情或一組激情，而非一組有待表述並強加於社會的抽象原則。正義不起自蘇格拉底式的洞見，而由某些基本情感所引發，其中最突出的「負面」情感有妒忌、嫉妒、怨恨、對個人受騙或受忽略的強烈感覺、以及想要「扯平」的渴望之類。[39]當然，這些都不是常見的「道德情感」。斯密、休姆，還有海峽對面的盧梭，對於這些假定爲基本感受的同胞愛、同理心和同情都談得很多。它們當然至關緊要，然而問題在於它們不過是更大畫面中的一小片拼圖——儘管這片拼圖有

[39] 勞倫斯・托瑪斯運用「負面情感」一詞成效頗豐，例見〈哀痛與罪惡感〉，收錄於邁爾斯與伊拉尼編的《情感》(Laurence Thomas, "Grief and Guilt," in *Emotion*, ed. G. Myers and K. Irani, New York: Haven, 1983)。他羅列的基本「負面」情感有哀痛、罪惡感、妒忌和恨。他的想法是，這些情感本身就是讓人不快的，也沒人會想要它們（與比方說歡樂和愛不同），但它們仍然能「支持」「正面的」情感，因此是有其價值的。我這裡的論證稍有不同，然而整體觀點基本上一致。

絕對的重要性——罷了。值得一提的是，有些憤世嫉俗者雖然忽略、甚至不承認有同情和其他無可否認的正面激情，但諷刺的很，他們卻想都沒想過要否認那些不快的激情——具體說就是妒忌和怨恨。

無論是概念分析還是經驗研究都指出，正義的情感本質上說都是「一整組」出現的。正如一個人不可能感受愛而不感覺到哀痛的可能一樣，也正如一個驕傲的人不可能沒有羞恥心一樣，一個人若能擁有或培養超乎個人的正義激情，他就必定對個人遭受的不義對待有一種源初的感受能力。[40]正義的情感必定是既特殊又普遍的，而當我們談論「正義感」時，我們心中想的不可能只是一種普遍的感性，或對善的柏拉圖之愛。[41]正義感不但包含高貴或同情的情感，也包含了經常表現爲卑劣、甚至討人厭的不快情感；後者有時還會從個人的格律提高到普遍政治原則的層次。

要解釋正義，一般所謂的利他或雷謝爾（Rescher）所謂的「代理式」激情是遠遠不夠的。在我們的正義感中，「負面」或不快的情感，與同情的激情同樣重要。妒忌、嫉妒就和憐憫、同

---

[40] 勞倫斯・托瑪斯，《道德的生活》（*Living Morally*, Philadelphia: Temple University Press, 1983）。

[41] 瑪莎・努斯邦對「愛以及道德觀點」也有類似的論點。她指出，亞當・斯密雖然力持一切情感的重要，卻仍然否認愛有道德情感的地位，理由是愛太過排它也太過偏狹。見她的《愛的知識》（*Love's Knowledge*, New York: Oxford University Press, 1990），特別是頁338 以下。努斯邦也出人意表地宣稱，近來的情感論者事實上忽略了「何者爲有價值且重要的信念，與情感有關係」（頁293及註15）。

情一樣，在正義的起源和發展中有重要作用。我們正義感在歷史上最起初時（在我們民族自我中心的「分配正義」觀出現的數千年前就有了）乃是憤怒、怨恨和復仇的正義感。人們太輕易就假定，由於完善發展的正義感如此高貴，它必定也源自同樣高貴（儘管也許更爲原始）的情感。我認爲這是錯的。我們的正義感，乃是將個人感受到的**不**義普遍化並理性化（不是弗洛伊德意義上的、糟糕的合理化，而是黑格爾意義上的、好的理性化）的結果。

我們對不義的感覺並非一種普遍的憤怒——這種憤怒之後才會出現，而且途中要經歷許多大規模的普遍化過程。我們已經提過，我們對不義的感覺——因此還有正義感——起自個人遭受的怠慢，或對不公之事的察覺。但是，「負面的」情感也許終究沒有那麼負面。比方說有論者指出，妒忌本身就是個重要情感，它推動著資本主義和消費社會的發展，刺激我們產生更多的要求並變得更有競爭力。[42]尼采長篇大論地指出，我們所謂的道德很大程度上以怨恨爲養分，而杜斯妥也夫斯基（或者他最著名的角色之一）則堅持，一個自由而自主的自我，其根本的本質就是憤怒。我這裡所暗示但不打算追根究柢的論點是，我們的正義感不可能忽略這些惡劣的情感，而且它某種程度上還是自後者發展而來的。這當然不是否定正義也要求並預設了同情、尊重還有義務感，而只是說，正義也涉及人們經常厭惡且不屑的復仇情感，而

105

[42] 赫穆特・舍克，《妒忌》（Helmut Schoeck, *Envy*, New York: Harcourt Brace Jovanovich, 1970）。

這情感事實上可能就是（無論從歷史還是心理學上說）讓正義之樹完整生長的種子。

復仇和怨恨是很相近的情感（亞當・斯密就清楚指出這一點）。兩者都與我們的正義感關係緊密。兩者也都是負面情感的典型；尼采對此有不少論述。[43]我們的正義感關心的不只是我們發生了什麼事。更重要的是它還關心我們受到怎樣的對待。我們對不義的感受中，必定含有某種責任的意涵──不管是自己的還是他人的。當然，某些文化完全不將責任歸屬看成根本事務，而且分配正義也有某些面向（比方說健康照料的分配）只將責任當作次要問題考慮。[44]但一般來說，所謂不義不只是吃虧；也意味著有人必須被責怪。憤怒、義憤、暴怒和報復都是（以責備的形式）要求責任歸屬的情感，但感激、敬仰以及「欠負」的情感──不是責備，而是讚揚──也一樣，所有對「酬報」和「功勞」的評價亦然。我們的正義感（但不是所有人的正義感）特別看重個人責任（這也包含自認有責任的情感：羞恥、罪惡感、不好意思、懊悔、悔恨、恥辱；以及驕傲、自愛與榮譽感）。

我們對正義的感受，顯然有一部分與我們怎麼看待自己，還有自己在世界中的角色有關。約翰・羅爾斯當然可以從無私的理

---

[43] 尼采，《道德的系譜》，第二篇。

[44] 就文化問題，見讓・布里格斯，《從不生氣》（Jean Briggs, *Never in Anger*, Cambridge, Mass.: Harvard University Press, 1970）；至於分配正義，例見丹尼爾・卡拉漢，《定出界限：年老社會的醫療目標》（Daniel Callahan, *Setting Limits: Medical Goals in an Aging Society*, Washington, D.C.: Georgetown University Press, 1995）。

性考量情境出發，推導出正義的自由原理，但我倒認爲保守派的批評者更切中要害：他們（儘管是以人身攻擊的方式）論證說，自由主義根本上是出於個人在世界上的優勢地位而產生的強烈罪惡感（可是保守派難道就沒有這種罪惡感嗎？又，爲什麼自由派經常不願意承認這一點呢？）。一開始，我們對自己財富、健康和機運上的優勢感到不安；然後試圖構思某些原則以化解這個不安、合理化我們的優勢或至少讓我們心安理得接受它、或者以一種有系統但又不至完全自我毀滅的方式，減緩各種不公的現象。106換句話說，正義很大部分就在於責怪（還有讚賞）自己的能力；還有謙卑的能力，即願意放棄自己的特權或權利、並承認自己的好運；最後，能夠承認自己對正義有責任，而不將它單純歸咎於某個「系統」或社會結構，彷彿自己至多不過是其中一個偶然的團體，或者只是個觀察者而已。也許對不義的最強烈感受，並不是我們遭受怠慢時的暴怒，反而是在發現我們因他人遭受的不義而得到好處時產生的痛苦心情。也許正是在這裡，我們對不義經常有的孩子氣感受，才會變成成熟的正義感；而這不是因爲我們學會了怎麼將個人對「正當」和「酬報」的想法普遍化爲抽象的理論，而是因爲我們學會了怎麼設身處地爲他人設想，並明白我們從未只是不義之事的旁觀者，反而幾乎總是參與其中。

至少在尼采的脈絡中，我們都太習慣於看到怨恨那激烈、有害又極齷齪的形象了，往往無法看出可以用極不同的方式詮釋這一情感。[45]怨恨是極度哲學的情感。它從更大的觀點看事物。它

---

[45] 頗富教益的是，尼采最好的批評者之一馬克斯・謝勒（Max

的視覺異常靈敏（這種講法比較有亞里斯多德的味道，對應於尼采講的嗅覺）。怨恨不但強烈地察覺到事物的實然，也察覺到其可能性，且最重要的是，它還察覺到其應然。沒錯，怨恨總帶有個人色彩；怨恨某種程度上總是怨恨**自己**，但它不但能夠，也傾向於考慮更爲廣泛的問題。因此認爲怨恨者的同志情誼不過是互舔傷口一類的情感，實在是太過粗率也不公平的分析。它也可以是相互支持的，或在政治上積極主動。怨恨是民主的核心——尼采這點是對的——但它並非「扼息生命的」，也不必然就是軟弱或者「畜群」心態。

尼采忽略——這有部分是因爲他相信生物決定論——世界必須改變的感受有其正當性。怨恨情感也許常常是對壓迫的正當感覺。這不是平庸或無能之聲，而是正義被否定所引發的激情。這當然不是說，怨恨不可能是齷齪的或充滿復仇心的。但認爲怨恨不過是毀滅卓越者的平庸，只在少數案例中適切。現代世界的辯證就是怨恨，也許還是所有人類競爭關係中最爲基本的辯證——黑格爾在《現象學》（*Phenomenology*）的「主－奴」段落中就這麼暗示（但實在很難說有什麼論證可言）。[46]在討論情感時，

Scheler），從未指責尼采對怨恨不公；他只堅持，基督教以及基督教道德不必然以這個顯然叫人反感的情感爲基礎。見謝勒的《怨恨》（*Ressentiment*, New York: Free Press, 1961）。

[46] 黑格爾，《精神現象學》，米勒譯，第4章（Hegel, *Phenomenology of Spirit*, trans. A. V. Miller, New York: Oxford University Press, 1977）。見勞克與謝曼，《自我克服的動力：黑格爾自我意識的現象學》（L. Rauch and D. Sherman, *The Drive for Self-Mastery: Hegel's

最常見的錯誤之一，就是假定（錯解為「感受」的）情感只屬於個人而非群體。然而怨恨常常特別是由整個群體或文化所共享。即使只有一個人有怨恨，他的怨恨也有一般化的傾向，並涵蓋更大群體的壓迫（不論這裡更大群體的定義是多麼不明確）。[47]

照這更為正面的觀點看，怨恨不只是自私的情感，儘管它總有自利的成分。怨恨經常訴諸同情：它堅持要將自身的不幸投射到他人身上，並以他人之名發出不平之鳴。這在概念上遠比「畜群心態」更為精緻，後者沒有思考和反思、是模彷而非同情。但同時，我們也不能驟然下結論說，單靠同情就能產生某種眞切的團體感覺。[48]但能察覺自己的苦痛，也就更容易察覺他人的苦痛，而這也接著有助於（但不保證）認清，他人的處境可能比我們更慘（這當然也可能導致幸災樂禍，即因他人處境比我們更慘而歡欣鼓舞）。一個人有可能只是怨恨自己，或者因為某個不足掛齒的侵犯之舉，還是沒有得到他人的肯定而心生怨恨——無庸

107

Phenomenology of Self-Consciousness, Albany: SUNY Press, 1999）；以及法蘭西斯．福山，《歷史的終結與末人》（Francis Fukuyama, *The End of History and the Last Man*, New York: Free Press, 1992）以及他在《經濟學人》（*The Economist*）（1992年6月）裡的文章，其中承認歐洲的民族主義仍無衰退之勢。

[47] 討論群體正義情感的佳作，見安德魯．夏普，《正義與毛利人》（Andrew Sharp, *Justice and the Maori*, Auckland, N.Z.: Oxford University Press, 1990）。

[48] 沙特在《辯證理性批判》（*Critique of Dialectical Reason*）中就有暗示這一結論的危險，他認為只有共有被壓迫的經驗才能打造出眞正的團體感覺或 *Mitsein*〔德文，直譯為「共在」，可意譯為「隸屬感」〕。

置疑，我們通常會認爲這是心胸狹窄、自私或缺乏度量之故。但——而且這才是重點——我們這裡批判的仍不是怨恨本身，而是它的心胸狹窄、自私和缺乏度量。

作爲正義的報復：復仇的合理性

> 無可否認，當作惡者得到他們應得的報應時，我們從旁觀照的滿足，那詩性正義的感受，是極令人愉快的。懲罰的衝動首先是扯平的衝動……一旦有可能完全根據此惡事的大小和形態而定出懲罰的內容時，滿足感還會更強烈……即 *mida k'neged mida* ——一報還一報，*lex talionis*。[4]
>
> ——亞瑟．雷利菲德（Arthur Lelyveld），
> 《懲罰：贊成與反對的立場》（*Punishment: For and Against*）

> 慈悲的上帝，求你不要對那些沒有慈悲心的人表現慈悲。
>
> ——艾莉．維瑟（Elie Wiesel）
> 於奧斯維茲（Auschwitz）集中營解放五十週年時語

總算，可以談復仇的合理性了。正義的源初激情即是報復

[4] 譯注：兩句外語分別是希伯來文及拉丁文，意思均是「一報還一報」（或更口語些說即「以牙還牙」）。

欲。舊約裡講到「正義」幾乎總是指復仇。康德和黑格爾提到*Gerechtigkeit*[5]時也肯定隱含強烈的報復義，且歷史上多數時候，正義的概念遠更爲關注懲罰犯罪及如何抵消壞事，反而很少涉及財貨與服務的公平分配。「扯平」始終是我們道德詞彙最爲根本的隱喻之一，而叫人害怕的義憤情感就和溫柔的同情一樣，也一直是正義的情感基礎。「不要生氣，扯平就好」── 且不論這建議是否審慎 ── 在概念上是混淆不清的。扯平不過就是比較有效的生氣方式，而生氣本身早已包含著扯平的渴望。本節一開始引用的亞瑟．雷利菲德提到的觀照之滿足，那種愉悅，就揭示了此激情的深度。復仇需要「合乎比例」；這意味著，在這一咸認最不理性也最不可控制的情感中，也許確乎有一丁點智性在。

108

當然，這不是說復仇的動機本身總是正當的，或者復仇行爲總是合理的。報復有時完全是必要的、甚至是義務，而復仇是既正當也合理的。有時則並非如此，特別是搞錯侵犯者是誰或誤會了侵犯之實質的時候。但爲了嚴重的錯誤而尋求報復，爲了自身而報復惡 ── 這似乎是我們正義感的根本基礎，甚至還是我們對自身的看法、我們的尊嚴、以及我們是非之心的基礎。連情感論者斯密都寫道：「侵害正義即傷害行爲……因此這是憤恨的恰當對象，也是懲罰的，因爲它是憤恨的自然結果。」[49]我們並不只是道德生活的旁觀者；甚至有理由主張，我們之所以能夠辨認並抵抗惡，報復的渴望乃是其中不可或缺的要素。

---

[5] 譯注：德文「正義」。

[49] 斯密，TMS，I.5.5。

人們通常假定報復是會「失去控制的」，但它事實上就包含著——或者說，我們能夠培養它以包含——自身的界限，或說它隱然承認平衡的必要。因此舊約教導我們，復仇必須限制在「以眼還眼、以牙還牙、以手還手、以腳還腳、火燒還火燒、以傷還傷、以鞭還鞭」（即 *lex talionis*）。[50]康德在《法律哲學》（*Philosophy of Law*）中正是將這種「平等」當作絕對的理性原則；在吉伯特與蘇利文（Gilbert and Sullivan）的《日本天皇》（*Mikado*）中，它則以更爲現代、輕快的面目現身：「完全崇高的事業／會讓懲罰合乎罪業」。新約甚至要求更多的克制：不可自行復仇，要忍讓，並交付上帝發落。舊約和新約同樣都（但後者較明顯）鼓勵「寬恕」，可是若非先有復仇的渴望（和理據），那麼也不會有寬恕。[51]

報復經常伴隨諸如憤怒、怨恨這類咄咄逼人的情感，但它也絕對不只如此，因爲它還下定決心要有所行動。畢竟一個人可以很生氣又憤恨，但完全不覺得必須要「扯平」什麼。即便憤怒和怨恨往往涉及懲罰，也不必然意味著一個人想自己實行懲罰。[52]然而後者卻是復仇的本質。在經典的義大利西部片《狂沙十萬里》（*Once upon a Time in the West*）中，復仇者（查理士・布朗遜

---

[50] 〈出埃及記〉，第二十一章24-25節。

[51] 傑弗里・墨菲和讓・漢普頓，《恩惠與寬恕》（Jeffrie G. Murphy and Jean Hampton, *Mercy and Forgiveness*, New York: Cambridge, 1988）。

[52] 另一方面，亞里斯多德則把憤怒和復仇的衝動當同一回事。見《雄辯術》，1378A20-1380A4。

〔Charles Bronson〕飾演）救了惡棍（亨利．方達〔Henry Fonda〕，對惡徒的詮釋入木三分）一命，只爲了親自把他殺掉——這正是片子的高潮。這正是報復的本質（也是爲何聖經還有米克．史畢蘭〔Mickey Spillane〕的不朽名言都說，「復仇是我自個兒的事」）。換句話說，報復的關鍵就在於自己必須成爲正義實踐的一環。當然，這也是爲何現代法律體系完全容它不得，因爲此體系想要自己獨佔正義事務，特別是涉及懲罰的時候。這也是爲什麼我們這裡將報復看作極爲重要（即使是偏差的）的範例。報復是個人之事，不可能不涉個人；它充滿激情，不可能無動於衷；它還是非常投入的，不會只是一種哲思的姿態。

109

然而，並非所有激情都是會爆發的。假定所有激情照本性說只是事件或一時的現象，只是感受的轉瞬即逝以及隨之而來的常見生理反應——這是個嚴重的錯誤。很多情感是持久的、是不間斷的心理態度——也許「接近沸騰」，但絕非只是事件。怨恨就是個明顯例子。愛也是。愛是持久的，甚至有可能數月、數年都不表現爲身體感官的騷動；但我竟聽過，有哲學家反而出於這一理由而否認愛是情感（也許它是擁有情感的「傾向」吧）。這根本是荒謬的。回到主題：我們的正義感也是這類持久的激情，休姆稱之爲「冷靜的」激情，但在特定事件中它也有可能爆發——典型案例當然就是發現不義之事的時候。報復也是個持久的激情，有時持久到看起來不再像是激情了。正如西西里人的俗諺說的，「復仇這道菜最好冷了再上桌。」拖延的戲碼在復仇中似乎非常重要。反擊是當下反應，報復卻需要時間。報復甚至可以成爲活著的理由，太多電影還有經典的復仇故事充滿了這類情節，像是大仲馬的經典《基度山恩仇記》（*Count of Monte Cristo*）或是費·韋爾頓（Fay Weldon）做作的《女惡魔的懺悔錄》（*Confessions of a She-Devil*）。報復都有其理由（但也必須指出，理由可能源自誤會、可能根本無關緊要、可能完全失去分寸，也可能根本是糟糕的理由）。報復在某些文化裡還可能是既定的社會實踐，是某種義務；倘若如此，報復甚至可能成爲理性的範型，還事涉家族名譽。[53]

報復就是「扯平」的需要，讓世界回復平衡：這些簡明的說法已經隱含了一套正義哲學，儘管並沒有（尚未）明確說出其內涵並證明其正當性。哲學家通常都很匆促地將這裡的「平衡」或「報復」歸屬於理性，但我倒想主張情感也有同樣的功能。康德當然是不假思索地選擇前一種可能，根本完全拒絕後一種猜想。他認爲復仇是純然主觀的、完全不理性的、不能指望的，也是不

[53] 同樣，請參看夏普，《正義與毛利人》（Sharp, *Justice and Maori*, Auckland, N.Z.: Oxford University Press, 1990）；亦見馬龍吉歐和紐曼，《報復》。當然，有人也許認爲，報復中的理性和「分寸」乃植根於各種社會實踐而非情感本身，但我認爲這個區分毫無意義。別的不談，社會實踐本身就是情感的培養，而情感也有一部分是社會實踐的內化。這裡更爲一般的論點是「情感的社會建構」，即主張情感由社會規範與概念所構成。社會建構論立場的傑出表述，見隆·哈列，《情感的社會建構》（Rom Harré, *The Social Construction of Emotions*, Oxford: Blackwell, 1986）；詹姆士·阿佛列爾，〈情感的社會建構〉，收錄於哥爾根與戴維斯編，《人格的社會建構》（James Averill, "The Social Construction of Emotions," *The Social Construction of the Person*, ed. K. J. Gergen and K. E. Davis, New York: Springer-Verlag, 1985）。

可能證成的。它完全缺乏分寸或理性，對公平或正義沒有任何感覺。羅伯特・葛斯汀（Robert Gerstein）爲補償論辯護時寫道：「報復欲是由於他人傷害了我們而產生的情感反應：我們渴望傷害那些傷害我們的人。補償論並不是認爲，擁有並滿足這樣的情感是好的。不如說它的論點是：報復的激情裡有某種合理性；而我們有很好的理由指出，應該將這一合理性的要義納入任何正義的法律體系中。」[54] 康德（還有許多其他哲學家）認爲報復所無，而只有理性才有的，正是這種分寸或平衡意義上的合理性。但如果不從我們渴望反擊或報復的情感出發，我們又該怎麼思考懲罰呢？（這裡必須強調，反擊還有單純的補償〔後者有時可以「還原」造成的傷害〕，本身並不算是懲罰）。

110

最明顯否認我們人性（即我們激情）的領域，恐怕就是對刑法懲罰問題的諸多辯論和關注。「效益論者」（他們相信懲罰的「殺雞儆猴」說）和「補償論者」（他們相信爲了滿足正義自身的要求，懲罰是必要的）不斷爭論，但他們不但忽略，而且還明確避免提及那唯一能餵養懲罰觀念的激情——即報復欲。這不是說懲罰只能當作復仇，但是懲罰確實有一部分是在滿足報復的渴望，且若無這一渴望，懲罰也將毫無意義可言。蘇珊・雅可比（Susan Jacoby）曾主張，我們否認報復的渴望，可以類比於維多利亞時期否認性欲，而且我們在心理上也將付出與後者類似的

---

[54] 羅伯特・葛斯汀，〈死刑：補償論者的答覆〉，《倫理學期刊》，85期（1985）：頁75-79（Robert S. Gerstein, "Capital Punishment: A Retributivist Response," *Ethics*）。

代價。[55]但就跟我們對性的饑渴一樣，我們也從未成功壓抑住我們復仇的饑渴。

我們報復的激情——復仇的渴望——究竟怎麼來的？我認為演化方面的猜想大大有助於回答這一問題。我在這章中曾強調，道德情感論者的解釋包含對「人性」的重要洞見；但我也儘可能小心措詞，不希望造成一種可笑的印象，彷彿我們天生就是「良善親切的」。照我看，演化論已毫無疑問地顯示，合作行為的演化對團體和物種有明顯的好處——即使對個體來說不必然如此。但合作有兩個面向：合作的意願，以及對不合作者的憤恨與懲罰（所以人們也會預期，他若不合作就會受懲罰）。很難想像合作行為的演化可以不伴隨懲罰的演化。

羅伯特·艾克瑟洛（Robert Axelrod）解釋合作演化的「以牙還牙」（tit-for-tat）模型如今已成經典，它同時解釋了合作和懲罰的演化。[56]在「囚犯兩難」的情境重複出現的狀況下，或者任何能夠頻繁欺騙他人的情境中，阻止這類欺騙的最佳策略就是可預期的報復行為。若有生物生來只有同情心，能夠「理解」並饒恕騙子和違法者的動機，因此不會懲罰他們，那它在演化上必然會失敗；若有生物永遠只關心自己的利益而且每次都欺騙，也同樣會失敗。迅速、可預期的反擊不但是賽局理論的解答，也是

---

55 雅可比，《狂亂的正義》。

56 羅伯特·艾克瑟洛，《合作的演化》（Robert Axelrod, *The Evolution of Cooperation*, New York: Basic Books, 1984）。〔"tit-for-tat" 是「囚犯兩難」賽局的最佳策略解，即先採取合作，但對方若不合作，則在賽局的下一回合輪到自己時不合作。〕

社會性生物的本質。報復並非理性的對手，而是其自然的體現。

在「格列格訴喬治亞州案」（*Gregg v. Georgia*）（1976年）中，美國最高法院的多數意見有同樣見解，但也許說得有點太誇張了：

111　報復的本能是人性的一環，而在刑法的運作中疏導此本能，對於法治社會的穩定十分重要。人民若開始認爲社會組織不願或不能給罪犯以「應得的」懲罰時，就會種下無政府的種子——人們會尋求自助、私下組織保安隊、甚至動用私刑。

這裡，他們認眞看待報復欲，並沒有爲了法律無情的權威而犧牲它。我們這類造物既有懲罰的自然衝動，也有天生的同情心與社會團結的精神。補償正義不是全然理性之事——但它也不因此就是「不理性的」。多數反對報復的論證，其實只要稍微換幾個詞，就可以用來反對補償正義的通行觀點——不過既然報復與補償正義說到底本來就是有關的，這也不令人意外。但說到底，恐怕問題不只是復仇是不是理性的，而是復仇是否——既從我們心底，也從我們腦袋瓜裡看——是我們回應世界時不可否認的面向之一（且這一面向不只是一種本能，還是我們世界觀與看待自身的道德觀中不可抹滅的一環）？

人們將報復與正義對立觀之時，常說它是「盲目的」，但我們應該記得，在習傳的神話故事裡被遮住雙眼的是哪一方。眞相是，報復作爲某種正義感，對於其目的和手段總有或者應該有個大致清楚的形象。但所有的犯行都決定了（儘管可能很不明確）

其「詩意的」而非「自然的」目的爲何。[57]我們心底都很清楚，報復到了什麼地步會太過火或無法滿足。[58]報復就和所有情感一樣，有可能表現過分、粗野、且全然愚蠢，但也可能表現得高尙，甚至巧妙。有教養的報復可以是精巧的，甚至是崇高的（不過也得承認，這在文學中才較常出現，現實生活很少）。粗野的報復往往醜陋也往往自食其果，但這通常是因爲人們從來不清楚自己在幹嘛。據此，報復的毛病就在於，它容易變得目光短淺並

---

[57] 我不希望這段話聽起來就像*lex talionis*（「以眼還眼、以牙還牙」）或吉伯特與蘇利文的《日本天皇》（「完全崇高的事業／會讓懲罰合乎罪業」）一樣，彷彿這裡講的「適合」總是一望即知的——甚至在最爲典型的事例中，即一命還一命，也並非如此。正如阿爾貝·卡繆反對死刑時說的一樣：「如果眞的要兩相對應，死刑就只能懲罰下面這種罪犯：他先警告受害者會在何時以恐怖的方式加害於他，而且警告完之後還把他拘禁起來數月，其間任憑加害者處置。我們在私人生活中是碰不到這種怪物的。」〈思索斷頭台〉，收錄於《抵抗、叛逆與死亡》，歐布萊恩譯（"Reflections on the Guillotine," in *Resistance, Rebellion, and Death*, trans. J. O'Brien, New York: Knopf, 1960）。

[58] 多數電影情節都假定這種滿足點是存在的；但多數復仇片往往只描述最極端的惡行，因此需要最極端的報復行爲——這恐怕只是顯示我們品味不佳。不過多數喜劇倒不至於將滿足點設定在死亡與毀滅上，因此其情節多半涉及如何巧妙地羞辱他人，並享受隨之而來的滿足。也許滿足點在刻意不讓觀眾享受它時反而最爲突出，比方說伍迪·艾倫（Woody Allen）備受讚譽的「黑色喜劇」《罪與錯》（*Crimes and Misdeameanors*）（1989）就是這樣。亦見威廉·米勒了不起的《屈辱》（William Miller, *Humiliation*, Ithaca, N.Y.: Cornell University Press, 1993）。

過度在意過往的傷害。它無法放大視野也看不到未來的後果。就像中國人說的一樣，「尋仇正如自掘兩個墳墓」。復仇要是越演越烈（長期仇殺的邏輯），傷害恐怕遠超過憤怒所能得到的最大滿足。因此藉制度來限制復仇是必要的。但這不表示在考慮懲罰時，報復本身就不正當、無法提供衡量標準或者無關緊要了。

這裡就要考慮仁慈和寬恕的問題。一旦將視野放大，就會看到它們至關緊要，只是報復心很容易模糊這一點。傳統見解會區分仁慈與正義（報復）並將兩者對立觀之，但我不認爲如此：兩者同屬一個整體觀。兩者的對立源自對正義的認知過度狹隘（正義作爲守法，作爲遵守沒有通融餘地的規則），而沒有看到情感和社會關係的整體形態。表現仁慈可能是因爲，罪行不該得到判下的懲罰；即使懲罰合乎罪行，也可能是因爲它不適合這一罪犯。他或她可能有其他的美德，蓋過了其罪行。當然，表現仁慈也可能是爲了證明自己的美德、力量、善意、甚至可能只是想表現自己任性或難以預測。或者在更大的視野下，仁慈與寬恕也可能表現了宗教信念，相信有比自己還有眼下的罪行更重要的事。但仁慈與報復不是對立的。在更大的視野下，仁慈試圖看得更遠、試著追求更大的滿足，遠比報復本身所能帶來的更多。

112

仁慈和寬恕確實常與正義對立，值得注意：比方說舊約中，仁慈就取消了要求報復和反擊的正義。我們先前也指出，仁慈作爲一種同情形式，與報復欲有互補關係。尼采反對聖經傳統，視仁慈爲正義的眞正標誌，只有神樣的存有者才有（即他的*Übermenschen*〔超人〕），並認爲報復欲涉及怨恨，即弱者的情感。當然，新約更看重寬恕的美德，然而批評家和注解者對於它究竟指的是怎樣的行爲或情感，仍然感到疑惑。「把另一邊臉也給他打」似乎足堪表率，但在很多狀況下，到底有沒有另一邊臉可以打，絕非顯而易見。人們常常將「寬恕」和「遺忘」湊在一起講，這也值得思忖。爲什麼兩者都需要呢？我的猜想是，寬恕意味著放棄個人的報復計劃或期望，但遺忘完全是另一回事。遺忘暗指某種滿足。人類學家史蒂芬・菲爾德（Steven Feld）曾向我描繪新幾內亞等文化中「買通憤怒」的實踐。受害者或者他或她的家人要求賠償，雖然償還與傷害顯然不可相提並論，卻也確能帶來「滿足」並避免更多的暴行。[59]這種物質償付的迂迴行徑，也許照我們看是全然不當的，但連尼采也曾頗富洞見地指出，我們對罪惡感的認知，其核心即是「債」的類比。我們確實願意放下我們的不滿，交由法律決定如何補償和追懲，但前提是，我們相信後者會幫我們討回這筆債（不難看出，我們失控的債務法和侵權行爲體系，其實也是買通憤怒的版本之一）。任何法律原理的體系若未考慮報復衝動之類的情感，或無法以之爲動

[59] 史蒂芬・菲爾德是紐約大學（New York University）的人類學教授，也是《聲音與情緒》（*Sound and Sentiment*, Phila: University & Pennsylvania Press, 1982）的作者，此書研究巴布亞新幾內亞的卡陸立族（Kaluli）。必須指出，這裡的「滿足」概念不必然等同於康德的「平等」。之所以能「買通憤怒」，正是因爲償還物不必與傷害相提並論，而且甚至在可以相提並論的狀況下，這麼作也可能令人不快或者讓人覺得頭腦簡單，彷彿朋友送我們生日禮物，我們就該回贈他一個同樣的東西一樣。還必須指出，這類交換行爲首先意在讓團體變得更壯大也更團結。它不是在履行一紙實際或隱含的契約。甚至連補償的觀念本身，也肯定在於重新確認並強化團體的紐帶，而非意在擺平個人的不滿。

機，那麼無論它是什麼，都不會是個正義的體系。

我並未維護報復本身；我主張的是，報復在任何正義理論中都有樞紐作用，而且不管我們怎麼談論懲罰，我們的權衡都必須考慮到復仇欲。滿足的觀念在此尤其重要。葛斯汀力持「補償論並不是認爲滿足這個情感……是好的」，但照我看，若情感是正當的，那麼能證成補償的正是這種滿足帶來的好。我們會說「滿足了一個人的報復渴望」，而在隱喻意味更少的意義上，我們也看得出來某個懲罰是否滿足了補償的要求。強姦犯獲判十個月的刑期，無法滿足受害者完全合理的復仇要求。謀殺犯的五年刑期也不能滿足受害者的家人。大學生若因持有大麻獲判死刑，我們同樣會感到不滿。若無這樣的滿足（當然，其評估必須撇開個人的錯誤認知和過份期望），也就沒有正義可言。

113

正義如何帶來滿足

正義的實現，滿足了我們（可證成）的情感。它實現的不是某個抽象的規劃（爲了這類幻夢，人們白流了多少血！），而是依個案解決具體的人類兩難，這也包含了扯平這種極爲自然、正常的渴望。然而若過度強調負面情感，而犧牲了如同情和同理心之類的情感，那就眞的是在維護一種很病態的正義概念了。我試圖倡議的是，要充分闡釋正義，就要同時注意「正面」和「負面」的情感；更複雜的是，隨著我們追究各類情感的社會角色和作用，這種太過單純的二元對立也將消解。我拒斥如下想法：我們正義感的基礎是某種不帶激情的計算模式，不管此模式的根據是效益、某種準法律的權利資格、還是某種不那麼依賴於經驗的「公平」觀。這不是說這類想法無關緊要，但每當這類想法脫離了激起它的感受，或者無能看出這些感受究竟爲何，正義理論也會隨之遭遇困難。抽象個人主義以及對契約的執念，一旦在社會中有取代人際互動和團體情感的危險，不偏私以及「不帶激情的理性」的病態形式也就很容易遠遠超出其恰當限度，並有成爲惡德而非美德的危險。因此我的論點是，正義並不那麼仰賴整體觀點下的補償框架，或是懲罰之必要的抽象論證，反而更依存於原始的團體和人際情感。不管在天堂，還是在我們藉契約離開自然狀態的嘗試中，都是找不到正義的。危險在於，就像尋求愛的鄉村歌手一樣，我們也只在錯誤的地方尋找正義。

第5章
生命的悲劇感

我衡量人偉大的公式是 *amor fati* [1]：他不要任何事有所不同，不管是未來、過去、還是永恆都一樣。也不只是忍受必然之事，更不是掩蓋它……而是愛它。

——弗雷德里希．尼采，
《看，這個人》（*Ecce Homo*）

第一次，我全心全意接納著宇宙親切的無動於衷。

——梅索（Meursault），
卡繆《異鄉人》（*The Stranger*）角色語

哲學家要談正義是相對簡單的：與主題保持距離，將它抽象、化約為理論，終日無解地爭論權利與需要與功績與平等的衝突。其他主題就沒那麼容易談了。我認為其中最困難者，就是人類受苦的慘痛事實。哲思之樂能挺身面對悲劇的現實嗎？

這裡可以猜想，哲學追求形式化和「扁平」也許有個隱祕的動機。人的受苦照本性說就不可能是「扁平的」。[1]「有哲學氣質」

---

[1] 譯注：拉丁文，「熱愛命運」。

1 比方說，不管一個人就痛想談些什麼，首先都有感受的存在。不管受苦是什麼，它首先都是經驗，其次才是評價的對象，成為「傷害」或一詞常用來指透過思考面對不幸的能力，然而披上學術外貌的哲學，在這方面的無能惡名昭彰，明顯不願處理既困難又敏感的悲劇問題。當然，談大屠殺的哲學文獻汗牛充棟，這是大規模悲劇與惡行最現代又恐怖的案例，但這類文章保證不會出現在主流期刊上。但大屠殺作爲惡行的案例，激發了斥責之聲和自我審視，而不會比方說像天災（地震、龍捲風，或是流行病爆發）後那樣，出現無可責怪又驚人的沉默。爲什麼好人會遭逢恐怖之事？我們該怎麼思考悲劇？我們該怎麼處理疾病和折磨人的意外？某個人失去了心愛的人、一隻手或是視力時，我們哲學家除了一般的陳腔濫調和安慰之語外，還能說些什麼嗎？如果我們終極說來必要遭逢某個悲劇，我們又該如何生活、又該思考什麼呢？[2] 我們都遇過或讀過那些罕見的智者，他們遭受過最慘痛的不幸，卻對生命仍欣然接納、行止從容、甚至不失幽默。哲學也能讓我們這樣嗎？

115

我們也許會區分悲劇和不幸（複數意義的悲劇），後者是生命不可避免的，而前者專門保留給特別高貴的人，比方說「伊底

「損害」（霍布斯）。如今哲學論述常談「地位最不利者」還有「處境最糟者」，這類用詞實在無關痛癢。至於經驗方面，營養不良、病痛和貧窮的統計數字，總比眼見一個受苦者的悲慘處境好消化得多。比方說我們總是可以只談統計方法的問題，從而有效轉移我們的注意力，忽略受苦的實際慘況。

[2] 丹尼・葛羅弗（Danny Glover）在《大峽谷》（*Grand Canyon*）中飾演的角色說：「恐怖的事終要發生。」當然，這事如此顯而易見，通常根本不必提。人們也未必想聽。因此儘管電影頗受讚譽，還是很快就下檔了。

帕斯的悲劇」或「李爾王的悲劇」。但我們的平等主義立刻迎面而來，所以我們反抗這一貴族（以及戲劇）傳統。我們堅持，一位公主或一名普林斯頓研究生的苦難和不幸，絕不比窮人或街頭流浪漢的苦難和不幸更沉重（也不比它更輕盈）。但考慮到近來只要有名人過世，輿論往往大肆宣揚，而眾人紛表哀悼，也許表明，我們作爲群體似乎未必當眞相信所有人的苦難都是同等重要的。儘管如此，這在哲學上的意涵仍然可以是平等主義的。所謂的苦難——即讓人受苦的事物——也許因事因人而有巨大差異。但苦難本身是一切生命的一環，而且它作爲悲劇並非單純的苦難。我將論證，它作爲悲劇是有意義的。什麼令苦難有意義，就是哲學研究的事了。

米格・德・烏納穆諾（Miguel de Unamuno）正巧於一戰前寫下他的經典《生命的悲劇感》（*The Tragic Sense of Life*）。[3]不幸的是，這書及其主題今日已不算「正典」了。事實上已經沒有認眞的哲學學生會讀《悲劇感》，也不太能理解其悲劇氣質了。烏納穆諾提出了死亡、受苦還有不配遭到的不幸等尖銳問題，這對世上幾乎所有宗教都是根本課題，然而哲學已將之驅逐殆盡。烏納穆諾的視野說到底是宗教的，但比較近乎杜斯妥也夫斯基的

---

[3] 米格・德・烏納穆諾，《生命的悲劇感》，克里根譯，頁29（Miguel de Unamuno, *The Tragic Sense of Life*, trans. A. Kerrigan, Princeton, N.J.: Princeton University Press, 1974）。烏納穆諾（1864-1936）也許是西班牙最偉大的哲學家，他也驕傲於自己哲學的西班牙特質；這或許也解釋了爲何法、德、英、美的哲學家都忽略了他。除了哲學論文外，他也能寫一手好詩、小說和文學評論。

絕望腔調，而非齊克果「給憂鬱者好消息」的旋律。人類生活的殘酷事實，就是苦難永不會消失，惡也沒有救贖。[4]我們的理性如是說。

烏納穆諾身爲早期的存在主義者，走的是某種「非理性主義」路線，反對對苦難與惡之哲學問題作任何科學或「客觀」的回答。他主張理性只會將我們引向懷疑論。它還會讓生命的意義空缺。烏納穆諾與帕斯卡還有齊克果一道（也是他心中的兩位哲學英雄）堅持必須用信仰反對理性。但信仰雖然是理性與絕望以外的選擇，卻永遠無法擺脫理性的陰影，因此它也無法避免懷疑論。在這個意義上，我們是不可能不理性的。

116

爲了回應這一兩難，烏納穆諾追隨齊克果，用了「信仰的飛躍」這一提法，算是某種齊克果的「主觀眞理」，它超越了理性和客觀性。但與齊克果不同的是，他發現再怎樣全心全意的激情獻身，總有理性從中作梗。我們無法忽略或否認存在不可消解的受苦和無從救贖的惡，也終究無法看穿它們。烏納穆諾有時堅持，面對這一「無望」本身就是人類生命的意義（之後卡繆則會堅持生命的意義在於面對「荒謬」）。讓生命有意義的是某種叛逆的形式：忤逆理性，堅持要激情地相信我們在理性上無法相信的

---

[4] 見彼得·寇斯登包姆在《哲學百科》中爲烏納穆諾詞條的撰文，保羅·艾德瓦茲編，第 8 卷，頁 182-185（Peter Koestenbaum, *The Encyclopedia of Philosophy*, ed. Paul Edwards, New York: Macmillan, 1967）。亦見艾利斯，《追求存在的悲劇：烏納穆諾與沙特》（J. J. Ellis, *The Tragic Pursuit of Being: Unamuno and Sartre*, Tuscaloosa: University of Alabama Press, 1988）。

事。生命的意義在激情中才找得到——浪漫的激情、宗教的激情、工作與遊戲的激情、在面對理性「知道」無意義的事也照樣獻身的激情。相較之下，持守理性的哲學就是某種退卻，充滿玩樂般的失神和自我欺騙。[5]

我要辯護的觀點呼應著烏納穆諾的視見，但不帶有他涉及的病態要素或是假英雄的姿態。[6]烏納穆諾身爲存在主義者，非常看重個人責任以及個人擔當的重要。不管生命是否有意義——也不管這句話的意義爲何——我們都因爲有擔當而創造意義。正是在這些造出的意義之脈絡中，苦難和惡才從人存在的主舞台退至兩側等候（但它們也必將登台，其活動沒有固定方向，也全然無視於戲劇情節）。哲學當然可能是這類擔當和意義的敵人，犬儒心態尤其如此——它完全鄙視這類努力——至於其他的哲學形式，若它將生命的悲劇化約成爲個人毫無意義的邏輯謎題，也是一樣。這類理性機關確能容納悲劇，但代價實在太慘重了。

從本書之前的討論看，我當然認爲烏納穆諾和許多存在主義者一樣，誇大了理性和「心」的對立，因此也在終極意義的課題上誇大了理性與信仰的對立。但我認爲他這個說法是對的：我們

---

[5] 「〔人〕之所以搞哲學，不外乎是爲了寧願任由生命擺佈、在其中尋找終極目的、分心以便忘卻悲痛、或是爲了消遣和娛樂。」《悲劇感》，頁 29。

[6] 在烏納穆諾眼裡，唐吉訶德是存在主義英雄的榜樣，但烏納穆諾本人可是跟假英雄一點關係也沒有。他在一次世界大戰時支持同盟國，反對德國，也反對法蘭可（Franco）的法西斯體制。他在 1936 年被軟禁，不久後即過世。

首先在我們最強烈的激情中找到意義，也在激情的獻身中創造意義。愛在我們的生命中肯定有這樣的地位。我們的團體感、對正義的激情、對工作的獻身也一樣──而且我們之所以看重工作，不該只是因爲其獲益（薪資、重大的權益、旁人的認可和名聲之類），而該在於活動本身、技術和天分的展現、其社會角色、還有其擔當與責任。[7]

但這裡，悲劇和苦難再度隨之而來。如果生命的意義是我們創造的，就得承認我們的激情和規劃中充滿致命的偶然。它們絕非必然的。當然，甚至我們自身也絕非必然的。正如卡繆和烏那穆諾所主張的一樣，我們的擔當終究是受限的，「爲什麼？」的問題也沒有終極解答，且最終以死亡作結（兩人都會說這是「人的共業」）。烏納穆諾於是反覆於絕望的爆發和宇宙式的狂傲間，永遠拿不定主意。我們要求不朽或是與上帝同一（「沒有一切就寧願一無所有！」）。[8]烏納穆諾比較理智的時候，通常就只是提倡宗教──他自己就回到了天主教會。但不管我們怎麼作或是怎麼「飛躍」，悲劇都是眞實的，是不容否認的。卡繆與烏納穆諾一樣，都將這顯而易見的事實轉變爲英雄姿態。他稱爲「保持荒

117

[7] 當然，一個人的責任可能是沒有意義的，但這一命題只在更廣闊的脈絡下，在一個人確實贊同、守護的擔當與責任中才有道理。也許可以說，犬儒主義就是認爲所有責任都無意義的全稱見解。

[8] 但永生可不能回應生命的無意義，即不能回應荒謬，卡繆在重述西西弗斯故事時也明白了這一點。當然，如果生命無意義是因爲死，那西西弗斯的故事是恰當的。但如果生命無意義是因爲苦難不可免，那永恆受苦的生命〔指西西弗斯〕就眞的無意義了。

謬的活力」和「叛逆」。西西弗斯懷著「不屑和抗拒」向處罰他的諸神揮舞雙拳，因此同時既肯定又超越了他荒謬的處境。

在這個類理性的、強烈存在主義的心態中，有某種既美麗又病態的東西。向上帝或諸神揮舞那矯小的拳頭，是多麼尖銳地突顯了人性，多麼徒勞無功，同時又有意義。當然，這類行爲並沒有帶來任何可想見的不同，改變的只有我們的心態。我們理性而更爲講理的哲學腦袋通常會抵抗這類荒謬的姿態，並直接了當地堅持生命當然有意義，儘管這可能只是因爲最深遠的哲學問題（生命的意義）本身是無意義的。換句話說，生命的意義來自失敗，來自不認眞對待生命意義的問題。但烏納穆諾和卡繆（還有沙特也一樣）既優美又有啓發之處正是在於，他們既拒絕打發這一問題，也不願因這答案而絕望。他們激起了無可緩解的張力，但並非理性和激情間的；張力在於，我們激情地獻身，但同時又體會到即便如此，我們的生命終極說來不是操之在我的。

我認爲存在主義者令人欽佩處，就是他們堅定拒絕用哲學的破布掩蓋最棘手的問題，也不願只用哲學的小鑷子來檢視它們。苦難和死是眞實的。我們的計劃，無可避免終要挫敗。愛不但意味著可能失去，而且若撇開那些浪漫的幻覺，它也意味著失去是不可避免的。我們既熱愛生命，但在不舒服的哲學意識中又對未來感到懼怕；我們試圖調解這兩種心態。烏納穆諾是對的。我們的激情不可能逃開或超越我們的理性（當然，沒有任何激情是沒有理性的）。卡繆是對的。我們理性且要求甚多的心靈除了與「無動於衷」的宇宙展開「荒謬」的對峙外（且不管心靈與宇宙要如何區分），沒有別的合理選擇。苦難是無可否認的。耽擱其中也無必要，但若哲學不該變得無可忍受地輕盈或「扁平」，它就必須試著理解不可避免之事。簡言之，苦難有意義是因爲生命有意義。表面上看，悲劇似乎摧毀了這一意義。那悲劇怎麼可能有意義呢？

首先，我們不要像烏納穆諾走得那樣遠，而先來清除一個哲學偏見。在實際生活中，正義和理性都有其限制。抽象地說，我們也許會堅持美德該有獎賞，惡德受罰，自以爲是會有報應；但現實上我們知道生命是不公平的，無辜者和有德者會遭遇不幸，兒童會因天災而夭折，人們會在「期限未到」前死去，這有時甚至在難以把握的成功即將到手前發生，惡徒也常能爲所欲爲，甚至有時殺了人還沒事。當然，眼見惡行確實得到報應，我們或許會有一種略帶罪惡感的滿足，而善行奇蹟般得到報償時我們也會有一種無私的愉快，但我們不會當眞認爲事情總是這樣或者世界終究是公正的。只有在哲學和神學裡我們才膽敢主張——甚至直接假定——一切事情都有個解釋，可以理性地詮釋，或者偷偷要求這樣的理性詮釋**應該**存在。我們知道，在生命裡就是有壞事。然後我們珍視的理性也隨之展現其困窘之處：我們竟能夠甚至立刻將之**合理化**。正如尼采說的，甚至用糟糕的理由來解釋宇宙，也總比沒有解釋要好。

118

「還能說些什麼？」在某種意義上確實是對極度不幸的恰當回應，畢竟在巨大的人類悲劇面前，話語和觀念似乎沒有什麼作用。但在另一個意義上也總要說些什麼，即使只是安慰和同情，因爲這至少意味著我們願意去了解，理解不幸的意義。哲學在此有實際的用處。舉例來說，道家在這方面就極優越。它教導我們如何理解一切事件，如其所是地看到其必然，因此能在一個整全的觀點下看見萬物的分量（反之，犬儒和悲觀主義者則認爲，在宏大的觀點下，萬物**毫無**分量可言[9]）。很難相信有人能看重莊子卻不見任何改變。[10]但如果哲學對悲劇問題有益，它也可能有所阻礙。理性太容易成爲合理化的說詞了。我們無視一切理由和感受說「這全是爲了大家好」，或者用空洞的神學說詞說「這是上帝的旨意」而打發掉恐怖的悲劇。「從理性到合理化」雖然粗糙，但卻突顯了兩類回應的差別：我相信，某些回應是恰當的、敏感的、哲學上正當的；其他則是不恰當、不敏感、在哲學上也是成問題的。我們若想把握住悲劇，不如就從哲學上成問題的例子開始吧。

悲劇之外：責備與權利資格

「鳥事總會發生」，這是高中或大一、大二學生的T 恤或汽車貼紙上常見的標語。撇開它的粗俗不談，這仍然嚇人，因爲它如此眞實，完全顯而易見、無可否認、也無可避免。儘管如此，等到鳥事眞的發生的時候，這一宏觀的洞見立刻瓦解。人們否定悲劇——甚至有些（認爲自己）只有非常微弱，或甚至可以忽略的個人責任觀的人，也會這樣——而要究責於某人。換句話說，悲劇並不只是「發生」而已。它是某人招致的，是行動的產物，因

119

[9] 這裡的首要例子當然是那位了不起的悲觀主義者阿圖·叔本華，《意志和表象的世界》，培恩譯（New York: Dover, 1966）。

[10] 例見第六章開頭引的故事。

此必定有某人或某物要爲此負責。

否定悲劇始於某個看來無害的哲學命題：**任何事的發生總有理由**。若回到亞里斯多德，這裡的「理由」（或「原因」）終極說來要從意圖、目的或目的論方面來理解。我們的當下反應就是找尋某人——某個要負責的人，或者依照情況，某個不負責任的人：駕駛、生產者、醫院裡的醫生、父母。或者不那麼直接，我們會責怪制度、憲法、國家、文化。我們還會將自然人格化，因此創造出可以歸責的「某人」（中國人仍然將地震稱之爲「大地的震怒」。二流演化學者也仍然把天擇當作某種有目的的過程來談）。我們當然還會將機器人格化——所以我們會踹車子或者咒罵電腦。在絕望的心情下我們還會責怪「這個體系」。即便沒有更具體、更合理的候選者，也總能怪罪上帝。

人們常說天災是「上帝的行動」，這點頗有啓發性。很多人從來不會因爲自己的成就而感謝或歸功於上帝，但他們遭受不幸時似乎都毫不猶豫認爲是祂的錯。「這是上帝的旨意」是某種哲學和心態的萬用概述：拒絕接受悲劇，堅持合理化。但即使不訴諸神明，我們也試圖在萬有中尋找善或理性。我們在此或可說，理性其實並不理性。我們修改我們的敘述，以便合乎我們對事物應該如何的預期。而我們找不到目的時，還可以發明它。失敗是「有教益的經驗」。家人過世「會讓我們大家都學到一課」，而在久病後死亡則是「眞正的解脫」。

哲學史上，這就是通常所謂的「充足理由律」。[11]這可以溯

---

[11] 斯賓諾莎，《倫理學》；萊布尼茲，《單子論》（*Monadology*）；叔

及古代，但怪的很，它在現代才眞正火紅起來，特別是歐洲的「理性論」哲人，主要有斯賓諾莎和萊布尼茲，還有浪漫派的悲觀主義者阿圖·叔本華。這一原理當然還有個科學上可操作的版本（「任何事情的發生都總有個解釋」），但斯賓諾莎和萊布尼茲倒更視之爲某個神學原理，是對上帝諸般顯現的萬用解釋。萊布尼茲直接用這一原理來闡釋上帝的決定。斯賓諾莎倒更願用它解釋一切事件的「必然性」（頗似道家），不過說到底跟前者差不多。任何事情會發生總有理由，而終極理由就是上帝。從許多方面看，叔本華的例子較有意思。他是個直接了當的目的論者，然而這裡有個雙重機關：他既不相信上帝，也不相信宇宙終極的目的性。根本上說，叔本華的命題與我這裡的提法相去不遠（但我沒有他的悲觀主義）。叔本華說，訴諸充足理由律終究是個幻覺，是無望的，只能增加而不能減少世上的苦難。儘管如此，我們可能無法擺脫它。 120

充足理由律的應用幅域極巨大，既能在哲學上爲科學研究辯護，十九世紀的神義論也用它來顯明上帝在人類史中的計劃。但它的合理化還有個更爲俗氣，更不世故的前哲學功能。比方說陰謀論者就總是在搞黑暗的推論，永遠都堅持有個罪犯：可能是某個祕密組織、共產主義、國防部、黑幫、國際銀行家、猶太人、阿拉伯人、國際資本主義、男性霸權、中情局、或者當代最愛提的外太空訪客。照這個觀點，沒有任何事情是「因情勢使然」的

本華，《充足理由律之四重根》（*The Fourfold Root of the Principle of Sufficient Reason*）。

（或者用哲學語言說即*post hoc, ergo propter hoc*[2]）。任何讓人立刻起疑或批判的對象，只要他有幹這事的動機，即使沒有手段也是可以責怪的。也許可以說，陰謀論者是想像力過度豐富但哲學敏銳度不足的人。任何發生的事——他們也相信這一點——都有理由。只是剛好理由總帶著惡意，激起的不是我們的感激或崇拜，而總是恐懼、厭惡和恨。但不管怎麼說，邏輯是一樣的。

其邏輯在於壞事並不只是發生而已。我們不願承認悲劇，不肯接受生命是悲劇的事實，而且沒有人也沒有事必須「負責」。因此必定是**某個人**讓我們如此的。以最爲庸俗的字眼說，充足理由律的觀點就是「有人必須爲此付出代價！」這當然不只是一個哲學上的誤解。從文化看，美國社會的通俗和法律意識形態似乎眞誠相信沒有任何「意外」，也總有人該受責怪。律師提到「上帝的行動」時，我們也許會誤認它只是個可有可無的說法或者是無意爲之的虔誠，但若稍加思忖就會發現，它透露的是一種不願負責的態度；它非常機會主義地假定，任何事發生都不可能沒有理由、目的，因此也不可能沒有該爲此負責的行爲者——此說法不過是這一假定的另一面罷了。如果直接造成此事的人有藉口或者無從責怪，那麼就總有間接的團體該爲此負責：行爲者、制度、廠商、或官方的許可單位。

甚至根據「嚴格負責」的觀點，責備與責任也未必是同一回事。某個人即使完全沒犯任何錯也可能要負責。這裡的預設立場是，眞正的意外不存在，即任何事件都有原因、行爲者和目的，

[2] 譯注：拉丁文的「某事之後如此，故如此必緣於此事。」用以指某個因果推論的謬誤，即錯將事件的先後順序當作因果順序。

也總有人要責怪。在美國，這一立場實際作用起來，依某些人的估計每年約耗費三千億美金。[12]侵權—責任糾紛的危機就這樣持續進行，哲學上簡言之就是：我們總是堅持他人要為我們的不幸負責，有時甚至不是基於合理的「犯錯」觀念，並要求賠償(「正義」)。除了數十億的錢和數百萬小時的開庭時間與焦慮不安，生命的悲劇感也一同消失了。「總有人要為此付出代價！」

侵權責任的問題也揭露了否認悲劇的另一個醜陋面向，它與堅持有人要責怪是牢不可分的——當然，這裡要責怪的總是別人。這也就是**權利資格**現象。這裡有某種反諷，更別說還有某種極端的不一致了。我們自己遭受不幸，就會立刻怪別人，但我們也同樣立刻否認自己的責任，無論是自身的不幸或是我們對他人直接間接的傷害。我們受苦不是我們的錯，所以我們理當得到補償。這背後的邏輯是我們有資格得到美好的生活，它理當幸福、健康而愜意(可是連獨立宣言也只是主張我們有資格「**追求**幸福」而已)。如果我們找不到幸福，那就一定有人該受責怪。我們若出了意外或（如今）甚至生病，就必定是有某人或某個機構剝奪了我們理當擁有的美好生活，而他、她或它就有負於我們。連父母現在都成了這類「生命不公」的提告對象了。注意這類要求的邏輯為何，以及關鍵字「酬報」、「權利資格」與「債」。這也許是正義的語言，但絕非悲劇的語言。這當然不是說幸福並不值得擁有或提倡，這完全是另一回事；這實際上是說，正義的語言在

---

[12] 彼得・休伯，《責任》(Peter Huber, *Liability*, New York: Basic Books, 1988)。

更大的悲劇問題底下已失去立足點了。

然而我們很難擺脫「償還」的觀念，甚至在——或者應該說尤其在——悲劇的恐怖情勢中也是如此。在車禍中斷腿的人自然會控告另一名駕駛，即使它眞的只是場「意外」（即沒有人酒駕、莽撞或者不尋常地閃神）。作爲某個社會工程——這一機制意在保證受重傷者有某些金錢支援的手段——即使此機制效率不彰，其目標也無可指摘。不過這裡可不是這麼一回事。我們很難接受某個人就是運氣很差這個想法。雖然與其爲自己的不幸負責，我們寧可自己運氣不好，但我們還是更想怪罪別人，而且覺得自己有權利討公道。那麼如果他人也只是運氣不好怎麼辦？呿，他們付得起那個錢的。而且如果「他們」是個公司或專業機構，運氣也夠好，在相關的產品或實踐上有獲益，那就更沒話說了。西方哲學史上，即使不能追溯得更久遠，至少從聖經先知以降，受害者可以主張並期望什麼，一直就是個重要論題。但將這些主張和期望普遍化、建制化，沒有比美國作得更徹底的地方了，照柏拉圖的話說，這裡每個公民都各得其所，或者至少有在法庭上勝訴的一天。

另一方面，明白生命不公也可能是另一種合理化，不在乎地聳聳肩，將思考還有責備與責任都甩掉。總統吉米・卡特（Jimmy Carter）說生命不公時，激起了深遠的恨意，但這不只是因爲他的職責就在於保證生命至少在美國是公平的，也因爲他這句話顯然是眞理。他還傷害了我們最爲揪心的願望：希望生命至少在美國**是**公平的（羅納・雷根橫掃下屆大選，因爲他保證靠「涓滴經濟學政策」[3]可以讓公平再度照亮「美國的早晨」）。卡特的失言是個公平的警訊。認爲善人將得勢（或者得勢者必定因此

122

是善的）而惡人將倒下（或者倒下者必定有作錯事），這一想法是不能挑戰的。好萊塢的幸福結尾（雷根就受其滋養）生產出來的必要情節大意可不只局限在電影裡；從權利資格的角度看，人們也預期它在現實生活中出現。

所以我還是要說句廢話：有些事是我們能控制的，而這些事就是正義的恰當領域。我們和他人一起生活，人們在這個社會中要對自己的作爲負責。在這個社會脈絡下，我們若因人們欺騙我們而感到不滿、憤怒、忿懣甚至想處罰他們，是正當的。這是完全不同的脈絡。我們也會說自然「欺騙」我們，但我們心裡明白我們這時處在隱喻的地帶。自然不欺騙。沒有人可以怪罪。連最虔誠的人都知道某些上帝的作爲不是上帝的作爲。最糟糕的可能是上帝沒注意到這些事，也許仍然可以怪罪或者在神學上叫人困惑，但畢竟不是直接的傷害，不能期望它們有理由或者可以解釋。因此可以怪罪誰，或者我們有資格要求什麼，並不是清楚的。我們因而觸及了最受矚目的哲學問題之一。

惡的問題

> 當人沒有作他該作的事，可不是創世者上帝的錯。
>
> ——聖奧古斯丁，
>
> 《上帝之城》（*The City of God*）

---

[3] 譯注：trickle-down economics，主張政府支援大財團或大企業能層層下達，最終小企業與人民都將間接得益；雷根執政時期的著名經濟政策。

一千六百年前，哲學家聖奧古斯丁極關心的問題，自此之後給貼上了「惡的問題」的標籤。我想把這個「問題」本身當作問題看，它反映了我們對世界與上帝有過分的期望與索求。惡的問題將再次體現我們好問罪的傾向和對權利資格不合理的想法。

古早以前人們就明白，好人也會碰上壞事。而古早以前這就成了關注的焦點、困惑不安的泉源、不解之謎，還是浮誇的哲思、神學與合理化的藉口。也許更惱人但在形上學上同樣迫切的是，壞人也顯然會碰上好事，即傷害者並不總是會得到報應。為了回應這對事實，人們發明了各種天堂和地獄，多數（但不是全部）都真誠相信以下命題：所有人最終都會各得其所。

123

一個壓倒性的事實決定了惡的問題：受苦。佛陀教導的第一條高貴真理即「生命即受苦」。但佛教徒立誓戒絕造成受苦的欲求和期望，我們卻堅持要滿足，而期望落空時我們就會問「為什麼？」受苦需要別的解釋。猶太－基督教傳統中這個問題更為棘手，因為全知全能的上帝無所不在。問題成了矛盾：如果好人會碰上壞事，那必定是因為：一、上帝不知道這事——可是祂是全知的；或二、上帝對此無能為力——可是祂是全能的；或三、上帝不在乎——然而整個論證的前提還有上帝的整個概念就是，祂的關心——而且終極說來，也許只有祂的關心——才重要。

20世紀，卡繆在他最不快活的小說《瘟疫》（*The Plague*）中對此一語道盡：「人們死去，而且他們不快樂。」他的早期著作〈荒謬〉（The Absurd）則概括了現代人的心態：明白生命終極說來沒有意義、沒有正義、我們的祈禱得不到回應、也沒有上帝會回應它們。在《西西弗斯的神話》（*The Myth of Sisyphus*）中，卡繆儘管有些晦澀卻也切中要害地寫道：「我們必須學著過

無所訴求的生活。」好多年我都不懂他的意思，但現在我想我懂了。我不再認爲這是否定上帝，儘管卡繆自稱是無神論者。甚至可以說他傾慕奧古斯丁，和他心靈相通。我相信，他眞正否定的是用上帝來否認悲劇，即荒謬。因爲這麼一來，卡繆說，等於是某種形式的「哲學自殺」。這與尼采的意圖一樣，他要求我們過著沒有「判斷」[4]的生活（儘管尼采自己顯然也無法這麼作）。生命是荒謬的，但我們還是得生活並一起面對它。[13]

全能全知的好上帝竟容許他的治下有惡；解決這一矛盾的嘗試所在多有。基督教和伊斯蘭中最醒目的方案就是天堂和地獄的雙重允諾與要脅。儘管俗世看來不是如此，但將來會有補償、獎賞和懲罰，正義也會湧現，既令得救者享永福，也讓下地獄者受永苦。人類悲劇轉變爲神意正義有許多形式，粗糙的和精緻的都有；前者如電視上的佈道家，極令人不快地講著粗糙的賞一罰模型，後者如盧梭和康德，提出極精巧的「世界的道德秩序」觀。我不打算進入這一神學迷宮中梳理它們。我心裡大致是覺得，這種信念即使無從證明，也是完全值得尊重的；但這裡我不會爲我這一看法辯護。相信來生，無論是來世的基督教或伊斯蘭天堂，還是此世的輪迴、成爲鬼或與祖先相聚，都是最爲愉悅也最易了解的人類信念，連最傾向經驗主義的哲學家也應該尊重它。

124

---

[4] 譯注：「判斷」這裡是翻譯"judgment"一字；這裡也影射上帝的「審判」(judgment)。

[13] 但卡繆也要求我們懷著「不屑與拒斥」面對宇宙，換句話說就是爲了我們的權利找人怪罪、挺身而出（《西西弗斯的神話》）。他最終也拒絕接受荒謬，而且「面對」它也不算是接受它。

但並非所有這類信念都是愉悅的。比方說用它們當作攻擊不信者的棍棒，或是以之為藉口，把小男孩當作「殉教者」，讓他們無意義地送死，簡直駭人聽聞。讓人不會那麼不快但同樣成問題的是，把這一信念當作是痛苦者的安慰劑。如果喪子的父母有恰當的宗教信仰，對他們說「這是上帝的意旨」應該只會招來同情的寬慰而非哲學論辯。但安慰劑可沒有療效，而且若撇開心理的慰藉並從此生的角度看，永福並不能補償為悲劇所折損的生命。這裡質疑的並非來生信念，而是任何這類補償觀念是否恰當（康德和許多其他信仰者就堅持是）。上帝在他的宇宙裡可不玩以牙還牙（tit-for-tat）的把戲（也不丟骰子）。

為了解釋或回答惡的問題，出現了許多富有巧思的方案；其中一種就是胡亂修改並弱化上帝的概念。比方說有人提議，信仰其實只要求人相信上帝有大能，但並非全能，或者上帝有極高明的知識就夠了，不用全知，後者在邏輯上大概是不可能的。在這光譜最為複雜的一端，可以預見有許多「扁平」的邏輯嘗試解決問題，它尤其沒有為「惡」的概念添加血肉，然而這才是問題的具體核心。[14]另一方面，只消一丁點哲學或神學詭辯術，常人就會輕易相信如下解釋：我們不能期望得知上帝的「奧祕之舉」。因此祂容許人類生命中有受苦和死亡，不必然與祂關心的事實形

---

[14] 例見羅德里克．奇修姆，〈惡的問題〉（Roderick Chisholm, "The Problem of Evil," in *The Problem of Evil*, ed. M. M. Adams and R. M. Adams, Oxford: 1990），收錄在《惡的問題》，亞當斯與亞當斯編；以及阿文．普蘭亭加，《自由與惡》（Alvin Plantinga, *Freedom and Evil*, London: 1975）。

成矛盾；將尋常人的心情和期望當作是比較的基準，也是不著邊際的。最著名的提法是，祂的創造是「一切可能世界中最好者」，只有必要的惡與受苦，沒有更多——但其含義我們是不可能理解的。還有人提出，上帝實際上「太忙了」，沒空照料世界所有的苦難；然後還有那種「深度生態學」的回應，認爲我們不該自欺地認爲上帝完全只關心我們，無論這個「我們」指的是一群「選民」還是人類全體都一樣。[15]

我對以上某些看法其實頗有共鳴，特別是以大地之母（Gaia）爲名的生態觀——此見解最高遠的表現見於道家。可是尊重生態，爲生態負責，很容易跳到對人類的不屑，認爲人類「無足輕重」；這也就很容易帶來一種狂熱的反人道心態，彷彿可以完全無視於區區人類的關心和需要，或者認爲它不比蚊子的關心和需要更重要。不管這類觀點究竟是否能解釋人類在世上的苦難（它等於是說其實這一切都不重要），它實際上和宗教裁判所還有判人下地獄的團體一樣，都有爲害的強烈潛力。惡的問題不能靠否認惡以及人類苦難的分量來解決。

125

我的提法與一般談這個問題的框架不同，我認爲惡的問題與上帝存在或來生的信仰沒有什麼關係。卡繆是個無神論者，然而正是惡的問題與人類苦難的存在衝擊了他對正義與公理的感受，並激發出他戲劇化的「荒謬」概念。尼采也是個無神論者（他在

---

[15] 猶太拉比哈洛．庫希納，《當好人碰上壞事》（Harold S. Kushner, *When Bad Things Happen to Good People*, New York: Schocken Books, 1981）；比爾．麥克本，《自然的目的》（Bill McKibben, *The End of Nature*, New York: Random House, 1989）。

《瞧！這個人》中說是「本能之故」)，但他最爲猛烈的火力針對的既非上帝亦非天堂。他攻擊的反而是對神學廉價又微不足道的利用，以便否認或合理化苦難而非面對它，並如他熱愛的古希臘人一樣讓它有別的分量——如果不能讓它美，至少也要讓它有意義。爲了挑戰惡的問題，不必追問上帝的本質與存在或者來生信仰。爲了挑戰惡的問題，倒要記住，我們的好運是偶然的，否認不幸的必然是沒有道理的，而且我們的生命是有限的。正如伯納·威廉斯寫的一樣，「只有那些期望世界美好的人才有惡的問題。」[16]因此，我們質疑任何對上帝還有來生觀念的濫用，因爲它否認明擺著的事實，杜絕了我們最爲深刻的情感反應並向我們保證，我們的受苦終究是值得的。

責怪受害者：「自由意志」的解決方案

> 人類理性只需要比命運更強烈的意志，而她〔理性〕就是命運。
>
> ——托馬斯·曼（Thomas Mann）

對惡的問題最有力的回應，甚至在神學裡也不是關注上帝的本質、作爲或我們的無足輕重，恰恰相反，它關注的是我們在創

---

[16] 伯納·威廉斯，《羞恥心與必然性》（Bernard Williams, *Shame and Necessity*, Berkeley: University of California Press, 1993），頁 68。

造世上的惡與苦難時扮演了重要角色。災難會發生是因爲**我們**是邪惡、自私或不負責任的。據此，大災害也許不只是意外而很可能是懲罰。這也許是「上帝的作爲」一詞最爲直白且懲罰性的意義。根據奧古斯丁的看法，惡的原因和解釋是我們自己的「自由意志」；不能怪罪上帝。至於接下來的神學和哲學糾纏，我們這裡倒不用追問，像是上帝是否即便如此還是要負責，因爲祂必然知道我們將作錯事卻容許它發生。這類爭辯不過又一次指出我們怪罪上帝的傾向（即便是間接地）而不願「無所訴求」地面對苦難。 *126*

今日歸責的想法非常吸引人，因爲如今的災害和悲劇很少是天災或上帝的作爲。統計學者若要指出某事件是多麼罕見，他或她會將這事與「被雷擊中」或「死於蜜蜂叮咬」相比較。天災與人禍相比是越來越少了。大部分的事顯然或者至少可以說是我們自己作爲的後果，我們胡搞自然、生產並實驗危險的機器以及複雜的生物過程、熱愛速度和內燃機、渴望舒適和愜意，儘管爲此付出的代價高昂得可怕，卻並非一望即知。地震和颶風仍然會出現，但我們造起了能抵禦其來襲的建築。人們因暴風雨而死去時，通常都怪罪房屋的研發者、工人，甚至還會怪住戶。今日因雪崩、土石流和暴風雪死亡的人，多數不是無辜或不可預期的受害者，反而大部分是追求危險刺激的膽識過人者、冒險家和運動家。我們或許不確定由此而生的悲劇究竟跟惡的問題有沒有關係，但不管怎麼說，奧古斯丁對傳統問題提出「自由意志」的解決方案，今日確實有其說服力。

將苦難看作懲罰當然不只局限於人禍。1755年，歐洲啓蒙的哲人勉力於搞懂上帝某次特別可怖又矛盾的作爲：星期日早晨於葡萄牙里斯本的一次地震，剝奪了數千名教堂信眾的生命，包括許多婦女和小孩。無辜生命的巨大傷亡特別尖銳地提醒我們，惡的問題是多麼困難，不管我們怎麼怪自己，似乎也不足以解釋這次駭人的天災，更別說證成它了。用「自由意志」解釋惡似乎忽略了某個很根本的向度，大概只有執著於人類墮落性格的人才會無視於它。有些惡當然是我們自己直接或間接造成的。但也有些惡不管追究得多麼深遠，似乎都不可能歸諸我們的作爲或意圖。毫無疑問地，這些事似乎不能解釋成懲罰。儘管如此，我們的形上學和社會實踐仍然是這樣理解的。「怪罪受害者」並不只是我們今日法律體系和文化的病態表徵而已。它是個長久存在且仍然流行的形上學和哲學學說。

希伯來人的歷史和「猶太罪惡感」大多就以此學說爲基礎：一個人的不幸是自己的錯。據此，苦難就是懲罰。它於是有意義。我們都很熟悉這個主題：怪自己總比承認苦難可能無意義要好。因此，既然上帝的懲罰似乎不只降在罪人也降於無辜者身上，這困惑人的事實就必須這樣解釋——很多文化都一樣，包括了舊約中的部族——即正義針對的不只是個人，也針對家庭、部落還有整個社會。上帝毀滅了一座又一座的城市，雖然只要簡單的人口學知識就能指出，索多瑪和峨摩拉的居民很多都是無辜的嬰兒和孩童，他們尚未沉溺於長輩的罪愆中。認爲只有個人才會因過錯而受懲，儘管是我們極爲珍視的原則，在世界上卻仍是罕見的想法。更爲血淋淋的事實是，甚至我們自己的社會裡，無辜者也常常要爲其父母、鄰人或政治領袖的罪惡付出代價。[17]

127

---

[17] 今日的侵權法同樣持有共同責任的古老見解。照我們看，懲罰無辜者在刑法的脈絡下簡直不可忍受（連坐處罰亦然），但在侵權法和民法程

但甚至連舊約在如此極端地回答了惡的問題後，也沒有感到心安。想想猶太—基督教傳統下最困擾人的故事吧，它就是在談不該承受的苦難，即約伯的問題—— 或者說他的「試煉」。約伯的上帝與其說是神祕，不如說是壞心。不管怎樣，祂從任何合理的標準看，無論是人的還是神的標準，都是不公的。約伯是完全無辜的。甚至故事的前提就是他的無辜，他若不是無辜的，那也就沒有問題和兩難，也不需要試煉他的信仰了。讓好人受苦以便證明某事或試煉他的耐心，從任何文明的角度看都不算是正義的作爲。雖然故事最後他重新得到了原有的一切，但這一點也不重要。補償並非正義的全部。失去家人的痛苦並不能用再次找回他們的喜悅來彌補，用新的家人來取代更不能。長久的病痛和虛弱並未也不能因再次痊癒就算得到補償。但眞正提出惡的問題的，並非上帝意志或是補償是否足夠的問題，而是約伯自己對苦難的反應。人們耗費大量筆墨談論約伯的「耐心」，還有他怎麼（或是否）通過了信仰的試煉。但只消對約伯的故事匆匆一瞥也能發現，這個角色絕對不是有耐心或不懷疑的。約伯很憤怒。他充滿怨恨。他不接受他的苦難，也不認爲這是正義。[18]他知道他無可

序中，懲罰無辜者的意圖只是換了個名字：「嚴格責任」。事實上這就是連坐處罰的一種，即由於與犯錯的人有這樣那樣的關係，某個人或機構就必須受懲。而且若相關人士「荷包夠厚」，懲罰無辜者的不公作爲還會非常有利可圖。見休伯，《責任》，特別是頁 98 以下。

[18] 見榮格，〈約伯〉，收錄於坎貝爾編，《榮格輕便讀本》（C. G. Jung, "Job," *The Portable Jung*, ed. J. Campbell, New York: Viking, 1971）。亦見約翰．威考克斯，《約伯的怨懟》（John Wilcox, *The Bitterness*

怪罪，我們也知道。

用不公的歸責來解決惡的問題，顯然不令人滿意。不公地怪罪於受害者，不可能挽回全能、正義上帝的學說。然而當我們怪自己的時候也許就不同了。奧古斯丁恐怕心裡想的就是這個：我們當爲自己的缺點和失敗負責。很多人類的苦難無可否認是我們自己造成的，儘管原因可能只是我們的生活風格太浮誇，期望也太過份。我們在自己的不幸中可以看到，很多是我們理當得到的「報應」，或者是我們讓他人受苦許久以後才吃到的苦頭。南亞的業報觀不管有什麼形上學的深遠意涵，首要意義都在於承認，我們生命中的苦難有部分是我們先前作爲的「殘餘」。[19] 在所有社會中，甚至某些最受歡迎的故事也是以這種粗糙的正義觀爲主題的。整個社會都身處苦難時，我們也會看到這種粗糙的正義觀，這在戰爭結束後的慘況中特別突出。沙特在二戰越演越烈且納粹佔領巴黎的時候，就毫不妥協地概述了這種連帶責任的刺目觀點：「我們會打這場仗全是我們活該。」要理解這一看法甚至不

128

---

of Job, Ann Arbor: University of Michigan Press, 1989）；以及祖克曼，《沈默者約伯》（Zuckerman, *Job the Silent*, New York: Oxford University Press, 1991）。

[19] 「業報」的字面義就是「殘餘」。約翰．羅爾斯區分了他所謂的「淺白眞理」，即直接用俗世和倫理的字眼就能明白的事，以及「整全的眞理」，即形上和神學的信念——比方說輪迴——這些信念可以用來支持前者。我能看到這一聯繫要歸功於迪恩．恰特吉（Dean Chatterjee），他在檀香山東西中心（Eastwest Center）1998年1月開設的南亞哲學研討會上指出這一點，並引用了約翰．羅爾斯的《政治自由主義》（New York: Columbia University Press, 1993）。

需要原罪的觀念。只要相信充足理由律就夠了，在此可以理解爲「任何發生的事在某種意義上都是自己的責任」這一信念。

我們怪自己的傾向有個很誇張——也很糟——的例子，就是我們一般對病痛的態度。我們不認爲疾病和身體的不適是自然的，或對所有人都不可避免，反而把它跟歸責扯上關係。至少看待他人病痛時是這樣。他們生了病，我們就怪他們沒有好好照顧自己。或者怪他們的態度、生活風格和飲食習慣。碰到最爲恐怖的疾病（癌症）時，這種傾向尤其嚴重。蘇珊·桑塔格（Susan Sontag）最爲私密，或許也最爲深刻的著作《疾病作爲隱喻》（*Illness as Metaphor*）就振振有詞地抱怨我們的中世紀傾向，總將病痛解釋成象徵、懲罰、或報應。除非是自己生病，不然我們不肯相信人就是會生病。自己生了病，當然要怪別人。像是環境、空氣污染、飲用水太多礦物質、城裡的工廠、政府疏於控管、醫生診斷不用心、開的藥方沒有效、工作壓力太大、家裡的衝突等等。不管怎樣都不會只是「生病」而已。這裡同樣不容意外。總有人可以怪罪，即使只能怪受害者也一樣。

當然，多數人類悲劇現在都是人類，或一長串的人類史造成的。在人類因果鍊上的每一個環節都會有（照法律詞彙說）「有意圖的」行爲，行爲者完全清楚自己在幹嘛又有什麼目的，所以當事情出了差錯，就該怪罪這些行爲。懲罰是恰當的。但意外也是有的，也就是說，存在無意圖的災難與傷害，即使它們是人類造成的。某些後果或副作用是無法預知的。產品的使用或濫用也無法合理預測。有時確實看得出來，某個有意的行爲或產品會有次要的、非意圖的後果，但通常這類「雙重效應」的風險是沒有辦法立刻估計的。某些悲劇是短視、不用心或各種「疏忽」的結果，但其他的可不是。不管再怎麼合理地預防、照料或充滿善意，後一類悲劇總會出現。我們知道某個疫苗可以預防數百萬人罹患一種可怕的疾病，同時也可以預期它在少數人身上會有很嚴重的不良反應，但我們沒辦法事先知道這些少數人是誰。這類大災害完全是古典意義上的悲劇：沒有「充足理由」，它也沒有理性或公正的解釋，也沒人可怪罪。為什麼我們不能就此罷手呢？

我當然不是要貶抑受害者，他們遭受不幸的悲劇，因此緊抓著形上學的稻草不放；我也不是說，那些真正該為他人不幸負責的人不用負太大的責任。我倒是懷疑，訴諸「上帝的意旨」和「惡的問題」其實多半只是在迴避苦難，尤其是他人的苦難。堅持要歸責恐怕是逆向操作的犬儒主義，在得不到滿足的地方要求滿足。很多人也許會覺得，上帝肯定會確保正義終將抬頭。但在悲劇的脈絡下，這話究竟有什麼意思，補償的意義為何，還有哪種正義標準才是合理的，都一點也不清楚。與此同時，同一批信仰者會以祂之名自行其事，為自己的傷害要求補償性也要求懲罰性的賠償，在法庭上享受勝利，並將壞事變成以祂為名宰制世界的幻象。

129

伊底帕斯又回來了：悲劇的死亡

既然人完全就像偶然，而且顯然什麼也不能預知，他為何要恐懼？最好是儘可能活得輕盈，不想太多。

——尤可斯塔（Jocasta），

《伊底帕斯王》（*Oedipus Rex*）角色語

悲劇究竟怎麼了？尼采心裡想著古希臘人的卓越，向自己的德國文化——有華格納、歌德和叔本華的文化——提出了這個問題。[20]人們的苦難可沒有大大減少。尼采親身見證了人在戰爭和疾病中的苦難。但他看到的是戰爭非人化的萌芽，疾病在醫學上的制度化，還有越來越無甚可取的合理化：他的時代就是這樣面對其命運的。尼采的問題是，現代是怎麼又爲何會失去了悲劇的概念和經驗，失去了那種失落的深刻感——只有這種感受才會激起我們對意義的感悟，讓我們震懾，而不會讓我們老想小心眼地找人怪罪。

尼采指責他的德國同胞失去了深刻感，也隨之失去了悲劇的概念。他注意到，他們寧願悠哉地沉湎於時代的浪漫通俗劇，也不願面對生命的苦難（還有喜悅）。浪漫通俗劇如今尙未在美國絕跡，但有個更強烈的幻覺掩蓋了它：幸福的收場。不管是法庭劇出人意料的轉向和喜劇收場，還是西部片的好人騎馬迎向落日（或者飛回他或她的銀河系），對英語系的電視觀眾都是再熟悉不過的場景了。當然，有些通俗劇完全是爲了電視製作的，像每週強打的致命疾病或兒童虐待情節就是。當我們看到，別人能夠勇敢地面對我們害怕的事件和疾病，我們表面上會興奮異常；但這種反應並不指向悲劇感，反而遠離了它。毫不意外，多數這類通

---

[20] 即尼采已成經典研究的處女作《悲劇的誕生》，考夫曼譯（*The Birth of Tragedy*, New York: Random House, 1966）。古希臘人對十九世紀德國知識份子和文人圈的奇妙影響，巴特勒的《希臘對德國的宰制》是不錯的通論（E. Butler, *The Tyranny of Greece over Germany*, Boston: Beacon Press, 1958）。

130　俗劇也總有個壞蛋，有個可以怪罪的人，而即使勇敢的受害者最後（如同預期的一樣）屈服了，壞蛋也總會得到報應作爲補償。幸福的收場就和浪漫通俗劇一樣，完全是悲劇的對立面。常有人說（比方說柏拉圖的《會飲》）悲劇的相反是喜劇。不是，悲劇的相反是媚俗。[21]

今日沒人會提出悲劇問題，連學術圈也沒有；這本身就是我們時代的症候。好像我們已經超越悲劇了，彷彿悲劇觀念在索福克里斯（Sophocles）或莎士比亞的時代裡還有它詭異的適切性，然而今日已不再是談論人類處境的恰當方式了。當然，我們立刻會承認「悲劇」仍然存在，即糟糕的事情還是會發生——小孩子騎腳踏車時意外身亡，兩個年輕人因他人酒駕而被撞死，一座阿富汗城市因地震來襲而死了上千人——但儘管如此，悲劇觀念已經隱而不顯了。悲劇仍然是**他者**，是他者會碰上的事，因此有充分餘地作出完全不能落實的解釋和合理化。相較之下，亞里斯多德毫不讓步，認爲悲劇會感動我們，正是因爲我們在感情上會認爲自己就是悲劇英雄。進一步說，當我們有距離地看待他人的悲劇，就很容易認爲它是沒有意義的、只是運氣不好、實際上

---

[21] 《會飲》中，蘇格拉底其實是主張悲劇和喜劇是同一回事。不過更深刻的觀點要歸於米蘭．昆德拉，他在他讓人拍案叫絕的小說《生命中不能承受之輕》（Milan Kundera, *The Unbearable Lightness of Being*, New York: Harper and Row, 1984）解釋了媚俗的概念，近來他還說「媚俗即是將流俗觀念的蠢笨轉譯爲美和感受的語言。它觸動我們，我們因此爲自己流淚，爲我們思考和感受的平庸流淚。」於耶路撒冷的演講，重印本見《靜地新聞報》（*Mishkenot Sha'ananim Newsletter*），第3期（1985年7月）：頁5。

也完全不算悲劇。直接了當視而不見——保持距離——是很有力的哲學工具。

但這工具有很多用法，不是每一種都很簡單。想想亞里斯多德怎麼審理索福克里斯的伊底帕斯故事吧。這悲劇大家也夠熟了。伊底帕斯出生時，預言說他將犯下人能想像的最大罪惡：殺父娶母，這如今已成佛洛伊德的場景，仍能顛覆「家庭價值」的神聖性。他的父母也不傻，決定不要這個嬰兒，而這個社會既然允許在必要時殺嬰，這事也不難。他們將小伊底帕斯交給一名僕人，他又轉交給一個牧羊人，可他沒把他丟到山裡等死，反而讓別人來認養他（伊底帕斯是個少有的幸運孤兒）。但他也聽聞了原來的預言，因此很有責任感地離開他的「父母」並前往底比斯城。他在路上殺了個人（還能是誰？），還經歷了一系列的冒險（其中一樁是和獅身人面獸的機智問答），最後到了底比斯，迎娶了恰逢喪夫的皇后，成了底比斯的國王。而索福克里斯的劇作《伊底帕斯王》就從這裡開始。

底比斯受到了詛咒。他們派遣最智慧的先知前往各地了解原因（因爲那時就和現在一樣，任何事情發生都有理由）。當中最智慧的提雷西亞斯（Tiresias）馬上看出眞相，但他不願意跟國王講，原因自不待言。甚至他賢明的建議，還有宮廷裡幾乎所有其他人的建議，都是不要追究了。但伊底帕斯關心底比斯的福祉，決定自己來（他自己來的事可比他知道的要多）追究詛咒之因，最後終於明白正是他自己，還有他不可饒恕（即使他當時不知道）的行爲。因此整齣劇就是伊底帕斯痛苦的、不斷延後的領悟：「污染」底比斯的就是他。觀眾進戲院時當然知道這一點，故問題接著就是，爲何這劇作如此充滿「淨化」（cathartic）特質，如此激動人。

希臘人顯然感到憐憫。美國人通常會覺得不自在。希臘人明白，亞里斯多德在他的傑作《詩學》中也一語道破，伊底帕斯的悲劇事實上是我們所有人或任何人的悲劇。伊底帕斯是「體現普遍的個殊」，是任何人都可能成爲的國王。然而自此之後，評論者都試圖將伊底帕斯和他的悲劇孤立起來，並試著解釋它爲何明顯不能適用於我們所有人或任何人。他太笨了。他太固執了。他不負責任。至於我們也常常會不負責任、愚笨或固執，那就甭提了。更何況，他是個國王，還活在仍然相信詛咒、預言和命運的世界裡。我們的世界不是這樣，因此 —— 這是某種一廂情願的巨大邏輯飛躍 —— 我們的世界也不是悲劇的。

然而儘管亞里斯多德的概略主張是這樣，他也還是用上了某種保持距離的策略，以便讓悲劇更能爲人所接受。亞里斯多德在《詩學》中提出悲劇理論，如今能讀寫的學童學的就是這個，即「悲劇性缺陷」的理論。根據「悲劇性缺陷」（*hamartia*）[5]理論，伊底帕斯 —— 還有任何悲劇英雄 —— 都有某個關鍵惡德，或者某個遠遠搆不上美德的特質，這標識出他的命運，並讓接下來的悲劇變得多少不可避免。這裡的「多少」事實上極爲重要，因爲悲劇（更一般而言還有命運）究竟在多大程度上眞的不可避免，多大程度上又能受人類的控制和意志介入，對這個問題，亞里斯多德和我們一樣是持開放態度的。不過更直接的問題是，悲劇本身究竟是否能追究到缺陷，或甚至這種缺陷是否必須存在。

當然，伊底帕斯看來不是完人。但他不完美處實際上爲何，

---

[5] 譯注：古希臘文「失誤」、「偏差」意。

其實要看觀眾怎麼看。我們當然覺得他自大，但他畢竟是古希臘的國王，而那裡的暴君多到不值幾個希臘錢幣。他當然很固執，可是這種追求眞相的固執，這種在城邦的福祉利害交關時表現出的執拗，難道不能看作是偉大的美德，好領袖的根本美德，而非要當作是惡德或甚至是弱點嗎？即使結果苦澀也要追求眞相，我們在其他狀況下不都讚揚這是勇氣嗎？一百多個世代的求眞者都高舉蘇格拉底，因爲他勇敢接受死亡也不願背叛他心愛的哲學。那我們還有亞里斯多德（由於柏拉圖的關係，他可算是蘇格拉底的徒孫呢）爲什麼會認爲伊底帕斯的固執是個「缺陷」呢？因爲伊底帕斯的狀況跟蘇格拉底不同，他的缺陷帶來了無可挽回的災難。蘇格拉底成了殉教者，然後成了永遠的英雄，但伊底帕斯，用索福克里斯劇作的話說，成了「世世代代都憐憫的人」。其實是英雄還是殉教者我們都不在乎，只要跟我們保持安全距離就好；然而悲劇的受害者可不是殉教者，即使人們曾稱他們爲「英雄」，因此必須解釋他們的悲劇，也就是解釋成不再是悲劇。他們的苦難是因爲個性中的缺陷，這個想法對我們有很強的吸引力。這意味著他們理當遭受這一切，即使反省之下，他們遭受的懲罰還是太過份。[22]

132

[22] 西瑟．波拉，《索福克里斯悲劇》（Cecil M. Bowra, *Sophoclean Tragedy*, Oxford: Clarendon Press, 1945）；西德里克．惠特曼，〈不理性的惡〉，收錄於《索福克里斯》（Cedric H. Whitman, "Irrational Evil," *Sophocles*, Cambridge, Mass.: Harvard University Press, 1951）；瑪袞莉．巴絲托，〈作爲亞里斯多德理想悲劇英雄的伊底帕斯王〉，《古典週刊》，第6期第1號（1912年10月5日），頁2-4

審理伊底帕斯還有其他方式，正如惡的問題也有很多審理方式，而且其中某些沒人試過。比方說古代有個觀念認為——現代觀眾對此不再那樣熟悉了——一個人的命運是繼承的。一開始確實是理當承受的詛咒，之後卻會繼續傳給子女。伊底帕斯本人受詛咒是因為他父親拉歐斯（Laius）作錯事，而安提岡妮（Antigone）則因身為伊底帕斯的女兒而受詛咒，雖然她本人沒有作錯任何事。安提岡妮的例子顯然非常切中要害，完全是亞里斯多德一般化分析下的例外，因此她——以及索福克里斯的劇作

（Marjorie Barstow "Oedipus Rex as the Ideal Tragic Hero of Aristotle," *The Classical Weekly*）。討論悲劇觀從早期希臘悲劇作家到後來柏拉圖和亞里斯多德哲學家的轉變，瑪莎・努斯邦的《善的脆弱》（Martha Nussbaum, *The Fragility of Goodness*, Cambridge: Cambridge University Press, 1986）是極精湛又原創的著作。

掙扎著擺脫悲劇的嘗試，在對《哈姆雷特》（*Hamlet*）的類似處理中也可以發現。這齣劇作就是意外、巧合與不幸的悲劇。只有一個決定性、不容置疑的有意惡行，也就是克勞迪歐斯（Claudius）殺害國王，也是他的親生兄弟。但對哈姆雷特來說，這根本是個沒法處理的狀況——一位大學生得到死去慈父的消息，要他為自己的死亡向叔叔報復，而現在叔叔還是母親的丈夫。所以他陷入迷狂，拿不定主意。不然還能怎麼辦呢？然而主流詮釋主張，悲劇的根源在於「他沒法下決定。」這又一次用上了悲劇性缺陷的理論。如果最終說來真的是哈姆雷特的錯，那麼這大概是無知的我們完全不需要掛慮的情境。對貝葉斯決策理論（Bayesian decision theory）亦有一定興趣的洛杉磯心理學家，桑佛・威瑪（Sanford Weimer）博士就曾論證，哈姆雷特的所有決定，特別是在某個時間點上不行動的決定（比方說決定不在克勞迪歐斯祈禱時殺他），事實上都是完全合理的，而絕非是「他沒法下決定」的問題而已。

《安提岡妮》(*Antigone*)——就成了另一個悲劇理論的範型，與亞里斯多德直接較量，其最著名的提倡者就是十九世紀早期的黑格爾。照黑格爾的理論，悲劇的受害者完全不必有缺陷，而只是身陷於相衝突、對立的力量中。安提岡妮就身陷於埋葬亡兄的古代「神聖」義務，還有國王不准埋葬的絕對命令中，因此她躲不過命運，但仍然作了她（以及我們）認爲對的事，終結了她不幸的一生。因此黑格爾試圖擺脫亞里斯多德以「怪罪受害者」來解釋悲劇的古典進路。

然而距離機制仍然存在於悲劇人物必須經歷的「命運」觀念中。安提岡妮的死是命運和她的父親早就定下的，而伊底帕斯也因他的父親拉歐斯而必定悲慘，後者犯了如今所謂兒童虐待的罪，而且罪行嚴重。因此父親的罪降臨於孩子，而悲劇若不能用個人的罪惡和責任來解釋，也還能用命運還有特殊的家族史來理解。相比之下，我們則不相信命運，而且不管怎麼說，受詛咒的，被命運擺佈的都不會是我們自己。又一次，我們演練這一切的目的只是爲了把自己當作例外。或者反過來說，我們寧願相信伊底帕斯和安提岡妮才是例外，我們不是。

命運、簡便命運，及看不見的手

> 這，如果用個美國詞兒講，可以讓新發現、報復、虐待、死亡與永恆全都看起來像是一個叫人只想作嘔的小字眼——就是它了。
>
> ——弗拉弟米爾·納巴可夫，《蘿莉塔》

133 我們有的形上學選擇常常最後只剩下相信上帝（事實上是一個很怪的上帝概念），或者接受盲目機運的擺布。但還有別的選項，它曾經是幾乎所有哲學和宗教的關鍵成份：即命運的觀念。人們常不屑命運，認爲它是不開化的，是前人恐懼的殘餘，因爲他們面對天災完全缺乏科學知識，只好將不可解釋的事轉變爲他們理解的事，即他們自己的人格。因此世界由人格化的神靈所控制，不幸也都是諸神和女神隨興所致的惡意和嫉妒所造成。地震和颶風一類的大災難是憤怒的神明所引起的。我們現代人有成熟的科學，可以將這一古怪的畫面輕鬆打發，視之爲迷信無稽。可是命運的觀念未必如此單純。

古代哲人執迷地認爲，我們的生命不是我們能控制的。[23] 我們日常生活中確實會作決定，表面上好像也會「選擇」要走哪條路，但在更大的視野下，這些選擇都以某種方式預先被決定了。決定的力量，其本性一直是熱烈爭論的話題，有神人同形的「命運」，有複雜的哲學決定論理論，還有新時代（New Age）的媚俗——弗拉弟米爾．納巴可夫非常恰當地稱之爲「簡便命運」，即任何發生的事「本來就該這樣發生」的看法。中世紀決定的力量當然是上帝。猶太—基督教上帝在命運觀念之外，還添加了清楚的『關心』概念。因此信念和堅貞有一定的重要性，如果沒辦法實際影響上帝的作爲，至少也可以相信他的善。

如今相較之下，認爲有個看不見的手導引或控制著我們的行動，這一看法由於我們對科學決定論的流行信念、強烈的個人責

[23] 努斯邦，《善的脆弱》。

任觀、隨之還有對控制的要求，而不再那樣有力。我們對這種背反似乎一點也不困擾，當然，哲學家例外。[24]但一同觀之，命運在科學決定論和個人責任中是沒有任何空間的，因爲前者獨獨強調先前的自然因果，後者則拒絕接受任何我們以外的行動者。若再加上更高級的當代科學觀，考慮不可預知性、混沌和量子理論；還有反對大洪水又反科學的上帝信仰，相信祂照料一切而且偏愛奇蹟甚於自然律——那這裡的智性事態就眞的亂七八糟了。唯一剩下的，能穿越這一切矛盾和高級不一致性的鐵打事實是，我們承認自己的生命終究不在自己的控制下。鳥事總會發生，沒錯，而且只有某些時候才是我們自己的企圖和責任造成的。

命運的概念有個完全自然而且可以理解的居處。「個性即命運」，以弗所（Ephesos）的哲人赫拉克利圖寫道，而數十年前，孔子在中國已發展出類似的看法。沒有比參加高中同學會更能突顯此眞理的場合了，它往往混雜著趣味還有微微的創傷。最嚇人的是，自己的同學在十、二十甚至三十年後竟沒什麼變。有些人可能患了場大病或者歷經了個人的傷痛，但大部分人還是差不多，叫人驚奇。我們立刻想到如下隱喻，它雖然老套，但有深刻的哲學味：有如幼株長成樹。基本的形狀、類型和特質早已決定好了。剩下的只有偶然的變化和細節而已。我們會想起，其中一名同學是「命中注定要當總統的」。當然，不是美國上千所高中

134

[24] 其經典表述見於康德的第三條二律背反：「正題：世界上有自由的能動因。反題：不存在自由，只有自然因。」《純粹理性批判》，史密斯譯，B版472頁（*Critique of Pure Reason,* trans. N. K. Smith, New York: Macmillan, 1966）。

所有「命中注定」的人都當得上總統，但那位同學多半會大權在握，身居領導地位。我們還會想到，有個同學遲早會去坐牢。而他（是「她」的機率比較低）不出現於同學會的機率也挺高的，可能又在吃長期牢飯了吧。

個性作為命運，在決定論與偶然間開出了一條中間地帶。不用多說，少數大哲就會用個性的觀念（大衛・休姆、約翰・史都亞・彌爾）以回應自由意志—決定論的難題。（如果行動出於個性，行動就是自由的，但個性既由先前的環境所決定，也會決定未來的行動，而這些行動又會決定個性。）沒錯，個性是可以培養的，但它的選擇範圍，也許從理論上說沒有限制，現實上卻比我們以為的還要受限。單是想改掉個小習慣——小小的發音不順、不由自主的某個粗魯手勢、怪異的走路方式、更別說抽菸了——就困難萬分了，非常折磨人。至於想改變自己的個性，比方從害羞變成善於社交，從膽小變成勇敢，甚至可能得完全改變自己的生活才行；一個人若真的改變成功了，事後看來，其實也還是個性（像是決心或毅力）的根本環節之一。正是因為個性的培養要經歷很長的時間，所以我們在詮釋自身時，不能認為自己僅是機運所造就，雖然個性的形塑確實有許多巧合與偶然在其中作用。有非常多的個性特質似乎是「天生」的——或者至少是自出生以來就有的。但一個人談自己的個性，不能像談自己的出生日期或國藉一樣，說它「不過就是那樣發生了」，或它「不是操之在我的」。如果這樣說話（「我是個懦夫，而且我對此無能為力」），就完全是沙特所謂「壞信念」（法文的 *mauvaise foi*）的典型案例。[25] 但同時，也不能以為個性只是自己選擇的結果而已（這樣子想等於是否認了個性的觀念）。既然一個人的未來多少是由於他或她的個性所導致的，那我們就完全可以理解並接受這一通行的命運觀念。

庫特．馮內果（Kurt Vonnegut）在《第五號屠宰場》（*Slaughterhouse Five*）中，特拉法瑪多利安星球的居民（Trafalmadorian）（靠著其英雄角色比利．皮格林〔Billy Pilgrim〕）告訴我們，他們收藏了幾百個星球上的文明，但只有在地球上才有相信「自由意志」的物種。[26]但我們當中就算最自由派的人，也往往會相信自己的命運其實是由別人所控制的。在浪漫的交往中，命運的觀念簡直難以抗拒。它似乎已經內建於我們對愛的浪漫看法中了（「我們命中注定要在一起。」[27]）經濟學裡我們也很難擺脫亞當．斯密《國富論》（*Wealth of Nations*）的著名隱喻，即「看不見的手」保證了企業社會狹隘的自利仍能達致繁榮。[28]生物學中，除了最爲狂熱且堅持邏輯一致的演化論者以外，幾乎所有人都會有某種進步或目的性的視野，比方說解釋某個特性的「功能」怎麼讓物種得以生存的時候就會這樣。[29]

135

---

[25] 讓—保羅．沙特，《存有與虛無》，第二章。

[26] 庫特．馮內果，《第五號屠宰場》（New York: Delacorte, 1969）。

[27] 阿里斯托芬口中失去愛人的半球人，可以當作這裡的隱喻。由於半球人是先前整體的各半，它的具象感就直接讓「命中注定要……」或「生來就是要……」的形象別有意涵。

[28] 羅伯特．諾齊克在《無政府、國家與烏托邦》（New York: Basic Books, 1974），頁20-21中列出了一系列的「看不見的手」解釋。

[29] 但演化論即使只依隨機突變、天擇等概念作嚴格詮釋，它也仍然會用「看不見的手」來理解聚現（emergence）形態的類型。見克羅與木村，

對，我們有選擇，我們也可以為之負責。但我們也會感覺到某種更大的命運，感覺到我們似乎逃不開我們的命運。全球力量、世界經濟、國際政治、星球的生態動力、還有比較容易指認的地方力量（系上或大學的政治角力、犯罪和暴力的威脅、無所不在的大眾文化、鄰居的個性）全都席捲我們而來。黑格爾描繪時代精神，還有個體相對而言不重要的見解，都抓住了此卑微形象的精髓，數十年後托爾斯泰的《戰爭與和平》也一樣。我們的生活與福禍，很大程度上不單是自身個性的產物，也由我們生活其中的文化和時代更加無所不包的特質所造就。不管怎麼思考廣受爭論的自由意志問題，在某種溫和的意義上，我們都無可否認是命運的奴隸。我們並非自己生命的唯一作者，而且即便不否認機會的作用——或單純的運氣（好的和壞的）——我們的未來多半已經在我們眼前了。不管我們怎樣自負於我們的自由主義或存在主義，我們都只是長成我們的未來，而非造就它。

但並非所有對命運的認知都局限於個性和文化。士兵或電影裡的牛仔有時會說「那子彈有我的名字在上頭。」這也是在訴諸命運，儘管用詞具體得恐怖。某件事要麼發生，要麼不發生。在物理學、演化生物學和經濟學裡，我們可以放膽談論機會，但一但事涉我們的生活，我們幾乎沒辦法消化它。我們可以想像未來。我們也可以想像各種可能——至少能想像其中一些。因此很難相信其中某個可能不會發生，或者說，某種意義上它竟還沒發生。（馮內果在《第五號屠宰場》中讓有所了悟的比利如此述說

《大眾基因理論導論》（J. Crow and M. Kimura, *An Introduction to Population Genetics Theory*, New York: Harper & Row, 1970）。

自己的死：「這時刻一直都已經發生了。它將會一直發生。」）亞里斯多德將這一常識洞察轉變爲邏輯矛盾（「如果明天會有海戰是眞的，那明天會有海戰必定**已經**是眞的了」）。我們沒這麼精確，但困惑是一樣的。如果某個事件是命定的，那它就會發生。將困惑轉變爲矛盾是如今避免困難問題的通行作法，將古代緊要的哲學問題「扁平化」，最後它就變得跟我們毫無關係了。然而觸動亞里斯多德表述此矛盾的，並非只是他對時態邏輯的著迷，也是對必然性難以言說的感受；而這一感受，是他自充滿悲劇思維的希臘先人繼承過來的。 136

命運就指向這一必然，即某件事或事態不管怎樣都必要發生。[30] 命運不只是模糊地感覺到「某事將要發生」，那是預感、恐懼和焦慮才有的狀況。命運更爲精確，它是認爲某個特定事件或結果將會發生，而且也必定要發生。古典意義的命運觀，對於這命定的未來將如何或藉由什麼方式到來，並沒有特定的立場。用更哲學的字眼說，命運觀不表示得在某種意義上接受「決定論」，即認爲任何事件的出現，都是由於一系列先前的條件和原因所「決定」的。命運也不必然和預先存在的目的有關。[31] 伊底

---

[30] 伯納．威廉斯有時認爲，這種必然觀必定會帶來某種目的論或目的性思維的觀念（例見《羞恥心與必然性》，頁141）。這點我看不太出來。命運的觀念當然與未來分不開關係，但我看不出爲何它因此就是目的論的（有我名字的子彈不必然有任何目的，雖然在必然的觀念以外當然可以加上一個目的論命題）。某個人（事後）認爲這肯定是件好事，不意味著它發生「就是爲了……」。

[31] 見前注引書。

帕斯聽聞他將殺父娶母的預言，就立刻出城了。這是他的決定。但他的命運就是，儘管如此，他還是殺父娶母了。命運超越了機運與選擇。命定的事並不只是「發生」而已。命運必然需要解釋，其細節可能模糊而晦澀（「啊，一定是命運所致」），但藉命運來解釋事件，就排除了只是機運的可能，也否定了個人控制的能力。

最極端的說法會將命定之事視爲不可避免的。可蘭經就說「它已寫下了」，所以任何事都不可能以別樣的方式發生。但命運也可以有更爲溫和、常識的解讀，可以只是一種並非鐵打的最終狀態。舉個例子，當我發燒時（通常每年二月都會），我通常都會與它對抗、否定它、而且不斷操勞自己，最後我病到身體下不了床。等我一覺得稍稍好一些，就立刻起身工作進教室，而後果自然可以預見。我有時也覺得很訝異，爲何我如此蠢笨又固執，但讀者應該可以預見，我的執拗有哲學的結構。如果我遲早是要康復的，待在床裡根本是浪費時間。另一方面，如果我病況只會惡化，我最好還是趁這段時間先作點工作。溫和的決定論會提醒我，我「趁這段時間」作的事本身會決定之後的結果，但我是命定論者而非決定論者（至少在這個脈絡下是這樣）。我要麼會康復要麼不會，所以我這段時間到底要作什麼，其實並不重要。這不是說我眞的知道我會不會康復；命定論不意味有這樣的知識。它只要求我們感悟到，會發生的就會發生（*que será, será*）[6]，而會發生的事某種意義上是早就底定的。

---

[6] 譯注：西班牙文，美國的俗話。

命運的觀念有其魅力，但不是因爲它讓我們不用負責，而是因爲它讓未來看來是底定的。彷彿自己的子孫已經在遠方等待，自己雖然現在還只是不成器的研究生卻好像已經拿到博士學位了，或彷彿世界的命運已經定下來了一樣。命運就是一宏大的敘事，於是當下看來無意義的決定或事件，從未來的觀點看就有深遠的分量。從其根本本質看，命運是事後之明。它指向未來，但要看出命運，就只能轉身回顧。一對情侶可能在第一次約會很棒時就說「我們命中注定要在一起」。但這究竟是否是眞的，還是只是個難笑的笑話，要好幾年後才看得出來。我們的行動總是帶有無知，但我們的行動既放眼未來，也回首過去，置身於讓這些行動有意義的敘事之中。

我們多半會爲自己的成就感到驕傲。相信命運會折損我們的傲氣嗎？驕傲要我們否定命運，堅持一切操之在我。「一個人必須對自己是怎樣的人負責」，早年的沙特如是寫道。他一生都如此主張，只加上一個很小的但書：「一個人總是必須對自己如何造就造就自己的事物負責。」[32] 但連沙特都也承認環境條件有其重要，即一個人的「事實性」（facticity），「處境」。比方說過去，就總是事實性的一個例子。它已經過去了，大勢底定了，一了百了了。一個人不能決定自己將在哪裡、何時、或什麼狀況下出生。1933年的德國猶太人不能決定自己要不要生爲猶太人，要不要在德國長大成人，要不要面對納粹黨的興起。但在給定的處境下，總是可以也必須作選擇，這也包括了接受這個處境的決

[32] 沙特1970年訪談語。

定或是反抗它的選擇。也許問題在於，是否可以想像我們對未來作同樣的分析，即雖然未知但已經底定的未來？現實上說，或從存在上說，也許可以主張，其實能不能分析沒有什麼可以想見的差別。如果我們知道未來，我們就不是在作選擇，而只是照著劇本演出。那既然我們不知道也沒法知道，這樣思考又有什麼意義呢？（我會問我的學生：「我有個算命師朋友，95% 的時候都預言準確。你們會不會問她你的未來配偶是誰，或你何時會死亡？」幾乎所有人都對這兩個機會說「不會」。）

儘管如此，我發現很難不相信命運。我認爲，當我們沒有因抽象的衝動而分神，智識上也沒有同事要求正確存有論的壓力時，我們就總是會訴諸命運。我們在生病或碰上自然而然的壞運氣時，就會抱怨說：「唉，它非發生不可。」任何大災難，像是銀行破產或無家可歸，都可以自然而然訴諸於此：「他自找的。」（越來越多人大放厥詞評論無家可歸者是自己「選擇」無家的，也同樣顯示以上傾向，儘管這是個頗爲駭人的例子；但這類看待貧窮者的觀點在所有社會中一直都存在，連最爲「開化」的社會也不例外。）我們期望事情以某種方式「順利進行」。也許這只是因爲我們的生長環境多少相當安穩所殘留的影響：我們的父母重然諾，保護我們，照顧我們，把每件事都打理好，在我們受傷害時安撫我們，爲我們找理由，並用現成的合理化說法撫慰我們的失敗。我們因自己的過錯而要受苦時，他們會立刻回應說「早就跟你說過了」，我們成功時，他們在讚美之餘也總要添上一句「我早就知道你可以的」。未來好像已經在眼前了，某種程度上也是確切的。我們於是期待一個理性的宇宙，而且從來就無法打消這一念頭。這其實就是佛洛伊德於《一個幻象的未來》（*The*

138

Future of an Illusion）中對宗教的看法，只是解說更爲正面；卡繆對「荒謬」的見解也與此相呼應。我們全都感覺得到，至少在碰上壞事時會有感覺。我們不由自主地問「爲什麼偏偏是我？」彷彿宇宙欠我們一個答案。

好運、壞運，完全無運氣可言：爲感激一辯

要不是運氣壞，
我根本不會有任何運氣。

——傳統老藍調短語

很多哲學都少了對運氣的探討。它一般說來都和非人格化的「機運」兜在一起談。惡名昭彰的自由意志問題完全不考慮運氣和機運，認爲它不可能解釋人類行動的原因（畢竟不管怎麼說，它既不算是原因也不算是解釋）。[33]科學哲學裡，機運和概率才是科學解釋的實質，運氣可不是——它包含著無可抹除的價值要素。在倫理學裡，大家都儘可能有效率地將它排除在考慮範圍外（康德在《道德形上學之基礎》開篇處就用一個很長的句子打發了它[34]）。當然，我們在日常生活中很常訴諸運氣。我們還會買

---

[33] 「機運」常常會轉變爲「非決定論」，這是個純然科學也更爲中立的觀念。例見羅伯特．肯恩，《自由意志的重要》（Robert Kane, *The Significance of Free Will*, New York: Oxford University Press, 1997）。

彩券試試自己的運氣。我們中了獎還會感謝我們的「幸運星」。我們常常發現我們單靠運氣而避開了悲劇或災禍，特別是開車或任何急速行駛的交通工具時，因爲常常毫秒之差就完全是天壤之別。但我們這樣解釋似乎有些空洞，彷彿我們並不眞的相信它，相信運氣。不管我們有多幸運，我們幾乎都不可避免地感覺我們理該得到這些事——至少在好運時是這樣。相較之下，我們運氣不好時，感覺就完全相反。和先前探索悲劇一樣，我們這裡又發現了熟悉的不對稱性。但無論是好是壞，運氣都有因事制宜的嫌疑，是個打發一切的觀念，是實質解釋尚未出現前的替代品。

眾人皆知，康德否認運氣在他所謂的「道德價値」中有任何作用。他堅持只有「善意志」才是無條件的善，甚至（或尤其）在面對最慘痛的不幸時，它都會大放光芒。與此對照，亞里斯多德則明確將好運（以許多面目出現）納入幸福人生的本質中。當然囉。他的寫作針對的是一群出身顯赫的貴族嘛。但要處理悲劇和不幸時，亞里斯多德就和柏拉圖及蘇格拉底一道，試圖退回一個哲學上不受質疑的立場中。蘇格拉底稱之爲「他靈魂的善。」亞里斯多德稱之爲「美德」。[35]兩人——自此之後也有許多哲學家——都認爲終極的逃脫就是遁入思想的世界，即「沉思」的生

139

[34] 康德，《道德形上學之基礎》，詹姆斯．艾林頓譯（Kant, *Grounding for the Metaphysics of Morals*, trans. James W. Ellington, Indianapolis: Hackett, 1981），第一段第七節（如果善意志將意願著善意，那它究竟會意願多少的善意呢？謝謝羅伯．潘諾克（Rob Pennock）指出這一點。

[35] 努斯邦，《善的脆弱》。

活。不管這生活還有什麼長處（virtues），它的理想並不只是哲思之樂。它還是── 這在後來的斯多噶派中更爲明顯── 在試圖儘可能減低運氣和生活的殘酷對人的影響。

能讀到牛津出版社書籍的讀者，通常生來就令人妒忌地富有，他們的可能和潛力，顯然是世上多數與我們不平等地共享同一個星球的人們所無法擁有的。[7]我們也許會口頭承認運氣，像是少數哲學反思的時候，但我們的舉止和思考，就彷彿好運給我們的贈禮是我們有資格擁有的一樣。在1980年代德州大繁榮時（正好在80年代的德州大衰退前不久），某個達拉斯生意人在電視上受訪表示：「我感謝主讓我在這樣的時候長大，感謝祂讓我出生在德州達拉斯。」但從他講的其他話中可以很清楚看到，他一點也不覺得自己是「幸運的」或者感恩的，反而覺得自己是個有責任、聰明且苦幹實幹的人。他理當擁有巨大的財富，他也非常清楚表示，他不覺得自己有義務和他人分享這筆財富。因此，成功的運動員也行禮如儀，感謝主讓他們成功，但他們的作爲也無疑表示，其實他們靠的是年復一年的練習還有特殊天分，他們成功靠的是自己，而且也只有自己（雖然也許一路走來還有母親的鼓勵）。這不是僞善，而是個小心經過哲學編修出的生命觀。這一敘事關注我們能控制的事，也爲此而歸功於自己，但忽略了我們不能控制的事。舉例來說，我們也不認爲世界或社會是個嚴格共享的事業，好像一個人的天分嚴格來說是屬於所有人的，因此獎賞要共享，也不能太看重自己的功績。我們並不認爲，恐怕

---

[7] 譯注：本書原由牛津出版社出版。

也無法認爲，有些人有天分、才華和資源而別人沒有，只是運氣的問題而已。

運氣和區區的機運必須加以區分。運氣是個很人性的觀念，充滿希望、恐懼和懊悔。相比之下，機運是個非人格的觀念，只是純機率的問題而已。現代科學已將世界化約爲機運之事，偏好「非決定論」甚於決定論，偏好量子統計而非古典力學。與愛因斯坦的看法不同，上帝（如果存在的話）確實「會在宇宙中擲骰子」。生物學裡的達爾文派大家，哈佛大學的史蒂芬・杰・古爾德（Stephen Jay Gould），就反對任何保留目標或目的觀殘餘的演化論——簡言之就是「生存者即適者」——反對任何讓已然野蠻、無目的的天擇過程有一丁點意義或方法的事物。偉大的哲人都告訴我們，世界就是剛好是這樣的事所組成的一切，別無其他。[8]但事情有可能完全不同：世界沒有理由非要這樣而不能別樣。維根斯坦告訴我們，「最值得驚嘆者並非宇宙是它所是的樣子，而是居然有宇宙這件事。」維根斯坦心裡顯然有一更廣大的精神形象（不過這一形象似乎從未進入他的哲學中），但他直率的命題很容易詮釋成『只有純粹機運』的現代主張。[36]

140

我不會反對量子力學或最好的演化論。問題在於我們無法從這種角度看待我們的生活。認爲我們碰上的事只是機運而不用多

---

[8] 譯注：這裡影射維根斯坦的《邏輯哲學論》第一命題。

36 維根斯坦的問題「爲何在者在而無者不在？」是從德國浪漫派來的，特別是弗列德里希・謝林（Friedrich Schelling），不過謝林很顯然從未想及純然的機運。謝林的哲學就和黑格爾一樣，狂歡於必然的觀念之中。

加解釋，簡直不可設想。無論是好是壞，我們終歸都是理性思考的動物。但思考自身生活時，我們的現代科學態度會立刻瓦解。原子內的量子可以毫無原因而飛離原子——我們相信物理學家的權威，欣然接受這一「事實」，畢竟他們知道自己在說什麼。遠方的銀河在某種程度上會自行爆炸——這也不成問題，雖然我們也可能隨意想像這些銀河中的某個或多個星球或星體上，有與我們差不了太多的生物與文明。甚至認爲生命在地球的演化只是純粹機運所致，在多數人眼裡簡直不可置信，因爲宗教在這一想法中完全沒有地位。甚至連那些願意放棄這類「目的論」的人，雖然承認人類就像一切的存在一樣，嚴格說來都是機運與偶然所致，但他們還是堅持認爲，我們在此並非毫無目的可言。相信一切還有我們所有人都只是機運，究竟會有什麼後果？注意，在我們的心中，機運的觀念很容易就會變成「無意義」的觀念：本來說的是，生命還有生命中的個別事件不能解釋；結果成了，生命和這些事都毫無意義可言。甚至我們這時代某些最具影響力的哲學思考，也已這兩種想法結合成單一的論證了，儘管最終的結論和後果大異其趣。如果機運是宇宙的規則，那我們哪裡找得到價値、意義、還有充份思索我們生活的方式呢？[37]

反之，從運氣來看待生命，即使它是不可解的，至少也是有意義的。在此，清楚區分運氣和命運也很重要。兩者常常混淆，儘管兩者的意義看來是截然對反的。運氣描繪的事件是沒法多加

[37] 例見羅伯特．潘諾克，《巴別塔：科學、哲學與新創世論》（Robert T. Pennock, *Tower of Babel: Science, Philosophy and the New Creationism*, Cambridge, Mass.: MIT Press, 1998）。

解釋的：硬幣掉落時是正面還是反面；隨機選擇數字或某張卡片；電台隨機撥打的問答遊戲。理論上可能有，也可能沒有解釋。（若能全面地微觀分析掉落面與硬幣的重量分配、「丟」硬幣的扭力、掉落面的特質以及它與硬幣的距離，那也許就能完善解釋並精確預測丟硬幣的結果。硬幣和量子不同，它仍然遵守決定論式的法則。但單就現實考量說，它是無法解釋的。硬幣以這種或那種方式掉下，純屬機運。而若一個人剛好賭到它的結果，就是運氣（好運或壞運）。在指涉運氣的範圍內，進一步的解釋是不必要的（無論這種解釋是否存在）。[38]

另一方面，命運則是解釋，即使是個空洞的解釋也罷（「是命運讓我們在一起的」）。說硬幣落下時正面向上（剛好是我們下注的一方）是因爲命運，這完全不同於以下說法：硬幣落下完全是機運之事，只是剛好合乎我們的偏好而已。命運的說法是說，結果在某種意義上是「本該如此」的，它「必定」如此（和機運的機率量度或運氣中的不確定性都完全相反）。它也是說，結果爲何如此是有相當理由的，可能和功勞有關（「我贏這個實至名歸」）或者是宇宙中的幽微力量（「那是個讓人充滿希望的象徵」）。命運必然是更廣大、更無所不包的敘事之一環，儘管它的解釋價值可能微不足道，但它傳達意義的能力卻依舊非比尋常。相信「沒有任何事是偶然的」的人，必定過著異常豐富（儘管也可能負擔過重）的生活。但如果命運帶來豐富，那麼運氣，或者

141

[38]「這是個機運的遊戲嗎？」《我的小公雞》（*My Little Chickadee*）裡有個容易受騙的蠢蛋在玩撲克時就問了這個問題。費爾茲（W. C. Fields）飾演的角色則答道：「照我的玩法可不是。」

太過注重運氣，就有貶損生命的危險——這指的不只是病態的賭徒，他生活唯一的野心就是「中一次頭彩」；也指那些科學型人物（他們的例子更有哲學意涵），他們堅持認為所有事情都是機運之事，因此認為尋求意義是天眞又傻氣的念頭。[39]

有時運氣和命運剛好是同一件事的兩種替代詮釋。比方說兩人偶然在火車上相識，談天，喝咖啡，然後相聚用晚餐，陷入熱戀。說這是運氣，就是說它是件好事但沒有理由可言。它就這樣發生了，如此而已。說這是運氣就是說沒有解釋可言。另一方面，表面上的偶然相遇，也可以看作是命運。導演克勞德．勒路許（Claude Lelouch）執導了一部片子《你是我最愛》（*And Now My Love*, 1975），敘述居住世界兩端的兩個家庭，其三代家人的生命怎麼慢慢聚合，直到——電影的最後一幕——兩家的兒孫在飛機上「巧」遇為止。故事的浪漫之處就在於看來完全巧合的事，從別的方面看完全無關緊要的事，卻在電影中成了有如命定的事。這是命運的敘事，而非運氣的。

命運需要這樣的敘事。但當然，眞相是我們至少在某種程度上總會渾不自覺地行動。只有以某個更大的故事為背景，我們的

[39] 相信「任何事情會發生終歸是機運之故」的人到底會過有意義的還是意義虧空的生活，端看他們到底多麼認眞對待這個生命的隨機模型而定。我認識一位極優秀的物理學家，只要有人不肯接受「一切都是機運」的模型他就怒火中燒，但這不過是因為他完全沒想到，他們究竟是否接受這一模型，事實上也是機運之事。而且事實上，他是個有深刻宗教情懷的人。非決定論只是個理論而已（當然，還是個很好的理論），但沒法成為生命的哲學。

行為才可能有某種重要作用，但我們通常都不知道這故事是什麼。托瑪斯．品瓊（Thomas Pynchon）的偉大小說《引力之虹》（*Gravity's Rainbow*）就將其主人翁設定成二次大戰的關鍵角色——但他對自己的角色始終完全沒有自覺。在我們有限的視野下看來是運氣之事，很有可能在更大的故事中成為命運。但不管怎樣，這個更大的畫面（多半）是不在我們控制之下的。無論事情的發生是運氣還是命定，都不是我們所能決定的。這就是為什麼我們兩種觀念都不想要。我們儘可能減低運氣的影響並根本鄙視命運，因為，運氣只是讓我們不能完全為自己的作為邀功，命運卻會剝奪我們更多的好處。我們喜歡計劃，而且喜歡想像自己在為未來作規劃。如果將要發生的事早就為我們計劃好了，那麼計劃又有什麼好呢？

然而在哲學中重新引入運氣和命運至少有一個重大後果：可以重新考慮感激的意義。運氣、命運和機運各自趣味盎然地暗示了不同的世界觀。認為自己碰上的好事都是機運所致，就不可能感到有感激或感恩的義務。相較之下，認為這些好事是運氣，就代表至少有（或應當有）某種感謝之意。然而認為這些事是命運，就是將自己的整個生命放在一個更廣闊的脈絡下審視。這裡，「感謝之意」一詞也許不對。但命運未必能充分人格化，以便人們對之表現感激或感謝（更何況，既然命運從本性講就是預先命定的事，感激的態度在這裡就有點古怪。既然該發生的不管怎樣都會發生，就沒有必要為之感激。未必會發生的事發生了，或者可能會發生的事沒有發生，才會引發感激）。我的想法是，感激也許是對生命悲劇的最好回答。既怪異又不幸的是，我們總認為生命中的福祐是理所當然的——或者堅持我們理當擁有它們

142

——但在碰到壞事時又特別感到不悅，好像我們絕不該碰上這樣的事一樣。眞正承認悲劇還有生命悲劇感的方式，並不是對著諸神或宇宙揮舞「不屑並抗拒」的拳頭，反倒是像齊克果在宗教的脈絡下說的那樣，是「彎下雙膝」並表示感謝。然而照我看，有沒有上帝或諸神可以表示謝意，似乎不是問題所在。重點在於爲生命本身而表示感謝，而感謝的對象可以是任何人事物。

我們的文化和哲學家不講感激，反而偏愛談精明的賽局計算、相互得利、抽象的平等和機會平等觀、對權利資格作最小程度的歷史宣稱，或者最庸俗的就是理性算計：「他怎麼不能像我一樣（或者像我本來可以的一樣）擺脫麻煩呢？」——他們用這一切來取代鐵石心腸。我們沒有感激，只有原初立場的抽象建構或是虛構的社會契約。即使在最基本的存有論層次，我們似乎都更情願自己是獨立自決的，而非依賴他人的，且應當爲自己在生命中的優勢而表現出適當的感激。[40]

波士頓的心理學家舒拉．索瑪士（Shula Sommers）幾年前的研究發現，美國男性特別容易覺得感恩是最令人不快也最羞辱人的情感，比恐懼還糟。不難理解爲什麼。感激意味著承認我們實際上不是自己命運的主人，我們有的好處都是靠別人得來的，特別是靠運氣。如果我們抽象地考慮自己身爲地球上現存任何一

[40] 有些反諷的是，我們可以看到，如今有些了不起的道德哲學家支領高薪，卻認爲像是理智和優渥的生長環境之類顯而易見的社會優勢，在考慮功績時完全不重要；因此同一個論證邏輯進一步往下推，功績本身在正義的考量中也不重要。這裡肯定有某種非形式的不一致，不過我不確定該怎麼稱呼它。

個人的可能性有多大，我們很有可能生來貧困、營養不良、無知、生存在饑荒、內戰或獨裁者政體下，而且沒有任何眞正的希望或出路。我們的生活沒有落得那樣悽慘，也沒有早早死去，這不管多大程度上是靠自己，都肯定是運氣。但即使我們願意抽象地承認這一點，然而這一體悟如此深深令人不安，我們的生活似乎不可能與之和諧共存，更別說以它爲生活的基礎了。如果我們所有的成就，甚至我們的健康和才華都必須歸諸運氣，那我們將有負於誰，又有多少虧欠呢？這正是命運——還有上帝——伸出援手的時候。但這麼一來，我們若明白，打從心底明白，「那裡是這樣……但我福氣好，所以我顧我自個兒的事就好」，我們又怎麼可能忍受他人遭受不幸呢？另一方面，如果我們明白，打從心底明白，事情「就這樣發生了」、或必定如此發生、或由於上帝的意旨而發生，而且不管怎麼說，我們都眞的極爲——幸運，我們對自身不幸的體會又會有何不同呢？

143

悲劇的意義

一切都是命運的建築者，在時間之牆內工作。

——亨利．瓦茲渥斯．隆費羅，〈建築工人〉

（Henry Wadsworth Longfellow, "Builders"）

對苦難和生命悲劇感的討論時常遭遇一巨大阻礙，因爲頭腦簡單的人常用一個極流行但也很不幸的二分法來討論哲學：即樂觀主義和悲觀主義的分類。樂觀主義者是看「事情的光明面」[41]

——我立刻想到1979年蒙提·派松（Monty Python）的電影劇本《布萊恩的一生》（*Life of Brian*）的片尾曲[9]。換句話說，杯子有一半是滿的。另一方面，悲觀主義者即使不認爲生命是內在無意義的，至少也會認爲它更像是個詛咒而非福祐，對他來說，杯子有一半是空的。英國的黑格爾主義者布萊德里（F. H. Bradley）（開玩笑地）定義樂觀主義者是：「他相信這是可能世界中最好的，而且這世界中的一切都是必要的惡。」與之對照，他則如此定義悲觀主義者：他認爲「一切都很糟，但了解最糟的事是好的。」用這類小聰明形容這個二分法，完全是適得其所，因爲它錯誤地強迫我們只能在兩種「觀點」中選一種，但兩者既非涇渭分明，從任何實質意義上說也根本不算是觀點。

19世紀，阿圖·叔本華這位了不起的悲觀主義者出現了，儘管他的哲學多半以佛教爲基礎，而他心裡也很明白，佛教哲學可不能算悲觀主義，他依舊如此自稱。與此對照，叔本華的哲學勁敵黑格爾，就常被引用爲樂觀主義的代表。但任何人只消懂一點黑格爾哲學，就知道這一概括實在言之過甚又太過天眞。因此同樣地，試圖將哲學態度區分爲「積極的」和「消極的」，大概除了獨一無二的叔本華以外，幾乎肯定會誤解所有的哲學著作。這是哲學「扁平」最爲傻氣、痴呆的展現。但不管怎麼說，此分類

---

41 舉例來說，連像羅伯特·諾齊克這麼成熟的哲學家都會用「光明與陰暗」的隱喻。《審視後的生命》（New York: Simon and Schuster, 1989），第18章，頁205以下。

[9] 譯注：這部電影的片尾曲，即現在大家耳熟能詳的"Always look on the Bright Side of Life"（總要多想生命的光明面）。

144

至少將我們引向最爲困難的哲學問題。如果生命包括了苦難和死亡，我們該怎麼看待生命？悲劇也許是哲學的眞正源頭。如果我們不能感到痛、被傷害、挫折或恥辱，我們又該思考什麼呢？

常有人說，特別是哲學家，讓生命有意義的是對生命的思考。我自己的看法是，這不過是哲學又在自吹自擂的案例罷了。必須有意義的是生命，不是對生命的思考。不過思考生命絕非無關緊要；正如卡繆主張的一樣，在兩者的接合處——生命和反思——才能找到我們孜孜以求的意義。

幾年前有個小男孩在一場悲劇的意外中失去了兩名最好的朋友，他母親於是試著幫他了解這事可能有什麼意義。她投書到一個通俗雜誌，對她的痛苦不安娓娓道來，最後結論道：「我不認爲悲劇發生有其目的，但我想重述他〔引者按：她的兒子〕的話：如果人們能學到怎麼更加珍惜彼此並體會到生命的寶貴，那麼這麼悲慘的事也許總能帶來些善果。」智慧又謙卑的話。她最後又加上了一句：「九歲男孩陷入沉思，掙扎著想找出個理由——這說到底，也是我們所有人的沉思。」[42] 想要「回答」悲劇的人，或將它化約爲兩個愚蠢觀點的人，都缺乏這樣的智慧。

在這樣的思索中，確實有個答案能同時嚴肅對待生命和悲劇。它並不否認苦難，但也不沉溺其中。當然，可以說「生命是不公平的」。在這個意義上，生命的悲劇感不過是直接了當地承認顯而易見的事。但這不是說生命是無意義的，也不是要證明我

[42] 潔恩·布魯克斯，〈思索上帝的一樁作爲〉，《新聞週報》，1991年4月29日，頁10（Jane Brooks, "Pondering an Act of God," *Newsweek*）。

們可以沉溺於生命的悲劇而無視於它的福祐和好處。尼采頗爲正確地將他對悲劇生命的敏銳感悟和沒有局限的快樂結合起來（雖然他並不總是很有說服力），而烏納穆諾自己的生活，也與此相去不遠。我們太愛把自己刻劃成受害者或陷入憤世嫉俗了：這是我們太熱衷於歸罪，還有對權利資格過度強調的結果。或者我們避難於悲觀主義中（如果我們總是預期最糟的事，還有可能更糟嗎？）。但思考生命還有更好的方式。感激就是一種。好的幽默感也是。但總的來說，我認爲對悲劇最好的哲學回應，是感激與幽默的某種結合，是卡繆式的僞英雄猛然起身迎向荒謬，是激情地投入我們生命中的細節與人群中。重點不是否認而是擁抱悲劇，當它是生命本質的一部分——畢竟我們熱愛生命，也應該因此而感激。尼采曾說我們應該活出生命，當它是件藝術作品：他想的是我們怎麼造就它，它包括的不幸與一切。在這個觀點下，我們的苦難有意義，因爲生命有意義；我們無權要求更多了。

第6章
直面死亡，思考死亡
── 死亡的拜物癖、病態的唯我論

145

莊子妻死，惠子弔之，莊子則方箕踞鼓盆而歌。

惠子曰：「與人居長子，老身死，不哭亦足矣，又鼓盆而歌，不亦甚乎！」

莊子曰：「不然。是其始死也，我獨何能無概然！察其始而本無生，非徒無生也，而本無形，非徒無形也，而本無氣。雜乎芒芴之間，變而有氣，氣變而有形，形變而有生，今又變而之死，是相與爲春秋冬夏四時行也。人且偃然寢於巨室，而我噭噭然隨而哭之，自以爲不通乎命，故止也。」

── 莊子

有人認爲死亡是終極的哲學主題。這裡的終極並不只有「最後的」（像是「在我們生命將盡時」）這種微不足道的意思，還意味著死亡，連同巨大的苦難，甚至能讓最爲務實的人都開始哲學的反思。有時這是眞的，不過還是說得太誇張了。馬汀．海德格著名的命題，我們的存在根柢乃是向死而在（Being-Toward-Death），雖然含義未必明確，卻令許多人尊敬地點頭稱是，就和波提烏（Boethius）（西元480-524年）比較古老的觀點一樣，他說「哲學的慰藉」就是超越死亡。[1]可是，儘管哲學家在面對死

146

亡的不可免時確實需要好好想想，我仍然認爲人們搞錯了，它的重要性沒有那麼誇張。不過這似乎不成問題，畢竟今日海德格派圈子外的哲學家，寫作死亡課題的人相對很少。[2]當然，近來某些生物倫理學問題會涉及死亡的定義，而死亡之不可欲還是倫理學的基本假定；但人們鮮少將死亡的本性及其不可欲看作是本身值得探討的課題。也許正是爲此，死亡成爲哲學主題時，人們往往太過誇張其份量。不只哲學家，連一般人都要受到各種「否定死亡」的控訴。死亡「扁平化」爲一個區區的抽象概念，而最爲扁平的處理當然就是完全不處理了。但有時扁平本身也會成爲有一定份量的哲學學說，即伊比鳩魯的見解：簡言之，死亡「什麼也不是」。

---

[1] 馬汀．海德格，《存在與時間》，瓊安．史坦波譯，特別見第二部，第一段，頁 213-246（Martin Heidegger, *Being and Time*, trans. Joan Stambugh, Albany: SUNY Press, 1996）；比較波提烏，《哲學的慰藉》（Boethius, *The Consolation of Philosophy*, Arundel: Centaur, 1963）。

[2] 但爲了公正起見我還是應該提到托瑪斯．內格爾的論文〈死亡〉，收錄於他的《人的問題》（"Death," *Mortal Questions*, New York: Cambridge University Press, 1979）；羅伊．佩瑞特的《死與不朽》（Roy Perrett, *Death and Immortality*, The Hague: Martinus Nijhoff, 1987）；佛列德．費德曼的《與死神的對峙》（Fred Feldman, *Confrontations with the Reaper*, New York: Oxford University Press, 1992）；賀伯特．芬加瑞特的《死亡》（Herbert Fingarette, *Death*, LaSalle, IL: Open Court, 1996）；以及杰．羅森堡的《清楚思考死亡》（Jay Rosenberg, *Thinking Clearly about Death*, Indianapolis: Hackett, 1998）。

與此對照，我也聽過許多人說，死亡是終極的悲劇。照我看，這說法既迂腐也不正確。一個人當然會（也理當）恐懼，他或她的配偶或小孩死亡可能會比自己死掉更加算是悲劇（這裡暫且局限於個人的悲劇，而不管戰爭、集體殘殺、核子爆炸意外和大屠殺之類的集體恐慌）。或者也可以認爲，死亡是一個人最終的（因此在這個意義上是終極的）悲劇，但照我看，連這一想當然爾的眞理也是錯的，除非加上一些瑣碎無謂的條件限制。亞里斯多德有個引用梭隆（Solon）的著名段落，主張「要等一個人死了之後，才能說他是否幸福」。[3]初看起來，無論把這話當作是關於幸福還是死亡的命題，似乎都是一派胡言。在一個人死後談他或她的幸福，有什麼意義可言？但亞里斯多德的論證若能完整開展，是很有一番道理的。一旦我們能放棄現代「感覺幸福」的現代享樂主義觀，改採亞里斯多德更加全面的「生活並過了美好的一生」，我們就能明白，悲劇絕非只是活人的專利。羞辱和醜聞會影響人的「好名聲」，甚至在死後都會反映在原有的生命和生活方式上。有些貧乏的詩興想像就影射了這一顯而易見的事實，「某人現在在墳墓裡必定天旋地轉」不過其中一例；而且，這與不朽、轉生或來生之類更富野心的信念，是一點關係也沒有的。[4]自己的死亡並非終極的悲劇。死前死後都還有更慘的事，

---

[3] 羅伯特・索羅門，〈死後有幸福嗎？〉，《哲學》，第51期（1976）：頁189-193（"Is There Happiness After Death?" *Philosophy,* 51(1976): 189-193）。

[4] 亞里斯多德，《尼各馬科倫理學》，羅斯譯（Aristotle, *Nicomachean Ethics*, trans. W. D. Ross, Oxford: Oxford University Press, 1948），

甚至從逝者的觀點看（即使只是設身處地地看）都更慘。

同樣不經大腦的說法還有死亡是終極的懲罰；這當然也是懲罰殺人罪的典型正當論據：「惡貫滿盈」的人理當受死。可是死亡絕非終極的懲罰，除非這裡又是那種微不足道的意思，所謂最終的懲罰。（事實上連這點也不對。以色列軍人曾強行侵入某巴勒斯坦恐怖分子家人的住處；雖然他已不在世，他們還是認爲這是在繼續懲罰這名恐怖分子。如果死後還能剝奪獎賞與榮耀，死亡就不是最終的懲罰，不如說它將招來一連串的恥辱。）比死亡慘的事可多了。痛苦、無力又致命的疾痛比死亡還慘，所以我們總是會正當地要求，自殺以及有共識的安樂死必須正當化。人們也常認爲凌虐比死亡更慘。伊莉莎白時期的行刑曠日費時，受刑者要去勢、挖出內臟、五馬分屍、有時還要剝皮或面目全非，而且要在眾目睽睽下承受徹底的羞辱；這一切的效果倒是讓死亡本身成了慈悲之舉，讓人終於能鬆一口氣。獲判無期徒刑的囚犯有時會堅稱死亡倒是更好，而且有時他們也眞能實現願望。1965年，猶他州普洛渥城（Provo）的蓋瑞・吉爾摩（Gary Gilmore）爲自己的罪行要求死刑判決，開啓了之後行刑時長久而血腥的狂歡，在「進步文明」的民族中，似乎只有美國人才會要求並享受這樣的場面。[5]同等文明化國家的自殺率，即使不處於斯堪那地

147

第1卷第10章。我在〈死後有幸福嗎？〉曾論證這一點。

[5] 1998年止，有百分之七十的美國人贊成「某些罪行」應以死刑論處，儘管證據都一面倒地顯示這樣的刑罰不足以扼止犯行。我自己居住的德州可丟臉了，它是全美殺人率最高的，州政府的死刑執行數也在世上遙遙領先——只落後中國、伊拉克和伊朗而已。至於蓋瑞・吉

維亞的冬日中，也足以見證：有非常多人，即使未必理性，都寧可逃避任何社會、經濟、家庭、職業或心理的羞辱與打擊，而選擇死亡。死亡並非最慘的懲罰，也並非一個人能遭受的最大不幸。甚至也有美好的死亡，理想的狀況是，它會在美好的生命將盡時出現：我們必須謹記這一點。[6]

直面死亡，思考死亡

> 眞相是，生命沒有意義。生命中的每一天、每一步，都讓我更加瀕臨絕境；我清楚看見只有毀滅，別無其他。也不可能制止它；不可能往回走；不可能閉上雙眼，假裝看不到我眼前除了苦難、眞正的死亡、絕對的灰飛煙滅之外什麼也不剩。
>
> ——李歐．托爾斯泰，〈懺悔錄〉（Confession）

> 我的死去就將如我活著一樣，超出我的能力所及。
>
> ——奧斯卡．王爾德

爾摩的故事見諾曼．梅勒，《劊子手之歌》（Norman Mailer, *The Executioner's Song*, Boston: Little Brown, 1979）。

[6] 席德尼．卡東（Sydney Carton）在底更斯（Dickens）《雙城記》（*Tale of Two Cities*）結尾處的戲劇化姿態也許「比〔他所〕作過的任何事都要遠遠，遠遠更好」，但在我們多數人眼裡，美好的死亡只能在美好的生命將盡時出現。

148

我只有兩次面對死亡（開車、騎車時的千鈞一髮不算，那太快了，根本意識不到它就在眼前）。正如海德格說的——儘管有些晦澀——這類體驗讓人直面自身，無論它是否能激發任何「本眞性」，更別說保證它了。但我常思考死亡，我想海德格也一樣，但這和面對死亡不一樣。不管怎麼說，面對死亡都是充滿情緒張力的體驗。相對照之下，思考死亡則帶點古怪的冷眼旁觀、過於抽象、彷彿沒有觸及所思的現象。就像笛卡兒著名的宣稱一樣，我們在思考時最清楚知道自己是活著的——或者，最不能設想自己並非眞的活著。

儘管如此，我發現要不膚淺，甚至不輕浮地思考死亡挺難的。甚至連（剛好這週又一次——這些日子裡，它好像越來越常見了）好朋友或熟人突然離世時，它都讓人感覺是如此的抽象。但究竟是它總是如此突然呢——還是事情本身總是令人震驚呢？甚至連這個字本身，音韻平板的"dead"，或是"death"口齒不清的嘶嘶聲，都能吐露它的不眞實性。[7]還有死亡的念頭，它既恐怖又不可理解。我的生平細節也不用追究：我一生都在避免死亡，顯然還挺成功的，但未必總是出於責任感而爲的。我猜不是只有我會這樣。但我自小出生長大以來，醫學上就判定我有死亡危險，而身爲哲學家我又有充分機會反省這類問題；所以我無法避免思考死亡，隨之而來的還有生命的意義。我不可能完全「忘我地」沉入日常世界的喧囂以便迴避這個問題；但也必須承認，我

[7] 法文的*mort*（或*fin*）有如*merde*，好像表達了事情理當如此。德文的*Tod*則完全帶有德文的原色，聽起來像是沉重的腳步聲〔*mord*、*fin*、*Tod*均指死亡。*merde*即法文的shit，類似「該死」之意〕。

經常會這麼作。

哲學給了我處理這個問題——即使不能完全迴避它——的手段，它十分精微，但也恐怕有些僞善。多數人似乎覺得談論死亡不是很舒服。哲學裡談起它來倒是挺自在的，但這到底是因爲我們「挺身面對」它，還是因爲我們自絕於，甚至預防自己思考它呢？更自不待言的是，隨著語言更加深奧並遠離日常的「絮絮叨叨」，這裡自欺的可能其實更大而非更小。[1]但談論、思考並寫作死亡，我至少還能面對抽象的死亡。我也再三說過了，哲學的思索實際上是能影響一個人的感受與舉止，能影響他的現實生活的。齊克果和海德格都警告我們，不要將「凡人都會死，我是人……」的殘酷三段式和實際面對死亡兩件事搞混了。但抽象思考到了何種地步才會變得具體而激情，純然的思考到了什麼地步才會變成實際的面對，這對哲學家來說可是很難的「後設」問題。能夠花時間閱讀海德格和沙特，翻閱莊子時不時輕笑，或瀏覽西藏度亡經並品味其中極複雜抽象概念的人，不必然就眞正能和死亡達成和解。然而不思考死亡，直接了當招認自己什麼也不懂，也不能說這樣子搭上死神快車就比較老實。我若對自己誠實就會很清楚，這一切關於「個人自身的死亡」的談論跟我毫無關係。這讓我的從容帶有一種學者但也有一種微微的可笑氣息，彷彿我只是爲了不要跌倒才狂舞不止的。

149

這類問題怎麼可能「清楚」呢？我讀了許多死亡的論述——

[1] 譯注：這裡的「絮絮叨叨」一詞加上了引號，是因爲它影射海德格講「非本眞性」的一個典型模式Gerede，中譯通常譯爲「閒談」，英譯則有chatter或idle talk兩種譯詞（這裡用的是chatter）。

即，論述他人的死亡——驚訝地發現，這類問題不管是爭論還是分類，人們都以爲它該是科學的。不是說這類作品不必要或不有趣。這是個病態的工作，但總有人要作。但我還記得在醫學院的時候——很久很久以前了——看見年輕的同仁初進此行，就要學著怎麼迂迴地對待死亡，也就是無視於它，把它變成例行公事的一環，並總是扮演「他者」的角色，不管是英雄、幫助者還是區區的旁觀者。我閱讀某些一流分析哲學家寫下的死亡論述時也同樣不可自拔，他們極爲小心而且經常敏銳的思想往往要硬套進技術謎團的框框中。[8]迂迴在此同樣是慣用手法。人們很熟悉這個技巧：把殘酷的現實變成矛盾，然後專注於解決矛盾。幾年前我參與一場論惡的座談會，就聽見一個很聰明的分析哲學家從惡的主題轉移到蘇格拉底矛盾（即「一個人有可能明知故犯嗎？」）最後收尾卻大論想吃一根香蕉的意義爲何（我不是開玩笑）。大屠殺、波士尼亞、盧安達和貝瑪的恐怖事件、毒品集團全都沒了蹤影。取而代之的則是個技術問題，追問欲望、意圖與（最小意義上的）行動間的關聯。同樣地，深入討論死亡卻完全不觸及我們眞正關心的議題，也是可能的。

人們指責這類迴避之舉是「否認死亡」。這講法恐怕太過份了，但它確實是不挺身面對主題的技巧。我的疑惑是，面對死亡——或換句話說，不否認死亡——究竟是什麼意思？眞相是，哲學是把玩死亡或死亡念頭的一種方式。這可不是「慰藉」，也肯定比海德格的 *Sein-zum-Tode*（向死而在）輕盈得多。也許這正

---

[8] 比方說費德曼《與死神的對峙》，特別是第二部的〈謎題〉（Puzzles）一章。

是哲思之樂的一部分，它在安穩的距離自由把玩最爲沉重的人類問題。但我眞不知道，在面對「什麼是死亡？」（或者應該說，「我的死亡對我來說有何意義？」）這個簡直難以回答、表面上又如此簡單的問題時，要怎樣才能避免膚淺或僞善。

我認爲其實有兩個不同的問題，一個是自己的（即「我的」）死亡，另一個則是他人的死亡。至少可以說，兩者的關係是成問題的。考慮他人生命的不幸時——比方說痛苦與貧窮——還能訴諸（但這仍然成問題）於那經常混亂的「移情」觀念，即「設身處地爲人著想」。可以想像自己也受過類似的傷，也許幾年前還眞經歷過一場差不多的事。想像買不起藥、好的食物、車、書本或電腦是怎麼一回事，也許比較困難，但也不是不可能。但問題是死亡時，就完全不清楚，「死亡是怎麼一回事？」究竟可能有何意思。

150

有時也有人說，面對自己死亡的理想態度是某種溫和的（但不必然陰沉的）幽默感，像「面對絞刑架的幽默」也許就是最爲顯而易見、最爲病態也最爲極端的例子（怨恨的策略其實混淆了這裡的形象。比方說一個人對劊子手開自己死亡的玩笑，其實暗示了他並不認眞看待這個懲罰——換句話說，它實在算不上是懲罰）。但對他人的死亡採取玩笑的心態——即便是宿敵或惡人之死——似乎並不恰當。這裡的不對稱極爲強烈，也許比任何其他哲學問題都更強。[9]我並不想一副漠不關心的樣子，但在寫作時輕鬆談論自己的死亡，似乎也不得不輕鬆地對待他人的死亡。但

[9] 値得注意的是，只有那些亂七八糟的意識問題也有這種不對稱，不過它們在死亡的哲學問題中也有不可或缺的作用。

寫下並思考他人的死亡，甚至是跟你很親的人，和寫下並思考自己的死亡是很不一樣的事。我希望讀者能體會我所表白的困境，以及我爲何不願以常見的哲學手法擺脫它：後者會將問題變成一系列無觀點的知識論和形上學謎題，也只能靠迴避問題來迴避他人的不滿。

我不知道怎麼分析某個根本什麼也不是（這意義不只一種）的事物。當然，我這裡的主張是說，死亡並非什麼也不是，可是它也不是「什麼」。我希望這不會聽起來太蠢，也不會太深奧，即，不要太深刻（這一隱喻會自然將我們引向墓地）。深刻太容易跟幽暗搞混了，眞理卻存在於表面。終點自我們出生之時起就給定了，但它也許不是形上學的必然，而是人類敘事的本質。我們的人性就在於，我們不只是籠統地明白死亡不可避免或他人終有一死，我們還明白自己亦終有一死，即使我們會不斷壓抑這一念頭並儘可能地否認它。談死亡的論文是企圖鮮活地談論最爲致命的死寂。而恕我直言，它或許也談論了人之爲人的意義何在。

否認死亡：簡史

> 首先應當開始討論死亡與臨終。死亡在我們的社會是個禁忌話題。〔我們〕要作的主要事情之一，就是改變我們的文化，不要讓死亡看起來是挫敗。
>
> ——羅薩琳．卡特（Rosalynn Carter），
>
> 《新聞週報》（*Newsweek*）

近三十年前，恩斯特．貝克（Ernest Becker）——在臨終之際——寫下了他的經典論著《否認死亡》（*The Denial of Death*）。書名還有主題很快就成了抑鬱知識分子的流行口號，還可以在很多（幾乎全部）伍迪．艾倫的電影中看見它。貝克的命題事實上是個很熟悉的存在主義主張：我們美國人如此忙碌並深埋於日常世界裡，結果是，與其說我們看不見，不如說我們有意否定了生活的基本事實，特別是死亡。罹患癌症的貝克在生命最後的日子裡一直忙於此書的寫作，簡直像是在身體力行自己的命題一樣。但他的講法深入人心，於是知性又健康的美國人就開始越來越擔心，他們是否應該更加擔心自己將終有一死。伍迪．艾倫於焉誕生。當然，美國人爲什麼怯於面對死亡有很多理由，但並非全是形而上或精神上的。潔西卡．米福德（Jessica Mitford）在1963年寫下了《美國的死亡之道》（*The American Way of Death*），精彩又嚇人地揭露了喪葬業的內幕。當然，藉死人來詐欺可不是只有美國才有（好的犬儒派無疑會追溯到埃及人身上）。艾佛蘭．渥（Evelyn Waugh）在1948年寫下的《被愛的人》（*The Loved One*）諷刺同一個產業，後來在1965年成了票房極佳的電影（分鏡劇本由泰瑞．撒森〔Terry Southern〕和克里斯多佛．伊謝伍〔Christopher Isherwood〕合寫）。1960年代中期，死亡在美國已經年紀到了，背景還籠罩著越戰的陰影。「否認死亡」實際上已成陳腔濫調，但就像多數的否認一樣，越常提到它，反而更加突顯其矛盾。死之華（The Grateful Dead），這時期最流行的樂團之一，在這事上就和許多其他事情一樣，完美地呼應了這時代的氣氛。

151

這本來是慨嘆，最後卻成了歡慶；但歡慶的不是死亡，而是否認死亡。的確，所有否認死亡的談論，本身反成了忽視死亡的方便法門。沒有存在主義的焦慮和反思，取而代之的是——社會學。而在指控紛紛出現後（「美國人不願面對人終有一死」，「分析哲學家都在否認死亡」，「電視和電影製作人都讓死亡變得微不足道」），死亡意義的問題似乎也隨之消逝。越來越多人激烈爭辯電影和卡通中呈現的過度暴力，而隨著嬰兒潮世代年紀越長，也就越來越多人關心退休和社會安全的問題。人們更常運動，飲食健康，戒了菸，並開始打算活個九十或一百歲。照當代思維看，死亡因此就能延後。也許這和否認不一樣，但照我看其實差不多。但這麼一來，「否認死亡」到底又是什麼意思呢？

不管是世上任何地方還是歷史上的多數時候，死亡都是很難否認的。死亡四處都是，無可掩藏，感官又那麼容易察覺。但自從發現死亡以來（這又是何時，是如何發現的呢？），否認死亡——否認人一死就是永遠死了——一直是無可避免的誘惑。十萬年前的尼安德塔人就會爲死者舉行重大儀式了。我們無從得知他們的信仰，但臆測他們是在兩面下注並非不合理：他們既求助於死者，也想保護自己不受他們侵優。死亡就和出生一樣重大，經常更爲戲劇化，而且對尚存者來說幾乎總是一大打擊。孩子失去父母，部落失去領袖，獵人失去追蹤者。尼安德塔人是怕自己死掉，還是單純承認並試圖接受他人的死，這是我們無法回答的問題。但絕對清楚的是，死亡是生命的一部分。必須處理它。當然，尼安德塔人應該沒有護士、醫院或殯葬業者，可以隱藏或排除這一不快，以便不觸動日常生活。也沒有讓事情變得更複雜的律師。死亡就是死亡。但，也許即便如此，死亡仍不只是死亡。

152

至少自克魯馬儂人以降的「原始」人就已發展出各種細緻的

策略，以安撫或防堵死者的魂魄。換句話說，死者即使失去了多數俗世的快樂和權力，也並不是完全死了。目前已知最古老的史詩（比希伯來人的聖經至少要早一千年）乃是巴比倫的基加美修（Gilgamesh）故事，這故事的場景就多半設在死者所居之地。埃及人應該是為了準備來生面面俱到的典型案例，但他們也並非獨一無二。他們往前看，但看的恐怕不是死亡，而是隨之而來的生命。因此他們大量地，甚至鬼迷心竅地關注著死亡及其細節。他們關注的不只是死後的生命也不只是臨終時的噁心事務。法老王還關心死亡的本質，即從臨終到來生的通路或過渡是什麼。

另一方面，吠陀派的古印度人，還有之後的佛教與耆那派，都很在意靈魂（或所謂的*jiva*）不會死去，而會繼續在未來（以另外的肉身）生存下去。跟他們的西方同道中人不同，他們對這一前景可不開心。他們眼中的生命是受苦，是重負，要靠終極的「解脫」（這和單純的死亡很不一樣）才能逃開。他們很認眞對待死亡，彷彿它是某種宇宙畢業式和業報詛咒的混合物。相較之下，希臘人只假定那名爲「呼吸」（*psyche*）[2]的可悲殘影會繼續生存，它雖然被迫離開身體，卻並非因此就什麼都不是。對冥府的描繪絕不振奮人心；雖然希臘人並不否認死亡，但肯定仍不歡迎它。兩千年後弗雷德里希・尼采則猜想，希臘人的偉大美德就是他們接受死亡與苦難的命定，當它是人類存在的根基。他熱情洋溢地斷言（時值1872年），正是這點讓他們以及他們的生活「如此美麗！」

[2] 譯注：見第4章譯注2。

把靈魂轉變爲重要哲學事件的是蘇格拉底，他幻想著擺脫身體的自由。在柏拉圖的《申辯》（*Apology*）中，蘇格拉底多少是強迫陪審團判他死刑的：他宣稱他寧可死去也不願放棄哲學活動。蘇格拉底（或柏拉圖）眼中的靈魂爲何，是古典文獻學上的巨大爭論，但非常顯而易見的是，他確實相信靈魂不朽，而且還是個非常了不起的不朽靈魂。不管因此而解脫的靈魂是多麼缺乏個性，它顯然是能夠思考的。蘇格拉底想像，靈魂若是無拘無束，他就能永遠除了哲學什麼也不想。在這點上他與多數前人分道揚鑣並指出了一條新的道路，通向生命後更豐富的生命（他也暗示某種形式的轉世，這可能是從畢達哥拉斯來的，後者又是從埃及人那裡借來的）。只消幾個世紀，柏拉圖式哲學的這一面向後來就在古代世界點燃了最巨大的一次宗教復興。

153

在東方巴勒斯坦，猶太法利賽人也相信來生，不過這一信仰的全面意義直到基督徒登場後才具體顯明了起來。的確，早期基督教最爲吸引人的許諾之一，就是他們預期基督將「征服死亡」。這遠遠超出了先前任何民族曾有的期望。死後不但有生命，永恆的生命，而且這一生命還比最偉大的大帝國都更爲光輝、更爲正義，而且還能擺脫苦難。旅遊指南讓人無法抗拒天堂的許諾。生命不過是個短暫的刑期，死亡甚至連個標點符號都算不上。這類想法如此流行，幾乎都可以下結論說死亡將不再是問題了。它只是通向上帝之國的「大門」而已。然而儘管如此，連最爲激情的信仰也還是得面對感官的證據；死亡這一直接了當的事實是明擺著的，但此後允諾的存在可不是。

否認死亡是什麼意思？我之前問過這問題，但那時只當它是個修辭上的玩笑而已。但現在該試著回答它了。首先，否認死亡就是否認你會碰上「它」。但把死亡想成「它」，把自己想成它的受害者，其實不過又是一種否認策略，跟它保持一定距離、抽象它、並拒絕負責——即使不是拒絕對自己的死亡負責（其實這一狀況比我們以爲的更爲常見），也是不願意爲面對自己的死亡負責。最爲世俗但也最流行的否定死亡策略，就是專注於日常世界的喧囂，永遠不抬頭望向遠方，望向自己有死的界限。我想我們所有人都會這樣。我們計劃，爲無止境的未來作打算。我們每天都相信，「明天又是新的一天」。我們的行爲和感受都好像我們有用不完的時間一樣。說到死亡，我們只會說「它該來時就會來了」（否認策略又出現了：把死亡想成「它」，把自己想成它的受害者）。我們對事情輕重緩急的判斷也顯示這種心態：我們把眞正重要的事擺在後頭，反而先把「障礙都清空」，「滅滅火」，把緊要的事處理好。[10]然而障礙不可能清空，火只會一直燒，而且總有一天是沒有明天的。

否認死亡最有效的方式，就是直接了當堅稱死亡並不是眞的死亡，主張生命會以某種多少同樣的媒介繼續存在。也許是靈魂純然簡單的存在。或者是心靈、回憶、自我感的存在。或者是靈魂轉世爲別的生物，可能還是另一個人。也可能是某種更爲巨大

154

[10] 史蒂芬．可菲（Stephen Covey）有個著名的四分法，「重要且急迫」、「不重要但急迫」、「不急迫但重要」還有「不重要也不急迫」。他正確地指出，我們多數人多數時候的行爲，都更加受到事情的急迫性而非重要性所擺佈。《極有效率者的七大習慣》（*The Seven Habits of Highly Effective People*, New York: Simon and Schuster, 1989）。

的存有，像是與神合而為一或是參與神性的內在圓圈中。我最近才在電視上看到比利．葛萊姆（Billy Graham）牧師的兒子，訪問者當時問他，父親若過世他會有何感受。他小心地解釋道，由於父親不再能服事於教會，他會感到極大的哀痛，但對於他「離開」則只有滿心歡喜，別無其他，因為他心中深知父親將遠比以前都更加幸福萬分。這完全就是直接了當地否認死亡。讀者可能會質疑，這樣又有什麼不對呢？

我不質疑這類信仰的吸引力，也沒有任何有說服力的論證反對它。甚至看到某些人以揭穿這類信仰為使命時，我還有點擔心。比方說以編輯《哲學百科》最為著名的保羅．艾德瓦茲（Paul Edwards），學術生涯多半都在駁斥海德格的死亡觀，近來則駁斥輪迴轉世的想法。[11] 誰會讀這些書？肯定不會是信仰者。最有可能的是，連不信者都不會讀。身為存在主義者，我倒是至少同意海德格的某些洞見，而身為一名老生物學家又喜愛動物，我也挺喜歡輪迴轉世的想法，不管它是否說得通。儘管如此，我還是願意指出，任何類型的來生信仰，大概都可以看成否認死亡的某種形式。也許他們完全接受身體的死亡，但在某種重要意義上，他們會說人還是存在的。我個人很懷疑這一點——或者不如直說，我不相信它，但我也要立刻說，我的個人信念是我自己的事，對其他人來說一點也不重要也不切身相關。的確，這可能是

[11] 保羅．艾德瓦茲，《海德格論死亡：批判評價》（Paul Edwards, *Heidegger on Death: A Critical Evaluation*, La Salle, IL: Monist Monographs, 1979）；《輪迴轉世：批判評價》（*Reincarnation: A Critical Evaluation*, Amherst, N.Y.: Prometheus, 1996）。

我的損失。但我的信念是，不管有沒有來生，它不過是延遲了對下列問題的回答：「死是什麼，我又該如何思考它？」死後的事是另一回事：就我個人來說，死後發生任何事大概都會叫我大感意外。但「死後會怎樣？」可不能取代「死是什麼而我又該如何思考它？」若認爲可以取代，就不過是否定的另一種形式罷了。

從否認死亡到死亡拜物癖

沒有，完全沒有比這更不重要的事了……從我未來的幽暗遠方，吹來一陣緩慢不止的微風，我一生承受它的吹拂……他人的死、母親的愛、他的上帝、一個人選擇的生活方式、選擇的命運，這些於我而言又有什麼差別呢，反正同一個命運必然終將「選擇」我，而且不只我，還有成千上萬有權有勢的人物……所有人都總有一天會死。

——阿爾貝・卡謬，《異鄉人》

人們常認爲死亡是試煉，是考驗，是經常瀕臨死亡的生命會遭遇到的關鍵事件。荷馬倫理學的醒目之處在於，男性怎麼死去，往往被看作是他性格的關鍵特徵。在戰鬥中勇敢死去是有德的。因熱病或肺炎而英年早逝則是——若不願用太沒慈悲心的說法——可悲的（亞歷山大大帝和拜倫〔Lord Byron〕是很切題的例子）。老年死去是可佩的，但前提是此前要留下許多的戰鬥傷痕，或是差點命中要害的經驗。往前跳個三十世紀，典範的牛仔倫理會認爲「穿著靴子死去」是極重要的。死亡是場儀式，而

155

且，如果它意味著你輸了決鬥，至少也突顯出你打了很精彩的一仗（從背後被射殺不只意味著暗殺你的人很懦弱，也剝奪了你光榮死去的機會）。美國南方的對決儀式還有現代都會幫派惡鬥都有類似強調榮譽、忠誠和死亡的信條，死亡在此不只是生命的一部分，還是其終極考驗。死亡是惡，亦不可避免，但一個人**怎麼**死掉才是最重要的。[12]死亡的生物學則沒那麼重要。

基督教傳統多數時候，目標是要對得起自己的良心而死，它可能要靠正確行為的理由，也可能要靠時機拿捏得當的懺悔來達成。放眼中世紀，戰士倫理和拯救倫理形成很不自在的結盟，而基督教和伊斯蘭教則為聖地而戰。為了上帝殺人並被殺，但能得到赦免而死，同樣算是騎士精神的理想：愛的憂心忡忡，還有永遠效忠的誓言。死亡始終是個人生命的重要事件，因為離開的方式以及來生的許諾都很重要。

在同一段歷史時期中，女人的死亡是較為簡單的，最好是安靜且不帶抱怨地死去，或者在分娩時悲劇性地離開。就像她們沒有完整生活的權利和能力一樣，她們也沒有完整死亡的權利和能力。只有少數時候，女人的死亡才是出色的榮耀之舉、英雄或愛國行為（比方說聖女貞德）。女性平等運動有個耐人尋味的成就：她們現在越來越接近現代軍事的戰鬥位置了，同時，在街上惡鬥的都會幫派姊妹，也在迅速累積她們的繞舌曲目，歌詞長度直追她們男性弟兄的唸白。也許有人會以此為證據斷言，至少某

---

[12] 亞力斯戴爾．麥金泰爾，《追尋美德》（Notre Dame, Ind.: University of Notre Dame Press, 1981），頁 120。

些年輕人已經失去了對死亡的恐懼，因此他們不管怎麼說都沒有否認死亡。也許這一現象應當以社會經濟上的劣勢地位來解釋，當作是階級現象；可是證據不只如此。我倒是覺得出現了一個與死亡談情說愛的新方式，它超越了階級而且意涵深遠。

死亡在近來的哲學中（極多的前衛詩作、劇場與生活風格的裝模作樣中也有，克文·克萊〔Calvin Klein〕「重彈死亡老調」的流行就是一例）已成了終極體驗。人們會立刻想到法國人：傅柯——吉姆·米勒（Jim Miller）近來爲他作傳，描繪生動；阿鐸（Artaud）——蘇珊·桑塔格在1970年代較爲狂熱的作品中對他尤爲讚賞；韓波（Rimbaud）——他在法國詩人圈中近來地位竄升，主要因爲他早早離世，讓人歡喜。[13]人們也會想到海德格，還有他那個始終要小心劃界的「向死而在」觀念。當然，海德格本人會強調這不可想成是某種「經驗」——的確，除非出於諷刺，否則海德格對一般而言的「經驗」其實談得不多。[14]但照海德格被讀解的方式看——一開始是法國人，現在是美國人還有一些澳紐人——「向死而在」肯定已經成了某種經驗的聚焦點，

156

[13] 詹姆士·米勒，《米歇爾·傅柯》（James Miller, *Michel Foucault*, New York: Simon and Schuster, 1993）；蘇珊·桑塔格，〈安托南·阿鐸介紹〉，《阿鐸選集》（Susan Sontag "Introduction to Antonin Artaud," *Selections*, Berkeley: University of California Press, 1976）；阿圖·韓波，《作品集》，保羅·史密特譯（Arthur Rimbaud, *Works*, trans. Paul Schmidt, New York: Harper and Row, 1975）。

[14] 海德格，《存在與時間》，頁46-49。

某種「本眞的經驗」，也許還是某種心情；但這裡的心情不只有海德格運用此詞的抽象義，還是一種明顯可見的情緒，是虛無主義的抑鬱感受，但又摻進某種興高彩烈的自由感（沙特所欲打倒的虛無主義哲學，正是針對這種錯謬的自由感——還有容易隨之而來的不負責任）。

嚴格說來，認爲死亡是終極體驗也許是無稽之談。死亡不是經驗。伊比鳩魯兩千多年前就向我們保證，死亡「什麼也不是」。但現在**連什麼也不是**也揚升爲某種決定生命的經驗了，而死亡的過程、時刻、對自身死亡的強烈意識、還有因預見死亡而產生的滿不在乎，這一切現在反倒成了某種英雄式的感性。的確，最富戲劇性的人物現在很常因爲吸毒而意識模糊，提早退場，比方說藝術家巴斯奇亞（Basquiat），或幾年前超脫（Nirvana）搖滾團的主唱克特・柯班（Kurt Cobain）。現在人們特別強調**選擇**死亡的觀念，這有一部分恐怕是由於過去數十年的醫學和醫院實踐越來越無人性而產生的反應。更爲深刻的是，人們開始看重如何選擇死亡，也許正好戲劇化地實現了海德格的主張：他強調要讓自己的死變成「屬己的」。我想，在解釋世界各地爆發的青年暴力行徑時，這一講法更具哲學意味。在一個沒有工作、人際關係成問題、大螢幕英雄又要不斷挑戰死亡才能活靈活現的世界中，面對死亡以及（經常隨之而來的）死去反倒不是逃避，而是表達自我的模式。特技飛行員因喝醉或愚蠢而獨自撞山失事，人們卻當他是英雄而非蠢蛋。罪犯在無望的槍戰中豁出生命一搏，反而大受贊揚（想想《斷了氣》〔*Breathless*〕還有《虎豹小霸王》〔*Butch Cassidy and the Sundance Kid*〕裡的主角吧，無可否認都是相當迷人的角色）。這類現象的確有許多向度是社會學和心理學的，但還是不能低估哲學狂熱的力量，它追求自由意志，想照個人的意願死去，甚至（如果必要的話）可以自我了斷。

把死變成屬己的並品嚐（或相信之後可以回味）這一經驗，已成了強烈的存在動機之一。亞力斯戴爾·麥金泰爾（Alasdair MacIntyre）就慨嘆，當代人的普遍看法都是寧可毫無預警地立刻死去，而不願忍受緩慢而徘徊不去的死亡——早先時代的人們正巧相反，但他們因此而能反省並沉思自己的生活和罪愆，並將他們存在的故事和意義編織成型。[15]這課題已經成了流行話題之一。由於環航800號班機自紐約起飛後爆炸一事（1996年7月），對這課題的討論也越具啓發。一方面，人們說乘客是受害者（如果像政治人物一樣堅稱他們是「英雄」，可不是同情的表現，而是語言的貶值）。但另一方面，也有很多人極爲焦慮並帶著些許同理心討論，身爲這樣一名受害者究竟意味著什麼。由於爆炸太過突然，人們經常會提到，（受害者）最慘的就是他們不但沒有選擇，而且也沒有時間。沒有時間品嚐或察覺這一經驗。除了驚嚇和恐懼的時間外什麼也沒有。換句話說，沒有時間讓死亡變成屬己的。

157

結果接下來的新聞報導指出，某些乘客（靠近經濟艙座位的）其實當時還在空中飛行約十至十二秒，而且意識八成相當清醒。這倒是引起一種完全相反的恐慌。有些人堅持這一程還是「一下子就完整」走完比較好（即「不要知道你碰上了什麼事」）。其他

---

[15] 麥金泰爾，《追尋美德》。

人則聲稱，有最後那珍貴的幾秒才好得多——以便理解，或者說，以便沉靜自己的靈魂，並活出（即便不能品味）這一體驗來。中立又瑣屑的爭論隨著這場駭人的悲劇而至，其中可以看到人掛心於死亡的全部歷史，甚至還有其根本本性。我們該如何思考死亡？「準備」死亡又是什麼意思？即使它迫在眉睫，也是完全不要想它比較好嗎？有可能讓死亡變成「屬己的」嗎？

把死亡經驗變成一種榮耀，我稱之爲**死亡拜物癖**。它是英雄戰士心態極端又病態的體現，將死亡當作是生命的關鍵時刻。可是英雄和戰士不當死亡是「經驗」。另一方面，有死亡拜物癖的則當它是終極（而不只是最後的）經驗。性虐／被虐癖群體某些極危險，甚至可能致命的性行爲中，就常有這一拜物癖成份。巴斯奇亞和柯班的死也肯定帶來了（雖然未必起因於）死亡拜物癖的風潮。米歇爾·傅柯的晚期作品中遍佈著這一線索，而且如果我們相信詹姆士·米勒講的傅柯故事，它也是傅柯晚年時光與最後作品的根本動機。死亡拜物癖完全拒絕伊比鳩魯所謂死亡什麼也不是的看法，並懷著強烈的熱情堅持它確實是**某種東西**，是某種本質的、應當歡慶、甚至熱愛的事物。提倡者滿懷熱切地論斷，死亡拜物癖正好是否認死亡的對立面。它拒絕讓死亡變得平庸，不願意訴諸任何類型的來生以打發掉它。死亡拜物癖是英雄心態的縮影：挺身（並不耐地）面對我們全都終將一死的「必然可能性」。

與挺身面對死亡但希望能在戰鬥中逃過一劫的英雄不同，有死亡拜物癖的人照自己的意願與死亡調情。「調情」這個動詞似乎完美切中現象的要害，因爲死亡拜物癖是個無可否認的愛欲現象（儘管未必是性欲的），也因爲當事者從來就拿不定主意要不

158

要就此了結自己的生命。不管死亡拜物癖還會是什麼，它終究依稀體現出海德格筆下所謂「讓死亡變成屬己的」，還有作爲「向死而在」的人類存在所暗示的心態。歡慶死亡無疑不是海德格的見解。他（和尼采一樣）的人生幾乎全然免於想要身陷危險的誘惑。不管他的寫作多麼戲劇化，他主張的風險和宿命觀可不能干預他頗爲家居的心態（跟尼采不同，他健健康康地活到了八十多歲）。但我認爲，海德格仍是死亡拜物癖的哲學大老。哲學史恐怕多半都在試圖否認死亡在人類生命中的恰當地位，可能是宣揚來生的可能性，或者完全忽略此話題。但擁抱死亡並給予它應得地位的人中，最廣爲人知的就是海德格。然後海德格之後的法國人——巴塔耶（Bataille）、阿鐸、傅柯——就把它變成了拜物癖。

在許多宗教裡都有崇拜物，它是個神聖的事物，也許還帶有魔力。自佛洛伊德以降，這個詞也用來描述愛欲或讓人感官興奮的對象；不過也可以主張，宗教與愛欲的區別本身就是猶太—基督宗教的胡鬧產物，而佛洛伊德不過是近來受其誘惑的人之一。但若以世俗且不帶性暗示的字眼說，大概任何過度在意或關注的對象都可算是崇拜物。因此馬克思頗正確地指出當今資本主義有貨幣和商品拜物癖，大眾文化史家則滿心懷舊地談論純然美式的汽車拜物（至少在1980年代前都是如此；之後的車子不但多半成了日本和德國車，而且還充滿各式各樣的電腦化裝置，因此狂熱的業餘人士多半不再可能對引擎蓋下的構造有任何親密感）。因此在美國——如今世界其他地方也一樣——汽車可不只是有用或有時必要的東西，更別說它還是地位的表徵。它還體現了一個人的權力、個性、還有深層自我的具象化。然而它不過是個機械而已。類似於此，死亡拜物癖也將生命機械運作中的一刻，即死亡，轉變爲生命的意義、其終極的試驗、甚至是其唯一重點。正是在《異鄉人》的結尾處，卡繆的主角梅索宣稱：「人的階級只有一種，即有權有勢的階級。但所有人都一樣，總有一天是要受死的。」梅索接著指出，任何其他事情，或個人選擇、或他或她的行爲或關懷，在「幽暗的遠方」面前都是沒有差別的，從這遠方「吹來一陣緩慢不止的微風，我一生承受它的吹拂」。

在《西西弗斯的神話》中，卡謬也有類似的觀察，不過這次他是以自己的名義發言：「單靠意識的活動，我就將死亡的邀請轉變爲生命的法則了。」照卡繆年輕的說法，拒絕自殺才能給生命意義。而即使卡繆的哲學自始至終都是對生命的某種頌揚，我們還是不得不注意到，它也總是對死亡的著迷，卡繆在他最富自傳性質的著作中都多少承認這一點。[16]他頌揚「對生命的激情」，但這常常和對死亡的執迷難以區分。我們終究不可能忽略或否認死亡，但正如我們可以試圖忽略、否認、貶低它或將之好萊塢化一樣，我們也有可能對它小題大作。死亡並非我們存在的焦點。我們並非「向死而在」，儘管我們無可避免終將會死。[17]

159

死亡不過是生活的眾多事實之一（就像出生、食欲、排洩，還有〔照俗人智慧的見解〕稅收一樣[18]）。我們可以接受這一事

---

[16] 特別是《第一人》（*The First Man*），在卡繆死後由他的女兒以完全未潤飾的樣貌出版（New York: Knapf, 1995）。

[17] 這個論證的輪廓類似於沙特在《存有與虛無》，巴恩斯譯（New York: Philosophical Library, 1986），頁680-707中的論證。

[18] 可以輕易想像一個偷偷摸摸搞海德格哲學的會計師，在鑽研此在（*Dasein*）概念時——人們亦稱之爲經濟人（*Homo economicus*）

實，但未必要因此讓其餘一切蒙上它的陰影。卡繆、傅柯和阿鐸、海德格，都太常誇張死亡的重要了。應該承認，死亡拜物癖確乎是否認死亡的叛逆對立面，但我認爲我們對於「否認死亡」的見解本身應該更有批判力。照我看，很多對否認死亡的控訴，似乎不過是對生命的健康體認。相較之下，死亡拜物癖沒有接受，反而是歡慶死亡。照死亡拜物癖者的見解，死亡讓人興奮，值得品味。對他來說，死亡並非「什麼都不是」，也並非通向來生的大門。在死亡拜物癖虛張聲勢的底下，無疑有恐懼和不負責任。但這裡也有些嚴肅問題，這些問題也許有其重要作用，能讓我們看到死亡的重要性或不重要性究竟何在。

赤裸的場景設定：「死亡什麼也不是」

> 要習慣這一信念：死亡對我們來說什麼也不是。因爲所有的善惡都在於感知，然而死亡剝奪了感知。因此正確地理解到死亡對我們來說什麼也不是，就讓人可以享受生命有限，不是因爲這一理解讓生命的時間無限延伸，而是因爲它讓人不再渴望不朽。因爲一個人一旦眞正理解，不再活著一點也不可怕，對他來說，生命中也就沒有任何事是可怕的。

——把它理解成「向稅而在」（Being-unto-Taxes），在這種存在者眼中，所有生活實踐都應該分類成諸如「扣除額」、「員工差旅費」和「資本利得」之類的存在範疇（不幸的是，這種生活聽來實在很像國稅局早就在對我們多數好公民作的事了）。

——伊比鳩魯，
《致梅諾伊寇斯的信》（*Letter to Menoeceus*）

當然，除了生死遊戲外，我們不知還有什麼更大的賭局。在這裡面對任何決定都帶有最大的懸疑、關注和恐懼。在我們眼中，這不是通盤皆贏，就是通盤皆輸。另一方面，自然並不說謊，總是那麼誠實而直率。它對這個主題說法非常不同，有如毗耶娑（Krishna）在薄伽梵歌（Bhagavad Gita）中的講法一樣。自然的證言是：個人是生是死全然無足輕重。

——阿圖·叔本華，《意志和表象的世界》

160 多數人很少想到死亡——這裡指的是他們自己的死。日子過得不錯的可以謹慎規劃些許財產，而如今幾乎所有人都會因旁人的建議而立下一份遺囑。[19]但這樣的規劃其實跟預期死亡關係不大，更多倒是反映了一般公民對律師與政府的態度。它不過就是種意識形態，拒絕放棄自己辛苦掙來的錢。甚至「財產規劃」都可以是否認死亡的手段，藉此與它保持距離，並沉浸於世界的俗務中。我自己的父親——他是個老派作風的律師，仍然認為他的職業是以紳士的行徑幫助人們的生活——就頗富責任感地為自己

---

[19] 人們還是稱之為「最後的遺囑和信條」。但如今眞正的信條已經罕見——眞正的信念、信仰之詞、與生者的信約，或者是對生命意義的個人反省。而遺囑，人們如今也不過認為它是用來分配財產（這裡的「財產」通常也包括自己的屍體）的法定指示而已。

辦了壽險等其他給家人的保障，以免他出了什麼意外。等到不可避免之事終究來到時，我的母親發現，他居然忘記提到他把大多數的保單放在哪裡了。他畢竟不敢眞正思考死亡——這和有責任感的財產規劃可不一樣。

追隨齊克果的海德格，針對的也是這種拒絕思考死亡——即自己死亡——的心態。無可置疑地，這既有社會學也有存在主義的側重點。其社會學背景是全然歐美而現代的。一般說來，死亡儀式是藏得越遠越好，只有少數時候才成爲要精細考慮和規劃的主題。其存在主義重點則是：否認死亡，在某種幽微難解的意義上，也是在否認生命。但這一指控儘管極爲常見，卻從來沒有證據能落實這一論斷。而且它最終還要歸之爲經典死亡智慧中最爲經典者，即「死亡什麼也不是」的見解。因此隨之而來的結論就是，沒有什麼好怕的——也沒有什麼好否認的。現在正是正眼瞧瞧這種哲學的時候了。

死亡什麼也不是，因此完全不用害怕它，乃是許多哲學學派都堅持相信的一對命題。在這個脈絡中最有名的名字是伊比鳩魯（西元前 341-270 年），隨後則是他的羅馬追隨者盧克瑞修斯（Lucretius）（西元前 98-55 年）。在數千哩以東，莊子（西元前 369-286 年）和其他道家思想家也堅持死亡「什麼也不是」，其後則有許多佛教思想家以及近現代的叔本華支持這一觀點。對伊比鳩魯派來說，死亡什麼也不是，是非常直接了當的：「要習慣這一信念：死亡對我們來說什麼也不是。因爲所有的善惡都在於感知，但死亡之時就沒有感知了。我們存在時，死亡不在，而死亡到來時，我們不再存在。」[20] 也許可以注意到伊比鳩魯哲學有個消極的轉向，不過視他爲享樂主義者並用「**伊比鳩魯風格的**」

來描述那些只知享受者的人，會忽視這一轉向。伊比鳩魯關注的不是快樂，反而是痛苦的慘狀。甚至在他看來，就和許多哲學家的看法一樣，「快樂」主要意味著痛苦之闕如。

盧克瑞修斯與伊比鳩魯一道追隨德謨克里特（Democritus），認爲人的靈魂不過是原子的某種次序，在死亡時就會消散，什麼也不留下。莊子也贊同類似的形象，儘管道家是某種整體觀的哲學，而非原子論的。與西方哲學家一樣，道家戮力強調以下觀念：人是自然的一部分。我們的個體性是某種幻覺，而生命的理想之一，就是以同樣的平靜和沉穩對待生與死。莊子留給我們一系列美好的形像，比方說將個人的死亡描繪爲一滴水，與其他水滴合爲一流。因此死亡什麼也不是，也沒有什麼好怕的。

161

可以論證，死亡什麼也不是的學說，乃是某種形式的否認死亡。它接受死亡，而且接受死亡就是死亡，而非通往來生的大門。伊比鳩魯派和道家並未否認死亡是不可避免的（不過後來有些道家思想家也把玩起了個人不朽的觀念來[21]）。只是死亡並不重要，在某種意義上也不是眞的。原子的消散，或者其實從未離散者的聚合——這類事情有啥好重要的？可是嚴肅的指控在於：死亡什麼也不是的看法，其實根據的是（或者容易誤導人有）生

[20]〈致梅諾伊寇斯的信〉，收錄於伊比鳩魯，《書信、主要學說與梵蒂岡談話》，羅素．吉爾譯，頁 54（"Letter to Menoeceus," *Letters, Principle Doctrines and Vatican Sayings*, trans. Russell M. Geer, Indianapolis: Bobbs-Merrill, 1981）。

[21]「魏伯陽與弟子及白犬皆起，成仙而去。」《神仙傳》（14 世紀作品）。

命什麼也不是的看法，或者說生命一點也不重要，甚至生命是個重擔，需要減緩其承負。這一見解在佛教的四諦中就有，有時也在道家思想中隱隱蠢動。它是南亞三大宗教（印度教、耆那教和佛教）「解脫」觀念的核心，而在叔本華的悲觀主義中，它自然也是核心角色。

認爲生命即是痛苦，在猶太教－基督教－伊斯蘭傳統中特別尖銳。猶太教和基督教都一直有超越苦難並「征服」死亡的迫切渴望。在基督教下，死亡甚至不是死亡（但這和說「死亡什麼也不是」非常不同）。但這難道不也是換種方式貶抑生命嗎？視生命本質爲苦痛和苦難，死亡則是苦痛和苦難的解脫，這也許能緩和我們的死亡恐懼，但代價非常高昂：我們不再能品味生命。有些基督教的理解在這點上也挺直言不諱的。照其看法，基督徒的靈魂並非自然和此世的一部分（照新約的講法是「在世界中但不屬於它」）。重要的是一個人的「永生」，而非此世之生。尼采指控說，這是「出世」思想家「說不」的方式，而且從蘇格拉底就開始了，他厭惡生命，轉而夢想其他的、更好的世界。相較之下，伊比鳩魯派和道家並不承諾任何彼世，但他們似乎也藉由貶抑生命來拔掉死亡之刺。如果死亡什麼也不是，不過是原子或我們肉身實體的消逝，或者是我們的靈魂重回他們其實從未眞正離開的自然，那麼生命又有什麼特別的，還是它其實也不過就是原子和靈魂的接合？

我認爲伊比鳩魯派和道家可以免於這類指控。我們倒是必須知道，死亡什麼也不是的看法，究竟是在什麼脈絡下引入的。死亡什麼也不是的看法，應該當作是對如下看法的反應：死亡是應該認眞對待並擔心的事。伊比鳩魯的教學和寫作，是在宗教狂熱

162

的脈絡下，針對圍繞著死亡產生的擔憂和儀典而發。羅馬的斯多噶派在一堆光怪陸離宗教的狂歡中，也有類似的教誨。大眾對死亡的心態將死亡的重要性推到了極點——初生的基督宗教在這方面絕對不是最爲激進的——自然會引發反向的反應，儘管程度沒有那麼強烈。伊比鳩魯的評語「死亡什麼也不是」，其實就是這一反應的標語貼紙。

在人們爲來生的本質還有諸神的懲罰性格益發驚恐的時候，伊比鳩魯的話在我們看來完全是清醒的標誌。但它遠離了原有的脈絡。比較長的那句更好——「死亡**對我們來說**什麼也不是」——它保留了一種可能性，即對尚存者或者社會一般來說，死亡也許極爲重要。較長的句子也更能清楚體現伊比鳩魯抑制俗見的用意。事實上，與其說他針對死亡（或者對死亡的關注），不如說他反對諸神也反對因諸神而擔憂。他只是堅持神不存在，也沒有來生，因此神不能對我們怎麼樣。在這個脈絡下，「沒有任何事」需要擔心。我們也只能想像，在那時代恐怖的宗教背景下，貝蒂・蘇・佛勞斯（Betty Sue Flowers）所謂的「赤裸場景設定」八成會讓人大大鬆一口氣。[22]

不過，我認爲伊比鳩魯強調死亡的社會意義甚至更重要。我希望之後能再細緻處理這一觀點，但不能將它和「死亡既影響了尚存者也影響已逝者」這一再明顯不過的觀察混爲一談。雖然伊

---

[22] 貝蒂・蘇・佛勞斯，〈死亡的赤裸場景設定〉，收錄在傑夫・瑪帕斯與羅伯特・索羅門編，《死與哲學》（Betty Sue Flowers, "Death, the Bald Scenario," *Death and Philosophy*, ed. Jeff Malpas and Robert Solomon, London: Routledge, 1998）。

比鳩魯的名字還有源於他名字的詞（伊比鳩魯式的）已經和享樂主義成了同義詞，但他本人一向有小心區別（正如兩千年後的約翰・史都亞・彌爾一樣）快樂的「質」，並堅持榮譽（或者我們所謂的「正直」）才是最爲重要的。他與追求死亡快感的拜物癖者全然相反，提倡 *ataraxia* ，即所謂的心靈平靜。不擔心死亡，不過是整體不擔心中的一個面向而已，但 *ataraxia* 不能也不該靠遺忘或不負責任來得到。入場券是美好有德的生活，這一生活的最高價值是友誼與共同體。與流行的滑稽形象不同，伊比鳩魯可不是追求快樂的唯我論者，但他也不接受生命全然是痛苦的看法。他堅持死亡「對我們而言」什麼也不是，實乃保證沒有任何痛苦或苦難會隨死亡而來，在重新解脫的靈魂面前也沒有將至的折磨，也沒有什麼——或好或壞的——經驗可以期望或需要擔心。但這不等於是說生命同樣什麼也不是。生命充滿，或說應該充滿美德和友誼，而最棒的快樂也會隨之而來。但當生命結束時，它就只是——結束了。

我們思考死亡時，常常會想我們將失去什麼。死了，可能就要錯過盛會，但那已不再是問題了。你的朋友也無需擔心——不是說他們不在乎或不想念你——而只是說，你什麼也沒有「錯過」，因爲你哪裡都不在了；你也不會遭受任何傷害，因爲你什麼也不是了。如果伊比鳩魯派沒有沉溺於那經常愚昧的想法中，認爲逝者畢竟還是比我們更好更幸福，他們至少也能無愧於心並平靜地體認到，逝者也沒有比我們更糟或更不幸。而他們自己，有朝一日也將如此。

163

扁平的死神：死亡作爲矛盾

> 人們一直認爲死亡——這點是對是錯，我們還無法確定——是人生命的最終邊界。這麼一來，如果某個哲學主要關心的是，精確地確定人相對於他周遭的非人事物的地位，那麼它首先就會認爲死亡爲人類現實的虛無敞開了大門，而且這一虛無就是存在的絕對休止，或者是某種非人類形式的存在。因此就有某種死亡的現實觀，令死亡看起來像是與非人類事物的直接接觸。因此死亡正是在它將人了結時逃離了人的把握。
>
> ——讓—保羅·沙特，《存有與虛無》

伊比鳩魯這一解毒劑，在西方哲學和宗教史上一直是大量智慧和心靈平靜的根源。比方大衛·休姆就採取了這一哲學策略，他從許多方面說都算是伊比鳩魯派。[23]臨終在病榻前，他就複述了一則自伊比鳩魯的羅馬弟子盧克瑞修斯借來的論證。伯斯威（Boswell）轉述對話內容如下：「我問他滅亡的念頭是否讓他有過任何一點不安。他說完全不會，而且就像盧克瑞修斯觀察到的那樣，他此前從未存在的想法，同樣不會帶來任何不安。」[24]

---

[23] 簡言之，不但可以提到休姆在哲學上面對死亡的「淡漠」，還可以提到他明確主張的原子論、無神論、有條件的享樂主義；更別說，從現有的所有證據來看，休姆和伊比鳩魯都是了不起的傢伙。

[24] 大衛·休姆，《自然宗教對話錄》，諾曼·肯普·史密斯編，頁77。（David Hume, *Dialogues Concerning Natural Religion,* ed. Norman Kemp

休姆如此道出的反思分成兩部分。一部分即「死亡什麼也不是」。另一部分是「對稱」論證，斷言死後的「虛無」就和我出生前的「虛無」沒什麼兩樣。我認爲這大有問題。托瑪斯·內格爾（Thomas Nagel）論證道，死亡不「只是先前深淵的鏡像」，我認爲他是對的。[25]他寫道，「〔一個人〕死後的時間，死亡從他身邊將之奪走。如果他當時沒有死掉，他在這段時間就還活著。」[26]他繼續道：

> 但我們不能說，如果一個人當時沒有出生而是更早出生，他就可以在出生前這段時間活著了。暫且不談早產帶來的微小區別，可以說，他不可能更早出生：任何遠比他實際出生時間更早出生的人，都會是另一個人。因此不能說他後來的出生讓他在出生前的時間沒辦法活著。他一旦出生了，也絕沒有因此就少活了什麼。[27]

164

在這個脈絡下，頗可考察一下「剝奪」的觀念。逝者的時間在什麼意義上「被奪走了」？剝奪意味著喪失，甚至可能是被騙、背叛、或遭受不義。但一個人在什麼意義上「擁有」或者「應當擁有」之後失去的時光呢？死亡供應商（像是好萊塢還有

Smith, Indianapolis: Bobbs-Merrill, 1962）

[25] 托瑪斯·內格爾，《人的問題》（Cambridge: Cambridge University Press, 1979），〈死亡〉，頁7。

[26] 前引書。

[27] 前引書，頁8。

軍方）喜歡說「時候到了」或者「你的／我的／他的／她的時候到了」。在這類狀況下是沒有失去可言的，因爲沒有任何期待。這當然相當冷酷無情，但許多宗教中也有類似的概念，通常都集中於「命運」這個極容易誤解的觀念上。也許可以說，命運就是分派到的時間。也許從一個人的計劃、期待、希望與健康來看，死掉好像是時光「給截短了」，但它其實不過就是時間用完了。從這個角度看或許可以說，一個人的死的確就如出生，因爲他或她在之前和之後都是「沒有」時間的。一個人並不存在，從而「尚未」與「不再」的區別其實根本沒有差。可是這沒有辦法充分支持休姆的論證。

這種想法之所以困擾我，不只在於它潛在的冷酷無情，也在於這一觀點與哲學中許多這類論證一樣，嚴重混淆了第一與第三人稱的視角。在一種偷偷摸摸的哲學意義上，**對我來說**，（在所指的那些時刻中）我出生前的虛空和我死後的虛空是沒有差別的。但那只是因爲對我來說**什麼也沒有**，「對我來說」也沒有任何意義，連有沒有差別也沒有意義。作爲「虛空」，當然沒有差別，也不可能有差別（起司上的洞跟臭氧層的破洞不一樣，可是這是起司和臭氧層的差別，而不是其虛空的差別[28]）。因此，**對我來說**沒有差別，但描述這一虛空的是**誰**，描述的視角又是什麼？肯定不可能是**我**。然而在他人的世界中，至少有這個關鍵區別：我死後，跟我出生前不一樣，會有人想念我（若有人不幸孤

---

[28] 見大衛．路易斯與史蒂芬妮．路易斯，〈洞〉，收錄於大衛．路易斯，《論文集》（David Lewis and Stephanie Lewis, "Holes," *Collected Essays*, New York: Oxford University Press, 1983）。

單到沒有人想念他，還會饒富深意地怨嘆：「好像我根本沒出生過一樣」)。的確，我這輩子都可以預見有人將想念我。可是在我出生前和死後，都不會有人能夠描述先前深淵和此後深淵的相似之處。另一方面，如果是我在當下進行描述——也就是我還活著的時候——我出生前的空無和我預期死後會有的空無，當然大有差別。前者不過就是沒有我的過去，而且我和我所扮演的特定角色，在這個過去裡沒有任何具體的重要性（只有超乎尋常的情境下例外）。[29]後者卻充滿我的希望、恐懼、期待，不但直到我死亡時如此，而且在我死後也是一樣。

我生活的關懷也許包括了我的計劃、夢想、社會地位、傷病的威脅、我離世的樣子或模式。我對未來的關懷——即指向我死後的希望、恐懼和期待——大概會有：人們會怎麼記得我，我孩子的命運如何，人們會怎麼處理我的財產，是否還會讀我的書，他們會不會好好尊重我的身體，還是會虐待它或拿來作科學用途，或是爲了什麼不體面的事而重複利用它。可是所有這些針對未來的關懷根本上都與我有關，因此如果撇開我是誰，我曾經如何，我怎麼造就自己，還有我生存的本性，就不可能描述這些關懷。除非這裡又能用上某種極富創意的過度目的論敘事，不然這點對於過去是不適用的。[30]我可以想像自己比實際上早好幾年，甚至好幾世紀就出生了，可是且不管我是否因此就是另一個人

[29] 我說「具體」只是因爲想到，我的曾祖輩無疑曾模糊地想像過，他們在未來將會有曾孫輩。

[30] 見傑夫．瑪帕斯，〈死以及生命之擁有〉(Jeff Malpas, "Death and the Having of a Life")，收錄於瑪帕斯和索羅門編，《死與哲學》。

（這是內格爾的論證），我這種行爲顯然是在將我整個人——我的一生，個性與歷史——轉移到想像的過去中。我並不是在想念，或預期我會想念我出生前的時光。

相反的論證則類似伊比鳩魯，或可稱之爲「現象學」論證。要從第一人稱觀點想像自己不存在，簡直是不可能的事。當然，不存在是很容易想像的，可是那個惱人的觀點問題總會出現：一個人是從哪裡想像他或她的不存在的？佛洛伊德就這樣想像自己出現在自己的葬禮上，雖然只是個鬼魂般的存在，可還是在那裡。同樣地，沙特《沒有出口》（*No Exit*）中的角色，也在他們的葬禮上與葬禮後觀察並評論他們朋友的行爲。吉米·史都華（Jimmy Stewart）的《風雲人物》（*It's a Wonderful Life*）中飾演的角色有辦法看到世界若沒有他將會如何，但他還是得到那裡觀察，行走、開車、甚至跟老朋友還有鄰居聚聚（但他們不記得他是誰），還碰上他的妻子（當然，因爲沒有他，她現在是個老處女）。[31] 換句話說，吉米·史都華並不是誰都沒扮演，他還是他自己，儘管朋友不認識他。可是這一現象學作爲反對虛空的論證是虛假的。我們死掉後就沒有任何視角可言了。

這整個論證的理路最讓人不安之處，不管講的是古人還是紐約、巴黎的現代人，就是它也許沒有迴避「我的死對我來說是什麼，我又爲什麼該怕它呢？」這個問題的內涵，確實避開了這一追問的要害。我們可以體會伊比鳩魯和莊子置身的脈絡，他們眼見其文化受死亡狂熱之累，試圖消除其影響力；然而在否認死亡

---

[31] 《風雲人物》的導演是法蘭克·卡普拉（Frank Capra）（1946年作品）。

和死亡拜物癖的當代脈絡下，我認爲要有一種極爲不同的辯證才對。目前，人們似乎想當然爾地認爲，「把問題說清楚」就可以解決死亡恐懼中自然會有的不安和混亂；而這點，某些試圖論證「死亡什麼也不是」的英美哲學家特別嚴重。的確，我認識的許多哲學家都會說，哲學的整個行當正是要釐清這一類混亂。可是有些問題不能也不該釐清，這就是其中一個。這裡可以看到哲學家的把戲：首先，把所有不是死亡本身的事先排除，比方說臨終的不適與痛苦，還有一個人將如何、在哪裡、在誰的陪伴下死亡之類的問題；再將所有對未來可能的考慮也排除（畢竟人一死了，他應該也不再有這類可能性了）；再排除死亡恐懼以及對來生（不管是怎樣的來生）的任何期望。賓果！── 什麼也不剩了。故死亡什麼也不是。有人大概會說，這完全偏離重點，不過一個「點」正好就是什麼也沒有。不如說，恐懼死亡是一張交織著關懷與混亂的網，而且焦點不只是來生的可能性，還有會因死亡而結束的生命。把這一切打發掉，認爲這不過「什麼也不是」，其實也打發掉了我們生命中的關懷。因此我們要遠離伊比鳩魯。

166

害怕死亡：有什麼好怕的？

> 死亡的恐怖和叫人作嘔，不只在於其難聞，也因爲它不是〔黑體乃引者所加〕生命過程的結束……曾經活著的人和活著的人一起構成了一有機世界，成了有生機的腐朽物，充滿惡臭，摸起來也不舒服。黏稠的泥巴、帶著浮渣的池子

是生命之湯，是豐饒本身：黏膩、滑不溜丟、扭動著熱烈的動物生命。

——威廉・米勒（William Miller），
《噁心的解剖學》（*An Anatomy of Disgust*）

我們爲何要害怕死？如果我們走化約論的路子，堅持只談「死亡本身」，其他的都不談，那我們最後只會有個很扁平的死亡概念，必然歸於虛無。我們不如來瞧瞧這個問題招致的歧義和混亂吧。視死亡爲事件、某個時刻、或只是「結束」，其實反而掩飾了死亡在生命中的地位。我們並不是這樣思考死亡的，我們也沒辦法這樣想，除非我們是哲學家。死亡與臨終、死去緊密相關，而臨終、死去又只有從生命和活出生命的角度才能理解。我們如何看待自己身爲人——學生、教授、愛人、丈夫、妻子、朋友、父母、孩子、祖父母、公民、作者、權威、運動員、老饕、有產者——也會影響我們的死亡觀。卡繆還有其他人認爲，死亡對我們所有人來說都一樣，他們完全錯了。就像托爾斯泰不幸福的家庭一樣，我們也有不同的故事，而死亡也必須從這些個人的故事來理解。[3]

167

當然，死亡的事實首先就在於，它終結了構成生命的渴望、計畫與希望；它可能宏大而遍及世界，像是有征服世界野心的亞歷山大，也可能平凡而局限於客廳的沙發上，比方說只是想看看誰贏了第三十四屆的超級盃或是兩千年雪梨奧運的三鐵。理解死

---

[3] 譯注：影射托爾斯泰《安娜・卡列妮娜》的著名開篇句：「所有幸福的家庭都一樣；每個不幸的家庭都有各自的不幸。」

亡，就是要把每一次死亡都看作對這些欲望的打擊，而這些欲望是某個人、某個家庭、共同體或文化所特有的。在這個意義上，死亡總來得不是時候。即便活到了九十九歲，它也截「短」了生命。事實上，死亡有時來得「正是時候」——比方說才剛成就完一生的夢想，一次盛大的慶典或里程碑就死掉——但這是特殊案例，因爲最爲基本的渴望**沒有**遭受打擊。

激發多數人的渴望與快樂總是如此多樣，然而以上這種想像往往會錯認其特質。這類心安之情通常吐自倖存者之口，反而偶爾才出自臨終者（「現在，我總算可以幸福地死去」）。這類場合的確能激發人，也值得記住，至少它提醒我們，生命既可以結束又可以多少是完整的，而死亡也不必然就毀了生命。美好的死亡幾乎（但不全然）從定義上說，就是在美好生命終結時出現的。然而，所有那些並未死得「正是時候」的人——也就是我們大多數人——也同樣值得記住。弗雷德里希．尼采也堅持這一點，爲人所知，而他恐怕正是死得不是時候最爲尖銳的例子。這位最富於活力的哲人和文人有十多年都處在跡近植物的狀態中，偶爾才能振奮人心；因此他一生精湛的論辯總籠罩在瘋狂和心智失常的陰影中。

死就是終結生命的計畫與規畫，這個看法不可解釋爲只是自利的，好像只是針對**我自己的**規畫而已。我的許多計畫、規畫根本上會涉及他人，而且這不只是他們與我的關係、他們對我的看法或情感而已；這也包括了他們自己的計畫與規畫，一般而言還有他們的福祉。因此，害怕死亡的核心關注之一就是在乎他人將發生什麼事，儘管這一講法聽起來相當不哲學。當然，這類保護心可能是一種自我膨脹。一個人可能沒有自己想像得那麼不可或缺，而且以下的思路也實在非常言之成理：一開始可能是「我的家人沒有我就要挨餓了」，然後又心安地想到「有別人會照顧他們」，接著又氣餒地明白「有人會取代我的位置」，最後則是很慘的「他們最終會忘記我的」。而且事情也的確如此。一個人確實可能只會成爲回憶，而且在過了一、兩個世代後連回憶都不是了。不過這時候我們多數人也都不在現場了，這說不定是件好事。（我們就都會像吉米·史都華的角色一樣，高呼「你不認識我嗎？！」）在來生中也許總是潛藏著這樣的失望，而所有「永福」或是「天上的喜樂」一類的故事通常都沒有提到這一點。沙特是對的。他筆下的角色令人難忘；他們在煉獄中「活著」，直到聽見人們在他們死後對他們說三道四，就會懊悔萬分。但接下來沙特就立刻讓他們不再能聽見他人的是非之語了，這既是他詩興的揮灑，也是對心理學的洞見。

168

擔心他人，恐怕是我們的死亡恐懼中最富人性的要素了。我們對死亡的首要關注也最容易證成：我們關心我們在家庭、共同體、組織、計畫、團體、還有決策（因著這些決策，他人開始依賴我們）中的角色。我們也擔心自己的生命是否完滿，還有當敘事完全不操之在己時，他人又會怎麼講述我們的故事（有多少無趣的自傳不都是爲了試圖避免這一欠缺而寫的？又有多少扒糞式的傳記似乎都意在擺脫主角所剩無幾的控制權？）。如果這類想法由於忽略了「死亡什麼也不是」傾向於預設的虛無邏輯以及唯我論，從而不夠「哲學」的話，那麼這完全是哲學本身的損失。

但是哲學不只是邏輯，自我也不只是某些哲學家描繪的，或偶爾出現的反社會者所體現的唯我論式原子。死的哲學問題不只是虛無的邏輯，它也涉及自我、自我的結束、還有其中所有的陷阱與細節。作爲人——而不只是有哲學味——就意味著在看待死亡時，他擁有由信念、期望、希望、擔憂和恐懼所組成的複雜集合：死亡作爲死亡、消逝、不在、理想和渴望的幻滅。至於是否只有人這個物種才知道或擔心死亡，這倒不清楚。經常有人主張大象也有類似的知識，而其他「高等」哺乳類也有。[32]不管人們的信念多麼狂熱，他們恐怕都對死亡，或至少對於臨終之時有些不安。

海德格作爲「向死而在」的 *Dasein* 觀念因此切中了我們存在特質的一根本面向。在時候到來之前，我們絕對不知道自己將沉靜地步入「美好的黑夜」還是對之感到「狂怒」。在猛烈的炮火或是疾病的痛楚和燥熱中，我們也絕不知道自己將會高貴還是悲慘地死去。這種不確定感——不知道將會怎樣、我們會怎樣、我們會作什麼或要受怎樣的苦——確實占了我們對死亡關注的絕

[32] 杰弗里・麥森，《當大象哭泣》（Jeffrey Masson, *When Elephants Weep*, New York: Dell, 1995）。可是在，例如，說「動物在爲自己的生命爭鬥」時，牠們究竟害怕什麼或者是在爲什麼爭鬥，並不總是很清楚。甚至在某些「最低等」的動物生命形式中也觀察得到這類行爲，許多植物亦然，儘管植物的時間框架相對較慢。可是「爲自己的生命爭鬥」完全不表示這裡眞的就是爲生命，亦即從任何方面說，這類行爲都沒有明顯透露出行爲者意識到死亡的可能性。同樣地，對溺水者進行現象學分析似乎也顯示，他是爲了下一口氣，而不是爲自己的生命在掙扎的。所有生物也許都有這種自我保存的本能驅力，但這不必然與死相關。然而最爲混亂的是將自我保存的本能驅力當作是某種基本權利，即霍布斯引人非議的主張。無論生命權是否成立，這一權利都不可從生物學或現象學中推導出來。

大部分，恐怕也太過度了。[33]我懷疑，多數對死亡好像是形而上的恐懼，其實更多是對它的個人恐懼——而且不是害怕其受苦，我認爲人們通常太高估它了——而是害怕它涉及的人格方面，或者它是否高貴；後者是其他文化非常看重的面向，在荷馬、三島、甚至狄更斯中都能看到。至於美國，我們堅持「幸福結局」的結果是，英雄式的死亡根本成爲假問題。當然，死亡拜物癖者和戰士例外。

169　害怕死亡也和「死後會怎樣？」的問題有關，但這裡指的不是困難的來生問題，而是更爲具體的，即身體命運的問題。赫克托死得不壞，但被阿基里斯的戰車拖在後面就是徹底的恥辱。[34]確實，身體死後應該怎樣處置才恰當，地球上大概沒有一個文化不深深爲此問題思慮良久的。而且也確實值得探問（這是個經驗問題），死亡恐懼究竟有多少其實和害怕死亡或臨終都無關，而

---

[33] 我就擔心，人們對臨終的痛苦太小題大作了。確實，今日很多人的死去——像是長期的病魔如癌症——往往嚇人，有部分就是因爲其痛苦——但也只是部分而已。任何遭逢過嚴重打擊的人——像是車輛在高速行駛中撞車、或是身體由於銳利且危險的器具而轉眼間受到重傷——都知道在這類狀況中，痛苦是可以忽略的。有時痛苦會很久之後才出現，比方說嚴重的燒灼傷。但在致命的傷害中，比方說被一把劍斬去了頭，痛苦根本不成問題，認爲它是問題反而混淆了死的問題。我同樣也認爲，主張死刑的技術過於「殘酷且不尋常」的論證，至少有誤導的疑慮。不管是斷頭台、上吊、行刑槍隊、電椅、還是注射致命藥劑，被處刑時的痛苦（如果處刑成功的話）通常短暫而渺小。

[34] 荷馬，《伊利亞德》22卷，438行；見麥金泰爾，《追尋美德》，頁120，討論了羞辱身體所具有的意涵。

有多大成分反而是一種虛榮的憂慮，只是擔心自己不再活著以後將會有怎樣的面容和身軀而已。我認爲，人們在討論死亡重要性時都太過形而上也太過宗教了，往往忽略了這個死亡與虛榮的問題。對赫克托來說，死亡的恐怖並非是種經驗，而他的死去想來也不恐怖，因爲（我們讀到）它發生的很快，也大概沒有痛楚。恐怖的是死亡的羞辱，他輸了戰鬥的事實，而最爲恥辱的事是他的身軀不得安葬。[35]甚至可以懷疑，埋葬與火葬（兩種主要的處置形式）的機制也許不只有衛生方面的考量，也意在掩飾死亡的事實。在（新近的）西部片和黑幫片裡（其實現實中也一樣），人們特別害怕臉被射中。其痛楚可以不管，但這對自身虛榮心的威脅簡直無以復加（男性特別酷愛的自殺方式之一就是用手槍或左輪槍對著口中發射，這樣子腦袋開了花，但臉仍毫髮無傷）。

死的事實不只是有人死掉的「赤裸」現實。還有各種妝點著死亡的噁心細節，多數講身體復活的討論對此都會匆匆帶過。因此威廉・米勒（William Miller）在寫下中世紀的死亡與噁心感時，就認爲死亡之所以恐怖，並非由於它是終結意識的事件，而是因爲它是慢慢流出的、噁心、又不可控制的生物過程之一環。「死亡的恐怖和叫人作噁，不只在於其難聞，也因爲它**不是**〔黑體乃引者所加〕生命過程的結束。」[36]米勒還另外引用了斯賓塞

[35] 同樣地，安葬死者也是安提岡妮悲劇的情節核心，她認爲埋葬亡兄的必要比起自己的生命來說更加重要。

[36] 威廉・米勒，《噁心的解剖學》，頁49（William Miller, *An Anatomy of Disgust*, Cambridge, Mass.: Harvard University Press, 1997）。亦見卡洛琳・拜能，《西方基督教的身體復活》（Caroline Bynum, *The*

（Spenser）的《仙后》（*Faerie Queene*）作爲補充：「他留下大堆大堆的土，其中生養出／數萬種造物……醜陋而獸樣的形象，在他處可沒人敢駐足。」[37]

這叫人作嘔，但我認爲它也非常重要。在（多數的）電影裡，死者只是倒下或消失，這時死亡本身並不叫人害怕，只是角色的結束，也許還是某人合約給取消了。慘淡的眞相是，我們死去時並不只是消失，反而還會躺上一陣子，會成爲我們身邊的人作嘔和驚懼的緣由。當然，我們都會說自己寧可在朋友和家人的身邊死去。然而在這樣的願望背後，還有另一個更常未明言的願望：希望自己優雅地死去，最好儀容整齊、臉上的妝沒花掉、面容沒因痛苦而扭曲或因暴力而破相、仍然保持紅潤、也完全沒有給任何招人反感的東西（像是血）弄髒。只消反思一下，我們也許就能重新想想這個場景，並明白爲何某些人會自己躲起來死掉，就像大象一樣。

170

身體會發生什麼事，就跟靈魂會發生什麼事一樣，都是我們極爲著迷且看重的話題。某些宗教（比方說正統猶太教）還有許多人都對於爲了某個目的而「使用」屍體極爲排斥，這毫不令人意外，不管是爲了未來外科醫師的教育（很難不想到**自己**躺在解剖床上的景象），還是用仍然健康的心臟或肝臟以拯救另一個人的生命都一樣。身體的屬己感也許會隨著死而結束，然而我們還

Resurrection of the Body in Western Christianity, New York: Columbia University Press, 1995）。

[37] 艾德蒙·斯賓塞（Edmund Spenser），《仙后》，I.I.21。

活著的時候卻會將這種感受投射到死亡之後的時光。這也許是一種虛榮，但很難說是愚蠢的（不過就上面的醫學案例來說仍可能是自私的）。這是一種不能輕易忽視或否認的虛榮形式。我們可以盡情虛張聲勢暢所欲言，說「塵歸塵，土歸土」而蟲子終將獲勝，但死亡伴隨的恥辱處境仍是關注死亡的好理由，也不能輕易打發，認爲它**對我們而言**不重要。我們不會因死亡而化爲虛無，反而仍是個什麼，是反胃和作嘔的對象。而當我們預期到這一事實，我們也自然有理由因此而憂慮。

靈魂的未來或那空靈的自我，不過是死亡諸多問題之一，而且也只有這個問題容易在形上學上隔絕於生命的關懷本身。可是這也是個幻覺。蘇格拉底就想像自己的死亡可以不受打擾地繼續他活著時最喜歡的活動。[38]伊斯蘭的天堂描繪得比基督教天堂更爲明確，它是「喜悅的樂園」，充滿所有活著時最受珍視的快樂。但當然，不管一個人的信仰多強，他終究不知道之後他的靈魂、精神、心靈和記憶會怎樣。對此最多只能有些形上的玄想，缺乏任何證據或見證，儘管有少數人會宣稱已經「到過那裡」，可他們的評論也殊爲可疑。然而自我或靈魂的未來可以遠不止如此，儘管從宏大的神學視野看可能是更少。

本章稍早有轉引亞里斯多德引用梭隆的話：「要等一個人死了之後，才能說他是否幸福。」人的欲望也許隨著死亡而終止，然而這些欲望的滿足卻並未止息。一對夫婦什麼也不要，只希望

---

[38] 有理由主張蘇格拉底在這點上自我欺騙得相當厲害。只消讀讀柏拉圖全部的或任何一篇對話就很清楚，蘇格拉底最愛的不是自己思考，而是跟別人對談。

他們的子孫活得好。他們離世後，他們不再能希望，然而希望本身卻仍然存在，而且要等數年後才知道他們的希望是實現了還是受挫了。詩人希望自己的詩受到讚賞，但可能在鮮爲人知、不受認可的時候就逝世了。數年後，甚至可能數世紀後，人們又「發現」了他，他的願望就此實現。「來生」和「不朽」有很多意思，它們並非全都和生活無涉。蘇格拉底在《會飲》裡提出荷馬的「孩子」(《伊利亞德》和《奧德賽》)，還有所有地方的孩子，認爲這是不朽的意義所在。這是生命的源源不絕和意義所在，它如此具體，蘇格拉底那隱晦而富於埃及味的靈魂不朽觀相較起來，反而顯得蒼白無力了。

171

即使相信來生，死亡問題——還有隨之而來的生命問題——也不會消失。來生的允諾不該用來遮掩倫理和歸屬感的現世問題，也不該據此而小看人際關係並貶抑義務（即使它把倫理行爲與成功的人際關係當作是來生有好去處的判準，也仍有這樣的危險)。即使在最爲末世論觀點的思考中，「如何生活」的蘇格拉底問題仍然處在舞台的中心，而如何思考死亡的問題也就成了思索生命的挑戰。因此極爲虔誠的宗教人斯賓諾莎就告訴我們，「一名自由人，即只照著理性的命令活著的人，不會因爲害怕死亡而分神，反而直接渴望善：意即，渴望照著尋求自身利益的原則來行動、生活並保存自己的存在。因此，沒有什麼比死亡更讓他不掛心的事了，他的智慧則是對生命的沉思。」[39]不管是猶太

---

[39] 斯賓諾莎，《倫理學》，第4版，懷特與斯特林譯（Spinoza, *Ethics*, trans. W. H. White and A. H. Sterling, London: Oxford University Press, 1930)，頁 235。

教、基督教、伊斯蘭教還是印度教，來生的問題在倫理學上都是次於生命問題的，即使在存有論上未必如此。爲了死亡而活著是否認生命，而這比否認死亡嚴重得多。

超越病態的唯我論：死亡的社會向度

當你不再能貢獻時，你就死了。

——艾麗諾·羅斯福（Eleanor Roosevelt）

害怕死亡很容易看來是個形上學或邏輯上的困惑，是對未知的恐懼，是與虛無的遭遇。但我想，眞相沒有這麼漂亮。我們擔心的是臨終的痛楚，或者說死前的痛苦。我們虛幻地擔心自己的身體在死後會得到怎樣的處置。我們掛念我們在乎的人，但我們接著也會擔心沒有我們的照顧他們一樣活得很好，甚至，如果沒有我們持續（即使善意）的提醒，他們也不會記得我們。認爲死亡什麼也不是，也可能不是形上學的問題，而是種怪異的不在場感。用最不好聽的話說，也許可以說，我死了是件壞事，是因爲它把我從宇宙中奪走了。我想像沒有我的世界，就像沙特《沒有出口》中的角色一樣。我看見他們談論我、笑我、可憐我。我看到有人跟我太太約會還娶了她，養我的孩子，還丟掉我的書。更慘的是我還看到他們不在乎我。死亡也許什麼也不是，但這個不是讓人痛苦。

這都不是宏大的形上學或什麼「基本存有論」[4]，而只是把微不足道的自私包裝成謎罷了。我稱之爲**病態的唯我論**，它完全從自我來看待死亡的形象。我一直試圖論證，也相信哲學一直忽略的，就是死亡的社會向度。要體會這點的重要，不必然要放棄第一人稱的立場，它是這一哲學問題的基礎；這也絕不會挫傷我們對個人生命的堅韌感受或對死亡的個人關注。但它的意思是，我們首先而且首要是社會的動物，不管從現象學和存有論還是生物學上說都是如此。除了最爲孤獨的人以外，死亡總是會打亂（而且我們還希望這不只是件小事）人際關係的網路。而且甚至在孤獨的例子裡，他在想及自己的死時，也會當它是對過往或可能關係的破壞，或者甚至在情緒瀕臨潰湜的時候，還會哀悼自己如此孤單地死去，如此地不自然。

海德格指出向死而在的「獨特性」，但照我看這似乎是病態唯我論的一種，它否認顯而易見的事，反偏愛晦澀而假英雄式的哲學理論。同樣地，雖然我非常同意沙特的見解，但我認爲他似乎也掉進了同樣的唯我論陷阱，他講的都是「我的規劃」，並將「我終有一死」與「他者」終有一死看作兩件事。可是沙特也敏銳地察覺到，當我想及自己的死亡時，我也不由自主地想著他人會在我身上看到什麼，他們會怎麼看我、思索我、記得我。照佛洛伊德的講法，當我想像自己在自己的葬禮上時，不管「我的觀點」從邏輯上說到底是不是全然屬於我的而且不可化約，我想像的都還是他人的眼光，而非自己的。當我想像自己的身體躺在解剖檯上，全身是血倒在街頭，或者在最後的痛苦中漸漸動彈不

---

[4] 譯注：基本存有論的說法見於海德格的《存在與時間》；海德格認爲分析人的存在（此在）是理解存有論問題的關鍵，因此死亡問題也與形上學息息相關。

得，我想像的都是他人而非自己會怎麼看我。我之所以擔心自己會怎麼死掉，是因爲我掛念的是他人。當然，我也在意我的名聲，但這裡遠比任何其他地方都更戲劇化地顯明了自我的社會本性。畢竟，從死後那薄弱的哲學意義上看，我到底是作爲英雄、懦夫還是小丑而離開，對我來說會有什麼差別嗎？[40]

當然，多數社會視此爲理所當然。他們的哀悼儀式也視此爲理所當然。但我們進步的腐化哲學不是全然忽視就是明確否認這類想法。有多少哲學家曾認眞把悲傷和哀慟當作死亡的面向，而沒有認爲它們只是文化的人造物，嚴格說來只是人類學家的份內事呢？有多少哲學家有將生命的全部故事當作是死亡的本質「時刻」呢？（西勒諾斯〔Silenus〕[5]除外，他認爲一切生命都在死亡中）。卡通的智慧則一直有個陳腔濫調：一個人死去的時候會在（內心之）眼中閃現自己的一生。[41] 哲學家應該放棄「死亡什麼也不是」的論點並轉而主張，是生命的豐富才激起我們面對死

---

[40] 也許有人會反駁，我的痛苦和焦慮肯定是我自己的事，而且只是我自己的，這一憂慮與關心的朋友與親戚都無關，也跟必須設法處理這些痛苦和焦慮的醫療人員無關。但我還是認爲，痛苦與焦慮管理是跟死亡全然分開的課題，這裡的「分開」不是在我質疑的分析意義上說的，而是更爲一望即知的意涵：這些事在我們的經驗中是在任何狀況下都叫人不快的，而且如果它們看來不會終結而將永無休止時還更糟。死亡與臨終不必然是痛苦的，而我的論點是，其焦慮也必須在比「向死而在」更廣泛也更富社會意涵的框架中加以理解。

[5] 譯注：西勒諾斯，希臘神話中酒神戴奧尼索斯的同伴，一神話故事提到國王米達斯（Midas）曾捕獲他，他爲了獲釋就跟米達斯分享他的智慧：「最好的事就是從未出生；次好的事則是出生後速速死去。」

亡時帶有的諸多心緒。而我們生命的豐富很少來自經驗的現象學，更多來自**社會**經驗這極為特定的現象學。[42]因為有其他人，所以我想活著。因為我愛，所以我想活著。因為我投身於我的計畫，所以我想活著——而且它們幾乎全是社會計畫（最能理解這點的首先就是沙特），即便其實踐可能是完全自己來也一樣（比方說寫作）。因為他人需要我，因為我在乎、關心他們，所以我想活著。我是他們世界的一部分，正如他們也是我世界的一部分。

173

越思索死亡我就越清楚，我眞正在意的是我離開的人。這有一部分是由於個人的利害、驕傲和虛榮心。我的憂慮不是全然無私的。它也是自利、愛、野心、恥辱，還有害怕失去控制（這是《沒有出口》的眞正恐怖之處）。死亡突顯我們的個體性，只因為它顯明了親密而重大的人際關係是多麼脆弱。死亡本身什麼也不是，死去也沒有什麼好慶祝的。如果死亡是場考驗、是個挑戰、是表現勇敢的機會，這也只有在「為他者存在／與他者共在」的範疇中才有意義，而非「為己存有」或「向死而在」。死並非什麼都不是，但它確實可以成為什麼，像是高貴地死去就不會只是「屬己的」，也是在乎他人並為了他人而作的。照海德格的看法這

[41] 有本老舊的華特·迪斯耐漫畫書，就描述了布魯托（Pluto）（米老鼠的狗）在溺水而亡時飛速經歷了從小狗到骨頭和飛盤的一生。

[42] 同樣，這並非否認一個人有可能「為自己的生命而爭鬥」，而只是說，一個人不會為了避免死亡而爭鬥，除非事後回想起來才會這樣覺得。據此，動物會「為牠們的生命而爭鬥」，但不是為了「自我保存」。然而他們確實會為了後代或同類的安全而爭鬥（至死）。

大概是「非本眞的」死亡，但它卻是荷馬的英雄會爲之沉吟良久的死。這就是我們的哲學應該再次帶我們走上的道路——離開唯我論、死亡拜物癖、病態的唯我論和虛無，並回到我們生命的豐富中。

第7章
尋回人格同一性

昔者莊周夢爲蝴蝶……俄然覺，則蘧蘧然周也。不知周之夢爲蝴蝶與？蝴蝶之夢爲周與？

——莊子

人們說人格同一性[1]是普遍永恆的哲學問題之一，這是對的。當然，人格同一性的「豐厚」呈現，會在不同文化裡提出非常不同的問題。在中國，「你是誰？」最有可能是說「你是哪家的人？」而「你是誰？」在美國最有可能是說「你作什麼（爲生）？」這些問題甚至因人而異，要看他們在生活裡運氣如何、有怎樣的氣質、天分或可能性。在斯坦尼斯拉夫斯基（Stanislavsky）[2]體系訓練下出身的演員問「我是誰？」、選擇主修科系學生問「我是誰？」、或者沒有機會在市場上試試自己才幹的沮喪母親與主婦問「我是誰？」，都意味著非常不同的關切。可是從狹義上解讀，每個人對自己似乎都有**某種**認知，而這一認知是可以質疑的。

[1] 譯注：本章的identity有「同一」、「同一性」、「身分」、「身分認同」幾種譯法。

[2] 譯注：對20世紀的戲劇、電影表演風格有巨大影響力的俄國演員和劇場導演。

儘管如此，目前就所謂人格同一性問題所提出的論點，實際上多半是特定地方的問題，而且不過追問了兩百多年，只是在希臘化時代－猶太教－基督教哲學傳統下識見短淺的自我吹噓而已。問題很容易簡述，儘管這樣講易生誤解：「我是誰？」當然，最顯而易見的答案就是：「這要看問問題的是誰。」然而表面上對指涉和指認的簡單追問，觸及了一系列應該明確區分的不同問題，它們有不同的前提，據此，也會引發不同的文化和概念回應。

175

完全從字面上看，「我是誰？」的問題似乎就是要一個名字——也許在一場意外或因藥物而沈眠良久後，這樣理解還滿恰當的。名字接著又意味一段歷史，意味著在社會紐帶中有個位置。在道德危機的時刻，同樣的問題也許是絕望的哭喊或是深沈的存在混亂。「我是誰？」意思就成了「我現在該作什麼？」我的歷史、社會位置和地位都受到了質疑。我關切的不是我曾是什麼，而是我應該是什麼。我生命的故事（也許他人的也一樣）就要重新講述、重新省視，也許還要大大翻修。這類存在危機會引發齊克果、海德格、沙特，還有數百萬的艾里克森式（Eriksonian）[3]青年都為之歡欣鼓舞的焦慮。幾乎所有語言都內建了回答此問題的方式，即使並非在所有哲學傳統中都有，至少在口語與神話還有科學與認識論的傳統下都存在。多數文化脈絡下（歐洲和北美也不例外），身為人就意味著要跟我們差不多，而「跟我們差不多」（還有「人」）依狀況可能指的是亞里斯多德的雅典男性貴

[3] 譯注：Milton Erikson，美國心理治療師，在催眠療法上有許多獨特見解，並強調無意識的創造能力。

族同胞、克利弗德・紀爾茲（Clifford Geertz）的爪哇人、喬治・布希忠誠的共和黨員、或者甚至是中國人。不管哪種狀況，都隱含一段歷史、一種發展出來的存在方式、一則共享的敘事。這定義既排他又包容。如此使用「人類」一詞就不是生物學的範疇。它是個笨拙的政治武器，甚至常常用來進行壓迫。

回到個人的層次，人格同一性的問題可以是「身爲一個自我意味著什麼？」這種問法容易引起存有論或現象學的回應，對意識之先驗統一或笛卡兒式內省的論述，但它也應該顯示，這一跨文化且可相互對比的追問有其迫切性。就自我——還有一個人對自我的認知——是社會建構出的，且（多少）因文化而異的敘事而言，有太多理由（如今也有汗牛充棟的研究）認爲，不同的人會有不同的自我認知。因此問題這樣問是不完整的。應該這樣表述：「在中國社會裡身爲自我意味著什麼？」「在約魯巴社會裡身爲自我意味著什麼？」「在卡陸立社會中身爲自我意味著什麼？」「在巴黎的布爾喬亞社會裡身爲自我意味著什麼？」「在烏特古社會中身爲自我意味著什麼？」可是，「在中國／約魯巴／卡陸立／法國／布爾喬亞／烏特古社會中身爲自我意味著什麼？」的問題，也還是不能當作只是描述人類學的事而已。它很容易就會變身爲「身爲一個人格意味著什麼？」——這是個明確的倫理觀念。舉例來說，墮胎和動物權的辯論往往會問到，胎兒和（至少）某些脊椎動物是否是人格。據此，某些文化一旦經歷了嚴重的流離失所（比方說由於殖民活動之故），或者正要突破傳統的封建制或其他層級化的種姓體系時，人格性的問題就會引來極大的注目。在這些狀況下，人格同一性的問題完全就是追求正當性和尊嚴的哲學努力。

176

然而回到學院，人格同一性的問題主要變成存有論謎語了——「在時間中一直是『同一個』人格意味著什麼？」——其次才是比較具體的經驗探索「身爲我所是的這個人是什麼意思？」第一個問題有時會區辨爲自我同一的問題（而與第二個人格同一的問題不同），然而很明顯，只要回答其中一個問題，也等於部分回答了另一個。與 20 世紀後半葉決定了英美哲學形象的各類謎語一樣，這一存有論謎語也激發出很多原創的設想和回應，而且也變得極難索解。由於它變得如此困難，人們於是就認爲它是個嚴肅的哲學問題，如今也極爲熱門。它經常還與更普遍的同一性問題相生相隨。「任何東西在時間中都是『同一個』是什麼意思？」而彷彿爲了同時檢驗我們尋常的同一性概念還有超乎尋常的哲學想像限度何在，問題的內涵有了簡直荒唐的轉變，即使是寫下最爲狂放不羈的變形記與人獸、神人物種混合故事的印度教徒、希臘人，甚至卡夫卡，都夢想不到問題可以變得如此古怪。

這個傳統由約翰·洛克（John Locke）開始，他隨興地設想，如果一個人的記憶移植到另一個人的腦中，我們對此會有什麼看法。過去數十年，伯納·威廉斯（還有其他人）繼續將這個例子擴充到極爲誇張的程度。心靈或大腦移植在哲學家的口中蔚爲風潮。典型案例如下：把甲的大腦，因此還有他的記憶、人格和人格同一感，都擺到乙的身體裡，而乙的大腦，因此還有他的記憶、人格和人格同一感，則擺到甲的身體裡。這類心靈和身體的交換有時還伴隨著極折磨人的問題，比方說，如果你要接受一次極痛苦的手術，身體不會施打麻藥，但這時有另一個人「占據」著這個身體時，你覺得怎樣？[1] 可以想見這類討論將變得多麼富於想像力，而英美傳統中某些最爲優秀聰明的哲學家也確實跳入了這個圈子。[2]到了1980年代，認為甲的大腦，隨之還有他的記憶、人格與人格同一感有可能完全在乙的身體中運作，已經成了哲學上（還有科幻小說）的常識。那麼誰是誰呢？當哲學家發現我們尋常對人格的認知不足以解釋這類案例時，他們既感挫折又覺滿意。[3]

---

[1] 例見伯納・威廉斯，〈自我與未來〉，《哲學評論》，七十九期，第二號（1970年4月）("The Self and the Future," *The Philosophical Review*)。

[2] 前引書。比較大衛・威更斯，〈個人同一性〉，收錄在氏著《同一與實體》(David Wiggens, "Personal Identity," in *Sameness and Substance*, New York: Oxford University Press, 1980）；彼得・馮・茵維根，《物質存有物》(Peter van Inwagen, *Material Beings*, Ithaca, N.Y.: Cornell University Press, 1987）；席德尼・舒梅克，《自我認識與自我同一性》(*Self-Knowledge and Self-Identity*, Ithaca, N.Y.: Cornell University Press, 1963）以及〈人格及其過去〉，《美國哲學季刊》("Persons and Their Pasts," 1970）；大衛・路易斯，〈生存與同一性〉，收錄在《人格的諸身分》，艾梅莉・羅蒂編("Survival and Identity," *The Identities of Persons*, Berkeley: University of California Press, 1976）；伯納・威廉斯，〈身體持續性與人格同一性：我的回應〉，收錄在氏著《自我的問題》("Bodily Continuity and Personal Identity: A Reply," *Problems of the Self*, (New York: Cambridge University Press, 1973）；戴瑞克・帕菲特，《理性與人》(*Reasons and Persons*, New York: Oxford University Press, 1984）；馬克・強斯頓，〈人類〉，《哲學期刊》，八十四期，第二號（1987年2月）(Mark Johnston, "Human Beings")。當然還有史蒂夫・馬丁（Steve Martin）和莉莉・湯姆琳（Lilly Tomlin）主演的《衰鬼上錯身》(*All of Me*)，由勞勃・萊納（Rob Reiner）執導。

177　然而，由於對多元文化的熱烈關注還有自我同一性引發的喧囂開啓了21世紀，似乎讓人以爲，這類疲軟無力的知識謎語終究要讓位於其他的自我與人格同一性問題，以便爲跨文化還有比較性質的哲學研究和理解提供更富成果的根基。但並非如此：主流哲學期刊仍然繼續近乎執迷地排斥所有非存有論的問法（因爲只有存有論才是想當然爾地普遍），儘管其中最優秀也最聰明的一位也說了，這種問題已經「脫水」了。[4]當然，哲學問題不會死掉，而且也很少能解決。但它們確實越來越「扁平」、邏輯化、而且累人。目前爲了解決自我同一性問題，用上了許多天才的技術，然而這顯示的不是進步，而是概念的骨質疏鬆症進一步惡化。可是，既然人格同一性的問題仍然是讓非哲學家目眩神迷的課題，而且它也似乎能爲世界哲學的交流提供哲學的關鍵，我們好歹也可以追溯一下，問問這個問題是怎麼變得如此無趣的，怎麼變成只是個謎語，成了專家的腦筋急轉彎（如果在這個脈絡下這樣說恰當的話）。[5]

非哲學家到底爲何如此興奮？問題究竟是什麼？爭論怎麼變得如此狹隘？的確，甚至在法國——離某些英美學圈不過數十英哩之遙——目前爭論視之爲理所當然的單一自我概念，也已零碎化，並與「作者」還有德希達著名的「在場的存有神學幻象」一

[3] 帕菲特，《理性與人》。

[4] 強斯頓，〈人類〉，頁60。

[5] 比方說舒梅克，《自我認識與自我同一性》以及〈人格及其過去〉；路易斯，〈生存與同一性〉；威廉斯，〈身體持續性與人格同一性：我的回應〉；以及帕菲特，《理性與人》。

詞給一起埋葬了。我們又該怎麼處理多重自我的觀念（它如今已經遠離心理治療的年鑑並進入主流人格理論中了）？[6]我們又要怎麼處理某些佛教形式視之爲核心的「無自我」觀念？甚至，有個命題說，自我和人格同一性在某些社會裡跟內省、記憶的關係不大甚至沒有關係，反而和一個人在家庭、群體和共同體中的地位緊密相關——我們又該怎麼回應這一命題呢？爲何這種內在審視的笛卡兒式自我典範被人看作是本質性的，甚至不假思索地認爲是普遍的？

爲何我們會覺得，不管是佛教徒、穆斯林、印度教徒、道教徒、修士還是華爾街銀行家，他們的人格概念——或者人格是「同一個」的判準——應該都是一樣的？我們要怎麼處理約魯巴人對人格性的神話—部落概念呢？[7]反思在自我的認知中有多重要呢？它是根本的嗎？在西方哲學裡，自我指涉、自我意識、反覆思量的自我描述和個人反思有一種過分簡單的融合。[8]而且就

---

[6] 例見歐文·弗拉納根，《自我表達》（Owen Flanagan, *Self Expressions*, New York: Oxford University Press, 1996）。

[7] 賈桂琳·崔米耶，〈非洲哲學〉，收錄在索羅門與希根斯編，《從非洲到禪》（Jacqueline Trimier, "African Philosophy," *From Africa to Zen*, ed. R. Solomon and K. Higgins, Lanham, Md.: Rowman & Littlefield, 1993）。

[8] 對這些不同概念的精細分析，見查爾斯·泰勒，《自我的根源》（Charles Taylor, *Sources of the Self*, Cambridge, Mass.: Harvard University Press, 1989）。自我的歷史也很豐富，應該與西方哲學中的激情一同（並以之爲對立面）講述。見艾梅莉·羅蒂，〈自我與激情的相互協調〉，收錄於《自我作爲人格：亞洲的理論與實踐》，頁

像許多自我指涉的問題一樣，有激發性（即使未必深刻）的洞見往往讓位於謎語和矛盾、「腦筋急轉彎」那難以索解的誘惑。我們本來有的是一個永恆的問題，現在成了知識人的魔術方塊，只是個學術謎題而已。

178

謎的進展

假若一名鞋匠的靈魂一離開他，就有一位君王的靈魂帶著對過去生活的意識，進入他的身體並爲其賦形，所有人都知道這跟君王是同一個人格，但誰會說這是同一個人呢？

——約翰·洛克，《人類理智論》（*Essay Concerning Human Understanding*）

想想以下的可能狀況。第一個狀況：有個個別且同一的靈魂，自從我所謂的「我的」身體出生以來就一直與它同在。第二個是，有個靈魂與它同在，但五年前另一個靈魂占據了它，兩個靈魂心理上類似，也承接了所有往日的記憶和信念。第三個假設是，每五年就會有一個新的靈魂進駐。第四個是每五分鐘就有。最爲極端的假設是，不斷有

35-56（"The Coordination of the Self and the Passions," *Self as Person in Asian Theory and Practice*, Albany: SUNY Press, 1994）。

靈魂流過身體，每一個在心理上都和前一個相彷，就像海裡的水分子不斷流動一樣。

——約翰·培瑞，《論人格同一性與不朽的對話》（*Dialogue on Personal Identity and Immortality*）

自我同一性的問題現在的樣貌可以合理地追溯自笛卡兒和洛克的想法，他們帶給我們如下的奇特見解：一個人的身分首先與「意識」有關，或者更精確地說，一個人終極說來是個「思考的實體」（笛卡兒）或者一個人的人格同一性必然涉及記憶（洛克）。兩位作者出版的作品對這一問題的討論，全部加起來比十頁還要少得多，可是對他們命題的當代闡釋則充斥於系所的圖書館藏中。當今的論證又有休姆的中介，他多少有些矛盾地宣稱，當他看待自我時找不到任何自我（「就我個人來說，當我最爲深入於我所謂的**我自己**之中時，我總是會撞上某個特定的知覺，熱或冷、光或影、愛或恨、痛與樂。我無法在沒有知覺的狀況下把握**我自己**，而且除了知覺以外也觀察不到任何東西」[9]）。休姆讓這個圖象變得更爲複雜，他追隨洛克，將自己懷疑論的眼光投注到了甚至最爲平凡的對象上，追問它們在時間中的同一性。我們現在都知道，人的身體每隔幾年就會長出新的組織，完全重組更新。因此就有進一步的謎：除了連續性以外，還有什麼特質讓我們的身體在一生中都是「同一個」身體呢？

---

[9] 大衛·休姆，《人性論》，第二版，塞爾比—比格（Selbe-Bigge）編（Oxford: Clarendon, 1973）：頁 252。

休姆之後，自我和同一性的觀念開始在德國觀念論的惡水中泅泳，取得了先驗的，最終還是絕對的地位。（「他自己就是一切！費希特太太怎麼受得了？」[10]）如今的哲學家多半避免這類哥德風變形，把自己局限於笛卡兒、洛克和休姆提出的謎題，它們歷經考驗而不墜。也許這是個錯誤。即使不講別的，康德、費希特、黑格爾和叔本華至少強迫我們從極端新奇的觀點重新檢視人格同一性的概念。假定自我是不確切的，而人格同一也不必然就等於個人人格。個體同一之事實表面上看來如此顯而易見，而笛卡兒、洛克、休姆還有多數當代理論家都視之爲理所當然，但在德國哲學裡完全給拋棄了。而一旦這成爲問題，人格同一性的觀念也就眞的有趣了起來。

179

自我和人格同一的觀念不會只帶來那些摩爾口中的謎題和矛盾，他就此抱怨道：「我發現我所有的問題都是從別的哲學家來的。」任何美國的年輕人即使在哲學上所知不多，都能對這個問題提出一個切身的概覽。任何族群衝突，無論是在家鄉還是國外，也都會帶來這一問題，每一次罪犯受審也多少仰賴這一觀念。的確，每個親密關係都會讓人格同一性成爲問題，就像懷孕、嚴重的意外和病痛、失去工作、深愛的人過世，還有那種本眞的（*eigentlich*）[4]心情也一樣（海德格稱之爲向死而在〔*Sein-zum-Tod*〕）。也許某些哲學家會立刻反駁，「可是這些不是特別

---

[10] 海涅（Heine）論費希特，收錄在《反思德國哲學和宗教》，約翰．斯諾哥拉斯譯（*Reflections of Philosophy and Religion in Germany*, trans. John Snodgrass, Boston: Bencon, 1959）。

[4] 譯注：德文，「本眞」是海德格用這一詞時的通行中譯。

哲學的自我同一性問題」，對此可以有很多恰當回應，最好的大概就是聳聳肩。如果我們當眞要把人格同一性問題擺在某個當今作者所謂「對世界廣泛的自然主義認知」中看待，並考慮「各種引導實踐生活的有趣、具體的認知」的話，那麼這些極現實的脈絡當然挺哲學的（儘管不是特別哲學的）。[11] 回到自我和人格同一性（諸）問題出現的「特別哲學的」脈絡看，我認爲有理由大大擴張我們對這一問題的視野。

笛卡兒、洛克和休姆，或者至少笛卡兒和洛克，都沒有因哲學「謎題」（即，某種「特別哲學的」腦筋急轉彎）而特別興奮。他們只是順帶提到而已。他們心裡有更大的獵物。他們關注的是怎麼捍衛理性的觀念本身（而理性的尋常意義不會讓人特別想要去區分科學和理性主義哲學[12]）。他們念茲在茲的是捍衛個人對權威的自主性。他們以各自的方式探索「主體性」的領域，並主張眞正的知識可以靠個人的思考與經驗獲得。笛卡兒和洛克又一次想要證明上帝的存在。洛克和休姆意圖提出一全面的人性理論，並奠定人（但似乎只有男人）的普遍性。當然，休姆遠比他的兩位前輩更爲猛烈挑戰理性的界限，只有在啓蒙計畫的環境下才有可能理解他的懷疑論：他仍然屬於這一傳統。只有在某種高度重視（也許甚至要求過甚了）個人自主觀的一般哲學脈絡

---

[11] 馬克・強斯頓，〈人類〉，頁62。「特別哲學的」一詞是他的說法。

[12] 舉例來說，伏爾泰的《英國書信》（*English Letters*）就爲洛克說話，認爲他是理性的偉大捍衛者。伏爾泰顯然完全不掛心於全新的啓蒙傳統之內的猛烈哲學鬥爭。他拒絕學生時期被迫學習的笛卡兒形上學，但沒有拒絕笛卡兒的理性方法。

180 下，自我和人格同一的謎才有意思可言。甚至連休姆在他提出他找不到自我的矛盾觀察後，過沒幾頁，他似乎就把這個質疑放在一旁了。追隨休姆的康德將洛克歷久不衰的人格同一與自我同一的區分進一步廓清（成了「經驗」和「先驗」的同一），從而解決了休姆的矛盾。[13]但如果我們不該滿足於謎題，這也不表示我們應該尋找讓人印象深刻的高深說法。不管德國觀念論的幽暗海水有時顯得多麼誘人，自我同一性極為真切實際的問題仍不該讓人有潛入晦澀的藉口。[14]

我自己反而要概略描述四種不同的尋常（但仍很重要）哲學關懷，而對自我和人格同一性的哲學研究自然就會從中出現。無疑其中都有「謎」，也許對於那些一遠離狹隘的知態證成疆界就會不自在的哲學家來說，這些謎可以吸引他們上勾。我不在意這些問題究竟是不是「特別哲學的」，但我確實主張，這類問題的跨學科地位還有多元文化的意涵其實是其長處而非短處。

第一個問題仍頗為保守，完全處於哲學和政治正統的界限內，只是將任何「身分認同危機」（比方說青年時期的成長痛

---

[13] 例見斯特勞森（P. F. Strawson）對康德和休姆論「靈魂」較為保守的探討，收錄在《感官的界限》，頁162-170（*Bounds of Sense*, London: Methuen, 1966）。

[14] 我在〈黑格爾 *Geist* 的精神〉，《形上學評論》，第23期第4號（1971）("Hegel's Spirit of *Geist*," *Review of Metaphysics*, vol. 23, no. 4, 1971)，還有我的著作《在黑格爾的精神中》（*In the Spirit of Hegel*, New York: Oxford University Press, 1983）就試圖這麼作。提了這些，我希望可以避免不必要的晦澀但也不至顯得太過膽小；不管怎麼說，我之後會再回來談哲學史上這一困難的篇章。

苦，或是之後生活危機的焦慮）都會涉及的「存在」問題提升到一較爲抽象（但並非是非經驗）的層次而已。可是，究竟在什麼程度上，這一備受讚賞的焦慮不過是西方獨有觀點的產物，只是過度強調個人自主又拒絕文化和知識傳統所帶來的苦痛結果，隨之還忽略了——甚至遺忘了——敘事在每個生命故事（即每個人的人格身分）中所具有的地位呢？它又在多大程度上——比方說，看日本人對存在主義哲學的狂熱就很明白——可以不斷擴展延伸到跨文化和多元敘事的向度中呢？

第二個問題，從新近對「美德倫理學」的重新關注就可以很自然地推得，它通常以亞里斯多德（尼采則比較少）爲指引，強調倫理學要考慮「品格」而非道德或效益主義規則或原理。這個問題又一次直接要求一個敘事性質的回答（即，自己和他人講述的一則故事，描述這個人是誰**及曾經如何**）。這也有清楚的多元文化意涵。孔子教導的美好生命形象，是徹底從好品格以及造就好品格的美德來定義的。比較不明顯的是，許多部落的倫理觀也將品格當作是他們道德關懷的核心（茂伊島的古代居民有將新生兒的臍帶丟入哈勒卡拉活火山的習俗，以便保證小孩子誠實）。

181

第三個問題則對個體性和自我的社會建構提出了更爲極端的問題。如今關於多元文化的爭論，還有對其他文化與思想傳統出現了值得稱慶的新興趣——不只在哲學裡如此，文學和社會科學也一樣——引發人們討論各種不同的自我認知；自我可能是「相互依賴的」而非「獨立的」。[15]很不幸，我們聲譽卓著的哲學家

[15] 比方說馬可斯與北山，〈文化與自我：對認知、情感與動機的意涵〉，

和哲學期刊很少加入這一討論，守著自己滿滿的概念混亂和激烈的誇張修飾。[16]

最後，我想再度把焦點放在愛，這個主題自《會飲》以降就吸引大量的哲學觀眾，但偶爾才吸引到哲學家。具體而言，我想對艾梅莉．羅蒂所謂愛的「可滲性」提出一些問題，她指的是人在愛之中會在回應被愛者的特質時改變自己對（自己的）人格同一性的認知。確實，我以前提過，這裡也會再講：愛正是「共享的同一性」感受，就如阿里斯托芬以前著名的寓言的想像。[17]

《心理學評論》，98 期第 2 號（1991）：頁 224-253（H. A. Markus and S. Kitayama "Culture and the Self: Implications for Cognition, Emotion, and Motivation," *Psychological Review*, 98, no. 2, 1991）。

[16] 這類誇張說法指的不只是地方上的大眾演講或是向記者發表的評論一類。某些極有影響力的哲學家也常宣揚這類說法，許多都是法國人——比方說米歇爾．傅柯和讓—法蘭梭瓦．李歐塔——還有一些法國境內東施效颦的傢伙。賈克．德希達還有後來所謂的「解構」（他本人對這個詞提出了無力的抗議）之所以如此迷人，甚至因爲它嚴厲質疑自我的觀念，並提出了「多元文化」一類的問題。當然，德希達就和任何後摩爾分析哲學家一樣喜歡區區的「謎題」，而很多謎題之所以迷惑人正是由於其晦澀和自我否定的呈現方式。可是到底是哪一群謎——甲的大腦在乙裡頭，還是西方傳統「邏各斯中心式」的帝國主義——對我來說完完全全是沒有差別的。

[17] 柏拉圖《會飲》中的阿里斯多芬講辭，內哈瑪斯與伍德魯夫譯（Aristophanes in Plato's *Symposium*, trans. A. Nehamas and P. Woodruff, Indianapolis: Hackett, 1989），頁 25-31；羅伯特．索羅門，《關於愛》，頁 185 以下（Robert C. Solomon, *About Love*, New York: Simon and Schuster, 1988; Lanham, Md.: Rowman & Littlefield, 1994）。

人格同一性與存在的社會自我

> 格雷格·撒姆沙（Gregor Samsa）早上因不安的夢而醒來時，他發現自己在床上變成了一隻巨大的臭蟲……我發生了什麼事啊，他想。這可不是夢。
>
> ——法蘭茲·卡夫卡，《變形記》（*Metamorphosis*）

> 敏斯醫生繼續嚴正警告我。我之後得要學著愛自己的新身體、新性別、新的尾巴……而且我也要爲多了一隻手感到高興。
>
> ——賈斯汀·萊伯（Justin Leiber），《在排斥以外》（*Beyond Rejection*）

什麼是「身分認同危機」？從最顯而易見的事講起，它並不是突然察覺，自己寓居的身體並非自己的。當然，這類劇碼提出了各式各樣的難解問題（如果這類轉換是變成別的物種或變性時，就更加難解），比方說卡夫卡的經典《變形記》或是賈斯汀·萊伯頗富哲學趣味的小說《在排斥以外》，不過這些問題關注的遠非同一性的一般觀念，倒更在乎面對這種處境的細節。「誰是格雷格·撒姆沙？」這個問題不會以特別哲學的形式出現。格雷格·撒姆沙是小說不幸的敘述者，歷經恐怖變形的家庭成員，也是目光短淺的職員，還想著今天到底怎樣才能進辦公室。人格同一性的問題還有低調的恐怖劇情從頭至尾都與具體的問題有關，或可繼續稱之爲「經驗的」自我，而非「先驗的」敘

182

事架構。這麼龐大又缺乏彈性的身體要怎麼翻身？[18]要怎麼看待有一個巨大昆蟲身體（還是住在其中？）的自我？怎麼面對自己親姊妹恐慌的尖叫和作嘔感？而當心裡知道家人越來越不合是自己造成的（雖然不是自己的錯[19]），又該怎麼面對呢？久已習慣的自我認知——一個忠實而勤奮的僱員、表現良好的供給者、還是個無害的、完全尋常的公民——在發現自己成了蟑螂後，又該怎麼面對呢？

說句沒啥幫助的廢話：身分認同危機就是搞不清楚自己是誰。它多半不是個自成一體的問題。儘管它的焦點是存在，然而它多半是個社會問題。格雷格如果是在一個完全只有自己的世界裡醒來，成了巨大的昆蟲，他可能還是要處理怎麼翻身的問題，但成了昆蟲一事，就不再會是他困窘的根源，也不會妨礙他的社會成就。甚至他根本不會想到這些問題，因爲這樣一來「昆蟲」的概念又從何而來呢？年輕人處在「尷尬的年齡」，並非因爲他或她的身體開始不受控制，倒是因爲他或她的社會地位——不再是小孩，但作爲成年人又能力不足——難以忍受。卡繆的梅索

---

[18] 談人格同一性的哲學家似乎很少能體會，連微小的身體變化都可能對自我有相當的影響。比方說身體的行動不便就有可能毀掉整個人對自我的感覺。（想想腳要整整六週包著固定器時會引起存在焦慮。）

[19] 卡夫卡的故事頗可以和其他主角自覺地情願或甚至樂於變形的故事相比較。宙斯似乎是這類（暫時）變形的專家。更實際的切題例子大概是變性人的身分認同斷裂。很多成問題的個人同一性範型，都太疏於提及具體的選擇或能動要素。也許從先驗的觀點看，這沒有什麼差別。但從現實生活的身分認同看，它有時會有全然不同的意義。

（即「異鄉人」）非常難以適應人們稱他為「罪犯」，並不是因為這個詞有負面意涵，而是因為他從未了解起名或分類究竟有何意涵。他的「異鄉」部分緣於他沒有任何自我身分的感覺。

身分認同危機是社會危機。這就是為什麼沙特在三百餘頁的「在己」和「為己」存在，「事實性」和「超越性」的二元辯證後，堅持要引入「為他者而存在」，認為這是第三種「源初」而「非衍生」的存在範疇。[20]用平淺的話說，一個人是什麼，不只是由一個人經歷的事還有自己對自己的看法所導出，也受到他人對他的看法還有他們怎麼看待他經歷的事所影響。在閱讀《存有與虛無》第三部時，甚至可以認為它是在推翻前兩部的整個內容。限制人格身分的事情並非由主體所給定或決定。這些事還是社會解釋的事，也會受到脈絡還有他人的（常常是惡意的）動機所影響。（因此，沙特的劇作《沒有出口》有個角色加桑〔Garcin〕，在最後面對行刑槍隊時像個懦夫，卻還是盡可能試圖把自己解釋成英雄，但他發現他最終仍受到兩位永久的室友所害：完全不在乎他有事後身分認同危機的埃絲忒〔Estelle〕，還有瞧不起他的以內茲〔Inez〕。）

這一相互解釋所形成的人格形象是從黑格爾借來的（沙特有些荒怪的條頓風格專有名詞也是從他那裡來的）。在《精神現象學》的「主奴」寓言中，黑格爾暗示（原文實在太不明白，所以只能說「暗示」）人格根本上仰賴他者的（黑格爾稱之為）「承認」

183

[20] 讓－保羅・沙特，《存有與虛無》，哈扎爾・巴恩斯譯（New York: Philosophical Library, 1956）：頁303以下。

才能成立。這一暗示帶來兩個哲學命題，其中一個極爲泛泛，而另一個黑格爾繼續探討的則比較具體。泛泛的命題是，沒有相互的承認，一個人就完全算不上是個自我，而這個承認也顯然是要公開有形的自我（與笛卡兒透過內省而指認自我的模型對立）。由於黑格爾認爲牽涉其中的個體是「自我意識」，也就是說他們已經多少能察覺自身的存在了，問題也就變得更爲複雜一些[21]；不過夠清楚的是，人格（人類）而非純然心智的自我的承認是首要的，就跟多年後的斯特勞森還有馬可．強斯頓的見解一樣。

然而黑格爾實際上在書中繼續探討，並用來推動接下來數次的辯證轉向的，是第二個命題。第二個命題是，自我和自我意識首先是地位的問題，而地位還是只能靠相互承認來取得。在寓言簡化的世界裡，這些爭取相互承認的模型人格沒有什麼可以依靠，因爲他們想當然爾是沒有社會地位、帳戶、服裝、好的成長環境、哲學才氣、還有其他我們用來比較和衡量自身的庸俗特徵。所以，黑格爾說他們會爭鬥，必要的話還「至死方休」，但

[21] 《精神現象學》，米勒譯（*The Phenomenology of Spirit*, trans. A. V. Miller, New York: Oxford University Press, 1977），B部第二章，頁109以下。在《現象學》的辯證中，〈主─奴〉一章正接著極短的〈自我確定性〉那章出現，而這一章別的不提，它談到笛卡兒的自我「確定性」並認爲它丐題而否決了它。黑格爾也考慮了自我意識中「欲望」觀念的重要，但同樣很簡短；他也呼應費希特，考慮了對自我是「生命」的終極意識。這些尚未成熟的自我意識形式接著就會進入（並且被 *aufheben* 掉）「主人與奴僕」的寓言中。（書的第一章〈感性確定性〉也有簡短討論到「我」，它是可以直接體察的〔自我〕。）〔*aufheben* ，德文，黑格爾著名的「揚棄」概念〕。

當然，其中一個人死掉了反而有礙於另一個人的目的，即被承認。黑格爾接著描述那詭異的逆轉，這混淆了所有關於階級的問題，也因此強迫主人和奴僕嘗試更為哲學的自我理解。[22]可是總的來說：人格的自我身分並不只是「自我意識」這一抽象概念而已。甚至當它病態地拒絕具體者和社會者的時候（像是黑格爾之後論享樂主義的章節，〈心的律法〉以及〈世界之道〉），它也是具體而社會的。我們的身分從來就不只是個人格、人類、有機體、或是某個特定物種的成員；它還是個特定的人，是有一定特徵、美德與惡德的特定社會存有。[23]只要少了任何一點，都只會是「某種模糊一般性的枯燥呈現」（馬可·強斯頓）或者照黑格爾的話說，是個「空洞的普遍者」。

因此身分認同危機不只是搞不清楚自己是誰。它還是我們人格性必須互為解釋的必然結果。如果自我的身分永遠是未確定好的（沙特的論點），而且為了確定這一身分，又總少不得競爭而且時常不合作的他人之承認的話（沙特和黑格爾都這麼暗示），

[22] 主人和奴僕分別接受了斯多噶主義和懷疑論，但辯證到了最後，出現了一個完全不同意義的人格同一性，它涉及群體的身分認同（*Sittlichkeit*或所謂的「倫理實體」）而非競爭式「自然狀態」那可疑的獨立性。我曾於《在黑格爾的精神中》第七章力持，黑格爾這裡的討論是他對如今「自然狀態」（還有在其中形成的「社約」之本性）爭論的貢獻。

[23] 叔本華就主張如下奇怪的看法：所有非人類的動物都是同一個觀念的個別化，但是每個人都有他或她自己的獨特個性。《意志和表象的世界》，培恩譯：卷4，頁55（*World as Will and Idea*, trans. E. F. Payne, New York: Dover, 1966）。叔本華大概從來沒有養過狗吧。

那麼人格身分就會是一個規模宏大的動態概念。更有甚者，它也開始特別容易受到哲學的操弄。我們怎麼看待自己就在很大程度上決定我們實際是誰。黑格爾宏大的自我概念是 *Geist* ；沙特嚴厲的意識概念則是「為己〔存有〕」以及對世界無可逃脫的責任——此後，任何奮力追求一充分的自我概念的人，這兩者往往成為他強烈的動機（不過這類想法恐怕更有可能來自戒酒無名會〔AA〕或歐哈德座談訓練課〔EST〕，而非原典或重要的哲學家）。同樣地，我們也會想到許多重要的哲學家，不只黑格爾和沙特，還有霍布斯、盧梭和休姆（儘管他懷疑「自我」），人格同一性的文獻也有他們的一席之地，因為他們改變了我們看待自身的方式。他們全都認為，同一性不只是一個要解決的謎而已。倒是我們共享的人格、人性存在需要概念的形塑。

184

人格同一性與美德倫理學

有些人就像廉價的時鐘……他們滴答滴答，還想稱這個滴答為美德。

——尼采，《查拉圖斯特拉如是說》

美德倫理學要成立，端看「美德」的概念是否說得通，而美德若是某種「個性狀態」，又要看「個性」的某種特定但很少言明的意涵是否充分。人們太常以為個性不過就是一系列多少融貫的特質之集合，而這類特質進一步分析，又是以某種方式行動的傾向。當然，這類特質並非呆板如時鐘般的反應，會完全無視於脈絡而多少「自動」地出現。甚至可以說，自亞里斯多德以來，美德倫理學家一直堅持個性的首要特質之一就是**良好的判斷力**，而這完全就是指對脈絡細微處的敏銳。比方說在面對暴民跟面對惡性腫瘤時表現出勇敢，就會產生很不一樣的行動。然而說個性的概念是多少融貫的特質之集合是不夠的，若考慮到人格身分不但會受社會規定，它自身也是不確切的，那就更是如此。人格就是多少融貫的特質之集合嗎，還是這些特質極大程度上會受到他人詮釋的影響？（某個社會認爲迷人的，另一個社會可能覺得反感。哲學研討會上的聰明才智在日常對話裡可能是繁瑣而累人的。）一個人的個性會決定其行爲嗎——許多在「自由意志問題」中持「相容論」立場的（休姆也是其一）就這麼認爲——還是我們應該保留一些空間給不由自主的手勢、超出預期的「意志行動」、或是「出格的」行爲呢？這些行爲難道不也有可能成爲一個人格之自我身分的清楚標誌，甚至是其模範特質嗎？[24]

這可不是審理似乎永無止境的自由意志問題的地方（眞的有這樣一個地方嗎？），但相容論者和美德倫理學家都會說，行動「自人的個性中流溢而出」，這個講法值得批判推敲。當然，我們通常了解這個隱喻的意思。有個人從小就被教導要大方。他或她

185

[24] 又一次，我們可以提出沙特《沒有出口》中的角色加桑當作例子。可是他據稱「出格的」行爲成了他美德的致命污點。頗受大眾歡迎的電影《回到未來》（*Back to the Future*）（1985年由羅伯特．澤梅齊斯〔Robert Zemeckis〕執導）裡，主角英雄只因爲一次不由自主的、完全出格的行動，未來成了他父親的人就變得完全不一樣了（但他仍是主角的父親，而兒子似乎沒有什麼改變）。

經常想表現大方。他或她就較容易「不由自主地」，即沒有考慮或遲疑，就表現出大方的行爲。（甚至可以說，愼思[5]也許在哲學上是個美德，但它若在這裡出現，可能反而顯示了一個人還沒有這個美德。）大方自一個人的個性中「流溢」而出也就是說：他作的就是他習慣作的事；他的傾向決定了他的作爲；這個人覺得在這種狀況下這麼作是完全「自然的」。不需要任何「意志行動」，也不需要有意地「推一把」或嘮叨的提醒。一個「照著個性」行動的人作的正是我們預期他或她會作的事。這麼理解的人格同一性就完全可以當作特質的集合，可預見的行動自由地從中流溢而出就像陰天會下雨一樣。

然而據此不能推論「從中流溢而出」是個因果觀念，或者是某個固有傾向的體現，甚至可以說，它不過是個隱喻，暗示著「合乎（且沒有違反）我們的期望」。但某些情況下，行動並沒有從這個人既定的個性中「流溢」而出，反而直接形成矛盾，這又該怎麼解釋呢？單是主張這類行動不可能出現是不夠的。問題在於解釋這類行動。但這裡的問題不是自由意志，而是人格同一性。從這一觀點看要怎麼解釋這類行爲呢？答案並非唾手可得。有時我們讚揚這一行動，改變我們對這個人的看法，而我們的讚美（或責備）也同樣因此改變了他或她。有時我們認爲那只是個古怪而不尋常的舉止，完全不影響我們對個性的評價。大多時候我們只會決定觀望一番，看看接下來怎樣再說。我們會有什麼反應，多半要看這一行動是否重要、情境是否常見、我們之前是否

[5] 譯注：這裡的「愼思」和前一句的「考慮」譯的是同一字 deliberation。

有很強烈的預期、行動者在我們團體中的角色和地位、以及我們未來再碰到類似處境是否還是得仰賴這個人。因此同樣地，當一個行動會帶來了不起或災難性的後果，不管它有多難解釋或者多難與這個人之前給我們的印象相調和，都難以認為它（就行為者的個性而言）無關緊要而打發掉。另一方面，如果我們同樣不確切地發現，我們未來也將需要類似的戲劇化反應，那麼我們恐怕會比較有所保留，不會輕易改變我們的預期或者對本日英雄個性的原有判斷。我們會讚揚他的反應，但不讚美他或她的美德。

在極端處境下，比方說在作戰的急迫或是生死交關中時，人們有時會有了不起的行動，而他們世俗、日常的行為是不可能讓人預期這一行動的。因此這類行為也許不是完全「出格的」，儘管它違背了我們原有的預期。畢竟我們之前還沒有機會在極端處境下評價他們的個性。但這已經對表面上單調的個性概念提出了嚴重的質疑了：個性依脈絡而定。如果在「尋常」生活和極端處境中，我們對一個人的個性會有不同的、歧異的見解，那麼我們就至少該想想，一個人的個性有可能在教室和寢室，或者在辦公室和紛擾的街頭也可能會有所不同。[25]我們會說這只是個性的不同「面向」嗎？個性是怎麼個體化的，而且為什麼我們會依循自我身分的正統觀念，而假定每個消費者都只有一種個性呢？但如果個性真是依脈絡而定的，且會分化為一個人格的不同面向，那麼這似乎也遠遠達不到我們對個性還有個人同一性的期望，不是

186

[25] 自我和個性的脈絡化，見弗拉納根的《自我表達》，有相當篇幅的探討。

嗎？「他打起壁球來眞是個狠角色啊。」[6]或許吧。但這麼一來，就實在看不出，如果美德倫理學不要根據結果或者是否合乎理性原則來評價人的行動，其替代方案又會有多大的說服力。[26]

然而我們在描述的是**我們**對**另一個人**個性的評價；可人格同一性，不管我們哲學上怎麼研究或怎麼設身處地，它主要不是他人怎麼看自己的問題。它是自己怎麼看自己，（至少部分）是自我評價之事，是要從第一人稱而非第二或第三人稱觀點來考慮的事。這一點與「自我身分是相互承認之事」的命題並不衝突。但可以預見，這點會稍稍轉變個性與人格身分的關係。照一般理解，個性是事實問題。個性就是在問，某個人在如此這般的處境下實際上會作什麼，而且多半有個關於此人的事實——一概稱爲「特質」——可以解釋他或她爲什麼將這樣作。還有傾向之地位與本性的解釋效力何在等尋常問題，但這裡它們不會特別造成什麼困難。問題倒是在於，自我身分並非只是承認自己的個性而已。甚至一個人的自我認知還可能會忽略，甚至否認實際上構成自身個性的美德。[27]勇敢的人常常不覺得自己勇敢（膽小鬼也很少覺得自己是膽小鬼，恐怕反而覺得自己是「審愼」的鬥士）。

---

[6] 譯注：本句的「角色」與前面的「個性」都是character的譯詞。

[26] 例見麥可．史洛特，《美德》（Michael Slote, *Virtues*, New York: Oxford University Press, 19xx）。

[27] 我的同事傑米．潘貝克（Jaime Pennebaker）（德州大學心理學系）曾研究人們說故事的時候，他們在提到情感和個性時會使用的關鍵字眼和他們明確的自我描述間有多大的相關性。結果他發現，兩者實際上完全不相關。

這就是爲什麼（舉例來說）某些美德倫理學者強烈堅持，有德行動是「自發的」且不經思忖的，這不只是爲了強調行動必須自人格的個性「流溢」出來，也是爲了進一步堅稱，美德之所以爲美德，正是因爲它不是思想和自我意識反思的產物。因此他們認爲，一個人在施捨時想著「我是個大方的人」（更別說還有「我是個多麼大方的人啊」）其實是比較不大方的。一個人準備要行動時若想著「我非要有勇氣不可」，也就沒有那麼勇敢了。當然，美德的貶值有其界限，只有完全陷入休姆所謂的「僧侶美德」的人，才會堅持這類未明言的自我讚美或自我激勵完全推翻或抹煞了這一美德（而這也將爲如謙卑一類帶有自我意識的美德帶來特別的問題，基督教心理學史對此多有記載）。但很明白的事實是，大方的人常常未必知道自己大方，而勇敢的人也不會承認自己的行爲是勇敢的。因此他們自身的身分認同，其實和別人理當歸諸他們的個性是很不一樣的。但這麼一來又該怎麼了解他們的美德呢？

187

這個問題的其中一個問法，就是（跟亞里斯多德與休姆一樣）考慮驕傲與羞恥在美德的清單上有何地位。驕傲有一部分就是能承認自身美德的美德。休姆追隨亞里斯多德，讚美驕傲，貶斥謙卑，指控後者無可避免會成爲僞善。這也許太不客氣了，但我認爲它提到了個性的一個重點，儘管看來有些矛盾。亞里斯多德告訴我們，有德地行動是不夠的。還必須了解，自己的行動是有德的。一個人受到訓練以便合乎美德的要求而行動，有如一隻狗受訓練以模仿人類禮儀一樣，就不會因此是有德的，而只是舉止得宜而已。但美德的實踐及其自我承認的關係，也就變得頗難捉摸；考慮到人們強調美德的本性是「自發的」，那就更難捉摸了。自我意識到了什麼地步會推翻美德呢？然而，了解自己是有德的，又是個人身分認同不可或缺的一環——事實上，許多人會認為它是他們身分認同最為根本的一環，遠比他們在競爭中取得的地位和成就更為重要（在黑格爾那裡，主—奴鬥爭的競爭本性正是在此轉變為 *Sittlichkeit* 的，它在安提岡妮的姊妹美德中有了悲劇性的體現[28]）。正是「一個人是誰」的持續敘述——是一個人講自己的故事，也是「事實」和他人所強加的故事，兩者相互混淆，有時甚至衝突——才決定了人格的身分（安提岡妮困在兩個故事中，兩個對立的「意識形式」）。

從亞里斯多德對羞恥有些不安的審視出發，也能得到同樣的結論，只是過程較為複雜。[29]他的不安很明顯：他稱羞恥是個「準美德」。羞恥本身當然不是美德；它倒是美德未施行的恰當反應。但這就是重點所在。沒有羞恥心的人，「無恥」的人，是不可能有德的。美德有一部分就是對自身有德的自我意識，而羞恥地承認美德並未施行——或者更糟，承認自己缺乏美德——乃是好品性的根本要素。然而羞恥只在微小的程度上證明了好品性。如果羞恥總是會出現，而且有其正當性，那這就意味著一個人的個性有深刻的缺陷。如果總是出現的羞恥沒有正當性，那它就是病態且可悲的。儘管如此，兩個例子都仍然顯示，遍在的羞恥是一種特別的情感，它多少令人格身分有一個統一的概念，其基礎

188

---

[28] 黑格爾，《精神現象學》，C 部，BB VI, B, II, 頁 342 以下。

[29] 亞里斯多德，《尼各馬科倫理學》，羅斯譯，第 4 卷第 9 章，頁 104（Aristotle, *Nicomachean Ethics*, London: Oxford University Press, 1954）。

則是個性，雖然這個性並不快樂。當然，進一步的問題是，羞恥和驕傲都是特別容易受到自欺所扭曲的事（希臘人似乎並未因此而苦惱，但奧古斯丁和帕斯卡一類的基督徒則爲此而絕望[30]）。一個人認爲自己的美德爲何，這些美德又能證成自己是什麼，這兩者的不和諧也許眾所周知；這裡我們又回到了一系列之前考慮過的「存在」問題，但它現在有新的變數。一個人的自我認同在多大程度上可以來自自欺？一個人的個性在多大程度上又受到他對（他或她自己）自身身分的認知所決定？一個人的個性在多大程度上不只是「事實」，還是社會解釋呢（而其中對自身身分的第一人稱解釋不過是群眾之聲中的一個罷了，而且有時還會被淹沒）？

美德倫理學的個性觀，以及它和人格同一性問題的關係，這裡還有兩個最後考量。首先，人們常指出——特別是尼采——亞里斯多德（以及柏拉圖）的「美德統一性」理念事實上是非常說不通的。美德是彼此衝突的，它們非但不會相互強化，而且人個性的某個面向還會將另一個面向抵消掉。[31]可是就像個性可以由

---

[30] 在這方面討論奧古斯丁和帕斯卡特別有洞見和敏銳度的，見巴斯·凡·弗拉森，〈愛與欲望的特殊效應〉，收錄於艾梅莉·羅蒂與布萊恩·麥勞夫蘭編，《自欺面面觀》，頁136以下（Bas van Frassen, "The Peculiar Effects of Love and Desire," *Perspectives on Self-Deception*, ed. Amelie Rorty and Brian B. McLaughlin, Los Angeles: University of California Press, 1988）。然而希臘人確實困惑於 *akrasia* 或所謂無能克制這一相關問題。然而 *akrasia* 預設了即使一個人沒有作該作的事，他還是知道該作什麼，而自欺則是拒絕自己該作的事。

於對立的美德而有所分歧，個人身分也會由於認同這類對立的美德和個性特徵而分歧。爲何哲學家會假定自我是融貫的，或者在自身看來是「透明的」呢？甚至哲學本身的熱忱實踐似乎都是個好例子，說明了一組美德能怎麼大肆破壞另一組更爲世俗的美德。（對哲學家的一般社會反應是，他們始終維持懷疑論、硬套邏輯、對任何隨意而爲的命題都會過度批判的檢驗、而且連最爲平凡的俗語都要從字面上來解釋；不肯接受這類反應的哲學家恐怕沒弄清楚重點何在。）我們會認爲自我遠比笛卡兒式的 *cogito*〔我思〕所暗示的更爲幽深難解，可不只是觀察到自欺現象之故。[32] 而且我們在自身中可以認出不只一種身分，也是眾所皆知的事實；某些身分依處境、社會環境而能方便地加以安置就序，另一些身分則處於徹底的衝突中，危機時期中尤其如此。因此，根本不必乞援於「大腦分裂」現象或其他極端的心理失調症狀，

---

[31] 羅伯特．傑考爾的《道德迷宮》（Robert Jackall, *Moral Mazes*, New York: Oxford University Press, 1988），就對這類分歧作了相當的討論，焦點集中於企業生活中忠誠與正直的困難。

[32] 佛洛伊德與沙特及其追隨者間的持續論戰，常常疏於注意兩位偉大思想家類似的複雜性。兩人談「機制」與「存心不良」的對立語式，還有兩人對「無意識」據稱針鋒相對的看法，都容易讓人看不到他們共享的關懷：即削弱笛卡兒自我反思的「透明性」。亦見艾梅莉．羅蒂的〈騙人的自我：騙子、層次與藏匿處〉，收錄於艾梅莉．羅蒂與布萊恩．麥勞夫蘭編，《自欺面面觀》（"The Deceptive Self: Liars, Layers and Lairs," *Perspectives on Self-Deception*, ed. Amelie Rorty and Brian B. McLaughlin, Los Angeles: University of California Press, 1988）。

就能就零碎化的、部分隱藏的自我而提出吸引人的哲學問題。[33]

這裡讓問題變得更爲複雜的另一點，很恰切地，與臨終時刻有關。這個問題一直讓我困惑：比方說一次臨終床前的改宗，或者是一次淒慘的死亡，怎麼能完全改寫一個人的生命史，並將一個他可能在任何意義上都不配的身分牢牢銘記在他身上。雖然又提一次可能讓人困倦，但這裡還是可以以沙特的加桑爲例。他最終的怯懦之舉似乎完全推翻了他一生對英雄作爲的奉獻，以內茲就很殘酷地提醒他這一點。或者想想歌德《浮士德》的最後一幕，哲學主角在最後一刻取消了他與梅菲斯特的合約，而他靈魂的小蟲就由天使帶到天堂了。惡棍最後表現悔改之意就能獲救，而良善的靈魂可能由於一次意外就給判下煉獄，只因爲他們差了那麼一點，在神父或拯救者到來前斷了氣。當然，這個問題不只關乎個性。活得長久而幸福的人可能在臨終時刻短暫地受苦，窒息、脖子被勒住、溺水、子彈擊中胸腔或腹部、由於看不見的傷口而流血至死、被重車撞、或者在意外中給分了屍。但爲什麼我們不會想，他最終經歷了短暫的恐怖，但畢竟過了長久幸福的一生（更何況有時最爲恐怖的經驗事實上一點痛苦也沒有），反而寧可逗留於那段恐怖的時刻，覺得它好像以某種方式決定了這個

189

---

[33] 例見托瑪斯．內格爾，〈大腦分岔與意識統一〉，收錄於他的《人的問題》（Thomas Nagel, "Brain Bisection and the Unity of Consciousness," *Mortal Questions*, Cambridge: Cambridge University Press, 1979）；以及喬治．格雷罕編，《哲學式的精神病理學》（George Graham, ed., *Philosophical Psychopathology*, Cambridge, Mass.: MIT Press, 1994）。

人的一生呢？爲何這些時刻會跟一個人的身分有關，更別說還會決定它呢？

當然，必須指出，這裡的問題就其本性來說，並非**自我**身分的問題，因爲有這個身分的人已經不存在了。但如此設想一個像沙特筆下的加桑一樣的人，坐在某個哲學式地獄或天堂，試圖在事後釐清他們對自我的認知——這絕非某種「不受拘束的想像之自負」[34]的飛躍。即使這完全超出人能有的末世想像，也總能想像出不帶神學預設的場景：一個人在臨終前看見自己的一生在眼前閃現，而且不只是快速重播，中間還穿插有哲學敘述和評論，而且連墓誌銘都先想好了。這麼一來，我們要怎麼看待臨終時刻與個人身分的關係呢？認爲面對死亡將會決定我們是怎樣的人，這個想法頗能讓人清醒（事實上，清醒到海德格都以此經驗爲核心，而交織出人存在的「本眞」意涵）。我們的最後經驗也許會極度不快，甚至是很恥辱的，這夠顯而易見了；但我還是覺得，臨終時刻本身會要求我們改變對自身的認知，實在是很神秘的事。夠清楚的是，我們會記得某人死去時的可怕時刻，而且無法忘記那可怖的畫面。我花了好幾年才擺脫我對父親脆弱晚年的記憶，並再次想起他也曾是極有活力、生命力的人。然而記憶不變不表明身分可以確定，它也肯定與個性關係不大甚至無關。如果最後的行動讓美德（或惡德）的一生臻於完滿，它的重要性也只是象徵式的，因爲它確實就像一次總結。或者，如果最後的行動

[34] 這個詞來自馬可・強斯頓（〈人類〉），他認爲任何這類考量都與問題無關。

很出格，那它的重要性就會正好出於相反的理由。但在我看來，它作爲「最後行動」的地位完全沒有特別重要。人們這麼看重它，我認爲是傳教業的銷售伎倆，而非對美德本性的任何洞見。 *190*

美德倫理學之所以有理由看重個性，肯定是因爲我們都強烈感覺到，一致持久是重要的，而僅僅轉瞬即逝的、偶然的則不是。因此從自我和個人身分來看個性是很合理的。錯誤在於認爲，個性、自我和個人身分是某種「本質」，是人格的屬性，而非我們訴說自身和他人（並向自己和他人談論）的故事所造成的複雜、動態的作用。引發我們尋求個人身分認同的，說到底是個倫理的追尋，它不只是知道「我是誰」，還是對善的追求。

個人身分與多元文化主義

> 我們建構倫理身分——女人、男人、非裔美人，「白人」——的方式往往根本上基於我們對形上學同一性的錯誤信念；總是可以從其他素材中重構出與以上身分類似的東西。但如果我們當眞活在這類錯誤信念並未建制化的社會中，重構的計畫就未必是吸引人的。
>
> ——克瓦米．安東尼．阿皮亞（Kwame Anthony Appiah），〈可那還是我嗎？〉（"But Would That Still Be Me?"）

自我的概念因文化不同而有異（這對於「差異」這個簡單的字眼不加批判地賦予了過多的分量），根本上已是社會科學的老生常談了（還是令人疲倦的政治夾槓）。海瑟．羅斯．馬可斯

（Hazel Rose Markus）與北山忍（Shinobu Kitayama）合寫了一篇概述，在心理學和人類學界廣受注目，他們主張，「對自我、他者以及兩者如何相互依賴充滿分歧的解釋」，這對理解不同文化、其知識體系、舉止方式和情感的相對性，會帶來深遠的後果。[35]兩位作者將討論不怎麼明確地局限於兩種不同的自我解釋模式，即「西方」和「非西方」，所選的例子則分別是美國和亞洲社會。他們認爲兩種自我解釋的根本差異是「獨立的」和「相互依賴的」自我觀。他們的討論偶爾會有概念上的混亂，其分析也迫切需要能同情理解的哲學評注，但他們的說法確實爲「所謂西方的個人觀」投下了一道陰霾，這種觀點「認爲個體是獨立、自足、自主的存在者，(a)其內在屬性有一獨特的架構……而且(b)其舉止也主要是這些內在屬性的結果。」[36]

191 這描述當然有些誇張、過度一概而論且充滿隱喻，但認爲人格身分的自我是個體化也必須個體化，因爲皮層偶然將我們包裹封閉起來，或者更符合傳統的講法是，因爲單一「心靈」（不管這是否需要解釋成一先驗統一體）的特殊內容——這一假定可以，也應該質疑。黑格爾以康德爲出發點，但或多或少出於先天理由之故而捍衛非個體自我的觀念（或所謂的「精神」）。[37]照法

---

[35] 馬可斯與北山，〈文化與自我〉，頁224。

[36] 前引書。

[37] 具體說，他是針對康德的「理性心理學的背反」。我曾於〈黑格爾的*Geist*概念〉（Hegel's Concept of *Geist*）中審理康德與黑格爾的關係，並主張這一聯結確可成立。收錄於索羅門，《從黑格爾到存在主義》（New York: Oxford University Press, 1988）。

國人類學者牟斯（Mauss）於1938年的說法，自我是個「微妙的範疇」，容易產生劇烈的變化。[38]馬可斯與北山引用了其他數百位作者，其闡釋基於經驗觀察與實驗（比方說不考慮評價行爲而只比較特徵與個性的歸屬，並且比較不同文化中自尊心的標準）。[39]能同情理解的哲學家肯定能對這些素材大大發揮一番。

對人格身分的認知本身現在已人人唾手可得了。我們不但有機會（甚至是義務）審理「**所有**〔或者至少其中一些〕引導現實生活中較有趣且具體的認知」[40]，而且我們有機會審理它的領域，正是某些哲學家還不願承認的，即「各種另類概念框架」所籠罩的領域。[41]

---

[38] 牟斯，〈人類心靈的一個範疇：人格的觀念，自我的觀念〉，豪斯譯，收錄於卡里特斯、考林斯與盧克斯編，《人格的範疇：人類學、哲學、歷史》，頁1-25（"A Category of the Human Mind: The Notion of Person, the Notion of Self," trans. W. D. Halls, *The Category of the Person: Anthropology, Philosophy, History,* ed. M. Carrithers, S. Collins and S. Lukes）（Cambridge: Cambridge University Press, 1985）。

[39] 例見布魯姆，《思想的語言形塑》，在馬可斯與北山中有討論，頁233-234（A. Bloom ,*The Linguistic Shaping of Thought*, Hillsdale, N.J.: Erlbaum, 1981）。照布魯姆的說法，97%的美國人認爲，處罰小孩「不道德的」行爲跟獎賞他們的「有德」行爲，在道德教育上沒有重大區別。但只有55%的台灣人和65%的香港受訪者同意這一點。比較傑洛米．布魯納，《現實心靈、可能世界》（Jerome Bruner, *Actual Minds, Possible Worlds*, New York: Plenum, 1986）。

[40] 強斯頓，〈人類〉，頁60；黑體及括號內的條件限制乃引者所加。

這裡沒法詳細求索各類自我和人格解釋所形成的豐富概念地理，但照我看，隨著我們進入新的千禧年（這本身也是個族群中心的時間解釋，自不待言），人格身分的「多元文化」問題會是前景大大看好的哲學課題。我覺得「獨立」和「相互依賴」的自我區分有點太簡單了，在應用於馬可斯和北山提到的那些實在稱不上同質的社會時，看起來也很呆板。美國與加拿大究竟是否相信個體的浪漫概念，絕非顯而易見，儘管某些電影極常見到這類主題；而認爲所有非西方、非個人主義的社會全都可以單靠「相互依賴」理解，也完全與馬可斯、北山在討論裡引證的豐富人類學資料極爲扞格難通。儘管如此，哲學與人類學的結盟，概念分析結合小心仔細的觀察，注意世界各地的言說、思想、還有行爲表現的多樣性——也許正能產生（不那麼狂熱的）多元文化論者目前只能夢想的跨文化對話和相互理解。

以下這個例子是個頗爲特殊的多元文化衝突，它至少對牽涉其中的人有相當的歷史意義，而且有理由主張，其他地方充滿歷

---

[41] 唐諾．戴維森，〈另類概念框架的眞正觀念〉，收錄於他的《行動與事件文集》（"On the Very Idea of Alternative Conceptual Schemes," *Essays on Actions and Events*, New York: Oxford University Press, 1980）。戴維森這篇著名、影響力極大的文章，一直讓我覺得是哲學「扁平」的典範。哲學領域裡最爲豐厚的問題之一，給化約成了一個矛盾。可是「另類概念框架」的觀念完全不要求整體的不可共量，而這正是戴維森的利刃。只要有系統性的相互誤解就很夠了。但如果一個人「提高門檻」，以致整體的不可共量成了框架是否另類的判準，那談論這類框架當然就沒有意義，而多元文化主義的急迫問題就蒸發爲一抽象的爭論，而爭執點又一次只是在追問哲學混亂的根源何在。

史糾纏的文化衝突也能以此爲模型。這是玻里尼西亞(Polynesian)原住民、在第一個千禧年結束前到來的紐西蘭毛利人、還有19世紀時來的英國殖民者三方間的衝突。這段歷史的記載實在不忍卒睹，但它卻比許多到訪、征服與「明顯是宿命」的類似故事要更加有教益得多。毛利人和「白人」(Pakeha)[7]的有效協議讓雙方都非常滿意，紐西蘭也因此有數十年在世上都說自己是——而且也認爲是其自我身分——理想、和諧的雙種族文化。20世紀最後二十年出現的一系列事件，則動搖了這一幻念；現實是，雙方對土地使用權以及如何補償過往傷害一直都衝突久遠，而如今這一衝突則繼續在法庭內上演。[42]

這一衝突中特別有哲學趣味和重要性的是，雙方都誤會了彼此對正義和責任有兩種很不同的認知。毛利人的正義，也是十九世紀殖民者「合法」剝奪毛利人領土的機關：它立基於整群人對他們土地的連帶認同(而非「所有權」)。[43]因此毛利人的責任感

[7] 譯注：毛利人對紐西蘭新來白人的稱呼。

42 對毛利人和白人糾紛的精湛闡釋，見安德魯・夏普，《正義與毛利人》(Andrew Sharp, *Justice and the Maori*, Auckland, N.Z.: Oxford University Press, 1990)。談19世紀「毛利人戰爭」的標準史作，見奇斯・辛克萊，《毛利人戰爭的起源》(Keith Sinclair, *The Origins of the Maori Wars*, Auckland, N.Z.: Oxford University Press)。奧迪與佩瑞特編，《正義、倫理學與紐西蘭社會》(G. Oddie and R. Perett, eds., *Justice, Ethics and New Zealand Society*, Auckland, N.Z.: Oxford University Press, 1992)對於1840年簽訂、極富爭議的懷唐伊條約(Treaty of Waitangi)收錄了一些不錯的哲學解釋。

43 夏普，《正義與毛利人》，第二章。

也是全然集體而非個人的，這在本質上「西方的」紐西蘭刑事法庭中自然引發了巨大的不和。[44]但就我們這兒的目的而言，雙方歧異的主要脈絡還是在於怎樣才算是人格，而在這裡，毛利人和白人的說法與變化就讓我們有一個可理解、具體且迷人的案例，呈現了兩種在哲學上都很深刻但顯然有異的概念框架。

人們經常越來越不滿地說，西方的自我認知是「個人主義的」，恐怕還是過度個人主義的。但如果這指的只是顯而易見之事——即人類個體可以從身體來區別，而且他們至少粗略地察覺「我對這有感覺而你沒有」（反之亦然）——那我就實在不知道有什麼好大驚小怪的。人怎麼可能**不**個人主義呢？但黑格爾和德國觀念論者（還有斯賓諾莎）在這裡可以給我們一點跡近天馬行空的提示：他們認爲，一個人多麼看重純粹身體的個別性，還有他怎麼解釋哲學家所謂「私人性」或「獨有經驗」這一特殊觀念，會造成全然不同的結果。的確，毛利人就跟任何個人主義的西方*Übermensch*一樣，能切實把握身體的個體性以及痛的私人性。可是任何有意義的行動或經驗，其重要性也只能從集體（或者我們可能會說「法人」）觀點才能恰當地描述。[45]任何團體或家庭

---

[44] 例見墨亞那．傑克森（Moana Jackson）與約翰．派特森（John Patterson）在《正義、倫理與紐西蘭社會》中的文章。

[45] 約翰．派特森，〈毛利人的集體責任概念〉（A Maori Concept of Collective Responsibility），收錄於《正義、倫理學與紐西蘭社會》，頁11-26。在現代企業裡，把「法人」一詞的作用看作是「失去身分」（或者用更正面的話說，取得集體身分）的類似觀念是完全說得通的；然而這個詞的意義極爲廣泛，（仍）不是企業經濟學的範圍就能全然概括的。

成員施行的傷害因此就當歸咎於整個團體或家庭。任何團體或家庭成員遭受侵害，整個團體或家庭也會感同身受，因而任何屬於受害團體的成員對任何屬於侵害團體的成員施行報復（*utu*）也是正當的。[46]因此個人完全身陷於親族關係中。甚至從某個重要方面來說，個人的死亡根本不算是死亡。[47]一個人的眞正自我是「親族的自我」，而親族自我會繼續活下去。西方認爲團體的存在是服務於成員的看法，在他們眼中是全然的、危險的謬論。[48]

193

---

[46] 翻譯 *utu* 的困難，本身就體現了這類跨文化比較在任何階段都會遭遇的概念差異。*utu* 不只是「扯平」而已，還包含修復以及「擺正」。*utu* 是團體榮耀或尊嚴（*mana* 這個詞同樣不好譯）的產物，但復仇通常只有受傷害的個人才能實行。（即可以爲別人出氣，但報復要自個兒來。）而且理所當然的是，*utu* 不但是正當的，還是強制的；然而多數西方談補償正義的理論家卻會將復仇當作只是不理性而打發掉。見本書第 4 章。

[47] 「凱朗加丟拉（Kairangatiura）獨自一人，而正要殺他的敵人包圍著他；據說這時他說：『你們會殺了我，我的部落會殺了你們，這個國家就會是我的。』」轉引自羅伊・培瑞特，〈個人主義、正義與毛利人的自我觀〉（Individualism, Justice and the Maori View of the Self），收錄於《正義、倫理學與紐西蘭社會》，頁 29。

[48] 因此，爭論懷唐伊條約到底是不是「社會契約」就很怪。社會契約的眞實觀念，至少在多數哲學會討論的霍布斯式版本裡，立基於一強烈的個人利益觀，團體的形成則是滿足這些利益的手段。或者可以視部落或整個文化爲「個體」，個別的人則不是，但這麼一來契約的心理學——與其邏輯不同——是否還有效，就完全不是清楚的事了。見《正義、倫理學與紐西蘭社會》，特別是史蒂芬・戴維斯（Stephen Davies）、艾文（R. E. Ewin）、金卓・提西（Jindra Tichy）與葛蘭姆・奧迪（Graham Oddie）的文章。

當然，在毛利人和當地白人聯合佔領紐西蘭的兩百年間，兩種自我認知是越來越糾纏難分的，但就像我們預期的一樣，影響多半是單方面的（至少不久前都一直如此）。毛利人越來越能接受個人選擇的觀念，而且在人口有極高比率都是「混血」的社會中，當一個毛利人當然也就成了選擇或是個人許諾之事。[49]但我們也同樣看到毛利人的概念和語言持續滲入了整體文化。持續進行的爭論可以看作是極迷人的個案研究，顯示了跨文化衝突該怎麼小心翼翼、步步進行，才能取得相互理解。以爲這種理解不過就是把一種語言翻譯爲另一種，或者一方或雙方都接受另一方的概念框架，那就完全搞錯整個討論的重點了。人格身分不只是一個人是誰的問題（一個有思想、感受和記憶的肉身存有）。它還有更大的問題：**我們**是誰。這裡的「我們」可以指任何我們所屬而且認同的團體；堅持我們全是「獨立個體」這一說法的團體也包括在內。

---

[49] 夏普，〈當一個毛利人〉（Being a Maori），收錄於《正義與毛利人》；理查·慕蘭，《毛利人、白人與民主》（Richard Mulan, *Maori, Pakeha and Democracy*），引用自培瑞特，〈個人主義……自我觀〉，頁31。

愛裡頭的人格身分

我怎麼愛你？讓我細說其道。

——伊莉莎白·巴瑞特·布朗寧（Elizabeth Barrett Browning），《葡萄牙十四行詩》（*Sonnets from the Portuguese*）

儘管柏拉圖和亞里斯多德都分別對性欲、非性欲的愛頗為熱衷，哲學家似乎還是覺得它是個古怪的主題。然而我們可以從這類情感中學到很多，特別是人格身分的課題。艾梅莉·羅蒂的論文〈心理學態度的歷史性〉（The Historicity of Psychological Attitudes）是這麼開始的：「有一組心理學態度——愛、樂、也許還有些欲望——會因為主體的個性、對象的個性以及兩者的關係而個別化。」[50]我不確定樂算不算，而欲望包含的東西太混雜也太眩目，我沒法深究——但愛肯定就是這種態度。情愛或浪漫愛大概是愛的首要例子，不管怎麼說也是最讓人心神蕩漾的例子，但羅蒂（也許這樣作很明智）把她的焦點放在友誼之愛或者友一愛。[51]她沒有假定這種愛是有回應的或對稱的。的確，她所謂的「可滲性」概念很重要的一點在於，這概念擁護的自我觀雖

[50] 艾梅莉·羅蒂，〈心理學態度的歷史性：在找到變化時帶來變化的愛不是愛〉，收錄於她的《行動著的心靈》，頁121（"The Historicity of Psychological Attitudes: Love Is Not Love Which Alters When It Alteration Finds," *Mind In Action*, Boston: Beacon Press, 1990）。

[51] 前引書，頁122。

194 然包括了他者，但仍然是一個「心理學態度」，即它是愛者的人格特徵，而非愛者和被愛者的關係，不管我們多麼希望或期望兩者相生相隨。然而愛的「對象」仍然必須是人，不能是物，也不能只是人的某個面向而已。[52]說愛是可滲的，就是說「愛者受到了影響，不只是由於愛而改變，也由於被愛者的個性細節而改變。」[53]這類變化又接著影響愛者的行動，成爲整個「敘事史」的一環，而愛中往往太過突顯的轉瞬即逝者——劇痛、刺痛、苦痛、還有振顫——之所以能指認爲「愛的感受」，也只是因爲它們在這一敘事史中有一個（小小的）位置。[54]羅蒂關心的是愛的持續和「堅定」，但我這裡關心的不是這個。照我看，「可滲性」概念似乎捕捉到了愛（情愛和友愛都有）的根本特徵之一，而且這一特徵根本上又多少與自我及人格身分有關；就此而論，我這裡想進一步探索這一概念，儘管不能談得太多。[55]

自從柏拉圖以來，所有想分析愛的根本特徵的哲學家，照我看，都往往過度執迷於對象。這個觀點的背後若針對的是一連串的誤解（即以爲情感等類似事物不過是「感受」或生理擾動），

---

[52] 前引書，頁 123。

[53] 前引書。

[54] 前引書。

[55] 我在《愛：情感、神話與隱喻》（Love: Emotion, Myth and Metaphor, New York: Doubleday, 1981; New York: Prometheus Books, 1990）以及《關於愛》（New York: Simon and Schuster, 1988；Lanham, Md.: Rowman & Littlefield, 1994）中較爲詳盡地追索了一個類似的概念，我稱之爲愛的「共享身分」。

那它確實是個很健康，甚至可以說有治療作用的看法。情感必定有其對象——即它們有「意向性」——安東尼．肯尼（Anthony Kenny）於1963年爲這一無甚新穎的說法作了總結：他區分兩種不同的感受，有對象和無對象的。愛（就跟幾乎所有情感一樣）完全就是前一種感受。在肯尼之前，布倫塔諾（Brentano）已論證過類似的主張，而佛洛伊德接過他的看法，開始造了一大串俗氣的新詞，比方說「愛的客體」。但遠在佛洛伊德之先，柏拉圖對愛的理解已採取了類似的進路，他讓蘇格拉底在《會飲》中主張（的其中一點是）：愛就是渴望美，或者應該說美本身（即理型，而非其特定的個例化）。但這就讓焦點全放在愛的眞實對象所散發的全部光輝上了；毫不令人意外地，到了12世紀，愛的眞實對象就成了神。我認爲他們忽略了主體的重要，而且就像羅蒂正確堅持的一樣，他們也忽略了愛者和被愛者的動態關係。

但我重複一次，這個關係並非只是愛者和被愛者間的關係，不如說是這個關係在愛者，在「主體」**眼中的樣子**。不管他還看到了什麼（像是被愛者的美和魅力），這至少包括了他怎麼看待／設想自己的自我和身分，而其內涵又由與被愛者的共處、他的影響、以及／或者他的作爲所決定。在實際的關係中，即兩人實際上有對話、傾聽、對望、撫摸、以及其他各種溝通方式時，兩人身分相互（重新）建構的意涵是很清楚的。他對她說，「我喜歡妳這樣的髮型」，她也就會喜歡看到這樣的自己。她對他說，「我眞不知道你怎麼讀得下海德格」，他也許就會馬上失去興趣。他人的意見和判斷常常會深刻且永久影響我們，而且如果我們很在乎這些人、想討他們歡心、或希望他們對我們有好感的話，那就更加如此——了解這一點完全不是什麼深刻的哲學洞見，也毋

195

需任何「爲他者存在」這類跡近偏執的觀念。可是這不只是愛的結果或後果，也不只是這一心理態度的症狀。它也是愛之所以爲愛的根本成分，它令愛不只是仰慕、喜歡、性欲或任何佔有欲或自利心、相互享樂、同伴之情、或者共同的興趣（對彼此的興趣也算在內）。

然而，愛的可滲性或共享身分比較複雜、現象學上也更爲有趣的例子，是沒有回應的愛——甚至被愛者根本不知道對方的存在，更別說他的 *amour*[8]了。在這樣的例子裡，上述的對話範例實際上是在愛者的心靈中運作的，但即使通道變了，交流的方式也沒有多大不同。當然，沒有回應的愛有其自由，像是能夠隨意討好被愛者但不會被否定，也能夠隨意設想完全投己所好（而且也在自己控制下）的自我認知。因此沒有回應的愛就成了自欺的強大助力，也成了想像的美妙場域。斯湯達爾就據此而大膽宣稱沒有回應的愛更爲優越，據說歌德也說過——這大概是他（無數佳句中）寫過最棒的話之一——「我愛你，可是那與你何干？」但，不管相愛本質上是否會讓人將被愛者（眞實或想像）的偏好與判斷「牢記在心」，它都肯定讓人一邊心裡想著對方，一邊重塑自己對自身自我的看法。

當我們考慮歷史－文化的變遷以及愛的各種存有論預設，畫面就更爲複雜了。如果愛是分享自我，那麼自我受文化決定的本性，在各式各樣的愛裡就會是個重要的決定項。易言之，一個人必須有某種自我，對自己的人格身分有一定的認知，才有可能體

---

[8] 譯注：法文，愛、愛情之意。

驗某些類型的愛。亞里斯多德在《尼各馬科倫理學》中描述的友誼，跟我們現有的友誼概念不完全一樣，但我們顯然能夠看出相似之處，並爲了我們自己的目的而運用它們。《會飲》裡諸多發言者描述的欲愛，與我們對「浪漫」愛的認知也不同。的確，後者又花了兩千年才發展成熟，而男人和女人的關係、女人的地位、婚姻的概念、「激情」的概念、就我們這裡的目的而言，最重要的則是自我與人格身分的概念，全都產生戲劇性的變化了。

196

阿里斯托芬在《會飲》中講的故事，儘管不能純從字面上理解，卻是「共享身分」的理想模型；但這一模型有多麼受限也是很明顯的，這不只是因爲它本來就是個狂想，也因爲它預設的身分概念太過確切。跟阿里斯托芬故事講的不同，我們並非「原初整體的兩半」。愛本身不會讓我們「變得完整」。而且針對《會飲》整體來說，我們也不認爲自己是基本上和諧的城邦裡不可或缺的一部分。完全相反，我們（而且這個「我們」的指涉範圍還必須非常小心地劃界）會認爲自己是個體；雖然或多或少與他人有聯繫，但這純屬偶然，僅因血緣或感情而生。

浪漫愛試圖結合個人主義的獨立自我和相互依賴的共享自我，這最後必定是一個不穩定、暫時的融合。當然，某些十九世紀的浪漫派哲人就是這樣向我們描繪愛（以及許多其他事物）的；我還認爲，這一形象是某種特定文化所獨有的。但這一暫時共享的自我最後會產生什麼，我們又在什麼意義上讓他者「可滲入」，這主題值得小心又善意的關注，而過度扁平的概念分析之鑷或心理學常見的橡膠手套都不堪用。人們對愛還可能有什麼不同的認知，在自我觀極爲不同而且已經相互依賴的文化中，會特別成爲極度重要但也絕不簡單的研究。某些這類社會（比方說毛利人）對愛的認知似乎就不特別包含我們所謂的「浪漫」愛。這個如此特別的情感是這樣；恐怕，我們情感生活的全部幅域都是這樣。如果情感不只是對自我的侵入，不只是佛洛伊德「本我」的野蠻人不斷在敲打自我的大門，那麼我們關於自我的說法多半也適用於我們的激情。正如休姆在兩世紀多以前就暗示過的，自我也許不是在思想而是在我們的激情中構成的，而我們激情的本質與故事，也許正是我們整個生活方式的本質與故事。[56]

尋回人格身分

自我和人格身分的問題，不需要扭曲我們的想像、直覺或對腦神經科學的理解就能找到了；這些問題理當縈繞於我們最傑出的哲學心靈中，並開啓長久而成果豐富的對話。當我們的生命如此充滿混亂、衝突、還有迫切需要討論或嘗試相互理解的問題時，我們就實在不需要那些發生機率很低的（即使不是不可能），人格身分混亂的例子。自我和人格身分的問題現在是世界和平的關鍵，而相互理解也不再是化外之境的活動，而是日常生活之必需了。如果一個表面上古老的（但實際上挺晚近的）哲學謎團變得扁平而「脫水」，那我們還是別理它了，還不如轉向更豐富也更有收獲的議題上。而當主題是作爲人格的自我時，這類議題近在咫尺。

197

[56] 見羅蒂，〈自我與激情的相互協調〉。

第8章
哲學裡的欺騙、自我與自欺

我的記憶説，「我作了這事」。我的驕傲説，「我不可能作了這事」，而且絕不退讓。最後，記憶讓步了。

——弗雷德里希·尼采，《善惡的彼岸》

如果自我與人格身分是由「（部分爲眞的）敘事」所刻劃的，那我們接下來要面對的（前一章對此也不斷提及，可爲明證）就是自欺這既熟悉又矛盾的事，具體說就是，對於自己是誰，我們會愚弄自己。但是，由於我們談論自己和他人的敘事，和他人談論我們和他們自己的敘事，是如此緊密關聯又經常混亂難解，欺騙與自欺就無法輕易分開，而且兩者不但都與「我們是誰」（還有我們認爲自己是誰）很有關係，而且也與最爲無所不包的哲學關懷之一，即追尋眞，大大有關。

要眞幹嘛？

尼采問過，「我們到底爲何不計代價尋求眞呢？」[1]這問題很怪，因爲問這問題的哲學家自己最感驕傲之事，就是他絕不妥

[1] 尼采，《善惡的彼岸》，考夫曼譯（New York: Random House, 1966）。

協的誠實；不管怎樣，對於這個自認是全然求眞的志業而言，它總歸是個不堪入目的問題。甚至質疑眞理觀念是否存在的哲學家（不只尼采和龍樹〔Nagarjuna〕，還有賈克・德希達與理查・羅蒂），在欺騙、錯誤呈現還有（至少在有人對他們的作品）「創造性誤讀」出現時也會變得審愼且不寬容。[2] 哲學家一般說來都堅持眞，即使他們不相信「眞理」。他們瞧不起欺騙，嘲笑「俗人」的自欺，而消除這一自欺就是他們的使命。

199

澳洲哲學家湯尼・寇帝（Tony Coady）這段話也許最能代表多數哲學家的心聲：「我們的文化，或說所有文化（最詭異的除外）都一直認爲，不誠實是根本的人類惡德之一。再者，說謊這一特定的不誠實形式通常也受人鄙棄，說謊成習的人也受人厭惡。這是完全有理可尋的。」但他接著說，「我們應該注意，我們有時也會猶豫怎樣才算是說謊，甚至還會合理地猜想，說謊在某些脈絡下事實上是正當的；這與以上看法仍然是一致的。」[3]

---

[2] 想想尼采晚年的哀苦：「有人了解過我嗎？」（《瞧！這個人》）。也想想德希達在一九九二年春天於劍橋獲頒榮譽學位時，因作品受到普遍批評而憤怒地回應道：「我從未寫過這樣的東西！」他如是向記者和批評者堅持道，對於事情的眞相絕非漠然以對。當然，這不算是對其立場的拒斥（就像皮洛斯〔Pyrrhus〕的冒險行爲也不算是對古代懷疑論的拒斥一樣）。但這是個極有意思的實踐矛盾，體現了伯恩・瑪格尼斯（追隨史丹利・費許）所謂的「自我消耗的概念」。

[3] 寇帝，〈說謊的道德特質〉，收錄於《說謊：生意與職業中的眞》，頁7-12，重印於《公眾事務期刊》（C. A. J. Coady, "The Morality of Lying," *To Tell a Lie: Truth in Business and the Professions*, Syndey: St. James Ethics Center, 1992, repr. in *Res Publica*, Melbourne:

柏拉圖捍衛「高貴謊言」，而極受尊敬的英國倫理學家亨利・西德威克（Henry Sidgwick）則認爲，出於謙卑的「高尚謊言」也許會對我們所有人帶來相當的好處。[4]

哲學家常常幻想一個全是說謊者的文化，儘管有時只是爲了就定言令式提供一個可能反例，或者是爲了指出妙不可言的自我指涉矛盾的來源之一。新馬克思主義的「虛假意識」觀念以及「神話」一詞的某個常見用法，都強化了「一整個社會都可能自欺」這樣的看法。然而這類自欺遍布的可能性已預設了眞理有某種理想、獨立的判準，同時又高度重視欺騙的正當性和必然性。我在本章中打算進一步攪亂這淌渾水，但我不否認我認爲再明顯不過的事了：一般說來—— 甚至可以說，不只是一般說來而已—— 我們必須相信他人說的話，而且若沒有進一步的條件限制，說謊是錯的。[5]不管哲學家怎麼說，反對欺騙的主張在哲學內外

Center for Philosophy and Public Issues, 1992）。

[4] 西德威克甚至建議應該教導哲學家向讀者有系統的說謊。雖然他堅定相信效益論學說是眞理，但他也相信該學說若成爲公眾知識，其後果恐怕是災難。因此提倡效益論學說在實務上就要求有系統的欺騙。

[5] 舉例來說，也許可以否認某人有知道某個眞相的權利。納粹黨人有權得知無辜的受害者躲在哪裡嗎？告密者有權只聽到眞相嗎？特別檢查官肯尼斯・史塔爾（Kenneth Starr）有權追問或得知他的獵物性生活的眞相嗎？人們說不誠實是不正義的一種形式，但在這種狀況下，更大的不正義也可能爲謊言的不正義開脫或者凌駕其上。有人甚至不願意稱這些謊言爲「謊言」。這麼處理的話，開玩笑和虛構故事應該就不算謊言了，或者至少在聽眾不期待聽到眞相的狀況下都不算。當然，這裡的一個關鍵問題就是「善意謊言」的案例，經常基於社會成

都籠罩著一層陰霾，這既源於我們不確定欺騙帶來的後果，也由於文化方面的問題和自欺複雜巧妙的機制。

我們當然可以只考慮出於欺騙的目的而有意且惡意講假話的案例，並主張將「欺騙」，尤其還有「說謊」一詞的使用局限於這些案例上。換句話說，跟其他情況一樣，我們可以把不可忍受的「扁平」馬鞍硬套在這些豐富的問題組上。但這樣就大大削減了問題的內容。具體說，欺騙和自欺一道運作並相互支持的情況（我之後將論及）有極高比例都會因此而排除。這也排除了所有以下情況：在文化上出於禮貌、行止得宜、或者由於面子或感受方面的顧慮，就不管不矯飾的且恐怕粗暴的眞相爲何，而明白要求欺騙的案例。定義說謊是錯的，或者將「說謊」局限於不該欺騙的情況，是在回避重要的問題，其中一個就是尼采的「我們到底爲何不計代價尋求眞呢？」而且我們也提過了，問這個問題的不只尼采。柏拉圖和西德威克都捍衛高尚的謊言，而且就我所知，新進僧侶受教的其中一個信念，也是明白無誤的假話：「我是世上最糟的人。」在佛教裡，眞和眞實的要求似乎也包括了要接受最讓人吃驚的戒律，而理由總是它們會帶來的好處。當然，尼采求索的是個很不一樣的計畫，他捍衛的是可欲的假話，這些假話能激勵人、有益於創造、自我實現和「強力意志」。但照我看，重點是一樣的。眞應該服務於倫理，而非相反。

200

規而行。見寇帝，《證詞》（C. A. J. Coady, *Testimony*, Oxford: Clarendon Press, 1992）。甚至更有趣的是，社會成規在某些文化中是強制的或者是「最後手段」，而爲此付出的代價甚至可能是我們通常會認爲完全就是謊言的謊。

「不誠實是不正義的一種形式，是惡德」，寇帝如是說，呼應了奧古斯丁和康德不留情面的斥責。「它醜化了說謊者並讓語言的流通有所貶值。」但並非所有假話都是惡意的，也不是所有欺騙都是謊話。眞相傷人，有時還有毀滅性。謊言可以保護、激勵人，而欺騙也可以出於高貴的目的。自欺能保存那保存我們的幻覺，雖然它容易帶來病態的功能失調，但能解放我們的還是自欺，而不只是眞。[6]的確，眞理的問題在許多（即便不是大多數）自欺（還有欺騙）的情況裡，都可能成爲高度驚慌失措的來源，而這不只是由於知識論上的懷疑論者長久以來都提過的各種困惑理由，也因爲我們對自我以及世上最爲在乎的事的信念，具有自我實現（有時也會自我否定）的特徵。一個聖人般的人自認邪惡。眞相爲何？有強烈政治信念的殺人狂，或者媒體眼裡的「恐怖主義者」，認爲她自己是個高貴的自由鬥士。誰對誰錯？愛者信賴並守護他的愛人，不管相反的證據多麼醜陋不堪。這是自欺嗎，抑或只是——愛？這類狀況所涉及的眞很少只是「事實」的問題而已。

---

[6] 艾梅莉·羅蒂，〈適應性與自我認識〉，收錄於她的《行動著的心靈》（Amelie Rorty, "Adaptivity and Self-Knowledge," *Mind in Action*, Boston: Beacon Press, 1990），與〈自欺的內在角力〉，收錄於阿梅斯和迪撒那亞克編，《自我與欺騙》：頁73-90（"The Hidden Politics of Self-Deception," eds. Ames and Dissanayake, *Self and Deception*, Albany: SUNY Press, 1996）。

哲學意義上的眞與謊言

叫我求眞者，我就滿足了。

——路德維格．維根斯坦，致姊姊的信

談到較大的哲學問題時——生命的意義、道德的本性、神的存在與人格性、自然的目的論——不管既定的修辭怎麼講，求「眞」的意義都是全然不清楚的。哲學學說似乎更像是信念表白、對現實的觀點、詮釋、概念雕塑、某種藝術形式，而非只是關於眞理本身的假說或宣稱。黑格爾追隨柏拉圖，清楚區辨哲學之眞（「眞理」）和科學、日常生活裡的尋常之眞，並捍衛前者的獨特地位。[7]然而兩千多年以來無論東西，哲學之眞的獨特本性似乎都鮮少讓人質疑誠實作爲根本的道德和理智美德在哲學裡的地位。

201

如果這是個矛盾，它也不是有趣的那種。但它會引起一系列迷人（儘管飽受忽視）的問題，像是哲學自吹自擂的語式，或是哲學家的各種欺騙和自欺行爲。舉例來說，無可置疑的，哲學家即使沒有欺騙別人，也幾乎總是自欺地以爲哲學很重要，這事實

---

[7] 或者照牛津哲學家奧斯丁（J. L. Austin）後來的說法，「*In vino veritas*，也許吧，但在神志更清醒的座談會（symposium）上，*verum*。」〔*in vino veritas*，拉丁文「酒後吐眞言」；*verum*，拉丁文「眞理」；講如今「研討會」、「座談會」的 symposium 一詞在古希臘文中的原意是「酒會」、「酒聚」，故此處有不容易譯出的雙關意涵〕。

只有偶爾出現像尼采、維根斯坦或道元禪師一類的偶像破壞者時才會明講。在派系的層次上，哲學家通常會自欺，也試圖騙別人說自己的學派或方法優於別人的，其典型作法有如從布料中只取一小段絲線，並辯稱這段線本身就是全體，是眞理。在更爲個人的層次上，哲學家通常會自欺，以爲自己熱愛並追尋眞理——更別說智慧了——而無視於像是他們在市集上的聲望或者在同行中的地位之類關懷的重要性。柏拉圖《理想國》中的仗勢欺人者特拉西馬可士，事實上和蘇格拉底一樣總是隱隱存在於哲學中，不過少有人認得出他是誰罷了。

哲學史上始終都假定欺騙是惡德，誠實是美德。當然，也可以機智地說，這學科的根本本性，即有條理地言說深刻的眞理，要求我們相信這一點。如果哲學家沒有追求並言說眞，那除了他們蹩腳的散文還有完全不能啓發人的例子以外，他們和詩人、造神話者又要怎麼區別呢？哲學家追求眞並講眞話、完全講眞話、而且除了眞話什麼也不講。[1]至少他們想要我們這麼相信他們。迪歐根尼（Diogenes）走遍全城想要找個誠實的人，他完全不期望會找到這種人，但也從未懷疑自己就是。我們猜想，就算他去哲學名人堂參訪一遭，也不會有更好的結果。他上一代的前輩蘇格拉底就堅持自己說自己什麼都不知道是眞話，這一論證策略實乃雙重謊言。許多哲學家和科學家也立刻發現，求眞也許只是個障眼法，一個高貴的表面，實際上是在處理個人問題、討父母歡心、或者追求個人的野心。尼采曾猜想，所有偉大的哲學都是

---

[1] 譯注：這句即美國法院證人作證時的起誓詞。

「作者的個人表白，是某種不自覺、無意識的回憶錄。」[8]但實在很難說，無意識的揭露跟說眞話是同一回事，而當像尼采這樣的哲學家主張眞事實上不存在時，拒絕說眞話就成了某種誠實，而堅持眞就成了某種哲學上的腐敗謊言。[9]

202

然而我們得知，蘇格拉底爲了他的誠實而送命。早期斯多噶派的愛比克泰德（Epictetus）首先捍衛的原則就是「不可說假話」。在近現代，伊曼紐爾．康德把禁止說謊當作是「定言令式」，即無條件的道德法則之範型。[10]他不容任何例外，即使是爲了救朋友一命都不行。連尼采都把誠實當作他的四「樞」德之一，而存在主義者讓—保羅．沙特則堅稱欺騙是惡德，恐怕還肯定是終極的惡德。[11]爲了追求意識的「透明性」，沙特就能堅定地主張（以反對佛洛伊德），所有欺騙在某種意義上都是有意的，也因此該受責備。今天我們則會讀到像艾德蒙．平考福斯（Edmund Pincoffs）一類的美國倫理學家堅稱，不誠實是極爲嚴重的惡德，嚴重到理智根本無法估量它的優點。[12]跟許多其他事

---

[8] 尼采，《善惡的彼岸》，第六段。

[9] 尼采，〈論眞與謊言的超道德意義〉（一八七三年），收錄於《尼采輕便讀本》，考夫曼編（"On Truth and Lie in the Extra-Moral Sense," *The Portable Nietzsche*, New York: Viking Press, 1954）。

[10] 康德，《道德形上學之基礎》，艾林頓譯（Indianapolis: Hackett, 1981）。

[11] 讓—保羅．沙特，〈存心不良〉，收錄於《存有與虛無》，巴恩斯譯，頁86-116（Jean-Paul Sartre, "Bad Faith," *Being and Nothingness*, trans. H. Barnes, New York: Philosophical Library, 1956）。

不同，哲學和常識在這件事上似乎有共識。而不管哲學只能追隨或反映時代精神，還是其實在一定程度上能引導它，都可以穩當地說，哲學高舉誠實是對大眾道德的精確反映。哲學家還是一般人都會認爲，說謊是錯的。[13]

但堅持說謊是錯的是什麼意思？而且說眞的，這錯得有多嚴重？哲學家的總體宣稱通常遮掩的比揭示的多，最好的問題都隱藏在表面下。爲了讓實在無趣的敘述生動一些而說的謊，眞的就和爲了掩飾惡行並逃避懲罰而說的謊錯得一樣嚴重嗎？出於絕望而說的謊是否不比算計過的、出於方便的謊言來得嚴重？跟頭腦清楚的、策略性的謊言相比，出於自欺的謊言是比較嚴重還是比較不嚴重呢？（這種謊言眞的算是謊言嗎？）所有謊言都是錯的嗎——說謊**本身**是錯的嗎？——還是某些謊言有重要作用，不但能保護別人不受傷害（特別是情感的傷害），還能發展並維護一個人對自身個體性和私密性的感受呢？也許最好視說謊爲外交辭令、是座堡壘、是爲了保護必然不太直率的自我之所需。或者也可以視誠實不過是眾多美德之一，而完全不是根本的美德。

值得注意的是，亞里斯多德的道德美德清單把「誠實」和

---

[12] 艾德蒙．平考福斯，《窘境與美德》（Edmund Pincoffs, *Quandaries and Virtues*, Lawrence: University Press of Kansas, 1986）。

[13] 也不可假定這只適用於「先進的」或哲學的文化。我（在前一章）提過，茂伊的古代居民通常會將新生兒的臍帶丟到（當時仍在活動的）哈勒卡拉火山洞裡，以便保證小孩子長大後會誠實。我在前往東—西中心參加自我與欺騙研討會的路上驚異地發現，在所有的美德裡，夏威夷人單舉誠實（還有保持沖浪板的清潔）作爲榜樣。

「友善」、「才智」放在一塊，這些的確是在選擇朋友或同事時要考慮的重要特質，但絕非道德的柱腳石，好像道德建築沒有它就會整個倒塌。再者，亞里斯多德所謂的「誠實」主要關注的是談論自己成就的情況，「不多也不少」——用現代話說就是遞交一份誠實的履歷表。[14]他似乎對社會謊言、「善意謊言」，或者就此而論，連政治謊言（除非它造成了不正義或腐敗）都完全不關心。[15]批評家經常反對康德將誠實分析爲「完滿義務」，他們訴諸我們的自然傾向，堅持救朋友一命遠比跟追捕他的納粹說實話重要得多。但即使只有一種狀況說謊是對的而且凌駕了誠實的考量，不說謊義務的「完滿」地位也會有所折損，問題也就要重新研議。

203

我們也是在考慮到這類獨斷（先天）的譴責時，才能理解人們爲何一直爭論看來沒什麼錯的「善意謊言」，即能夠避免而非造成傷害的謊。而且，說句廢話（但哲學家常常忽略或看不起這一事實），謊言也有娛樂的作用，像是劇場或小說，而且娛樂效果不只局限於舞台或卷帙中。謊言甚至在哲學中也有用處，還能引人入勝。謊言不但能啓發刺激人進一步思考，甚至還涉及某些根本的課題。只因爲多年前有個克里特人宣稱「所有克里特人都說謊」，並因此催生了邏輯和哲學裡最爲根本的矛盾，如今竟有

---

[14] 亞里斯多德，《尼各馬科倫理學》，羅斯譯（Aristotle, *Nicomachean Ethics*, trans. W. D. Ross, Oxford: Oxford University Press, 1944）。

[15] 亞里斯多德，《政治學》，喬維特譯，收錄於《亞里斯多德著作集》，麥克恩編（Aristotle, *Politics*, trans. B. Jowett, in *The Works of Aristotle*, ed. R. McKeon, New York: Random House, 1941）。

成打的哲學家受僱（如果他說的是眞話，那麼他就說了謊，但如果他說了謊，那麼……）。如果謊言不會造成傷害，那它有什麼不對嗎？而「即使會傷人」我們也該說眞話，總是眞確的嗎？

在全面禁止說謊的背後，可以辨認出一熟悉的哲學隱喻之輪廓，即眞作爲光、光亮、明白、簡單、如理性的聖杯般閃耀；而因一方面，不誠實則黑暗、偏差、是通向不理性與混亂的崎嶇道路。揭露眞理時，我們想像意識是全然透明的；欺騙裡我們則會察覺不透明、阻礙、彷彿意識中有一堵牆。誠實的人和眞正的哲學家知道一切並言說一切（蘇格拉底除外，因爲他堅持他什麼都不知道）。儘管如此，蘇格拉底的學生柏拉圖還是要帶領我們離開陰影走向光明，即使這麼作的風險極高。哲學家啓明了說謊者和凡人留在黑暗裡的事物，甚至是他或她自己的內在靈魂。[16]眞理與光明是好的；欺騙與黑暗是壞的或惡的，不但引向無知與傷害，還會造成理性的貶値、語言的濫用與靈魂的墮落。但我們開始懷疑，哲學恐怕太過高估這些清晰與透明的隱喻了。顯而易見的眞相是，連我們最簡單的社會關係，若無謊言不透明的中介，也是無法存在的。

杜斯妥也夫斯基在他的小說《白痴》（*The Idiot*）中向我們描繪了一個擁有全部美德（包括全然誠實）的人。[17]當然，他對

---

[16] 柏拉圖，《理想國》，葛魯伯譯，卷七（Plato, *Republic*, trans. G. M. A. Grube, Indianapolis: Hackett, 1974）。

[17] 費歐多・杜斯妥也夫斯基，《白痴》，亨利・卡萊爾與奧加・卡萊爾譯（Fyodor Dostoyevsky, *The Idiot*, trans. Henry Carlisle and Olga Carlisle, New York: New American Library, 1969）。

所有他遇到的人都成了一場災禍。更近一點，阿伯特・卡謬（在《異鄉人》中）爲我們呈現了一位奇怪的「反英雄」，「求眞的英雄」，他沒有能力說謊。[18]不意外，他也成了某種怪物、非人哉，「簡直完全沒有任何人類的特質」（檢察官在他因謀殺案受審時的說法）。在更爲世俗、「現實生活」的哲學層次上，也無法想像說眞話、完全講眞話，而且除了眞話什麼也不講，就能順利進行一場尋常的預算審查會或者雞尾酒派對。如果還想更病態一點，還可以假設文明的黏合劑是欺騙而非眞理，但與其說它將我們牢牢繫在一塊，不如說它安穩地將我們還有我們的思想彼此隔開。我們無法想像社會在完全透明的狀況下能夠交流。

204

哲學家史蒂夫・布勞德（Steve Braude）對超心理學的研究極深入，他用了一個簡單的實驗闡明了欺騙的重要。他問他的聽眾中是否有人願意服用某藥丸（謊稱是他發明的），吃了之後就能在方圓百碼以內讀取任何人的心思。毫不令人意外，沒人願意接受。我們全都能想像，當我們敘述最近的打擊或是當天的冒險時，朋友的腦海裡不停閃現的念頭；或是當我們的講課在下課鐘響前兩分鐘臻於高潮時，學生大概都在作白日夢，或者充滿實在不怎麼讓我們高興的心思；還有在親密時刻時，愛人隨意又完全

[18] 阿爾貝・卡謬，《異鄉人》，吉伯特譯（Albert Camus, *The Stranger*, trans. S. Gilbert, New York: Random House, 1946）。卡謬對自己小說和主人翁梅索（「求眞的英雄」）的評論出版於傑曼・格里爾（Germaine Greer）1955年版的前言裡。卡謬的斷言不能盡信，因爲梅索在小說中確實有說謊——甚至公然作僞證——而且他對道德事務全不掛心，所以也實在不太可能說他「拒絕說謊」。

不浪漫的突發奇想。「你在想什麼？」是個極爲危險又愚蠢的問題，即使一般說來並不要求我們回答「噢，沒什麼」，它也容易引來這一策略性的，且是完全騙人的回應。

眞理的威脅性已給哲學家漂白好一陣子，其上通常掛著一個僞世俗化版本的宗教布條，上頭寫著：「眞理將會解放你。」[19]但我們不會同意哲學家；我們全都知道眞相有時會傷人，而且這傷害還無法修補；眞即便不是常常，有時也是不必要的；它令社會安排變得複雜，還會推翻集體神話、破壞人際關係、激起暴行和報復心。欺騙有時並非惡德，還是社會美德，系統性的欺騙還是（社會）世界的秩序不可或缺的一部分。社會和諧在許多社會裡遠比眞誠更受重視，而對他人說他或她想聽的話，而非自己實際感受或相信的事，不但是允許的，有時還是預期中事。在這類狀況下，我們眞的還要說這是「欺騙」嗎？我們難道不能開始認爲，自己的啓蒙如此看重「不計一切代價求眞」（恩斯特．瓊斯〔Ernst Jones〕對席格蒙．佛洛伊德語帶欽佩的描述）不過又是另一個族群中心的特徵，是我們對個體自主還有特別難以親近的「眞理」概念感受過強的古怪產物？

---

[19] 德州奧斯丁大學的行政大樓上就刻著這古老的宗教誡命（約翰福音八章32節），恐怕並非沒有語帶雙關之意。

欺騙、自欺與自我

> 區別〔眞正的眞誠還有表面的眞誠〕對騙子還有受騙者來說幾乎是差不多難的，因爲在這類評估中，自欺佔的成分實在高得不可置信。僞善者有一半相信自己講的故事，而多愁善感還會讓詐欺看來充滿徹底無害的氣味。
>
> ——西瑟拉．波克（Sissela Bok），《說謊》（*Lying*）

205

> 兩個人才能成一個謊言；一個說謊，另一個聽他講。
>
> ——荷馬．辛普森

哲學裡欺騙和自欺的作用和哲學討論它們的方式並非無關。舉例來說，哲學家常假定欺騙是個特別的言說活動，它斷言假的命題，因此自欺即便不是不可能，也是矛盾地對自己說謊。[20]但

[20] 分析哲學文獻裡就是在這種表述下討論的，比方說布萊恩．麥勞夫蘭，〈自欺與自我的結構〉，收錄於《自我與欺騙》，頁31-52（Brian McLaughlin, "Self-Deception and the Structure of the Self," *Self and Deception*）。甚至連否認有矛盾的人也只能以此爲出發點，比方說賀伯特．芬加瑞特精湛的小書《自欺》（*Self-Deception*, Highlands: NJ-Humanities Press, 1969）。讓—保羅．沙特在《存有與虛無》裡對「存心不良」（*mauvaise foi*）的著名討論，也是這樣開頭的。這實在不是什麼好事，因爲存心不良顯然是個比自欺更爲廣泛豐富的概念。事實上沙特只是用這一矛盾來指控佛洛伊德的心理學決定論，並攻擊他的「無意識」觀念。在他舉的例子或是其後的論證中，「知道P和

我完全可以藉由開車開錯或走錯方向就騙到人，一句話也不用說；也有很多證據顯示，許多動物也會有系統進行欺騙行爲。[21] 假設自欺只是把欺騙的對象換成自己而已也是錯的：並非因爲這麼一來就會有矛盾，而是因爲它嚴重誤解了此現象。如果探索以自我爲對象的心理態度所構成的詭異領域（還有各種以「自我」起首歸類的心理態度），以下這點就會立刻明白：自我歸因和歸因於他人很少是同一個心理學敘述的不同應用（只要想想以下一小撮案例就夠了：自愛、自憐、自重、自我厭惡）。的確，如果

非P」的矛盾其實沒有任何作用。我倒想建議，較早出現的〈存心不良〉一章（在第一部裡），也許參考第三部和第四部分別提出的「爲他者存在」概念，以及極度重要的自由與責任觀來解讀會更好。我甚至想主張，沙特對佛洛伊德的攻擊還有他對自欺矛盾不頂認眞的處理，於他的整體目的而言，至多不過是次要的事（如果還稱不上偶然的話）：他的目的就是攻擊他在巴黎社會看到的，凱薩琳．希根斯所謂的不負責任的「氛圍」（當然，就跟往常一樣，賀伯特．洛特曼〔Herbert Lottman〕也這樣指控沙特本人，他鉅細靡遺紀載了沙特及其同胞在二戰時與法國抵抗軍的實際牽涉〔實際上就是沒有〕）。

[21] 例見卡洛琳．里斯托對水鳥假裝翅膀受傷的研究：〈從認知動物行爲學的面向觀察假裝受傷的鳥：鳴笛睢鳩的案例〉，收錄於里斯托編，《認知動物行爲學：其他動物的心靈》（Carolyn Ristau, "Aspects of the Cognitive Ethology of an Injury-Feigning Bird, the Piping Plover," *Cognitive Ethology: The Minds of Other Animals*, ed. C. Ristau, Hillsdale, N.J.: Erlbaum, 1991）。亦見徹尼與瑟法斯，《猴子如何看世界》（D. Cheney and R. Sefarth, *How Monkeys See the World*, Chicago: University of Chicago Press, 1990），討論了我們同類靈長動物騙人的惡作劇。

可以將自欺看作是既在自我一**事上**欺騙，而欺騙**對象**也是自我，那就比較能抵抗將第一人稱的案例同化爲第三人稱的誘惑了。[22]

這還意味著自我的本性又一次成了我們研究的一部分，連帶還有各種關於欺騙的成規與認知。就自我是社會存有，而不只是自我指涉的一個場所而言，自我與自欺的特質就會受到其社會或文化之特質的影響。我們是什麼，只有一部分端看我們怎麼看待自己；而我們怎麼看待自己，又很少能擺脫他人意見還有我們社會倫理價值的影響。我們想要認爲自己是好的，因此我們總是會有說服的需要，還有讓他人對我們有錯誤看法並愚弄自己的強烈誘惑。各種制定說謊和欺騙規則的社會習俗，往往也是決定一個人的自我該怎樣才能爲人所接受的社會習俗。人們稱讚的好個性或者斥爲欺騙的行爲，在不同的脈絡和文化中絕對不是一樣的。我在本章以下的關注，有一部分就將針對脈絡、文化、欺騙和自我在這方面的某些關聯。

206

欺騙和自欺的聯結，遠比重視透明性的哲學家假設的更爲常見，也更爲糾纏難分。自覺有意地說自知爲假的事，這是一回事，但說自己眞心相信卻實際爲假的事，就完全是另一回事，而且如果這不只是單純搞錯事實，那就更加如此。因此自欺現象又進一步把說眞話與知識想當然爾的清澈水面給攪亂了。在什麼意義上一個人知道不是如此呢？而且舉例來說，如果一個人似乎不知道眞相，卻因爲充足的證據就在他眼前而仍然**應該**知道眞相，那又該怎麼辦？這個「應該」的出現暗示，自欺和欺騙同時有規

---

[22] 這主張純屬猜想，但我能看出這點，要歸功於安涅特．貝爾。

範和事實的基礎。再者，當人家教我們說，眞理有根本的重要性，遠比社會和諧更重要，這本身就是個規範判斷，只在某些社會中有培養出來，別的社會則沒有。許多社會都認爲（我們的社會眞的是明顯的例外嗎），說應該說的話比說自己相信爲眞的話更重要，那這些社會怎麼辦？誠實地回答「你好嗎？」或者「我看起來怎麼樣？」通常是不適當的（即使假定問者當眞有意問這個問題也一樣）。「誠實的批評」往往違反了社會儀節。奧斯丁半世紀前就指出，聊天所關心的多半都不是宣示眞理或眞相。

許多對欺騙特別是自欺的討論，都直接假定說謊者明白眞相，然後有目的地、直接地誤導對方，讓他看不清眞相的實質。據此，至少就說謊有意將一極端重要的事（即眞）從他人身邊奪走而言，它是完全有企圖的，也是惡意的。但這一看法所預設的自律、理性和透明程度實在禁不起檢驗。當然，冷血自利的謊言是存在的，比方說對「你昨晚去哪了？」或「誰把餅乾都吃了？」之類的直接問題有意地給出虛假的回答。但也許可以考慮如下主張：這類謊言其實是特例而非常態，就像在糾纏著意外殺人、過失殺人、因絕望或激情而殺人的血腥中，爲了利益而冷血地殺人其實也是特例一樣。我們對說謊和欺騙的著迷，不會因爲提出這些明確無誤的案例就滿足了。我們追尋的是一齣眞與假的戲劇，它座落於我們編織的複雜社會和情感之網中，相比之下，通常獨立出來標示爲「謊話」的事，反而沒有什麼哲學趣味，只因爲它作爲謊言實在太顯而易見了。[23]

---

[23] 當然，這不是說這類謊言帶來的後果就不可惡或不有趣了。任何人只

自欺就和欺騙一樣，是個動態的社會現象，不只是個內在戲劇或病態的狀態。然而，這一現象的「社會」本性通常並非顯而易見，只是理由有一部分在於，哲學家傾向於認爲自欺是一個古怪甚至矛盾的欺騙形式，是個「對自己說的謊」而不管怎樣都沒有涉及他人。當然，這個謊言可能是「關於」他人的——像是愛者可以對他或她的愛人有一個自欺的形象；他人也可能受到一個人的自欺所影響，比方說他們之後可能會受到他的自欺所欺。但在了解自欺時，若一開始就認爲自欺的動力過程是分別自足的，那就會忽略欺騙與自欺間的本質線索；這不只是個術語的問題而已，因爲兩者在我們的社會和個人關係中都有其作用。同樣地，擺脫靜態的「知與不知」概念也很重要，但許多自欺的哲學研究都預設它。[24] 欺騙與自欺作爲人際關係的組成部分，必然是動態而不穩定的（或者也許是「亞穩定的」〔metastable〕[25]），還是極

207

要和說謊成習的人生活或工作過，一定都極痛苦地明白這種人會給他人帶來的心理傷害。我在跟一名無法或是不願說眞話的同事工作八年後，發現自己都快成了康德主義者了。亦見裘蒂·高菲葉，《社會信任》（Judy Govier, *Social Trust*, Montreal: McGill University Press, 1997）。

[24] 羅伯特·奧迪，〈自欺、合理化，以及行動理由〉，收錄於麥勞夫蘭與羅蒂編，《自欺面面觀》（Robert Audi, "Self-Deception, Rationalization, and Reasons for Acting," *Perspectives on Self-Deception,* ed. B. McLaughlin and A. Roty, Berkeley: University of California Press, 1988）。

[25] 沙特在《存有與虛無》，頁99以下從化學借用了這個詞。亞穩定性是暫時的穩定性、表面上是穩定的，但只消最輕微的干擾或失誤就會全

度複雜的持續努力。[26]

我想主張，欺騙與自欺是概念上有區別但實際上完全糾纏難分的現象。最膚淺地說，一個本質上牽涉他人，另一個則不會。但把兩者當作是同一個現象在相異背景下的不同表現，或者認爲兩者完全不同（即分別視之爲說謊還有對自己說謊），都會忽略推動兩者的動力機制（也會忽略兩者很重要的區別）。我們爲了愚弄自己就必須愚弄他人或者將他們排除在外；而爲了成功愚弄他人，最好還是先愚弄自己。說謊的哲學探討太常將完全犬儒、自利的謊言當作是範例了，反而忽視了更常見的，包含一定程度自欺的說謊類型。對自身敞開心胸可能完全就和對他人敞開心胸一樣不可忍受，而且原因也一樣。[2]因爲自我，連同其缺陷和失敗，都會變得太過明白。

承認自己的動機或自己想法的重要，可能會破壞一個人的自我形象和自我感。自我一部分是自我呈現、自我揭露，但同樣重要的面向還有僞裝、藏匿、或不揭示自我某些方面的必要，因爲這些方面可能不那麼討人喜歡、讓人覺得丟臉，也可能完全與當

面崩解。想想一個服務生手上拿著滿滿一整盤的熱咖啡。一切都很順利，但他不自覺抽動了一下，一滴近沸點的咖啡就灑到了他的皮膚上。他輕輕抖了一下，然後……。

[26] 沙特，《存有與虛無》，頁112以下；比較馬西亞．拜倫，〈自欺哪裡錯了？〉（Marcia Baron, "What Is Wrong with Self-Deception?"），收錄於麥勞夫蘭與羅蒂編，《自欺面面觀》。

[2] 譯注：這裡的「敞開心胸」譯的是transparency，即上文提到的「透明」、「透明性」。

下的社會脈絡或人際規畫無關。某種程度上，這只是注意、編修、選擇性的自我呈現，但這並非完全操之在我們手裡（甚至多半都不是）的事。自我本質上是個社會建構，我們的自我感也依賴於他人，或者是讓─保羅．沙特所謂的（這一說法的疑心病成分不只一點）「我們的爲他者存在」。[27]有許多方式可以隱藏或拒絕對自己揭示自我，最明顯的例子就是忽視自身或者讓自己分心；但如果他人沒有同時分心或者被愚弄── 至少也要被阻止

[27] 沙特，《存有與虛無》，第三部。哲學家的談論太常一副我們的人格身分感只是個內在事務（只是自我啓示、記憶、或者意識的超驗統一而已）。甚至沙特在《存有與虛無》裡的自我分析，也極容易看來像是某些哲學家所謂的「內在論」解釋。（甚至連「爲己」一詞都有顯而易見的笛卡兒淵源。）但在討論自欺的脈絡下，我們不得不閱讀沙特，也要提請讀者注意以下三項文本上的重點：一、著名的而且經常重印的〈存心不良〉一章在這八百餘頁的書裡出現於開頭處（而且非常簡短），而且此後幾乎沒再提到了；二、沙特堅持「爲他者存在」與另外兩種存在方式「爲己存有」與「在己存有」有「同等的存有論地位」。因此他並非傳統的笛卡兒式二元論者，他的自我概念也不算內在論解釋。實際上，沙特的論證和例子與他在這本大書開頭章節提出的存有論工具實在不怎麼一致。艾倫．伍德（Allen Wood）（於羅蒂和麥勞夫蘭，《自欺面面觀》以及凱薩琳．希根斯（於阿梅斯和迪撒那亞克，《自我與欺騙》）都正確地批評他的例子不充分；這些例子涉及了「爲他者存在」以及他明確用上的「事實性」與「超越性」範疇。這些例子若如此解釋，就可以避免許多伍德的反對理由（但無法避免希根斯的）；三、沙特於早期作品《本我的超越性》（*The Transcendence of the Ego*）裡堅持自我並非在意識「中」而是「在我們之外的世界裡，正如他人的意識一樣。」因此他的解釋實乃自我的「外在論」解釋，而完全不是笛卡兒主義的。

——那麼任何這類手段是連個機會的鬼影兒都沒有的。欺騙與自欺緊密交錯。我們愚弄自己以便愚弄別人，我們也愚弄別人以便愚弄自己。而且說得更複雜一些（理當如此），我們也不總是知道哪個是哪個——誰是自我，誰又是他人。

人與人間的欺騙很少會犬儒到一點誠懇或信念都沒有；情形多半是一個人相信，即使這個特定的「事實」是假的，但謊言當眞有保護作用，而這遠比說謊的行爲更爲重要。因此我們看到愛人爲了保護他愛的人而說謊，或科學家爲了「證明」她就是「知道」爲眞的假說而竄改研究結果。西瑟拉·波克（Sissela Bok）正確地指出，要區分爲了眞理而說謊跟讓人變成說謊者的謊言，連最好的判準也不會是明確的。爲了眞理而說謊是個矛盾，它本身就已需要大量的自欺。人與人間的欺騙很少（如果眞有的話）是沒有動機的，甚至「只是爲了說謊本身」而說謊的惡作劇心態（比方說常見的「謊報」年齡）通常也是掩蓋其他謊言、不安全感或不信任感的手法。因此山繆·強森（Samuel Johnson）在論及想成爲有德者的自欺者時，寫道：「他們想不到生活裡有什麼事好投入的，只好用自己意見的良善來評價自己；他們忘了，靠言說顯示自己的美德實在比靠行動容易得太多。」

208

我們一旦開始了解欺騙與自欺是自我意識的本質面向，而不只是有原則的有意違反也不是反社會行爲，就能慢慢擺脫「說謊是錯的」此一概而論的斥責，並開始了解欺騙與自欺是人類關係網中的一部分，本身並無善惡可言，可以同情地理解而不必責備。艾梅莉·羅蒂講了一個觸動人的案例：一名很有天分的年輕醫師不肯承認自己身上已經有明顯的癌症症狀。她的行爲讓人明白，她在某種意義上知道自己的狀況，但坦率地承認這一點會很慘。所以她在自己和他人面前就僞裝起來，恐怕除了自己誰也說服不了，但她畢竟維持住這一悲慘的假象，因爲沒有這一假象她就根本沒法好好過活。眞的有人會認爲這種行爲值得譴責嗎？[28]

人們說謊不只是爲了避免懲罰或者讓他人有好印象，也是因爲他們需要形塑並保護自己（即他們的自我）並應付困難的社會情境。具體地說，在自我認識的有限幅志內，欺騙幾乎總是應付而非讚揚虛假本身的方式。的確，對自己虛假的意思爲何，是個頗爲複雜的倫理問題；我們自身以及對自身的知識，不但都不完整，而且還會不斷地修改——通常因著理想和野心而變，因爲它們本身當初可能設想不周、不妥，或者只是模彷別人而已。必須在這個自我、自尊和自我認識不斷共同造作的脈絡下，才能體會欺騙和自欺爲何，甚至人際交往裡最爲犬儒的手法，首先都是生產自我的一環，混雜著權謀以及脆弱。舉例來說，想想裘得洛·德·拉克羅的《危險關係》裡的情感和欺騙之網吧，它表面上呈現爲貴族階級的遊戲，但我們很快就發現，它是個相互自欺的生死劇場。[29]就像《危險關係》一樣（作者甚至感到有必要寫一段很長的前言，以便在道德上譴責他充滿洞見而描繪出的心理機制，並表明自己與之無涉），一般容易呈現爲道德故事的現象，也將因此成爲人際心理學以及自我如何相互、隱密並在社會中建構起來的研究。這不是說這類研究裡好像就沒有（或不該有）倫

---

28 艾梅莉·羅蒂，〈騙人的自我：騙子、層次與藏匿處〉，收錄於羅蒂與麥勞夫蘭，《自欺面面觀》。

29 裘得洛·得·拉克羅，《危險關係》，史東（P. W. K. Stone）譯（New York: Penguin, 1961）。

理學了，而是說我們的評價不能再是摩尼教（Manichaean）那種「眞是好的，欺騙是惡的」的看法了。

在自欺中，說眞話可以輕易成為自稱美德的惡德。以正直為名，眞理可以成為武器，誠實可以成為策略。談這個問題的作者經常指出，小孩和情人經常恰恰為了傷害或羞辱別人而說眞話。這類說眞話能夠擺佈人，甚至還有惡意。卡謬的最後一部小說《墮落》（*The Fall*）裡，一名行為極度偏差的角色克拉蒙斯（Clamence）對一位他認識的人（當然就是讀者）告解，講述他生命的眞相，其中最為重要的就是，他一直對自己說了許多的謊。[30]然而顯而易見的，他仍然靠著誘騙他者以自欺，甚至他的眞話也不過是個伎倆。我們在書末知道，克拉蒙斯在意的不是眞理或徹底坦白，而是巧妙的報復，他的告解則以一種顛覆的方式表達了他深深的怨恨感。

但在這類偏差行為的故事裡，誰是受害者，誰又是惡棍呢？為什麼我們會認為欺騙的結構必定包含受害者和惡棍？欺騙與自欺的結合，通常會在共同密謀者間形成非常誠懇的信念，而非受害者與惡棍。任何信仰與宗教實際上都是這類信念的大規模例

30　卡謬，《墮落》，歐布萊恩譯（New York: Vintage, 1956）。《墮落》從許多方面來說都對立於《異鄉人》。梅索（即「異鄉人」）正是透明性的根本形象，經驗就是一切，任何反思或自我意識實際上都不存在。相較之下，克拉蒙斯完全只有反思和痛苦的自我意識。其中一人說眞話是因為他頭腦簡單得沒法說謊；另一個人說眞話是因為他必須引誘並欺騙他的聽眾——而他自己也充滿了自欺。在什麼意義上可以說這兩位裡有誰「沒說謊」呢？

子，但幾乎每個人的自我形象還有每個社會的自我感也一樣，科學與哲學共同體，或任何族群、文化都包括在內。尼采還有之後的榮格都寫下大量文字，談論我們對神話的需要，還警告人們要小心一個試圖擺脫神話的時代。但神話不就是個複雜、自我定義的集體自欺嗎？而且，如果所有這類欺騙都是錯的，那麼終究值得捍衛的眞理是否還存在呢？

糾纏之網：言行不一作爲整體現象

噢，才剛開始學習欺騙，
我們交織的網就多麼糾纏。

——華特．斯考特爵士（Sir Walter Scott），
《羅欽法》（*Lochinvar*）

如果欺騙和自欺首先應該理解爲相互關聯的動態人際與社會現象，那就不該試圖從這一關係中某個人爲孤立出來的面向來理解它。舉例來說，在多數談說謊的現代討論裡，焦點往往擺在據稱的受害者上，即被謊言誤導或背叛的人。因此接下來的評價就傾向於追溯甚至「最爲善意的」謊言會有什麼明顯和不太明顯的效應，即它可能破壞信任並令受害者無能爲力，而眞相則有可能引起相當重要的行動。舉例來說，西瑟拉．波克的探索正是如此，給出了許多引人入勝的細節，追溯職業謊言、政治謊言、愛情謊言、父權謊言、心理治療謊言、實驗性謊言等等的後果。[31]波克費了相當篇幅討論威權欺騙的複雜與藉口的打造，當中也提

到了那一惡名遠播的跳躍推論：從「『眞理整體』是不可能細說分明的」這一頗有道理的說法，推論到「眞理不必要」這一有害的命題。

對謊言作「厚的」哲學研究，正能帶來這類挑戰與趣味：一開始我們看到顯而易見的、直接的後果：受傷的情感、一名病患（顧客、朋友、公眾）因資訊缺乏或有誤而要承受的悲劇。接著，隱瞞不成功的慘痛懲罰就會出現。最後還有更難捉摸的後果：不信任的蔓延、越來越強的犬儒心態（最終還會讓人退縮）、還有語言與公眾論述的破產。然而，這類對欺騙的探討多半都忽略了必須將焦點放在說謊者的心理機制，而不只是說謊者要面對的後果而已。因爲，如果欺騙與自欺確實如此緊密相關，那麼就沒有道理假定犯說謊的人不是受害者。謊言要雙方投入才能成事，它不只是某個人對另一個人施加的惡行。

另一方面，當哲學家致力於觀察謊言的本性而非其後果時，他們反而更傾向於否認欺騙的人際、社會本性。尤其是康德，他堅持任何說謊的「格準」在邏輯上都是不一致的，其依據在於，一個人只要允許說謊普遍化，就必定要否定語言的根本可能性（當然，這背後有個假定：語言的主要目的以描述眞實的事、下承諾等這類活動爲核心）。當然，既然說謊（照定義）就是**有意地**說假話，就總要多少把焦點放在說謊者身上，畢竟持有並貫徹這一意圖的是他。但康德頗明確地拒絕並無視於說謊者的動機與個性，反而偏重說謊有違道德的特質，不願理解其心理與社會動

---

[31] 西瑟拉．波克，《說謊》（Sissela Bok, *Lying*, New York: Random House, 1978）。

力。但即便在倫理學的脈絡下，說謊的動機以及我們在指認說謊者時要面對的個性特徵，也肯定不是不重要的事。

這正是「美德倫理學」大擅勝場之處。它不但細膩而具體地檢視某個謊言或假話，也審理其脈絡、說謊背後的目的與意圖、最重要的還有說假話者的人格與個性。但過度強調說謊者的個性，就和單單強調謊言或其後果一樣會誤導人。又得用上這個用濫的、甚至常常誤用的字眼了——欺騙是個**整體**現象。把它拆解成部分，就沒有機會了解其生機統一性。在企圖分別理解或評價謊言、說謊者、受害者與後果後，也不可能就直接組合成某種「多向度」分析，彷彿這全部湊在一起就算充分理解它了。

211

說謊最爲突出但也最受忽略的特質是：它困難得不可置信。任何人只要試圖圓過哪怕是多麼漫不經心的小謊，大概都很清楚這需要多大的巧思和謹慎，才能時時記得謊話所有的邏輯蘊含，還有可能的矛盾何在（「如果我在山姆家，我就不可能在賭場碰到泰爾瑪，但是我如果沒碰到她，我怎麼可能會知道夏爾比家開派對的事呢？」）。俗話說（而且說得極是），說眞話是最簡單的。但次簡單的就是相信自己說的謊，也就是完全沈溺於細節與隱涵後果的網絡中，結果繼續說謊——亞里斯多德也是這樣論證支持誠實的——就成了第二天性，而不需要進一步思忖或推敲。然而不管是哪種狀況，簡單還是困難都不能當作有德的可靠標誌，一個人也可能（像小說家或任何說故事的人一樣）由於高明的說謊需要的謀略和自我意識的張力而沾沾自喜。有說謊強迫症的人其病理八成部分在於，要讓一堆謊相互一致的挑戰頗能刺激其腎上腺素，就像特技演員在雜耍明亮的火把或鋒利的刀刃也要冒極大風險一樣——此外還出於一種偶爾病態的需要，不但想要掩飾某件事，還幾乎想要掩飾（照邏輯蘊含）一切。

當然，這裡也有相當的誘因讓人想將說謊者與個別的謊言或具體的聽眾割離開。可是稍加思考就能明白，這也是個純然公眾的表演，有時還是不由自主的；它既是自欺型態（這型態可能頗爲豐富，恐怕也有深遠的起源）的一環，也是一種與他人建立關係的方式，雖然說謊者對這一關係的本性可能會感到極困惑或不自在。而更爲單純、擺明就是策略性的謊言也是如此。說謊牽涉的複雜邏輯遍布交錯於各種社會關係中；有時在歷經相當的困難後，它也會編織出自我的肖像及其人際關係。甚至在自欺的例子裡，我們繼續致力於矇騙的動機也往往是別人在我們故事裡發現或可能發現的不一致。畢竟，如果自欺求的只是內在一致，那除了邏輯學家，還有誰會不由自主地覺得要不計一切代價避免不一致呢？如果「認知不協調」不會受到他人的仔細審視，它怎麼可能會是個問題，甚至成爲有力的動機呢？[32]

不管謊言的挑戰或邏輯複雜性怎樣，也不管謊言會怎麼影響說謊者或他（她）在社會中的糾纏，人們主要關心的似乎總還是謊言對聽者的影響是怡人還是討人厭的。但這裡，人們一般還是忽略了社會結構還有人際關係的一系列預設。多數謊言之所以討人厭，是因爲它出現於人們期望眞相的脈絡裡，最明顯的就是回答直接問句的狀況。但甚至在這個狀況下，謊言是否眞的討人厭，也要看脈絡還有問題的本質（「你在想什麼？」），而且有些

---

[32] 里昂．費斯亭格，《認知不協調》（Leon Festinger, *Cognitive Dissonance*, Evanston, Ill.: Row, Peterson, 1957）。

狀況大概只有康德主義者或者偏執狂，才會堅持眞理是根本的而說謊是不道德的。想像自己坐在長途巴士或短程飛機上，旁邊的乘客很煩人，一直堅持想知道「你是作啥的？」可以立刻想見，與其很衝地回答，不如給出最眞實但也很無趣的答案；或者也可以稍微想像一番，編出一則引人入勝但完全虛假的回應，說自己過著蘇聯情報局的雙面間諜或德州遊騎兵球員的生活。斷然拒絕回應問題就可以自個兒讀點東西或打個盹，但說個有想像力的謊似乎完全無害，反而兩人在這趟煩冗的旅途上還有點事可以取樂。當然，這位乘客還可能會詭異地（完全意料之外地）再度現身，還搞出一堆麻煩——大概只有老電影還有《歡樂單身派對》裡才能完整體現這種可能；無可置疑，所有謊言都確實可能帶來這類糾纏。但這很難成爲反對說謊的道德理由；在沒有傷害的情況下，精巧的謊言似乎沒什麼好反對的（也可以用同樣的論證支持多數文化和宗教團結所需的「漫天大謊」——關於起源的神話、共享對道德權利與命運顯示的幻念、地位受到神性眷顧的幻覺、還有自認高貴的謬見。[33]但當然，傷害的問題在這裡規模更

---

[33] 在英國人到來前，斐濟人有一定理由認爲斐提列伏島（Viti Levu）是世界的中心，是最廣大的土地、周遭環繞著海洋和幾百座中等大小的島嶼。十九世紀的斐濟人看到世界地圖時，可以想見，一開始是不肯相信事實的，但之後恥辱就隨之而來。自此之後，非洲巨大獨木舟卡尼托號（Kannitow）的故事就在斐濟人當中流傳了起來，儘管其眞實性頗爲可疑。我們的英國評論家對此輕聲嗤笑。但想想我們自己文化裡流傳的故事（哥倫布的「發現」、西方的勝利、美國作爲世界民主自由的燈塔）吧：在我們的歷史和世界知識的背景下，它們眞的更合理嗎？

爲全面，也常常造成悲劇）。不管怎樣，都應該要注意社會脈絡和人際關係——全球關係也包括其中——而不能只關注謊言或其後果。

只思索、譴責欺騙與自欺本身是錯的。不但文學裡有正當的謊言，科學裡有啓發式教法、宗教和哲學裡有神話，而且它們也不只是孤立的虛構框架，彷彿它與自我的考量最多只有隱喻的聯繫，或者只能極爲脆弱地「表達」自我還有我們與他人的關係。恰恰相反，照許多從古代到當代作家的見解，這是「我們賴以生存的神話與隱喻」。[34]我們一旦放棄了將欺騙和自欺普遍化、抽象化的哲學傾向，轉而關注說謊的整體現象——背後的意圖和動機、脈絡和後果以及相關人士的人際關係——就會越來越清楚，多數謊言不會只是謊言，還是自欺，屬於一更大的信念、情感組構的一部分；而這一組構定義的不只是這個關係，還定義了一整個共同體或文化。

戀愛裡的（或假裝戀愛的）謊言要可信，背後需要一個龐大的制度，以便爲這表面上「原始的」情感定義並提供結構與繁複的言說。[35]想想，在「我愛你」這句簡單又傷人的謊言中（當一個人其實並不愛的時候）存在多少文化機關。而感覺是眞理的事，又有多少時候其實是在明白（或者在許多情況下至少頗爲猶疑）它實際上可能是謊言的狀況下說出的呢？自欺跟欺騙一樣，

213

---

[34] 喬治・拉柯夫與馬克・強森，《我們賴以生存的隱喻》（Chicago: University of Chicago Press, 1980）。

[35] 羅蘭・巴特，《戀人絮語》（Roland Barthes, *A Lover's Discourse*, New York: Farrar, Straus and Giroux, 1977）。

其動機不是冷酷算計的自利，而是源於我們投入了這一充滿情感的世界：我們在乎某些事、但眞相一點也不清楚、於是我們就更看重一廂情願的想望或是旁人的期待，而非某個抽象的後設概念，我們所謂的「眞理」。

欺騙與自欺是我們投入世界時不可或缺的一環，這也包括了發展並維持自我的形象與感受。欺騙首先是建立關係的方式，向他人和自身不完全精確地呈現出自我。沒有辦法絕對地勘定這一呈現何時會成爲欺騙，裝模作樣何時會成爲誠懇，玩票何時又會變得認眞。自我呈現總是欺騙，但它怎樣才算是欺騙或者應該譴責，要看脈絡、其表現方式、以及旁人的預期。[36] 某些欺騙是有害的，甚至是不道德的，但有些欺騙兩者都不是。的確，持極端立場者甚至可能主張，說謊現象本身根本不存在，只有我們與他人建立關係的各種方式——因爲我們是缺乏安全感的社會造物，

---

[36] 正是在這裡，喜歡從命題出發的哲學家往往會立刻將這類呈現中虛假的自我描述孤立出來，並將之指認爲欺騙的範型——最終說來，就是對自己是誰說謊（亞里斯多德也是這樣處理「坦誠」的，見《倫理學》卷4第9章）。但更典型也更有趣的案例是，一個人擁有一定但仍然頗爲受限的知識，一副自己是專家的樣子，但從不宣稱自己是專家。如果只是隨意的談天或者社交場合上的自我表現，這也夠無害的了。但如果是需要或者迫切需要眞正專家的脈絡下，它不但是欺騙，還是詐騙與背叛。同樣，對於沒有特別感覺的人「表現友善」也不算欺騙。甚至在這類場合中宣稱是對方的朋友，比方說可能是爲了鼓勵對方或者表現友善的姿態，也未必就是欺騙或有任何應當譴責之處。只有在所謂的朋友（或者比較罕見的狀況是其他人）期待眞正能爲他付出的朋友卻落空的時候，人們才會在事後指控上述整個舉止。

周遭環繞滲透著必然歧義的語言。也許我們不但能說謊，實際上也無法不說謊。[37]照這種乖癖的見解，欺騙和自欺並非是病，反而是人類交際的根本要素。

言行不一的自我還有自欺中的自我

偽善是惡德對美德的致意。

——拉·羅什福柯

當今歐陸哲學裡經常有人指出（其晦澀程度不一）自我有雙重特質。[3]這有很多說法，就從最顯而易見的講起吧：我們「從內部」看自身，但我們也會「從外面」被看（有時也會這樣自視），從第二或第三人稱（這有個誤導人的講法：「客觀的」）的觀點看自己。但這兩個（或三個）觀點的複雜關係引發了某些深刻的質疑，也帶來了看似過分的指控：自我本來就是不一的，它不只是雙重的，照我們常有的說法，還是「雙面人的」。卡謬在《墮落》裡讓他的角色克拉蒙斯承認這一歧義，並一步步引誘他幾乎不說話的對話者還有讀者接受他的證明。向世界呈現的臉孔

---

[37] 尼采，〈論眞與謊言的超道德意義〉；讓·布希亞，《選集》（Jean Baudrillard, *Selected Writings*, Palo Alto, Calif.: Stanford University Press, 1988）。

[3] 譯注：「雙重特質」譯的是double，亦有「不誠實」之意，與本節標題裡的「言行不一的」（duplicitous）有同樣的字根。

214 和心裡有底的竊笑臉孔是不一致的。但是，也許心裡竊笑的臉孔本身仍是個幻覺，不過反映了從他人那裡吸收過來的容貌。[38]

謹記這點後就可以來區分兩種不同的自欺模型，而這又需要兩種不同的自我模型才行。用分析哲學索然無味的夾槓說，這裡指的就是自欺的內在論和外在論模型，而其基礎也類似，分別是自我的內在論和外在論解釋。內在論認爲自欺是一個人與一組信念的關係（這裡採廣義解釋，它未必會有分析哲學文獻裡到處可見的「相信 P 與非 P」這類不一致的矛盾）。據此，自欺的內在論模型傾向於關注自我的內在結構或建築。因此，佛洛伊德將自我劃分爲意識與無意識：一棟纏祟的屋子，還有一間進不去的地下室；之後則劃分爲不同的「能動者」。艾梅莉．羅蒂則有個很天才的提法：自我像座中世紀城市，各種通路與鄰坊形成一座虛擬迷宮，它獨立運作，渾然不知他者存在。[39] 沒有建築癖的理論家則企圖換種方式劃分信念或完全跳過它，改採「招認」或其他承認的內容。[40] 內在論者的問題恐怕（但不必然）因爲矛盾而變得更爲棘手，這問題就是要了解，一個人怎麼可能在某種意義上「既知道又好像不知道」。易言之，自欺首先是個認識論問題。

另一方面，外在論者認爲自欺是個社會現象。它與個人或其信念關係不大，反而更涉及個人及其角色與關係。由於想要他人

---

[38] 艾文．高夫曼的佳作《日常生活中的自我表演》（Erving Goffman, *The Presentation of Self in Everyday Life*, New York: Doubleday, 1959）充斥著諸如此類的想法。

[39] 羅蒂，〈騙人的自我：騙子、層次與藏匿處〉。

[40] 芬加瑞特，《自欺》。

對自己有某種（而非別種）看法，或以某種（而非別種）方式對待自己，才產生了自欺。一個人的自我認知是他人意見的產物，而非其來源；因此自欺試圖操縱的是這些意見，不只是自己的。我覺得，認爲我們愚弄自己是爲了愚弄他人，多半都把事情想反了；而認爲自欺首先是對自己說謊，則是完全錯誤的見解。自欺的開始與持續都在於扮演某個角色：好丈夫、有責任感的公民、有能力又健康的專家。這當中可能有也可能沒有自我宣稱。可能有也可能沒有合理化或否認行爲。因此自欺首先是個表演，儘管這表演有時只會獨享。因此沙特主張，即使他人並不存在，爲他者存在也仍然是自我的本質要素。[41]

也是在爲他者存在的觀點下，我們才能理解爲什麼沙特對「誠懇」這麼不客氣：因爲它只是眞理的「展示」，是作秀，只是另一種自我呈現，一種欺騙的模式，而非眞正的自我反思。[42]在此我們也能體會，爲何羅傑・阿梅斯（Roger Ames）宣稱中國人沒有任何自欺的概念。[43]他的理由是中國的自我模型很明顯是外在論的，隨之而來的自欺解釋也是外在論的。但這麼一來，我們爲何又會假定內在論模型精確地描繪了歐洲的自我，或者我們

215

---

[41] 沙特，《存有與虛無》，第3部第1章，特別是第4節，〈容貌〉。因此尼采也認爲，個人會內化「畜群道德」，從而誤認它是實踐理性。見《偶像的黃昏》，第5節。

[42] 前引書，頁110-111。

[43] 羅傑・阿梅斯，〈古典中國自我與僞善〉（The Classical Chinese Self and Hypocrisy），收錄於阿梅斯和迪撒那亞克，《自我與欺騙》，頁219-240。

當眞對外在論的觀點如此陌生？照外在論模型看，自欺是有脈絡的，其範型就是社會脈絡。但我們西方對自我、自欺的認知，難道終極來說不就是這樣嗎？這一觀點的其中一端認爲，沒有他者也就沒有自我。[44]或者照聖修伯里（St. Exupery）寫的，「人不過是關係的網絡，而且他在乎的也只是這些。」[45]照這個外在論的模型，或可稍帶諷意地說，「內在自我」是社會的。

我會支持這種觀點。然而說「自我是社會的」是什麼意思？我先前提過：自我是社會解釋的、自我是社會建構的、自我是社會建構出來的社會自我，三種說法是不一樣的，然而它們經常會混淆。三者中最弱的論斷是「自我是社會解釋的」，可以理解，這也是社會科學家多半持的立場；而自我的本性在多大程度上由（比方說）生物動力或非認知的社會動力與態度所決定，這一論斷也沒有特定主張。對自我有某種解釋，就是有某個觀點、以某種方式觀察它，但這不可能完全沒有某種存有論立場。舉例來

---

[44] 例見黑格爾的〈主人與奴隸〉，收錄於《精神現象學》，米勒譯（Hegel, "Lordship and Bondage," *Phenomenology of Spirit*, trans. A. V. Miller, New York: Oxford University Press, 1977），斯特勞森，《個人》（P. F. Strawson, *Individuals*, London: Methuen, 1959）；雖然這個例子比較勉強，但連沙特也有：〈唯我論的暗礁〉，於《存有與虛無》，頁 303 以下（"The Reef of Solipsism," in *Being and Nothingness*）。

[45]《戰鬥的飛行員》（*Pilote de guerre*），轉引自摩里斯．梅洛—龐蒂的《知覺現象學》，史密斯譯（Maurice Merleau-Ponty, *The Phenomenology of Perception,* trans. C. Smith, London: Routledge and Kegan Paul, 1962）。

說，也許身爲教師，我就將學生的自我解釋爲「學生自我」，以他們在課堂上的舉止、準備與表現來定義。我並未以爲他們就沒有其他的、多半也是壓力更大的自我認知，我若在附近的酒吧碰到他們就會發現這一點。宣稱不同的文化會用不同的方式解釋自我其實不太充分，因爲它同樣適用於我們自身文化下的各種次文化。這樣子理解，自欺有一部分就在於在某些脈絡下對自我採取不恰當的解釋。

相較之下，說「自我是社會建構的」是遠爲極端的宣稱。這形同堅稱，除了特定社會脈絡下建構出來的自我以外，沒有任何別的自我（但這裡也許可以區分兩種宣稱：一種比較籠統，只是說除非一個人在某個社會中成長，不然他或她不會有任何自我概念；另一種則非常具體，是說一個人若要學會怎麼培養某個自我──比方說德州人、莊周或毛利人的自我──就必須在德州、莊周或阿歐提歐拉（Aotearoa）（即紐西蘭）中成長才行[46]）。然而堅持自我是建構的，還不等於說這一建構屬於任何特定類型──具體地說，它不表示這樣建構的自我必定就是社會自我。美國的「死硬派個人主義者」就是社會建構出來的自我，而惡名昭彰的反社會伊克族（Ik）的自我也一樣。[47]

說「自我是社會建構出來的社會自我」就是個非常具體的宣

---

[46] 舉例來說，克利弗德．紀爾茲在《文化的詮釋》（Clifford Geertz, *Interpretation of Cultures*, New York: Basic Books, 1966）就同時闡發了籠統和具體的宣稱。黑格爾的《現象學》也至少暗示了它們。

[47] 柯林．特恩布，《山林人》（Colin Turnbull, *The Mountain People*, New York: Simon and Schuster, 1974）。

稱，必須和以上兩者區別開來。中國人的自我就是社會建構出來的社會自我，是有賴於他人的自我；但我們還是至少得作出一個頗成問題的區別。自我的社會建構，有一部分是靠語言的，這一語言有一系列涉及自我的詞彙。在這一語言裡，我們學著用某些方式來談自己。一個自我意識到自身是個人主義的文化，就會自然強調個體性、自主、獨立之類的觀念。一個自我意識到自身是團體主義的文化，也會自然強調共同體、忠誠、義務、親族之類的觀念。但我們怎麼**談論**自己，只能部分反映出我們怎麼**設想**自己，實際上又怎麼行動。自我的社會建構也有不靠語言或自我描述的成分，而是靠成千上萬的非語言暗示或榜樣：像是母親一分鐘也不願離開小孩讓他落單，人們通常不願直視彼此的雙眼，或是宣戰和慶祝宗教儀典。因此，一個文化完全有可能教化出一種談論自身和自我的方式，實際上卻以完全不同的方式設想自身還有彼此的關係。甚至社會上存在緊張關係或流離失所時，爲了將自己與外來文化區別開來，這類自我認知與實踐的分歧恐怕還極爲常見。[48]

216

由此出現了複雜的自我——與比方說扁平的笛卡兒式自我模型不同——它顯然容易有自欺，即**涉及**自我的欺騙。如果只有被解釋的、社會建構的、建構爲社會的自我，或許會讓人覺得可

---

[48] 哲學上對此有兩個不錯的討論：亞力斯戴爾．麥金泰爾，《追尋美德》，特別是開頭幾章（Alasdair MacIntyre, *After Virtue*, Notre Dame, Ind.: University of Notre Dame Press, 1981）；還有尼采對希臘人的經典探討，《悲劇的誕生》，考夫曼譯（Nietzsche, *Birth of Tragedy,* trans. W. Kaufmann, New York: Random House, 1967）。

疑：那麼究竟在什麼意義上才有一個能被騙的自我？當然，有一大堆的邏輯和解構手法，足以將這些一般化的框架膨脹爲看似不可索解的矛盾，可是這並非自我和欺騙的趣味所在。如今，在我們同世界其他地方交流時，眞正必須探索的，是個人、相互的自我認知益發豐富的網絡。這一學習經驗讓人手足無措又絕對必要，可是從現有的證據來看，我們實在作得不怎麼樣。越來越多狂熱的個人主義和卻步不前似乎在不斷蔓延，成了全球規模的反應，不管在哲學還是實際上都一樣，甚至連曾經是社會和諧範型的社會裡也如此。我認爲，如今對外星人來訪或侵略的幻想其實並非多元文化挑戰的延伸，而是無能面對這一挑戰的病態執迷。（大部分時候，那些外星人不是「跟我們一樣」，就是充滿了壞心與敵意，根本不可能與之交流[49]）。

我之前論證過，欺騙是我們在社會世界中航行的諸多方式之一。自欺也是這樣一種方式——有人或許會說是我們照看我們航行的方式——而且在這個越來越複雜的世界裡，欺騙和自欺——我們將之理解爲與世界共處的機制——絕非清清楚楚總是惡德。它也算是個哲思之樂。這快樂源自於明白，我們對自身甚至眞理的看法都不是眞理，而是結果絕對不確切的實驗。正是從這種持續實驗的角度看，我們才發現自己過的是哲思的、目眩神迷的反思生活；定義它的也不是矛盾，而是我們與他人及自身的持續互動。

217

---

[49]《E.T.外星人》和《ID4星際終結者》這兩部是「賣座強片」的例子。

後記
「分析哲學」毀了哲學嗎？

哲學化約成「知識理論」，而實際上不過是膽小的存而不論主義和禁欲學說——一個從未越過門檻的哲學，還費盡氣力否定自己有進入的權利——正是哲學即將嚥下最後一口氣的標誌。

——弗雷德里希·尼采，《善惡的彼岸》

我聽過了，每次都聽到。但不是問題，是判決：「分析哲學毀了哲學。」我聽過人類學、文學系、文化研究、女性研究學程的朋友這樣說。我也聽過商業界的人這樣說，他們回想起大學的文藝學位文憑時，也許還依稀關心這一學科的處境。當然，我還聽過非分析哲學家的朋友這樣說，而他們有自己的斧頭要磨。由於我以研究「歐陸」哲學的作品而知名，人們想當然爾認爲我應該能同情地傾聽。然而我深感不安，既因爲人們普遍誤解了今日哲學的狀況，也因爲今日哲學的實際狀況。可是，就像馬克·吐溫聽過華格納的作品後說的一樣：「它沒有聽起來那麼糟。」

今日實在有太多人愛大作文章，對照所謂「分析」哲學和「歐陸」哲學，還有兩者想當然爾的衝突。這是個虛假的對立。「分析」指的是個**方法**，而這個方法至少在表面上聚焦於語言的本性。「歐陸」指的是個**地方**，也就是歐洲大陸。姑且不論這裡指的「歐陸」通常只包括德國和法國，也不提（人們經常忽略這一點）「分析哲學」其實有相當數量的方法論在比較和競爭——

但連一個漫不經心的讀者也仍然會很清楚，這個基本的對照是錯的或誤導人的。[1]哲學裡有那麼多的學派、方法和風格彼此糾結交纏，實在很難用英國海峽這麼狹窄的水域將之輕鬆區別開。

在定義「分析哲學」時，通常會說是邏輯與語言的旨趣，可是它一開始是在德國出現的（具體說是弗雷格），而且二十世紀「歐陸」運動的催生者，艾德蒙．胡塞爾也完全有同樣的興趣。本世紀最有影響力的哲學家路德維格．維根斯坦，兩度奠定「分析」傳統的哲學家，也是從奧地利來到英國的，從未遠離他的「歐陸」根源。他對語言的界限特別有興趣，但是分析哲學的夢魘——後現代主義者也一樣。也有分析哲學家和歐陸同行一樣，會談論並寫作性、性別、死亡，和生命的意義。分析哲學未必像它有時看起來的那樣「扁平」。儘管其中某些聲譽卓著的實踐者有時會有心胸狹隘的宣稱，它仍然不必非得是邏輯不可，不必完

---

[1] 有一段著名但仍叫人困窘的對話：一場研討會上，法國現象學家摩里斯．梅洛—龐蒂轉向萊爾問說「可是我們不是在作同樣的事嗎？」——對此，萊爾滿懷牛津味的刻薄，高聲答道：「最好不是！」但萊爾事實上讀過也評論過胡塞爾與海德格，而梅洛—龐蒂對行爲主義者的著作非常熟悉，而萊爾也一直與後者有關（雖然他個人不同意這一點）。由此開啓了一場長久還經常僞善的誤解，「分析」和「歐陸」哲學不斷要把對方掐死，一方是嚴格與科學的代表，另一方則是邏各斯中心主義和科學主義的反對者。延續這一不幸傳統的例子，可參看安東尼．昆登（Anthony Quinton）所撰的「歐陸哲學」詞條，收錄於泰德．洪德里希編的《牛津哲學辭典》（*Oxford Companion to Philosophy,* ed. Ted Honderich, Oxford: Oxford University Press, 1996），內容非常足以挑起對立。

全缺乏對內容的關注。它也未必一定只能關注論證而不論實質。它也不是「科學的」，雖然漢斯・萊亨巴赫（Hans Reichenbach）在五十年前此運動臻於顚峰時曾如此歡呼。[2]它也不必完全缺乏對歷史、脈絡、經驗內容和語源學的關注。也許貝特蘭・羅素在他那時的牛津劍橋圈子裡確實不當反對黑格爾主義者，但他依舊是入世、大眾哲學家的根本模範，總能就極爲重要的議題向一般大眾高談闊論。如今許多優秀的哲學家都會運用分析（而這最終說來意思不過就是要試圖講清楚）解決現實問題。因此分析哲學竟寧可揹負這一「扁平」的典範和名聲，執迷於邏輯與語言而不屑地排除任何別的課題，實在是很丟臉的事。[3]

這一典範來自羅素；他與阿弗列・諾斯・懷德海合寫的《數

[2] 漢斯・萊亨巴赫，《科學式哲學的興起》（Hans Reichenbach, *The Rise of Scientific Philosophy*, Berkeley: University of California Press, 1951）。

[3] 爲了持平起見應該指出，歐陸哲學至少自康德及其追隨者起（費希特、謝林、黑格爾）就爲哲學的「專業化」貢獻良多，弄得尋常讀者還有任何分析傳統出身的人都無從理解或接觸它。不管胡塞爾有什麼功勞，他作爲作家實在是沒有任何魅力。海德格這方面最爲著名，他認爲自己作品的晦澀是其最大的優點之一。讓─保羅・沙特模彷了德國傳統中最壞的一面，不過幸好他對政治的現實（還有不現實的）關懷、文學技巧和舉例的天賦救了他。至於結構主義者和後結構主義者還有其他後現代主義者，可以的話，我只打算講個小故事，剩下的留給讀者自己判斷。米歇爾・傅柯在訪問柏克萊時，約翰・瑟爾問他，爲什麼他的思路和論點可以這麼清晰，但寫作卻又如此糟糕。他不帶一絲諷意地答道，如果他不這樣就沒人會認眞看待他。

學原理》爲20世紀開了頭陣，全書論證，算術的基本原理可以自更爲基本的邏輯原理中導出。這個「有男子氣慨」的計畫爲「眞正的」哲學設立了標準，此後任何不夠有邏輯的，人們都會多少不屑地說它「不算哲學」。[4]羅素接著探求一更爲一般性的想法：存在「簡單」的句子（或者更精確地說，命題），對應著世界中離散的、「簡單的」事實。由此出現的「邏輯原子論」哲學，迴避脈絡還有布萊德里所謂的「內在關係」，轉而關注如何對命題和複合命題進行邏輯分析。羅素主張，句子的「邏輯形式」和它尋常的文法形式是不一樣的。由此開啓了對「理想語言」長達一世紀的追求，它將包括所有嚴格的邏輯形式，而且也只包括這些形式。這是哲學裡眞正的極簡主義，比藝術裡短命的極簡主義更早（也更持久）。可是極簡主義的問題就是它實在太簡約、太扁平，最終說來也不有趣。

220

這不是說從未有人挑戰這一典範；連著名的分析學者小圈子內也是有的。追求無所不包的形式理論由於庫特．哥德爾（Kurt Gödel）的邏輯而遭到致命打擊，他於1931年寫下了「不完備論證」以指出，任何足以滿足語言哲學家要求的形式系統裡，都總

---

[4] 因此倫理學、美學和宗教哲學就一一退場，各種「應用」哲學也一樣。羅素本人對自己的通俗作品似乎舉棋不定，像是《爲何我不是基督徒》（*Why I Am not a Christian*）還有辯護婚外情的《婚姻與道德》（*Marriage and Morals*）。他曾因身爲和平主義者而入獄、受虐，在紐約謀職時還被不公地回絕，只因他是個「放蕩不羈的變態」。如同讓－保羅．沙特，他也審判了美國在越南的「戰爭罪行」。不管有沒有分析，羅素的確活出了尼采的格言：「哲學家應該成爲一個榜樣。」

會有某個句子無法證明。這證明在哲學上的後果仍是爭論話題，但有些執牛耳的數學家和哲學家已由於它的結果而放棄追求理想的形式語言了。最保守地說，哥德爾的證明是從聖殿內部發出的警告之聲。然後羅素最聰穎的學生維根斯坦就起而反對自己的《邏輯哲學論》（*Tractatus Logico-Philosophicus*）（這個自以爲是的書名轉化自斯賓諾莎的書），也反對它激發的「邏輯實證論」運動。維根斯坦在《哲學研究》（*Philosophical Investigations*）裡拒絕羅素（還有他自己）早期原子論中那種去脈絡化的邏輯。因此「分析」也就有了新的意義。它不再是分析簡單句子的嚴格邏輯形式，而是研究在日常「生活形式」裡各種使用語言的方式（「語言遊戲」）。

《哲學研究》裡有個主題對哲學的影響特別有害。《邏輯哲學論》至少對哲學還有一定健全的尊敬，甚至景仰；但《哲學研究》傾向於診斷哲學爲某種知識病，而且（這可能幸也可能不幸——端看你怎麼看還有付你薪水的人是誰）只有更多的哲學才能治療它。維根斯坦寫道，哲學就是「語言在渡假」，語言僭越了尋常的脈絡，並跳脫了它一般運作的「遊戲」。哲學困住了我們，因爲它允許我們誤用語言，將某種用法誤認爲另一種，並以爲，既然某個問題在某個脈絡下或某個生活形式中有意義，那它因此也必定在別的脈絡下或者在完全沒有脈絡時也有意義。但如果脈絡及其運用就是一切，那麼弗雷格、羅素和（早期）維根斯坦發展的技術工具恐怕就一點用也沒有。

然而即使連實證論者也沒有人們通常認爲的那麼「扁平」。他們多半是德奧兩國的左翼人士和自由思想家，因希特勒奪權還有納粹思維無所不在而大驚失色。他們堅持科學和邏輯嚴格性是爲了拒絕德國浪漫主義，因爲他們認爲他們目睹和經歷的恐怖事件都要怪罪於後者。他們是在世界瀕臨瘋狂時高呼清醒的鬥士。實證論者和大致同時於德國寫作的胡塞爾一樣，他們面對法西斯主義和國家社會主義最爲首要的反應，就是捍衛理性。問題在於，他們堅持科學與邏輯嚴格性並拒絕德國浪漫主義時，也傾向於將倫理學和其他非科學的科目從哲學中排除。跟維根斯坦在《邏輯哲學論》結尾說的一樣，他們似乎也堅持不可能有意義地談論這些事情。但這讓倫理學的地位變得可疑，或者最好的狀況也是危疑不定。如果哲學家沒有辦法譴責世上的罪惡，那誰能呢？邏輯實證論者奮力維持啓蒙的活力，儘管一戰毀了它，納粹也蒙蔽了它。不幸的是，他們也威脅要終結倫理學、還有一般而言的豐富哲學，並將哲學化約爲科學的概念看門人。[5]

221

如果羅素對分析哲學的影響是個苦澀的福音，那維根斯坦的影響也一樣。（值得小心注意的是，今日分析哲學又再次將關注的焦點放在《邏輯哲學論》而非《哲學研究》了。）維根斯坦自稱的哲學革命也因爲他謎樣而惑人的教師魅力而更爲加強，他更像精神導師而非教授。他的學生——後來還有他學生的學生——都效法他的集中力，並學著（有時看來頗爲可笑）模仿他那折磨人的造作還有跡近精神病的嚴肅。但根據曾實際親聆其教者的轉述，與維根斯坦相處無疑能親身見證某個極爲深刻事物的痛苦誕生。但問題在於，無人（連維根斯坦都不行）能清楚指出這事物究竟是什麼。

---

[5] 維根斯坦本人從未認爲倫理學、美學和宗教不重要。在他看來，這些主題太重要了，不能只交由科學的邏輯語言處理。

但維根斯坦認爲哲學是某種知識病，這一看法越來越佔上風；至於只有更多的哲學才能痊癒的見解，除了想要染病而支薪付錢的小圈子以外，沒有得到什麼熱情的迴響。而且，如果偉大的分析哲學家發展出來的技術工具最終除了治療這類自尋的煩惱以外沒有什麼用處，那麼這整個領域就嚴重缺乏目的，不時穿插著突發的反抗行爲。某些分析哲學家不知道還能怎樣過活，只好承認哲學是個癮頭，終究是個無意義的活動，終身職的教授也只是靠著把病傳染給學生而正當化自己的行爲罷了。結果就是每個牽涉其中的人都備感挫折。有防備心的哲學家爲了保護自己辛苦得來的工具與技術，就完全自絕於世界。最歡樂的知識學問催生了苦澀與**怨恨**。現在所謂的「實用主義」，不管是分析還是歐陸的圈子，終極說來就是主張不該浪費時間搞哲學。如今最有影響力的哲學作品，主題常常都是「我們都在爲這些問題浪費生命。」古老的詹姆斯－杜威實用主義觀，即觀念應該眞正有現實的**分量**，對他們來說不過是個抽象的、自我維持的姿態罷了。

.這種被迫的狂熱態度與防備心其實比苦澀更加有害。哲學是唯一有機會在任何人的生活中自然浮現的學術專科，可能於騷動或充滿傷痕和變故的時代出現，但也可能只是在反思的沈靜時分中現身。這似乎顯示，哲學家有個獨特且始終存在的作用。但光是想到要和尋常人對話，而不求助於特殊技巧還是獨門知識，對許多哲學家來說是很有損名聲的——或者更糟，是通向失業不可避免的一步。哲學家眼見自己的想法給譯成了尋常的說法——這類想法用尋常語言來說，很有可能聽起來像是老調重彈的老奶奶智慧——感到困窘不已，就撤退轉而尋求晦澀。這當然不是什麼新鮮事。兩千五百年前的赫拉克利圖就是這樣而且還有意爲

222

之；兩世紀前的黑格爾也一樣，同樣是有意爲之，以便讓人覺得他配得上學術界的職位。著名的海德格也走同樣的晦澀蒙昧策略，近來的米歇爾．傅柯也一樣。多數哲學家一想到要和能理性思考的尋常人來一場理智的對話就驚駭莫名，所以他們寧可用只有自己才懂的語言和困惑與彼此對話。

在盎格魯—美國—澳洲哲學圈內，形式化就是達成此目的的手段。連最簡單的公式都足以嚇壞幾乎所有「未受訓練的」讀者，或讓他們失去興致。[6]我有多常看到，完全沒有必要卻又自以爲讓人印象深刻的縮寫、公式和等式怎麼毀了一個有趣的主題？（甚至主題本身，又有多常因爲形式化而誤譯、扭曲、隨之招來誤解和錯誤的取向呢？[7]）但形式化的長處不在於清晰；它的長處是排他。這類技術的排他性造成了哲學的某種部落主義。一個優秀的人類學家眼見此景肯定會興奮不已。讓部落團結起來的就是那套「訓練」，這包含的不只是分析技巧，還有獨特的服裝風格（「邋里邋遢的學者」還有少數用心打扮的叛逆分子）、可

---

[6] 史蒂芬．霍金（Stephen Hawking）的編輯向他明智地指出，他在《時間簡史》（*A Brief History of Time*）每使用一個數學符號，就會少掉一半的讀者。

[7] 拉瑞．萊特（Larry Wright），資歷無懈可擊的分析哲學家和邏輯學家，一直持續地主張，不但演繹推論不是哲學的基礎（這本身就是個異端見解了），而且演繹法也不是推論的基礎——在世界裡進行推論活動只需要一部分的口語能力就行了。更不客氣的見解則認爲分析哲學的立基是一場錯誤，即消解脈絡。例見漢斯．斯路加在《哥特羅布．弗雷格》中的導論（Hans Sluga, *Gottlob Frege*, London: Routledge, 1980）。

預期的儀式（比方說堅持不斷彼此引用但絕不引用其他人）、還有矢志援引弗雷格和羅素一世紀前就舉過的無趣例子。

跟每個部落都一樣，這裡的成員和非成員間也有一道鴻溝。會員資格也要看血緣（學術人脈）—— 同樣的老師、同樣的研究所學程。由此產生的近親交配只會帶來軟弱的後代，與肯塔基（Kentucky）和塔斯馬尼亞地方上著名的雙頭嬰相去不遠。它會徹底抹殺所有對多元化的興趣，頂多追求有名無實的多元。在這個部落社會裡，任何人只消有些聰明才智，而且（當然也要）願意玩這遊戲、遵守規則、並自視爲部落成員之一，就總會有個位子保留給他或她（在英國完全沒有人脈的維根斯坦則完全是靠他的才氣一飛衝天的）。這樣子的分析哲學看起來越來越像個天才俱樂部，組織裡充滿自知其聰明的人，但這類聰明完全不指涉任何實質或內容，而且維繫他們的只剩一種美德。然而入行儀式（就像研究所的課程一樣）的設計卻意在摧毀所有此前的學習、常識、還有尋常的哲學興趣。當然，在部落內，眞正的不和好像還是有的（「我完全不同意他的說法」）。但，老天爺啊，可別讓任何外人提出任何誠懇但問法不佳的反駁，無論它多麼切中要害。雜誌還有《紐約時報》充滿這類已成例行公事的憤怒，對哲學的貧困大表不滿。部落的儀式性答覆（如果眞有回應的話）往往是個粗魯的嗤笑。

易言之，威脅要毀掉哲學的不是分析哲學，而是太多地位崇高的分析哲學家在大搞部落主義所造成。他們建起了一堵形式夾槓之牆，圍住了本該容易親近的觀念。即使在（或者說特別是在）傾聽和同理心更爲恰當的場合，他們也依舊採取粗率頑固的批評家姿態。他們也將學科變得越來越扁平，並局限、重新定義或化

223

約他們的興趣，最後只剩一小撮技術性的關懷，因此任何外人都提不起興趣。隨著好的系所越來越扁平，其畢業生也就遍佈全國，進一步強化了這幅讓人失去活力的哲學形象。國內最好的系所固執地堅持其使命：再生產並捍衛他們自己狹隘的專業。但把這些哲學技術專家隆重地集合起來，眞有什麼東西可以交給想學習或至少想淺嘗哲學滋味的數百名大學生嗎？或者所有渴求哲學而購買新時代（New Age）類書籍的消費者？學科的扁平技術性也許在部落裡是驕傲而非羞恥之事，但總有一天會有更多的家長、納稅人、讀者還有行政主管開始疑惑，我們付這個錢是爲了什麼？我們的小孩應該要學這個嗎？這是哲學嗎？

分析哲學就跟胡塞爾的現象學一樣，始於強調嚴格的思考，而在它跌宕起伏的過程裡，也一直都是重要且經常可親的補充或平衡，能擺正思辨的不羈還有昏瞶的傾向——後者同樣是哲學的核心。但它未必因此就得難以親近、過度技術化、興趣有局限、或缺乏社會敏感性。它可以也必須變得豐富、厚實且不帶夾槓。（在形式學科以外的）形式化應該看作是遁入晦澀，而非有助於清晰的標誌。部落主義應該讓人感到羞愧，而非安全感的來源。專業掛帥則應該保留給醫生、律師還有企業執行長的美德，學者應該避免它（但在扮演教師和行政主管的角色時，或許不必）。

讓人看到希望之處在於，現在出現了一系列豐富的科際、跨科際還有多元文化研究，一開始它們出現於哲學的邊陲，現在卻越來越接近核心了。至少某些哲學家在解讀自家的文本時，不再羞於使用文學批評和人類學的技術了。更讓人吃驚的是，他們也越來越願意閱讀其他學科的文本，並頗爲認眞地寫作談論文學的哲學、文學與哲學或文學中的哲學；量子力學的哲學；哲學與管理；哲學、腦神經科學與認知科學；哲學與藝術；哲學與流行。哲學家現在也任教於醫學院、商學院和藝術學院了，而溝通也不再是單方面的了。幾乎所有重要的哲學系現在都與女性研究、文化研究有一定的聯繫管道。隨著哲學變得越來越「不純」，它或許也能學會怎麼與他人交談並共享成果。 *224*

「分析」和「歐陸」之間的論戰該結束了。哲學家有更多重要的事好作，不必逗留於古老的誤會中。就像學院裡多數爭論一樣，這一爭論的重要之處在於它忽略的事，也就是：除此之外的世界。彷彿只有起源於歐洲，起源於數學和存有論基礎的哲學方法──分析和歐陸哲學都起源於它們──才算是「哲學」的候選人一樣。分析哲學和歐陸哲學兩者都是族群中心的，固執地拒絕任何不符他們方法的取徑。亞洲、拉美、非洲、還有我們自己的美國原住民文化裡都有哲學。如果它們不符合哲學狹隘的典範，那就大概很有理由可以拋棄這個過時且排他的典範了。還有一大堆其他的學科都滿溢著哲學問題，從胎兒的胚胎學到行銷學到敘事學都有，但哲學家在追求純粹的抽象和扁平時全都忽略了它們。但即使哲學系所，還有哲學那種傲慢而排他的模式（理查·羅蒂稱之為「大寫的哲學」）明天都消失了，哲學也還是不會消失。人們會在大學的各個地方還有所有其他地方找到它。它只會失去它的自以爲是，而不幸的是，還會失去它佔著無用職位的獨特特權。

對我們時代偶爾過度的浪漫主義情懷而言，分析哲學仍然是個健康的矯正機制。但這不表示我們應該把過度的浪漫主義和分析哲學分別當作毒藥和解毒劑。它們是一體辯證的兩面，在最好的時候還能讓我們表述一些震懾人心的視野與洞見。分析哲學只要不堅持一言堂，是能開啓世界的（而不是把它封閉起來）。它未必一定要排他、搞化約論、唯物論、過度形式化或者自溺於自身的技術中。它也未必要遺忘內容、脈絡、文化和歷史。的確，連最好的分析哲學都一直存在著一不安的張力，一方面是思辨的需要，另一方面則是清晰的渴求。但除了讓別人有防備心以外，何苦稱之爲「分析」呢？甚至有必要給它一個名稱嗎？小心思考生命的永恆問題，同時追求清晰與啓蒙，又能享受這一過程——當畢達哥拉斯（Pythagoras）有些猶豫（也有些反諷）地將自己描述爲「哲學家」，即愛智慧者時，心裡正是這麼想的。

索引

條目後的頁碼係原著頁碼

檢索時請查正文頁邊數碼

D

E

H

I

J

K

N

O

P

R

S

T

U

V

W